环渤海土地多功能评价与生态安全格局构建

门明新　陈　影　崔江慧　编著

中国环境出版集团·北京

图书在版编目（CIP）数据

环渤海土地多功能评价与生态安全格局构建/门明新，陈影，崔江慧编著. —北京：中国环境出版集团，2021.3
ISBN 978-7-5111-4373-0

Ⅰ. ①环… Ⅱ. ①门…②陈…③崔… Ⅲ. ①环渤海经济圈—土地评价②环渤海经济圈—土地资源—生态安全 Ⅳ. ①F321.1

中国版本图书馆 CIP 数据核字（2020）第 131802 号

出 版 人　武德凯
责任编辑　殷玉婷
策划编辑　陶克菲
责任校对　任　丽
封面设计　宋　瑞

出版发行　中国环境出版集团
（100062　北京市东城区广渠门内大街 16 号）
网　　址：http://www.cesp.com.cn
电子邮箱：bjgl@cesp.com.cn
联系电话：010-67112765（编辑管理部）
发行热线：010-67125803，010-67113405（传真）
印　　刷　北京市联华印刷厂
经　　销　各地新华书店
版　　次　2021 年 3 月第 1 版
印　　次　2021 年 3 月第 1 次印刷
开　　本　787×1092　1/16
印　　张　23.5
字　　数　462 千字
定　　价　60.00 元

本书编委会

主　　编：门明新　陈　影　崔江慧

副 主 编：何　玲　张　利

编　　者：赵维全　王　芳　门　杰　王　赫

殷守强　杨　扬　杨江燕　潘肖燕

张　婷　张　莹　张　娜　李丽颖

赵利华　张翠英　张志勇　李丽娜

前 言

随着工业文明和社会文明的不断进步，以及人类与自然环境之间关系的日趋紧密，社会发展、经济发展对土地的依赖程度逐年加深。土地在长期的自然及人为因素作用下形成了相对稳定的结构和性质。长期以来，由于人们忽视了对土地多功能性的研究及保护，使得特定区域的土地功能日益退化甚至消失，出现了如土地供需矛盾日趋严峻、土地低效、过度利用、土地生态资源与资产遭到掠夺性开发利用等一系列问题。因此，合理开发、利用与保护土地不仅是缓解土地资源供求矛盾的重要手段，也是保障人们生活水平不断提高、逐步实现可持续发展的重要途径。

当前我国土地资源的刚性约束进一步显现，粮食安全与生态环境问题一直是我国社会发展、经济发展关注的重要问题。加快生态文明建设，加强土地生态保护与建设，加大对土地生态环境的整治力度，构筑土地生态安全屏障，保障地区生态安全，是构建区域和谐生态环境和推动国土科技创新的要求。在当前资源环境问题凸显的严峻形势与国家“五位一体”的战略布局下，进行生态文明建设已成为全社会的共识。国土资源作为生态文明建设的空间载体，是保障可持续发展的根本基础和重要因素，也是探求将生态文明建设理念与要求落到实处的基础。现阶段我国生态红线的科学划定、生态服务功能研究及生态补偿机制研究都需要科学合理的土地功能评价结果，这对进一步探索土地功能及对土地功能的评价提出了更高要求。

环渤海地区是我国继珠江三角洲、长江三角洲之后的“经济发展第三极”。“十二五”期间，天津滨海新区、唐山曹妃甸工业区、沧州渤海新区等建设发展为环渤海地区发展的龙头地区，京津冀地区经济整合形成环渤海区域核心圈。环渤海地区土地资源由于历经渤海下沉及被河流的冲积物淤填，形成了缓岗、微斜平地、洼淀湖泊串列其间的分布特点。东部低平原由海相沉积物、河流冲积物和湖相沉积物构成，在潮水的作用下，其土壤质地均匀、土层深厚、土质黏重，离海岸越近土壤的含盐量越高，其中滨海盐土所占比重很大。该区域盐碱荒地面积大、生态环境恶劣，属于典型的生态环境脆弱区。土地资源的数量安全、质量安全和生态安全是该地区可持续发展必须面对的问题。

针对环渤海资源约束趋紧、环境污染严重、生态系统退化的严峻态势，人们必须树立尊重自然、顺应自然、保护自然的生态文明理念，强调坚持节约资源和保护环境的基本国策；坚持节约优先、保护优先、自然恢复为主的方针，以科学发展观为指导，理论与实践相结合，因地制宜地考虑当地土地资源特点和条件，从维持良好的生态系统出发，通过对环渤海地区土地进行调查、分类、分析，掌握该土地生态基本条件，继而对该区域土地生态安全状况进行评价，根据评价结果分析该地区土地生态安全状况，建立土地生态安全评价模型，构建土地生态安全格局并进行格局优化，为环渤海地区土地的开发利用、土地生态格局优化、土地生态整治、生态修复和监测提供科学依据和技术支撑。

《环渤海土地多功能评价与生态安全格局构建》一书以土地功能界定与分类为切入点对土地进行多功能评价，进而开展多目标土地利用格局优化的理论、方法和技术研究，构建了区域土地生态安全格局，为环渤海地区土地合理开发利用提供了新思路，对滨海盐碱土区土地资源的高效利用及土地功能重建极具参考价值。本书具有以下几个特点：

第一，围绕耕地质量监测、基本农田保护、未利用地开发、土地利用调控等理论、方法、技术等进行探索和创新。构建土地多功能评价和生态安全格局基本理论，深入剖析土地利用与生态安全相互影响机制，探索我国环渤海地区土地开发利用和生态环境治理技术方法体系，实时掌握土地利用与生态安全变化动态，为实施土地规划、土地整治、生态环境规划提供支撑。

第二，实证分析环渤海地区土地多功能和生态安全格局。运用 CA-Markov 模型、CLUE-S 模型、Logistic 回归分析、Trade-off 模型、遗传算法等计量方法对河北省黄骅市、唐山市曹妃甸区及卢龙县的耕地质量、土地功能和生态安全状况进行评价并构建生态安全格局。

第三，提出耕地保护策略及多目标土地利用优化方法。主要包括城镇化过程中耕地保护策略分析、基本农田调控模式、未利用地多宜性开发评价、土地多功能评价、未利用地适宜性优化配置方案等，为耕地保护红线划定、城镇扩展边界划定、生态保护红线划定提供科学依据。

在本书即将付梓之际，笔者向多年来在环渤海地区从事科研工作的本团队全体成员致以崇高的敬意和衷心的感谢，没有你们的辛勤工作和无私奉献，就没有本书的出版！由于专业领域、研究实例和图片内容所限，本书难以做到系统而全面，加之笔者研究水平有限，疏漏和错误在所难免，敬请读者批评指正。

作 者

2021 年 1 月于保定

目 录

第 1 章 绪论 1
1.1 问题的提出 1
1.2 主要研究进展 2

第 2 章 土地多功能评价的理论与方法体系 12
2.1 土地多功能基础理论 12
2.2 土地功能概念辨析 16
2.3 土地功能差异的主要影响因素分析 17
2.4 土地功能的类型划分 22
2.5 土地的结构—属性—功能—影响指标框架分析 30
2.6 土地功能评价方法体系 35
2.7 本章小结 42

第 3 章 土地生态安全评价的理论与方法体系 44
3.1 生态安全基础理论 44
3.2 相关概念 48
3.3 城市化过程中土壤的生态环境效应 49
3.4 土地利用与生态安全的辩证关系 51
3.5 土地利用与生态环境的相互作用机制 53
3.6 土地生态安全格局构建方法体系 57

3.7 本章小结 91

第 4 章 基于土地功能的未利用地多宜性开发评价 92
4.1 未利用地宜耕性确定 92
4.2 未利用地宜建性确定 101
4.3 未利用地宜生态性评价 110
4.4 本章小结 128

第 5 章 耕地质量监测及变化特征研究 130
5.1 耕地质量监测区的划定和监测样点布设研究 130
5.2 耕地质量变化特征研究 154
5.3 本章小结 169

第 6 章 县域高标准基本农田建设时序与模式研究 170
6.1 高标准基本农田建设时序与模式体系构建 170
6.2 高标准基本农田建设影响因素分析 181
6.3 高标准基本农田建设时序与模式研究 202
6.4 本章小结 210

第 7 章 基于空间适宜性评价分区的土地利用调控技术研究 212
7.1 空间适宜性评价与土地利用变化相关理论 212
7.2 土地利用变化分析 218
7.3 空间适宜性评价分区 230
7.4 空间适宜性评价分区下建设用地扩展配置研究 247
7.5 空间适宜性评价分区下基本农田优化布局研究 254
7.6 本章小结 261

第 8 章 城镇化进程中耕地保护问题研究 263
8.1 城镇化水平与耕地资源状况分析 263
8.2 城镇化水平与耕地变化关系分析 278

8.3 城镇化进程中耕地保护问题研究......283
8.4 城镇化进程中耕地保护策略分析......303
8.5 本章小结......306

第 9 章 土地生态安全格局构建研究......307
9.1 黄骅市土地生态安全格局构建......307
9.2 唐山市曹妃甸区土地生态安全格局构建......312
9.3 卢龙县土地生态安全格局构建......318
9.4 本章小结......344

第 10 章 多目标土地利用格局优化研究......345
10.1 未利用地开发综合适宜性确定......345
10.2 未利用地开发适宜性多目标优化配置......347
10.3 本章小结......360

参考文献......361

第 1 章 绪 论

1.1 问题的提出

人类社会的发展与进步离不开土地的供给，例如土地能够持续提供如粮食生产、原材料等实物型产品及气候调节、水源涵养、生物多样性维持等各种非实物型服务。随着人类工业文明和社会文明的不断进步，以及人类和自然环境之间关系的日趋紧密，社会、经济发展对土地的依赖程度逐渐加深，而土地也在这种长期的自然和人为因素作用下形成了相对稳定的结构和性质。然而，人类在满足自身不断增长的需求的同时，也不断向土地索取。有些区域因为长期不合理地开发利用土地，改变了土地稳固的结构，使土地原有的属性特征逐渐发生变化。由于人们忽视了对土地多功能性的保护，使得一些区域的土地功能日益退化甚至消失，出现了如土地供需矛盾日趋严峻、土地低效/过度利用、土地生态资源与资产遭到掠夺性开发利用等一系列问题。

合理开发、利用与保护土地不仅是缓解土地资源供求矛盾的重要手段，也是保障人们生活水平不断提高、逐步实现可持续发展的重要途径。土地资源可持续利用的关键环节是依据土地固有属性高效合理地利用土地，使土地既不过度透支又不闲置浪费，因此根据土地功能确定开发利用方式是一种科学的方法。开展土地功能相关研究，并在对土地各种功能进行科学梳理的基础上界定土地功能，以功能研究为出发点进行土地适宜性评价及格局确定，能最大限度地实现土地资源高效利用、合理利用，并严守耕地及生态保护红线不被突破。

当前，我国土地资源的刚性约束进一步显现，粮食安全问题一直是我国社会发展、经济发展关注的重要问题，生态环境问题也到了必须要治理的程度。党的十九大报告中进一步提出要加快我国生态文明建设。同时，“十四五”规划确定的交通、水利等重点项目陆续开展，预计今后生产、生活用地需求会更加迫切，生态安全问题也会更加严峻。现阶段，土地利用中的生态安全问题日渐凸显，且受到国内外众多学者的广泛关注，相关研究在地学、生态学、资源科学等领域迅速发展，这对进一步探索土地功能及对生态安全格局提出了更高要求。所以，土地功能及生态安全的相关研究，在农业生产、城市建设、工业和交通、旅游、生态保护、维护生态平衡等诸多方面具有重要的实践意义。

我国环渤海地区地势较低、地下水位较高、土壤含盐量偏高，导致该地区出现土壤理化性质差及肥力低的现象。同时该区域经济快速发展造成了大量土地的粗放利用，对滨海地区的粮食安全、环境安全、生态安全及其可持续发展构成了巨大的威胁。对该区域科学合理地进行土地多功能评价和生态安全格局研究是区域可持续发展的必然要求。以土地功能界定与分类为切入点进行土地多功能评价，可以构建区域土地生态安全格局，为环渤海地区土地合理开发利用提供新思路，对滨海盐碱土的高效资源化利用及土地功能重建极具参考价值，同时也可以为城镇扩展边界划定、生态保护红线划定、耕地保护红线划定、土地流转中科学的生态补偿方式制定提供科学依据。

1.2　主要研究进展

1.2.1　土地多功能评价研究进展

1.2.1.1　土地功能界定及分类

（1）国内研究进展

我国是世界范围内对土地进行调查与研究工作最早的国家之一。2 500 多年前的《周礼》一书中，就已经有了对土地进行分类的记载。在之后的历史发展进程中，很多朝代也进行了耕地质量评价以及作物产量类型划分等工作，并将其作为土地税负的参考依据。近年来，我国很多学者对土地功能的内涵进行了概括研究。张洁瑕等从土地利用角度对土地功能进行概念辨析及分类，提出土地功能就是在长期的土地利用过程中形成的土地利用格局，包括社会、生态环境、经济功能等。陈婧认为土地具有多功能性，并且功能之间互相影响、相互关联且不可分割。李德一等以人类对土地的作用为出发点，对土地功能进行了定义，认为土地服务的对象及核心是人类本身，人们从土地中获取利益的过程也是实现土地利用功能的过程。刘沛等认为土地存在生产、生态、环境三大功能。周子英认为，土地利用结构不同，利用功能也会存在差异。从上述结论中可以看出，一些专家、学者主要以土地的作用及利用方式为切入点对土地进行分类，分类过程中以人们对土地的利用为目的，并没有以土地自然内在性质为出发点。

土地功能分类研究方面，孙志英等首先在对土壤功能概念进行界定的基础上对土地功能进行了划分，认为土壤包括生产功能，生态功能，承载功能，原材料、栖息地和基因库功能。刘卫东等将土地的基本功能总结为生产性、承载性、提供原材料、景观、历史记载、生态以及储蓄和增值七大功能，该分类体系虽较为全面，但其中“储蓄和增值”功能更多地体现了土地的作用，而非土地功能。姚咏涵从经济学角度对土地进行了分类，认为土地功能包括经济功能和非经济功能，这种分类方法是从土地利用价值方面考虑的，几乎没有涉及土地自然属性功能。李国健在研究土地功能时，提出必须要重视农村土地，因为我国农村土地除了为人类提供粮食，还提供了就业岗位、社会保障等社会功能。在我国城镇化进程逐步加快的背景下，将土地的社会功能独立出来对保障失地农民的权益具有重要意义。朱德举提出，养育、承载、资产和美学四大功能是土地具有的主要功能，他提出的土地美学功能，扩充了土地功能的含义。

21 世纪以来，我国很多学者对土地功能进行了深入的分析与研究。王万茂等提出了包括养育、承载、仓储和景观功能的土地四功能论。上述分类方法虽然比较简单，但不全面。通过以上研究可以看出，专家和学者们对土地功能的定义、分类均没有统一，且多数都是从土地利用角度对功能进行分类及分析，没有从土地的自然属性及其固有性质来审视土地功能。

（2）国外研究进展

国外针对土地的分类工作始于对土地类型分类。从土地类型分类研究的发展历程来看，主要包括景观学派及土地系统学派。苏联 B B 道库恰耶夫等地理学家从景观分类角度将土地分为三级，即地方、限区、相。英国伦敦大学的 S W 伍德里治教授从地貌学观点出发对土地进行了类型划分研究，1932 年他进一步对该分类进行了扩展，将“平地和斜坡”作为土地分类的最小土地单位，之后这一学术观点逐渐被欧美等发达国家所采用。

对土地功能的内涵进行客观、全面的认识，是对土地功能进行划分及评价的基础。人类对土地功能的重视由来已久。早在 1864 年 Marsh 就记述了地中海地区人类不合理的活动对生态系统服务功能造成的破坏，提出了人类行为对生态系统有较大影响的观点。美国生态伦理学家 Leopold 在 1941 年参照医疗用语，用一些类似“土地疾病”的影响指标描述了造成土地功能紊乱的原因，并在1949年进一步提出人类自身行为替代不了生态系统的服务功能的观点。该观点与其他观点的不同之处在于：Leopold认为土地具有多种功能，并且不受人类活动的约束和影响，功能之间没有高低之分。Paul Sear于1955年提出了在合理利用并且不破坏生态平衡的基础上，生态系统具备再循环服务功能的观点。1971年Odum对生态系统功能重新进行了定义，再一次强调了生态功能的重要性。

Blum W E最早提出了需要对土壤进行功能分类的观点，以便对土壤进行更进一步的研究，在参考土壤自然影响因素的基础上，将其分为农业生产基础、林业生产基础等6种功能。联合国粮食与农业组织（FAO）、联合国环境规划署（UNEP）等机构提出土地具有为人类生产食物等作用，但并未上升到功能层级并对功能进行分类及定义。随着土地功能相关研究的进一步推进，国外土地功能的类型划分逐渐系统化、精细化。Gebhard等在对前人研究成果进行总结的基础上，将土地功能概括为3种类型，即经济功能、社会功能和生态功能，该分类方法进一步突出了土地生态功能的重要性，对在生产发展过程中避免土地生态功能遭受损害具有重要的指导意义。

Rudolf在深入研究土地生态系统的基础上，将土地功能从生态学角度概括为生产、调节、生境和信息功能，并以此为基础进行了二级功能分类。Verburg等在分析土地利用、土地覆被和土地功能之间相互关系的基础上，将土地功能定义为土地具有提供各类产品及服务的能力。综上所述，国外对土地功能的界定更加全面，特别是土地功能是土地自然内在性质的体现这一观点对土地功能内涵理解、概念辨析有很大帮助。

1.2.1.2 土地功能评价

（1）国内研究进展

在土地功能评价、核算方面，毕晓丽等引入了Costanza构建的功能评估模型，对我国陆地的生态服务价值进行了核算，计算结果可以有效表征其生态功能。谢高地等在参考Costanza研究成果的基础上，先后对草地和林地进行了生态价值评估，并针对不同区域修正了评估体系的价值计算参数。我国前期土地功能的评价研究大多借鉴了国外的方法。

吴克宁等在土壤功能的分类与评价方面做了大量细致的研究及分析工作，将土壤功能分为调节功能、动植物栖息地功能、作物生产功能、人居环境功能、自然文化历史档案功能、原材料供给功能等，并对每种功能都进行了界定。姜明等构建了湿地区域土壤的环境功能评价指标体系，并基于层次分析法对其功能进行了评价研究。罗文光等对耕地的经济功能、承载功能等进行了探索，评价过程中主要采用了模拟市场法、替代法和收益还原法等方法。黄贤金等核算了耕地的生态功能，所采用的是收益还原法。余凤庆等核算了耕地的经济功能价值、生态功能价值和社会功能价值，但其研究成果并没有提出耕地的生态功能价值及社会功能价值的具体核算模型。刘沛等在借鉴前人土地功能评价方法的基础上，对土地适宜性评价、潜力评价等方法进行了改进，并建立了功能评价指标体系。

单项土地功能研究方面，近年来我国学者对土地综合生产能力的研究相对较多，但研究成果多数集中在土地的生产潜力方面。竺可桢在 20 世纪 60 年代探索了我国粮食产量与区域气候的关系。黄秉维在此基础上定义了光合生产潜力模型。同时，土地生产潜力的科学研究也逐步地系统化、综合化。代表性的成果包括龙斯玉提出的有效光合辐射理论、李继由构建的能量转换模型、于沪宁建立的光合潜力模型、侯光良创建的气候潜力体系等。20 世纪 80 年代初，国外大量的生产力计算模型被引入中国，其研究方法也趋于多样化，从而进一步扩展了土地生产潜力核算方法。刘金铜、沈思渊等分别对我国不同区位作物的光合作用机理进行了研究，并计算了作物的生产潜力。

在生态服务功能研究初期，我国主要是借鉴国外的优秀成果，例如生态服务功能的概念、内涵、评估方法等。之后逐渐对生态系统服务相关理论方法进行深入细致的研究，并取得了诸多成果。根据我国实际情况，谢高地总结出了我国单位面积陆地生态系统服务价值测算表，受到国内学者的关注。章家恩等对农田生态系统服务能力的持续性进行了简单评价，根据评价结果得出农业生态系统是特殊的自然、人工复合系统，该系统具有直接的环境服务功能、产品生产功能、文化教育与美学功能以及旅游服务功能等。杨志新等估算了北京市城郊的农田生态系统服务价值，其创新之处在于，在对前人相应参数进行修正的基础上计算了一些农田特有的功能价值。赵海珍等评价了青藏高原拉萨河谷地带的农田生态系统服务功能，重点核算了一些相对重要的功能（如固碳功能、释放氧气功能、涵养水分功能、农产品供应功能等）的价值，使用的方法主要有替代工程法、市场价值法等。

近年来，随着遥感（Remote Sensing，RS）、地理信息系统（Geographic Information Systems，GIS）等技术的应用，国内学者对生态系统开展了定量研究。何浩等在核算 2000 年的中国陆地生态服务价值时，采用了生态学理论并结合 RS 技术确定了生态参数。陈仲新等在参考 Costanza 等的生态参数构建的基础上，利用 RS 技术分别对中国陆地和海洋的生态服务价值进行了评估。田耀武等利用 ANNAGNPS 模型研究了长江三峡附近黑沟小流域的生态服务价值。尹剑慧等对草地的涵养水源、水土保持、维持生物多样性、固碳释氧、生态旅游、废弃物处理、净化空气、营养物质循环 8 项功能进行了评价。石惠春等在 Costanza 等研究成果的基础上，对兰州市的城市生态服务价值计算系数进行了研究与修正，并比较了修正前后的兰州市 2005—2009 年的生态系统服务价值。李冬玉等基于耕地净第一性生产力测算模型及生态服务价值测算模型对陕西省耕地的生产力、涵养水源功能、大气调节功能、水土保持功能及净化环境功能进行了价值测评，并分别从省级和市级两个不同尺度探讨了生态系统服务价值的动态变化特征。从以上研究中可以看出，我国有些学者对土地功能进行了定性评价，有的用生产能力进行了表征，但土地功能的知识表达体系并不健全。

（2）国外研究进展

国外早期的土地功能评价研究主要是为土地征税服务，俄国地理学家道库恰耶夫于 1877 年完成的土地评价项目就是为了给政府在土地征税时提供借鉴。伴随 RS、GIS 等技术手段在调查工作中更广泛的应用，从 20 世纪 70 年代开始，土地评价研究领域进一步扩展。随着社会经济的发展及对土地功能研究的深入，土地可持续利用评价又逐渐成为土地评价的热点。Dumanski 构建了加拿大土地管理工作中的评价指标体系，并评价了 Saskatehwan 农业运作系统的可持续性，Stockle 提出了农业系统可持续性评价的理论框架。

总体来说，前期土地的性能、功能研究工作多以定性为主，土地功能定量化评价研究尚不成熟。评价方式主要有综合因素评价、单项指标评价两种。德国柏林城市发展部对区域土壤功能进行了评价，并用“低”“中”“高”作为评价结果，用划分等级的方式开展了土地评价研究，该方法为土地功能定性评价提供了借鉴。Tzilivakisa J、Lewisa K A、Williamson A R 等依据指标的变化衡量土壤功能，并采用关系分析法判定了影响土壤功能的性质和原因。Costanza 对陆地生态功能核算方面进行了深入研究，其理论方法也很成熟。2004 年，在欧洲多个国家的大学和研究所的共同参与下，在欧洲共同体的资助下，欧洲地区开展了“多功能土地利用的环境、社会和经济影响评价工具研究”项目。该项目建立的指标评价体系中，主要有环境和技术指标、社会指标、经济指标三大类，通过指标性质可以看出，该项目所选取的指标大多偏重人为因素、偏重土地利用指标。

在土地生产功能评价方面，国外关于耕地生产力方面的研究较多，但是研究方向偏重土地生产潜力，很少有关于土地生产功能的。德国科学家李比希在 19 世纪 40 年代发表了《有机分子在农业和生理学中的应用》一文，拉开了人们对土地生产潜力进行研究的序幕。20 世纪 20 年代初，一些学者基于相关理论研究了植物的光合作用过程。20 世纪 60 年代至 80 年代，学术届涌现出许多生产力定量化模型，特别是进入 20 世纪 90 年代以来，美国和欧洲等国家和地区等已经普遍采用数值计算方法进行生产力空间定位。国外在对作物生产潜力的研究方面，较多利用模拟农作物生长过程的模型。由以上分析不难看出，国外在讨论如何提高土地生产能力时，大多从粮食产量的角度进行分析。20 世纪 80 年代以来，人们越来越重视粮食的高产、稳产研究，并取得了丰硕成果。

随着全球范围内资源、环境和人口问题的日益凸显，国际上很多专家、学者及组织从多个方面对生态系统服务及其价值核算进行了研究，以自然因素为主及以人为本是进行生态服务功能价值评价的两种主要观点。以自然因素为主的核心人物主要有 Daily 等，而注重以人为本对生态功能评价的代表人物有 Costanza 等。Daily 等提出了生态系统服务功能的概念，他们认为物种及其自然生态系统是生态功能的基础，这种定义为土地功能内涵的界定提供了借鉴。随后，Daily 又在其著作《生态系统服务：人类社会对自然生态系统的依赖性》中对以上观点进行了补充，他指出生态系统服务是实现人类生存并满足人们各种需求的一种状况和过程。而 Costanza 则强调应在生态服务功能评价中坚持以人为本的原则。从 1991 年开始，为了对生物多样性进行定量化，生物多样性、生态服务功能测算逐渐受到人们的关注。Adger 等针对墨西哥的森林生态系统，对其旅游功能、生态功能、植物药用功能及其存在价值进行了定量化评价。Naylor 和 Ehrlich 于 1997 年在全球范围内评估了虫害在抑制农业经营过程中的生态价值。此后，国内外许多学者参考 Costanza 等的估算方法，对不同尺度、不同区域的生态系统服务功能进行了定量的价值评估。这些方法不失为有效的土地功能表征方式，可以进一步为土地功能知识表达体系的构建提供借鉴。

综上所述，近年来国外学者分别从不同尺度对生态系统服务功能进行了评价和核算，得出了丰富的研究成果。最具代表性的包括 Costanza 等开展了全球生态系统的服务功能分类和价值的综合评估；Sutton 等探讨了全球范围内的生态系统价值，并对世界各国的国民生产总值与生态系统的相互关系进行了深入细致的研究。

1.2.2 生态安全格局研究进展

生态安全格局理论最早可追溯到 19 世纪末奥姆斯特德、霍华德等提出的“公园系统”和“花园城市”等理论。近年来，随着全球城市化进程的推进，生物生境和生态系统不断遭受破坏，生物多样性不断降低，对人类的生存和经济社会的可持续发展构成了严重的威胁。在此背景下，人们开始关注土地利用的生态效益及区域生态环境的保护，许多学者纷纷提出通过构建区域生态安全格局以维护和改善区域的生态安全状况。20 世纪 70 年代以来，形成了以景观格局整体优化为核心的景观生态规划方法。1995 年，Forman 等提出了景观规划中景观整体优化的框架，并强调景观格局对生态过程的控制作用，景观格局的优化可以维持景观的生态功能。

近年来，由于生态环境的不断恶化，生态安全格局规划研究成为景观生态学研究的热点之一。许多专家、学者基于各自的研究领域提出了许多生态安全格局的构建方法。其中比较著名的是俞孔坚及其团队进行的生态安全格局构建相关研究，俞孔坚阐述了生物保护安全格局的构建理论和方法，认为一个典型的景观安全格局由源、缓冲区、源间连接、辐射道及战略点 5 部分组成，并详细阐述了景观安全格局的构建步骤：首先需确定“源”，其次依据最小阻力模型建立阻力面，最后根据阻力面判别安全格局。俞孔坚等还提出了基于景观格局理论的生态安全格局网络构建方法及发展格局，通过对北京市生物多样性保护、洪水调节、地质灾害、文化遗产及游憩过程的系统分析及单一安全格局的构建，最终建立了北京市生态安全格局构架。此外，俞孔坚团队还在不同尺度上探讨了生态安全格局的构建方法，如国土尺度生态安全格局的构建、区域尺度综合生态安全格局构建等。

此外，其他国内外学者对生态安全格局也进行了大量的研究，丰富了区域生态保护的理论和方法。Zhang 等利用景观指标和网络分析方法对福建省厦门岛的生态网络格局进行了设计，提出了生态功能与成本费用平衡的绿地网络发展模式；Leitao 等则利用景观格局指数提出了包含水平分析与垂直分析共 5 个步骤的可持续景观规划方法框架，可以较好地用于可持续景观规划。

基于人们对生物多样性保护的重视，生物多样性保护中的许多理论也被广泛应用于生态安全格局构建，如 Mittermeie 等提出了一种利用多样性分布数据对典型野生区域的生物多样性保护需求进行优先排序的方法；Myers 等则详细说明了如何利用生物多样性热点分析进行生物多样性优先保护；方淑波等对中尺度的区域生态安全格局构建进行了研究，从景观格局、生态价值评估及社会经济驱动分析方面提出了基于生态基础设施的生态安全格局构建方法，丰富了生态安全格局构建方法体系。此外，高启晨等提出了管道工程沿线区域的生态安全格局构建原则和方法框架，王棒等利用生物多样性保护的地理模型（Geographic Approach to Protect Biological Diversity，GAP）分析法对保护区域生物多样性的生态安全格局进行了分析与评价。

此外，大量基于连接度理论的模型开始广泛应用于生态网络规划、绿岛规划等景观格局优化。例如，Manel 等将景观生态学和种群遗传学相结合，提出了基于景观遗传学的景观优化模型；Adriaensen 等基于最小费用距离模型进行了景观规划；Minor 等利用图论模型框架对景观连接度及其保护进行了研究；Saura 等基于图论模型理论开发了生境斑块重要性评估软件 Conefor Sensinode 2.2，并在众多规划研究中推广、应用。

1.2.3 土地利用格局优化模拟研究进展

（1）国外研究进展

20 世纪 40 年代末期，著名的数学家、物理学家 John Von Neumann 和数学家 Stanislaw Ulam 首次提出了元胞自动机（Cellular Automata，CA）的概念，此后 CA 模型在很多领域得到了应用。CA 理论在地理学中的应用可追溯到 20 世纪 60 年代：1965 年，Hagerstrand 在空间扩散模型研究中采用了类似 CA 理论的思想；1968 年，Chapin 等在居住地扩展的变化模拟中采用了离散动态的概率模型，其原理与 CA 理论类似。Tobler 在 1979 年首先采用了 CA 模型来模拟美国底特律地区城市的扩展，开创了 CA 模型在地理分析方面的先河。

20 世纪 80 年代，由于城市发展模拟中的不确定性特点，CA 理论在地理分析的应用中得到了长足发展。1984 年，Wolfram 在 *Nature* 发表文章详细阐述了 CA 模型在处理复杂系统复杂行为时的优势，将 CA 模型的应用带入了一个更广阔的领域。同年，Wolfram 总结了 CA 模型的基本特征，深入分析了 CA 模型的演化形态及其在自然系统建模方面的优势，并提出了关于 CA 理论研究的 20 个问题。Clarke 等利用自修改 CA 模型（Self-modified Cellular Automaton Model）对旧金山地区的城市发展进行了模拟和预测；White 等基于 CA 模型和分形理论，提出了一种评价城市土地利用格局的 CA 模型。之后，White 等利用 CA 模型研究了全球气候变化对土地利用构成的影响。同时，在 CA 模型理论研究方面，国外学者对 CA 模型的各种复杂特性也进行了大量研究，如 By、Langton、Morita 等对 CA 模型的自复制特性进行了研究；Bak 等对 CA 模型的自组织特性进行了研究；Kroc 等对 CA 模型中的信息传递进行了深入研究。在此期间，对 CA 的研究也从一维扩展到二维甚至更高维度。

20 世纪 90 年代以后，随着 CA 理论研究的不断深入，相应的一系列 CA 模型被提出并应用，如描述和模拟具有自相似和分形分维特征的城市及其发展过程的 DUEM 模型；

Clarke 等基于 CA 模型提出的 SLEUTH 模型；Waddel 提出的模拟城市扩展中土地利用变化的 Urbansim 模型；Deal 等提出的集成生态学模型、CA 和环境影响评价，可为区域尺度上的综合性规划提供支持的 LEAM 模型等。在应用方面，CA 模型被广泛应用于多种学科和领域的建模与模拟中，如 Mcnamarag 等将 CA 模型应用于流体力学的研究中；Alber 等、Ermentrout 等将 CA 模型应用于生物学的建模中；其他如交通、化学及地理等诸多领域也有广泛的应用。

随着 CA 模型的广泛应用，针对标准 CA 模型的不足，学者们也提出了许多改进型 CA 模型。例如，Alonso-Sanz 等针对标准 CA 模型转换规则只与邻域原胞相关的不足，提出了具有记忆功能的元胞自动机模型。Morita 等构建了可逆元胞自动机（Reversible Cellular Automata）模型，并对其特性进行了研究。

（2）国内研究进展

国内 CA 理论应用研究起步较晚，研究主要集中在利用 CA 模型进行土地利用格局变化模拟等方面。如 Wu 等利用集成的 MCE-CA 模型进行了城市扩展的模拟研究。周成虎等提出了一个适用于城市扩展模拟的空间动力学模型（GeoCA-Urban）；Wu 等提出了一种随机元胞自动机模型，并对广州的城乡土地变化过程进行了模拟；杨青生等采用支持向量机的元胞自动机模型（Support Vector Machine Cellular Automaton，SVM-CA）模拟了深圳市的城市发展过程，取得了理想的效果；邱炳文等提出了一种基于多目标决策的 CA 模型；黎夏等提出了一种面向对象技术的地理元胞自动机模型；张丁轩等利用 CLUE-S 模型对矿业城市土地利用变化进行了情景模拟；Li 等利用神经网络技术与 CA 模型相结合，对复杂城市系统的模拟效果进行了确认，同时 Li 等还提出了一种在城市规划中模拟城市发展中心的 CA 模型；武晓波等利用基于 RS 和 GIS 的 CA 模型对海南省海口市的城市发展进程进行了模拟，取得了理想的效果。张显峰提出了一种基于扩展 CA 模型的土地利用演化与预测模型（LESP），对内蒙古自治区包头市城市扩展进行了模拟。刘小平等利用“生态位”元胞自动机模型对广东省广州市城市扩展进行了模拟，取得了较满意的成果。肖明等利用 CA-Markov 模型对昌化江流域的土地利用变化进行了模拟。杨青生等基于 Agent 和 CA 模型对城市土地利用变化模拟进行了探讨。陈云浩等将灰色线性方法引入元胞自动机模型，对农牧交错带的土地利用格局优化进行了研究。徐昔保基于 CA 模型建立了 ULOM 模型，丰富了土地利用格局模拟方法。

因此，本书针对我国环渤海地区土地开发利用和生态环境治理的具体实践，开展土地多功能评价和生态安全格局层面的理论系统分析，围绕耕地质量监测、基本农田保护、未利用地开发、土地利用调控等理论、技术方法等实践进行探索和创新。从土地功能层面对土地适宜性进行评价更能合理地利用、保护土地。在分析土地结构、属性以及功能关系的基础上对功能进行分类，构建土地多功能评价和生态安全格局基本理论，进而对土地资源进行格局优化配置，以此来深入剖析土地利用与生态安全相互影响机制，探索我国环渤海土地开发利用和生态环境治理技术方法体系，实时掌握土地利用与生态安全变化动态，为实施土地规划、土地整治、生态修复与生态文明建设提供科学依据。

第 2 章 土地多功能评价的理论与方法体系

2.1 土地多功能基础理论

2.1.1 土壤科学理论

土壤是土地的根基，土壤的物理、化学性质在一定程度上决定着土地质量，所以在分析土壤性质时，判断土壤性质发生变化的时间、空间以及土壤性质变化的尺度特征可以更好地选择影响土地功能的物理、化学性质指标。

土壤在整个生态系统中处于重要位置，当进行土地评价时，需要对土壤学相关理论进行解析，以便更好地理解土壤性质、变化规律以及土壤变化对土地质量和土地功能的影响。由于人类活动对生态环境的影响正在逐渐扩大，所以人类活动也是影响土壤性质的重要原因。在很长一段时间内土壤性质虽然主要受自然因素的影响，但在大尺度特别是在较大面积范围内（如集约化农业地区）人类活动对土壤的物理性质、化学性质、生物过程影响更为显著。

土壤性质的变化在空间及时间尺度上差异很大，其中土壤性质随时间的变化可用土壤性质的响应时间（Characteristic Response Time，CRT）来表征，其定义为当外界环境条件改变时，某一土壤性质、状况达到准平衡状态所经过的时间。通过土壤的 CRT 值，研究者可以对各种土壤性质的稳定性用定量的方法进行估算。另外，根据 CRT 值可以获知某一土壤性质会在多大的时间尺度上发生变化。所以在对土地功能特别是生物性生产功能进行评价时，选择评价指标（土壤性质）的 CRT 值与观测的时间尺度应尽量匹配。当 CRT 值＞100 年时，土壤颗粒密度、原生矿物组成、土壤质地、吸湿水含量、不同土壤质地的土层厚度及土体构型等相对稳定，所以可以选择这些指标对土壤性质进行衡量；

而土壤总孔隙度、容重、土壤空气组成、入渗速率、养分形态、水分含量等的 CRT 值均小于 1 年，因此一般不选择这些指标对土地生产功能进行评价，但这些指标可以适当用于生态功能评价；阳离子交换量、离子含量、提取液离子组成、萎蔫含水量等的 CRT 值一般在 1～10 年，这些评价指标可以有选择性地使用；CRT 值在 10～100 年的指标（例如蒙古土矿物组合、比表面积和有机质含量等），可以选择为评价的影响因素，因为它们均具有一定的相对稳定性。所以，在选择土地功能评价影响因素时，一般选择地形、土壤盐碱度、土层厚度、表土质地、剖面构型、有机质等指标作为与土地利用变化时间相匹配的影响因素。

2.1.2　土地评价理论

土地评价工作是揭示土地质量的空间分异规律的主要方法。当前，土地评价是土地科学研究的主要内容之一，其核心内容是土地质量评价，即按照土地所提供的不同服务能力的高低来判断土地质量，对土地的生物性生产能力、承载能力、生态维持与协调能力等进行综合鉴定，以实现评价的基本目的。土地功能受自然、人为等因素的综合影响，因此土地相关评价研究不仅涉及地形、气候、水文等自然因素影响，还涉及土地利用等多方面影响，土地评价就是对土地在这些因素作用下形成的稳定性能高低的评判。

从土地利用角度来说，土地存在不同利用方面的适宜性，土地适宜性评价的主要参考标准一般包括土地的适宜性高低和土地利用的限制性程度。概括地说，土地适宜性评价是一种土地类型对人们所需要的土地用途符合程度的评价，可以依据土地的现状或者按改良后的土地状况进行综合考虑。而土地利用的限制性，是指在特定条件下形成土地属性的某种因素的优劣、多少，某些因素限制了土地的某些用途，或者影响了对这类土地进行进一步改造或利用。所以在对土地进行功能评价（如生产功能评价）时，应尽量选择适宜当地生产环境的作物作为调查评估对象。

我国系统性的土地评价工作始于 20 世纪 70 年代，当时相关专家和学者通过引入 FAO 的土地适宜性评价方法，开展了土地适宜性评价的探索研究工作。20 世纪 80 年代，农业部门通过试点划分了土地适宜性等级，提出了土地生产力分级概念，构建了 1∶100 万土地资源分类体系，并以水、热、土等自然因素为评价指标，对耕地自然生产潜力的级别进行划分，以此为基础制定了《县级土地评价技术规程（试行草案）》。自然资源部门从 20 世纪末开始，历时 10 年完成了我国耕地质量调查以及评定工作，最后建立了全国范围内统一可比的耕地质量等别序列，并将全国划分为 12 个一级标准制度区和 41 个二级标准制度区。

土地结构决定了土地功能，自然影响因素和人为活动影响因素共同决定了土地结构。土地功能的种类和高低是由土地结构要素的种类和比例决定的。同时，土地功能高低可以通过土地适宜性高低来表现。通过对土地自然属性和社会经济因素的综合评定，可以衡量土地满足人类需求能力（功能）的高低，并且可以通过土地适宜性表现。

2.1.3 土地区位理论

区位是一个综合性的概念，它是一种经济地理位置、自然地理位置、交通地理位置等相互作用的表现形式。1826 年，德国经济学家杜能发表了著名的《孤立国》，这可以看作是世界上第一部系统描述土地区位理论的著作。杜能认真细致地研究了“孤立国”的产生、经营、布局，提出了农业生产集约程度、土地利用类型等受市场距离及运输成本影响的观点，并首次阐述了土地利用格局在客观规律性及优势区位等方面存在一定程度的相对性。依据该区位理论，距离造成的农产品运输成本的高低和价格差决定了农业生产的地理分布格局，受这种关系的影响，农业生产形成了以城市为中心并向外呈同心圆状扩展的格局。

杜能将假设的“孤立国”分成 6 个圈层。其中，第一个圈层被称为“自由式农业圈”，它是离城市最近的区域，这个地带内主要生产易腐难运的农产品，如蔬菜、新鲜牛奶等。由于马车是当时欧洲主要的运输工具，运输速度相对较慢，而且缺乏冷藏技术，因此这个区域的农产品主要为蔬菜等易腐产品，且城市中心人口的规模决定了这个农业圈的半径。第二个圈层被称为“林业圈”，这个圈层主要为城市提供建筑材料等，由于这些物品重量及体积都较大，而且一般情况下需求量较大，所以从经济性、适用性的角度来说第二圈层必须在城市近处。第三个圈层被称为“轮作式农业圈”，这个区域内一般没有休闲地，并且所有耕地都以农作物种植为主，主要种植特点是谷物和饲料作物的轮作。第四个圈层被称为“谷草式农业圈”，这个圈层主要由牧草、谷物（麦类）、休耕轮作地带构成。但第四个圈层同第三个圈层不同的是，这个区域任何时候都有一块休闲地，其中谷物种植面积占耕地面积的 43%左右。第五个圈层被称为“三圃式农业圈”，在谷物种植区中此圈是距城市最远的，同时也是最不集约的耕作圈。三圃式农业的特点是将农户附近的每一块地分为三区，并遵循三圃式轮作制度。一些远离农户的区域则设为永久牧场，该圈内谷物种植面积只占全部耕地面积的 24%。第六个圈层被称为“畜牧业圈”，该圈层是“孤立国”的最外环，主要生产用于养畜的牧草，次要生产能够自给的谷、麦等作物。

据杜能提出的原理并通过计算可知，该圈层一般位于距城市中心 51～80 km 处，位于此圈之外的土地租金几乎为零，被视为无人利用的荒地。

杜能的区位理论不仅描述了距离对农业生产和土地利用方式的影响，还首次提出了土地利用方式的区位具有客观规律性及优势区位的相对性。他所阐述的区位对农业生产的重要性也是以土地利用为切入点，他重点强调了作物产地到市场的距离远近对土地利用方式所产生的影响，最终把假设的“孤立国”分成了 6 个同心农业圈层。区位理论对未利用地适宜性多目标优化配置具有一定的指导意义。

2.1.4　土地分类理论

分类学是综合的系统性学科，也是认识和分析事物的重要途径。使用分类的原理和方法，可以使复杂无序的事物系统化，利用对研究对象划分的等级或类型，可以高效地对客观事物进行认识和区分，并可以进一步掌握系统的运行规律，这对自然科学的研究具有重要的指导意义。所以对研究对象进行有效性类型划分是进行科学研究的重要基础方法。分类学用到的基本概念和方法主要有以下几点。

（1）土地分类体系的等级

当一个系统的结构用任何独立的类型都不能表示其要素之间的关系时，所划分的上一层级类别可以再被继续向下划分类别，并用下一层级表明不同类别的关系，这样就构成了多级分类体系。这种分类方法有如下性质：就整个群体而言，其类别是根据不同的划分指标形成的；同一水平上的所有类型构成一个分类级；在多级分类体系中，任何一个分类级都应该囊括这个系统中所有的同级单位，也就是说，同一个分类等级上的类别总和构成了这个系统。指标或者性质、属性相似的一组个体在同一个级别上组成一个类别。

（2）土地分类体系的类别

在对系统进行分类的过程中，能够代表其自身完整性的最小自然体叫作个体（Individual），如一个要素、一个自然现象、一种人类活动方式等。所有个体单位的总和称为一个系统。在一个系统中，虽然所有个体之间存在共同特征，但不可避免的是有些个体之间可能存在较大差异，导致不同个体之间的相似性和差异性难以被严格区分，从而较难探求它们之间的客观规律。

人们通过科学研究或实地调查可以获取不同类别的性质或指标，通过总结这些性质或指标的相似性，将群体中同一层级的个体进行分类或归类，以使个体差异实现规律化。从个体的连续性方面来说，自然界中存在连续体和非连续体两种类型。连续体个体之间的变化是循序渐进的，导致个体不容易被区分；而非连续体的变化是跳跃的，其个体是各自独立的。

分类学中另外一个重要的术语是分类单元。任何分类对象都是一个复杂系统，在进行分类时，根据在分类标准上的相似性将个体合并归类成同种类别的过程就是系统分类。任何一个系统分类级中每个类别都是一个分类单元。因此，分类单元是按照一定的分类原则，根据对对象认识程度的不同，对分类对象的分类性质、指标、关系等抽象概括之后定义的。

2.2 土地功能概念辨析

土地是一个立体化的概念。土地不同于水、岩石等物质，其具有多功能性。土地在形成土地功能过程中会受到多种因素的影响，这些因素包括自然因素、经济因素、社会因素、时间因素等，土地在这些因素的作用下会形成不同的性质和功能。

土地资源是指在一定的时段内、在一定的技术条件下可以为人类所改造并利用的土地。客观来看，土地与土地资源是有区别的，前者包含了所有类型的土地，而后者是从人们对土地利用的角度来对土地进行解释，所以如果一味地追求土地资源的价值，不仅会破坏土地结构，还会弱化土地功能。

功能是指某物质因具有的一种内在属性而产生的某种能力。很多人已经意识到土地功能研究对土地利用的重要性，但前期的土地功能分析研究多集中在土地利用功能方面。土地利用功能是在人类与土地进行信息、物质、能量交流过程中体现出来的，在利用过程中土地提供给人类所需产品与服务的能力是土地各种能力的外在体现，在不同的利用方式下土地所提供的产品和服务由土地利用功能决定，这种定义以土地利用为目的，却忽视了土地的内在性质和属性，把人类作用当作了土地功能的主导因素。

土地功能与土地利用功能不同，土地功能是由土地结构决定的，土地结构相互作用使土地具有特定性质，从而产生土地功能。土地功能不受人类活动的约束，功能之间没有高低之分，土地利用等人类行为并不能替代土地功能。人类活动的主要目的是不断地从土地中获取价值，但从土地中获取的价值提高（如增加粮食产量、扩张建设用地等）并不意味着土地功能的提高，相反，可能会削弱土地功能，所以土地功能是土地与生俱来的内在性质的体现，不能简单地将土地利用功能等同于土地功能。

基于以上分析，笔者将土地功能理解为土地在地形、环境等自然因素，以及经济因素、社会因素、人为因素共同影响下具有的各种能力，其是土地内在性质的体现。由于土地存在结构、性质等差异，因此每块土地存在的功能也不同。

土地内在能力的高低可以通过一定的方式表现出来。在长期的历史发展进程中，人们通过逐步地摸索自然规律、总结土地肥力等特征，逐步确立了土地的利用方式，这种土地利用方式是土地功能的外在体现。

土地利用方式是土地功能的直接表征，是人们基于土地的固有属性和功能，为达到一定的经济和社会目的（如获得服务或物质产品）而对土地的使用、保护及改造过程，同时土地在被人们的开发利用过程中形成了不同的空间分布格局。

2.3　土地功能差异的主要影响因素分析

土地是人类社会最重要的也是最基本的自然资源。土地资源与其他资源相比，有共同特征，也有其独特的属性。土地是自然综合体，因此土地的属性不但受到自然因素（如气候、地形、水文等）的影响，还受到非自然因素（如人类活动、土地利用方式）的影响。把土地看成综合体无疑是科学的，因为气候、植物、动物、土壤、岩石、水等自然要素均会对土地功能的发挥产生一定的影响，但同时这些影响并不是孤立的，而是彼此制约、相互联系的。当这些要素对土地的影响达到一种稳定状态后，土地的构成要素也会达到一定的比例，土地也就具有了相对稳定的结构。不同结构的土地所表现出来的属性可以概括成经济属性、社会属性和生态属性，这些稳定的属性会产生相应的土地功能。

人类生存以及各种人类社会、经济活动都离不开土地功能的发挥。非农行业（如建筑、交通、旅游等）把土地当作“地基”或原料来源，农业更是依赖土地功能的发挥，所以土地结构直接影响工农业生产及生态环境的优劣。同时，土地在满足人类生产、生活等方面需求的同时，又受土地各种特性的影响，如土地多效能性、稀有性、永续利用性等。

土地是自然综合体，是在人类不断劳动中产生的。影响土地潜力的自然及人为因素统称为土地结构。物质的结构是指物质间各组成成分或组成部分之间的配合关系。而结构研究的核心问题就是其组合方式及相互作用关系。结构组合方式不同，产生的土地功能也不同。

土地结构是构成土地的各要素的组成与相互作用关系，是土地功能的形成基础及内在根据，而土地功能是土地结构的综合外在表现。结构和功能并非严格对应关系。一般而言，土地具有相似结构（如地形、气候相似），在一定程度上也具有相似功能，但相似功能对应不同的土地结构，例如东北平原耕地和黄土高原耕地土地结构差异明显，但具有相似的生物性生产功能。如果土地的内部成分结构发生变化，其相应的功能也会发生变化。例如，严重盐碱化土地的生物性生产功能极低，但是如果去除土地的盐渍化后，土地的生产功能则会大大提升；又如，我国西北沙漠地区如果引入水源，那么就会改变其土地覆被，沙漠会变为绿洲，土地就具有了生物性生产功能及生态功能，可见土地的内部要素组成是土地功能形态的基础。

从土地成分构成来看，土地是由双重子系统组成的物质系统，一个子系统是其组成成分（因素）的组合；另一个子系统是构成该土地系统的各低级土地单元。这两个子系统紧密联系，同时成分结构也存在地域差异性，并分化出不同的低级个体结构（图 2-1）。

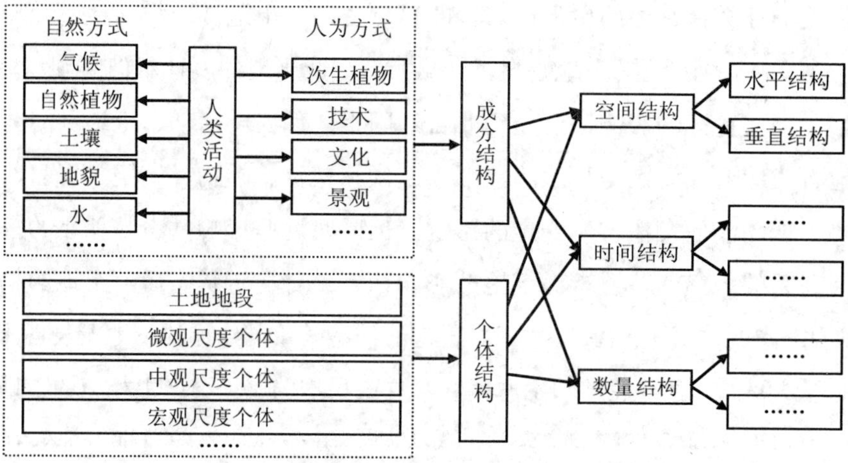

图 2-1　土地结构剖析图

2.3.1　自然因素对土地功能的影响

2.3.1.1　区域的气候特点对土地功能的影响

造成土地功能差异的主要因素之一就是气候。首先，气候会影响地球表面各种生物如呼吸作用、光合作用等生命过程，并提供生命所必需的能量和水分；其次，在长期的发展历程中，土壤的形成过程也受气候的影响。我国地域广阔，气候条件多种多样，这种气候条件的差异，如降水、温度等的年际及区域差别不仅会影响土地的氮、磷、碳等元素的含量及空间分布规律，还会影响土壤的湿度、贮水量。CO_2 所造成的温室效应会大大加快土壤氮素的矿化度，从而导致土壤生产能力的降低。例如，近 40 年来的气候变暖过程导致内蒙古草原区水分蒸发加剧，加速了其土地沙化程度。周涛等的研究表明，气候变暖会对土壤微生物的种类及分布产生重要影响。

2.3.1.2　土壤资源的特性对土地功能的影响

（1）水平地带性分异的影响

水平地带性包括纬度地带性及经度地带性，纬度地带性的影响因素主要为太阳高度角，热量在南北方向上的递变会随纬度变化而变化，热量沿纬线方向呈东西向带状延伸，自北向南依次跨越寒温带、中温带、暖温带、亚热带和热带。经度地带性分布是指我国从内陆向沿海方向、水分状况由干旱向湿润的变化规律，自西北向东南内陆依次有干旱地区、半干旱地区、半湿润地区和湿润地区。地带性分布是水分和热量的综合反映，大量的统计数据显示，这种分布趋势与农作物产出的地域分布规律基本一致，如东部湿润、半湿润地区主要是农业生产区、农林区与林农区，西北干旱地区、半干旱地区主要分布着牧业区、农牧区与牧农区。

土壤具有一定的肥力，可以为作物生长提供水分、矿物质营养元素以及物质和能量交换的场所。据前人的研究成果，土壤的水平地带性分异规律在一定程度上决定了土壤类型的分布。例如，我国东部湿润地区受温度、降水和季风等的影响，土壤类型主要呈现纬度地带性分布规律，从北向南依次分布着寒棕壤、暗棕壤、黄棕壤、红壤、黄壤、赤红壤、砖红壤。而秦岭—淮河以北地区，由于空气水分的减少，导致土壤类型自东向西呈现干湿带带状分布规律，温带地区土壤类型分布依次是暗棕壤、黑土、黑钙土、栗钙土、灰漠土、灰棕漠土；暖温带的土壤类型分布自东向西依次为褐土、黑垆土、灰钙土、棕漠土。

（2）山地垂直分异的影响

山地垂直地带与土地功能类型有密切关系。我国山地的重要自然环境特征之一是面积大，地形的高低起伏，不但极大地改变了水平地带分布，在垂直方向上差异也很大。虽然山地垂直地带区同样具有水平地带分异规律，但因高差、坡度与坡向、绝对高程、山体大小与形状等的综合影响，植被类型垂直分布出现了巨大差异现象。

造成土壤类型差异的另一重要影响因素是气候的垂直差异。土壤垂直地带性分布一般出现在海拔较高的高原地区或山地地区。这些区域的温度和湿度会随着高程的上升而发生相应变化，使得土壤类型呈现有规律的分布。所以，土壤的这种垂直地带性分异规律也会使土地产生不同的功能。

（3）地貌地域差异的影响

地貌是影响土地结构的基本要素之一，不同的地表形态直接决定了土地功能的轮廓和土地功能类型，从而决定了土地功能分布的空间格局。所以说在一定程度上地貌形态的空间变异特征是土地功能类型划分的一个极为重要的参考因素。各种地貌类型对土地功能的影响方式和程度不同。例如，平原通常地势平坦、海拔较低，有利于耕作、灌溉，因此适合农业发展。

（4）土壤性质对土地功能的影响

土壤在形成过程中的性质、速度、方向共同决定了土壤性质，土壤的形成过程与土壤的物理、化学性质具有紧密联系。土壤性质不同不仅影响土壤有机质、pH 等，也会影响灌溉、施肥等人类活动对土地的作用，土壤的持水性等也受土壤性质的影响，甚至会左右土地生物量和生产能力。

通过上述分析可以看出，地形、地带分异是影响土地与外部环境进行能量物质转换的重要条件，这些差异对光、水、热等起到重新分配的作用，并最终影响土壤的发育。吕贻忠等对鄂尔多斯不同区域沙质土地的水分空间分异特征进行分析后，发现随着地势的降低，表层土地的水含量呈逐渐升高的趋势。

2.3.1.3 植被对土地功能的影响

当前，与植被相关的土壤功能研究相对较多。有研究表明，区域地表植被类型不同会导致土地的持水性产生很大差别。许多学者研究了不同植被覆被下土壤最大持水率、总孔隙度等性质，对土壤酶活性、养分含量等性质及土地渗透功能、水源涵养功能进行了深入研究。如于格等利用风洞实验，对青藏高原地区高寒草甸的土壤保持功能进行了评价研究。也有部分学者的研究表明，不同覆被条件下，土壤微生物群落、微生物个体数量和微生物种类也有明显差异。近年来，湿地的生态服务功能越来越受到人们的关注。此外，不少学者还研究了土壤微生物对土地功能的影响，如刘满强等探讨了根际微型土壤生物（原生动物和线虫）与根际生态服务功能的关系。

2.3.2 人为因素对土地功能的影响

土地是一个受多要素作用的综合体，对土地功能进行评价的主要目的是进行可持续的土地利用。从系统学角度来说，土地利用是一个综合概念，不同于土地覆被，与自然生态系统区别很大，把“人”在土地利用过程中产生的各种影响、形成的社会经济活动要素与生态系统一起组合成一个相互影响、彼此联系的整体是其最鲜明的特征。土地利用过程中人为因素主要包括施肥、耕作、排灌等。

人类对土地或土壤的利用影响区域的土地结构，进而影响土地功能。土地利用方式对土地物理性质、化学性质与养分循环影响很大。例如，建设用地扩张破坏了地表覆被，使土地的生态功能减弱甚至消失；农业生产虽然增加了植被覆盖度进而促进了养分循环，但一些不合理的土地利用方式增加了土壤侵蚀、养分流失、面源污染等风险。

土地利用格局影响着区域土地整体的功能及生态过程。合理的土地利用方式有利于促进区域土地的水分、养分循环，反之则阻碍生态系统过程的完整性，进而影响土地结构，使土地功能减弱甚至消失。人类行为对土地结构的作用主要体现在以下几个方面：

（1）人类活动对气候的影响

人类活动对区域气候的影响主要体现在两个方面：人类活动使地表植被、太阳辐射反射率、土壤水分、养分循环等发生变化，从而影响了水分蒸发、地表温度及降水等，导致气候发生改变；人类活动使大气中的 CH_4、CO_2 等温室气体含量增多，从而间接或直接地改变了大气成分，促进区域气候的改变。

（2）人类活动对水文的影响

水是土地功能重要的影响因子之一，人类活动对区域水文的影响主要体现在水量与水质两个方面。人类活动方式的不同对水的影响方式也不同，例如在农业生产中，农药、化肥的过度施用会污染地表水和浅层地下水；城市及工业废水、废气、废渣，也会直接威胁地下水安全。在同一流域内，相关研究证明河流水质与人类行为具有极强的相关性。

与此同时，人类活动特别是人类对土地的利用方式对水量影响也很大。随着社会经济的发展，人口的不断增加，城镇化的快速推进，人类对地下水的大量开采使得很多区域地下水水位快速下降，导致可供人们利用的地下水资源持续减少。

（3）人类活动对土壤的影响

土壤是土地功能的重要载体，因不合理的人类活动导致的土壤污染、水土流失、土壤沙化等问题越来越受到人们的关注。人类活动对土壤的物质循环、理化性质、土壤有机碳储量等均具有较大影响。

①人类活动对土壤物理性质的影响。

国内外大量的研究表明，土壤侵蚀、土壤污染、土壤沙化、土壤板结等问题都与不科学的土地利用方式有密切关系，其对土壤物理性质方面的影响主要体现在土体构型、土壤酸度、土壤容重、土壤盐碱度、土壤孔隙度、表层土壤厚度等方面。唐克丽等对天然覆被被破坏前后土壤的侵蚀状况进行的研究表明，受人类影响，土壤的年侵蚀模数会发生很大变化。实验表明，未利用地被开发为耕地后，土壤团聚体的含量会显著降低，特别是在山区，如果不采取科学的措施，发生水土流失的风险会大大增加。从长期来看，随着人类活动的加剧，土壤有机碳等的含量会逐渐降低。由此可见，人类活动对土壤的物理性质影响很大。

②人类活动对土壤化学性质的影响。

人类活动，特别是人类对土地的利用方式对土壤养分的保持和循环也会产生影响。例如，天然林地或草地与农田相比，由于前者生态结构更加完整，其对土壤养分的保持和循环作用要优于后者。人类活动也会影响土壤有机碳的储量及动态变化。

（4）人类活动对生物多样性的影响

生物多样性与人类生存和发展关系重大，但随着人类活动影响的加剧，全球生物多样性呈现不断下降的趋势，特别是人类对自然资源的过度开采引起的环境破坏是生物多样性降低的重要原因之一，同时在农业生产过程中人类过度施用化肥、农药等对土壤造成的污染也会导致土壤生物多样性的减少。

2.4 土地功能的类型划分

进行土地功能分类是认识土地自身性质、土地功能发展及演变规律的有效手段，该工作的实施能够促进土地管理工作顺利高效地开展。系统、科学的划分土地功能类型是促进土地科学发展的重要途径，也是土地资源可持续利用的主要保障。土地功能分类需要综合考虑土地的自然属性及人类活动等对土地的影响。

2.4.1 土地功能分类的目标

进行土地功能分类，主要是为了更好地认识土地各种功能的异质性，也可以为下一步的土地功能制图、格局分析、功能评价等做好服务。因此，土地功能分类的目标首先是服务于土地功能评价，进而利用评价结果对土地、生态等方面进行规划。土地功能分类方法的科学性直接关系土地功能评价的科学性和实用性。气候条件、地貌类型、土地利用方式，甚至人们的生活习惯等方面的差异都会影响并导致土地功能的地域差异。因此，在土地功能分类方法体系中，要尽可能地考虑体现区域土地功能的特征，保证所划分出的土地功能类型能够有效运用到土地功能评价及各种土地相关规划的实践中。

2.4.2　土地功能分类的尺度

尺度问题是土地分类研究中的关键问题，也是土地功能分类坚持的原则之一。土地是由不同土地结构组成的复杂系统，异质性是土地功能分类的基础。土地功能分类过程就是将具有差异性的土地功能划分为不同的土地功能类型，将相对一致的土地功能划分为相同的类型（图 2-2），而土地功能的差异性和多功能性等概念都必须依据一定的尺度。根据前人研究可以得出，目前国内外尚无系统的土地功能分类体系，其中一个主要原因是研究者所关注的尺度没有统一，从而无法用统一的土地功能分类标准来衡量。所以，土地功能分类首先应该明确分类方法所适用的尺度，根据确定的尺度相应选取合适的土地功能分类指标。土地功能分类方法是根据土地功能评价及后续研究的需要，在县域尺度上根据土地功能类型的划分依据，将土地功能依次划分出不同类别。

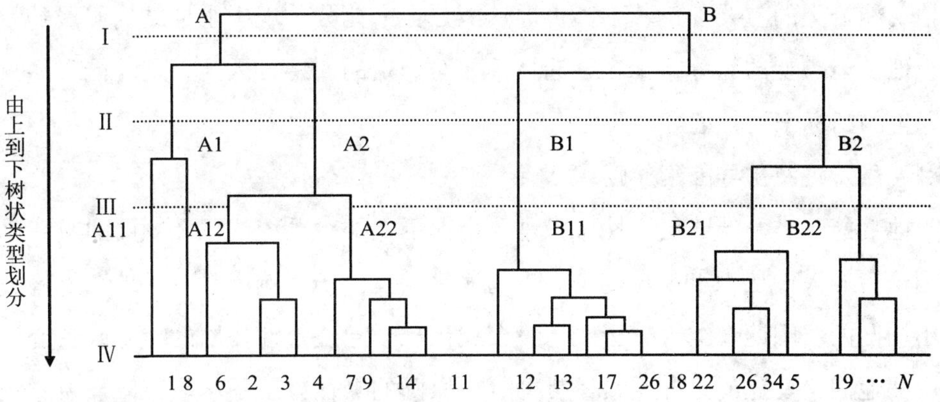

图 2-2　树状结构分类

注：Ⅰ、Ⅱ、Ⅲ、Ⅳ——类型划分层次；A，A1，A11，…，B，B1，B2，B11，…，1，2，3，…，N——类型。

2.4.3　土地功能分类的原则

2.4.3.1　整体性原则

依据土地功能的相似性和差异性进行土地功能分类时，必须要全面分析土地功能构成要素，阐明各要素的作用，要着重注意各组成要素共同作用下所形成的土地特征，而不是只注重土地功能的某些个别要素。整体性原则是系统分类方法的核心和首要原则，它渗透于整个分类过程。整体性原则要求人们在认识和改造对象的过程中，从整体出发，注意掌握、认识、改造系统的整体功能和特征。而“系统综合”的逻辑方法，就是遵循整体性原则，首先把土地功能看作一个由诸要素组成的综合体，从这个综合体入手，对土地的要素、结构、层次、功能、联系方式、目的、发展趋势、外部环境及综合效应进行考察，进而把握主体并抓住客体，达到多样性的统一。

2.4.3.2 相关性原则

相关性原则即系统方法相互关联的原则。从系统与要素之间、系统的各个要素之间、环境与系统之间的相互关系中把握其整体性，这样就能充分认识土地的整体性及其形成的内在机理。因而相关性原则是土地进行系统综合的主要原则。

2.4.3.3 空间分异和稳定性原则

从土地功能的构成来看，在宏观尺度上我国土地功能具有较明显的地带分异规律，即水平地带性和垂直地带性差异。地域分异规律对土地结构的组成，以及功能的变化和发展起到重要作用，应作为大尺度土地功能类型划分的重要指标。因此，空间分异原则是土地功能分类的重要理论基础，土地功能分类应充分体现出土地结构组成的空间差异性。土地功能类型的划分指标应该选择其相对稳定的属性，因为土地功能类型只能依据相对稳定的指标来进行划分。

2.4.3.4 层次性及主导因素原则

土地功能分类系统的层次性可以进一步揭示人类对系统认识及发展的辩证过程，从而有利于指导人们认识土地功能进一步的演化过程。各影响因素在土地功能构成中的作用是不均衡的，因此在综合分析中一般会找到一个起决定性作用的，并因其变化而引起体系中其他因素变化的主导因素。贯彻这一原则的具体方法是尽量选取反映这一因素的指标，并把它作为分类关键指标。由于不同尺度、不同区域的土地功能差别很大，因此起决定性作用的土地功能主导因素也往往会随地而变。

2.4.4 土地功能的类型划分结果

在系统科学理论的基础上，在众多影响因素（如气候、地貌地形、土壤、土地覆被、水文地质、土地利用等）的基础上，人们把对土地功能影响程度不同的稳定性因素作为分异要素进行划分。

土地位于地球表面大气圈、水圈和陆地表层交会处，是生命活动最为活跃的区域，绿色植物的光合作用合成的有机质，以及土壤的矿质营养元素支持着地球表层的植物生长和发育，支撑起整个地球的生命及其活动的生态体系。依照土地的资源属性及生态环境属性，土地功能可以分为资源性功能和生态环境性功能（表 2-1），而且根据土地所具有的性质及土地所表现出来的功能特性可以将土地的资源性功能及土地生态环境性功能进一步细分。

表 2-1　土地的功能属性

土地功能属性	定义及特征
土地的资源	土地的资源属性，即土地可以提供农产品、各种原材料，承载各种地物及提供旅游、交通、文化娱乐等服务的功能
土地的生态环境	土地的生态环境属性，即土地可以保护生态环境、维护生态平衡，具有气候调节、气体调节、水源涵养、生物多样性保护等功能

随着国内外学者对土地功能相关研究的不断深入，土地功能的分类呈现出越来越强的系统性以及可操作性，但是当前国际上仍没有一个统一的土地功能分类方案，不同的分类体系之间也有重合，划分的单项土地功能有些存在一定的隶属关系。因此参考上述对土地“结构—功能”关系的分析，分析土地功能的自然因素及人为影响因素，并对前人的研究成果、结论进行梳理归并，研究者将土地功能在资源性功能和生态环境性功能的基础上继续划分，共分为六类，并对每类进行了内涵分析及定义。

2.4.4.1　生物性生产功能

土地的生物性生产功能研究起源于人们对土壤功能的研究，1992 年在美国召开的土壤质量会议上，Doran J W 和 Parkin T B 首次明确了土壤功能的内涵，认为土壤功能可以从 3 个方面进行表述，其中“土壤提高生物生产力的能力”“土壤质量影响生物健康的能力”已经涉及了土地的生物性生产功能。Benno P Warkentin 在 1995 年提出了土壤产品生产功能的概念。为了平衡可持续发展中社会、经济及生态关系，国外研究大多采用了土地 9 功能分类制，认为土地本身具有支持和供给生物资源的能力，通过分析可以看出，在土地的 9 功能分类制中，对土地生产功能的定义更加具体。从内涵上看，“土壤支持和供给生物资源的能力”包括“土壤提高生物生产力的能力、土壤质量影响生物健康的能力及土壤产品生产功能”。德国的 Federal Soil Protection Act 机构于 1999 年总结得出土地具有农作物生产功能等五大功能，认为土地是支撑农业经营并获得农作物的主要场所，人们从事的农业生产应用的是土地的农作物生产功能，随后欧盟的 European Commission（2002）提出土地具有提供粮食和其他生物产品的功能，这种观点实际上是土地具有“农作物生产功能”观点的概括及延伸。英国一些科学家（The First Soil Action Plan for England，2005）认为土地具有生产功能等 6 项功能。Blum W E H（1998）提出土地具有农业和林业生产的基础功能。刘卫东（2008）提出了土地的生产性是土地的核心功能之一，谢高地等（2009）根据土地的多功能性对土地功能进行了分类，其中就业支持、健康保障、土地的生物性生产功能、人工化土地的生产功能均涉及土地的生产功能。以上研究中涉及土地生产功能的类型有的存在隶属关系，有的概念不准确、不全面。通过对相关定义进行梳理归并、推理，可以看出研究者们一致认为“土地具有为人类生存提供粮食和其他农产品的能力”，因此将土地这种能力定义为生物性生产功能（图 2-3）。

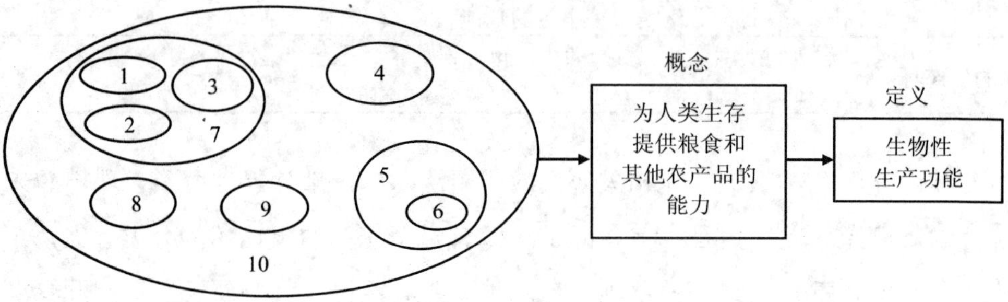

1——土壤质量影响动植物和人类健康的能力；2——土壤的产品生产功能；3——提高生物生产力的能力；4——农业和林业生产的基础功能；5——农作物生产功能；6——提供粮食和其他生物产品的功能；7——支持和供给生物资源；8——就业支持；9——健康保障；10——农业、林业、医药以及其他生物产品等生物性生产功能。

图 2-3 生物性生产功能归纳及定义

由图 2-3 可以看出，前人在对土地满足人们生产方面的功能进行分类时，从土地的土壤性质、农作物提供等多方面对土地功能进行了定义。这些定义中有些存在包含与被包含关系，例如，支持和供给生物资源功能实际上包括土壤质量影响动植物和人类健康的能力、土壤的产品生产功能、提高生物生产力的能力，同时它又从属于农业、林业、医药以及其他生物产品等生物性生产功能，但综合来看，这些土地功能都是为人类生存提供粮食和其他农产品的能力，所以被定义为生物性生产功能。

2.4.4.2 原材料供应功能

土地不仅是人类活动的载体，经济、社会的可持续发展也离不开土地的能源和原材料供应。Blum W E H（1998）提出了土地六大功能，欧盟委员会（2002）提出了土地五大功能，一些英国科学家明确定义了土地的原料供应能力，并将这种功能划分为一类。国外采用的 9 功能分类制中的土地“提供非生物资源”及谢高地等（2009）定义的“土地资源维持与供给”功能均是对土地具有原材料供应功能的概括（图 2-4）。

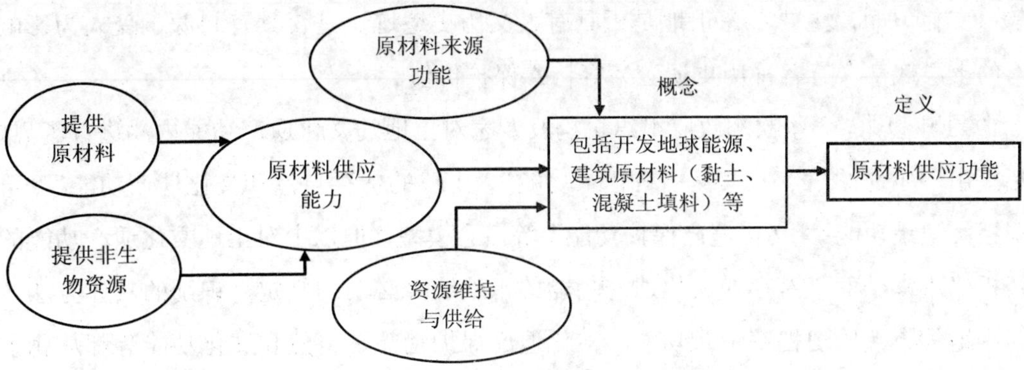

图 2-4　原材料功能归纳及定义

2.4.4.3　承载功能

土地的承载功能就是土地为工厂建设、人类居住的建筑物等提供承载基础的能力。Blum W E H（1998）提出土地是容纳基础设施建设的基础，国外的土地 9 功能分类制中，"土地满足人类居住和土地的独立生产的能力"是主要功能之一。我国有代表性的土地承载功能定义包括刘卫东（2008）提出的"土地承载性功能、储蓄及增值功能"，谢高地等（2009）定义的"居住家园功能"等。

前述的土地承载功能相关定义中，"以土地为基础的生产活动""居住家园功能"内涵都从属于"土地的居住、土地的独立生产功能"（图 2-5）。

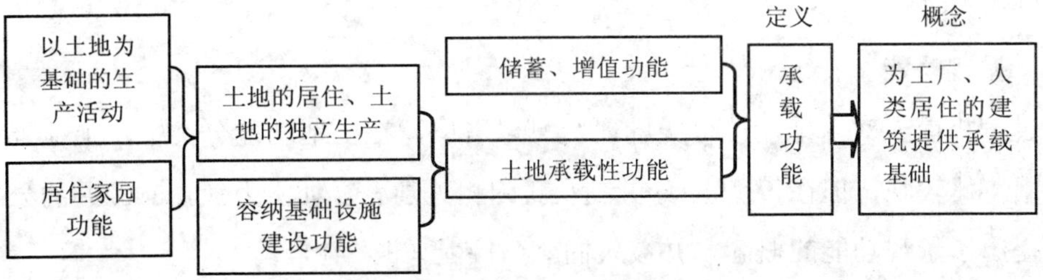

图 2-5　承载功能归纳及定义

2.4.4.4　文化遗产功能

如果土地能够反映出历史中地质地貌的变化或早期土地的形成及环境条件，那么这些土地的保护就具有特殊意义。保持人类文化遗产的完整性是人类可持续发展的重要因素。文化遗产功能具有高度的变异性，保护相关信息有利于我们了解过去、思考现在和预测未来。土地的文化遗产功能主要受两个方面制约：自然因素方面，主要考虑反映古地貌变化、古气候的独特土地，具有显著潜育特征的土地，泥炭或起源于稀有物质的土地等；文化方面，主要考虑土地是否具有人文历史遗迹，是否具有起源于受人为影响、稀有的土层底部（有各种历史遗迹）等特殊保护价值。

1998年以来，一些欧洲政府组织机构及专家对土地的文化遗产功能内涵进行了界定，先后提出"土地的自然、人文档案记录功能""土壤的保存自然和文化遗产功能""自然历史档案记录功能""文化遗产保护功能"等概念模型，但以上对土地文化遗产功能的概念辨析仍不够全面，对存在文化遗产功能的土地缺少必要的判定、识别的具体方法及标准。土地的自然历史档案记录功能、文化遗产保护功能、自然和文化功能等都从属于土地文化遗产功能（图2-6）。

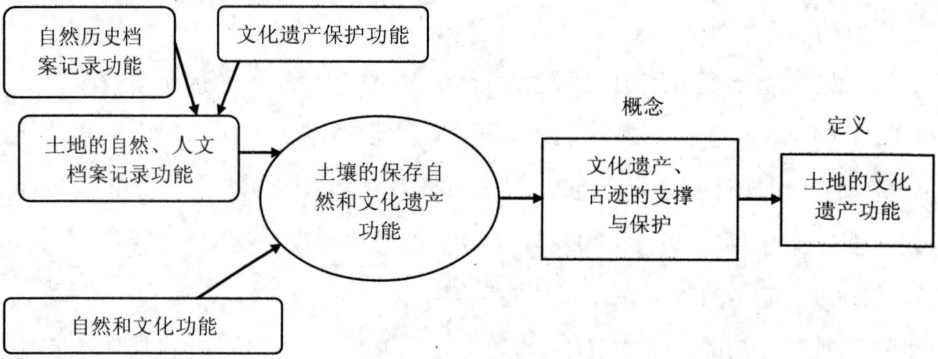

图2-6 文化遗产功能归纳及定义

2.4.4.5 景观功能

通过分析前人对土地功能分类的研究可以看出，在土地功能分类中，土地景观功能虽然提出得比较晚，但在9功能分类制及我国相关学者（如王万茂，2002）的分类中都明确地提出了景观功能的概念，并被人们普遍接受（图2-7）。

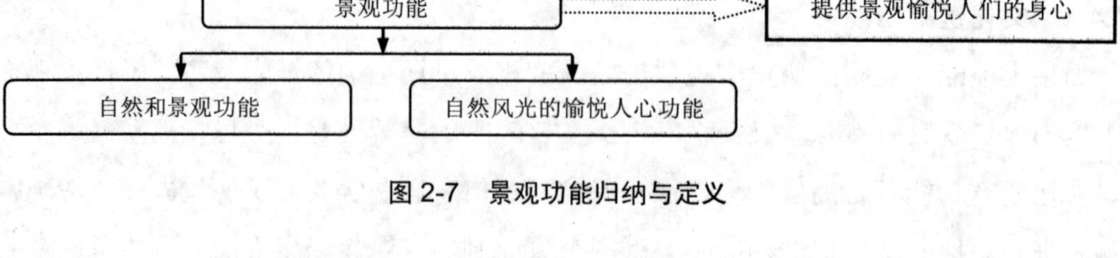

图2-7 景观功能归纳与定义

2.4.4.6　生态维持及协调功能

Doran J W 和 Parkin T B 在 1992 年美国召开的土壤质量会议上，讨论了土壤具有的“降低环境污染物和病菌损害”的能力。Blum W E H（1998）是最早提出土壤功能分类的学者，并提出了土壤的六大功能，认为土壤具有过滤、缓冲和转化能力、生物基因库等生态功能。德国的 Federal Soil Protection Act 机构于 1999 年总结得出土地具有自然植被栖息地功能、过滤缓冲功能、水平衡调节功能等生态功能。欧盟委员会（2002）认为土地具有存储、过滤和转换功能，以及栖息地和基因库功能。Gebhard 等认为土地具有经济、社会和生态 3 个方面的功能，在生态环境遭到威胁的状况下，将土壤的生态功能独立出来，有利于维护生态平衡。Rudolf 着重研究了土地的生态系统，从维护生态系统平衡的角度将土地功能归纳为四大功能。刘卫东等也提出了土地生态功能的概念。刘沛等认为，土地所具有的功能均可以归结为生产、社会和生态 3 个方面。由以上分类可以看出，土地的生态功能提法频率最高，但土地本身就是生态系统的一部分，所以这种定义较为宽泛，对土壤的生态环境功能、水平衡调节能力、自然植被栖息地功能、过滤缓冲和转化能力、维持生态系统平衡等功能定义不全面。与其他土地功能不同，土地的生态维持及协调功能是间接作用于人类的功能。土地本身是一个系统，与人们的生产、生活息息相关。根据前人的研究成果，土地生态功能可以概括为支持生物区的持续，对地下水、食物链、生物多样性、区域大气、生物基因库等提供保护的能力（图 2-8）。

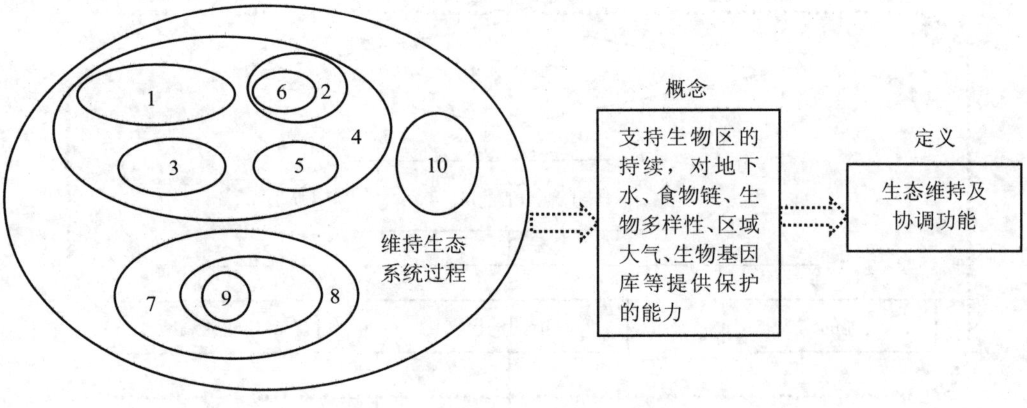

图 2-8　生态维持及调节功能归纳与定义

注：1——土壤降低环境污染物和病菌损害的功能；2——对有害物质缓冲功能；3——对水和空气的环境交互作用；4——过滤、缓冲和转化功能；5——减轻污染物排放；6——水分、养分的循环功能；7——栖息地和基因库功能；8——自然植被栖息地功能；9——生物基因库和繁殖场所；10——水平衡调节功能。

2.5 土地的结构—属性—功能—影响指标框架分析

2.5.1 土地的结构与功能关系分析

土地是自然综合体，也是人类不断劳动的产物。影响土地潜力的自然及人为因素统称为土地结构。而结构研究的核心问题就是系统组成成分的数量、质量及其组合方式。结构是功能的基础，而功能反作用于结构。在特定土地结构模式下，土地会产生某些特性或发生某些变化。目前，关于土地功能变化研究多围绕土地利用或地表覆被变化引起的土壤生态环境变化。

土地在自然和人为因素作用过程中的土地结构、土地功能及生存环境问题的关系如图 2-9 所示。随着我国人口的增加、建设用地的扩张，以及人们生活水平的提高，人们所

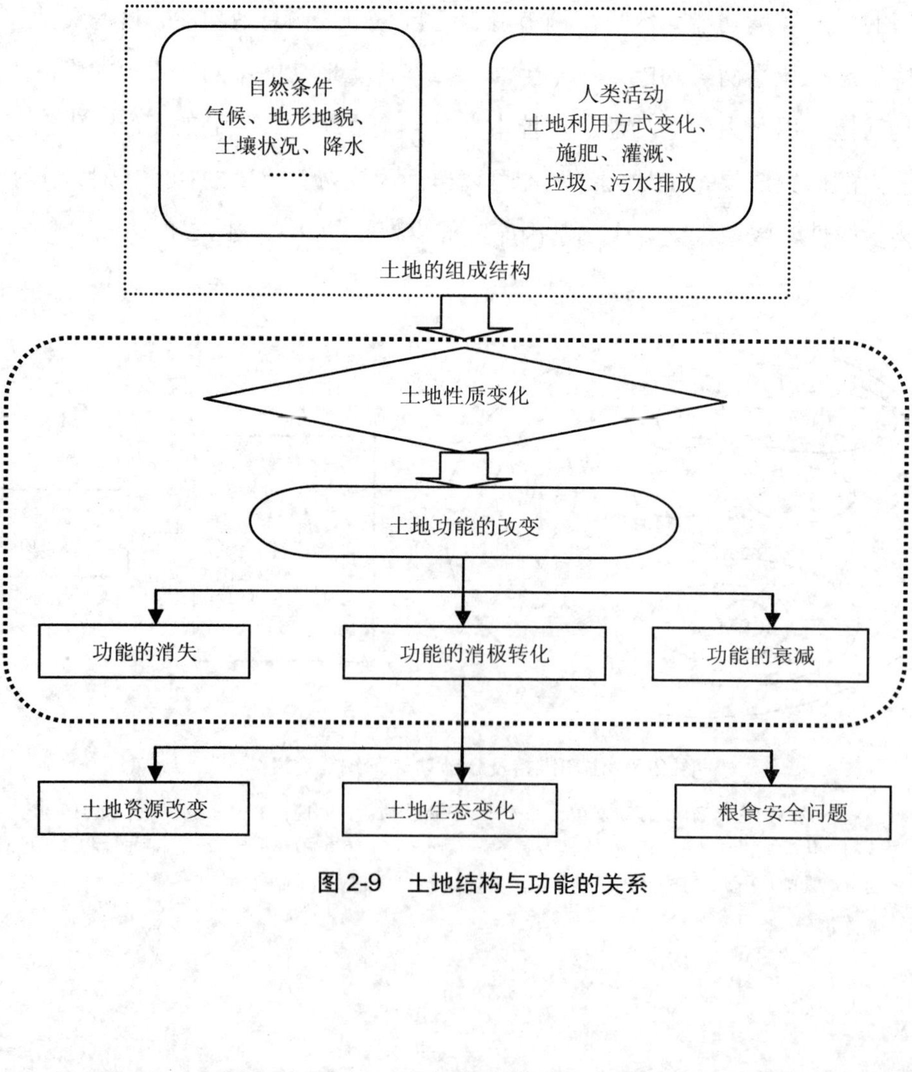

图 2-9 土地结构与功能的关系

需求的食物逐步多样化，人们对土地的行为发生了改变，如耕地非农化加速、部分耕地向经济作物用地转变等。这些人类活动使地表失去吸附、容纳、过滤、降解等生态功能，同时使土地生产力大大降低；人类生产生活产生的“三废”对地表水、空气及土壤等造成污染。同时农业结构的调整也会影响土壤肥力和农业循环过程，并影响土地功能。土地功能转变主要表现在 3 个方面：①功能的消失；②功能的消极转化；③功能的衰减。不合理地改变土地结构，会进一步加剧土地资源的浪费、生态环境的恶化及粮食安全危机。

2.5.2　土地的结构—属性—效能关系分析

土地在自然因素及人类活动的影响下，形成了稳定的土地结构，并产生了某些属性，属性也可能发生变化并形成多种多样的效能。如前所述，土地这些属性的形成受多种要素的影响，如降水、耕作、施肥等。在长期的内因（如土地自然性质）及外因（如人类活动的影响）作用下土地产生了多种属性（表 2-2），这些属性在很大程度上决定着土地功能。

表 2-2　部分土地的结构—属性—效能对应关系

土地结构	产生的土地性质	相应的土地效能
降水、温度、地形、施肥、侵蚀、耕作、排灌等	土层厚度、土壤 pH、含水量、有机质含量、速效养分等	为人类生存提供粮食和其他农产品
降水、地质作用、侵蚀等	黏土矿物类型等	提供人们所需的如黏土、沙子、矿物和泥炭等原材料
地质作用、人类活动（土地、岩石加固等）等	质地、成土母质	作为人类活动平台，为工厂建设、人类居住的建筑物提供承载的基础
地质作用、植被、人类活动（土地、岩石加固等）、政策等	成土母质、土层厚度、含水量、有机质含量等	为人们提供景观，愉悦人们的身心
人类活动	含水量、质地等	为交通、水利设施提供基础
气候变化、温度、植被、水分、生物等	有机质含量、土壤 pH、含水量、环境容量、孔隙度、氧化还原状况、盐基离子、生物多样性、土壤通气性等	土地对酸性、碱性的抵御能力及对污染物的净化能力等
……	……	……

2.5.3　土地的结构—属性—功能—影响指标框架分析

土地结构是土地功能的形成基础及内在根据，同时土地功能是结构的综合外在表现，功能可以反作用于结构。此处的结构是指土地的成分结构，是土地在自然及人为作用下的各种影响因素，如气候、温度、耕作、施肥等。土地性质表示特定情景下的土地特性及可能发生的变化（如有机质含量、pH 和土壤容重），在土地功能存在过程中，影响土地性能的主要指标是稳定性指标，这些指标直接决定土地性质，最终影响土地功能。所以指标选取是评价土地功能的基础。在选取相关指标进行功能评价时，应该根据研究区域概况，选取稳定、可操作性强的指标。基于功能分类的“结构—属性—功能—影响指标”框架分析如下。

2.5.3.1 土地的生物性生产功能分析框架

土地的生物性生产功能对人类自身发展至关重要。土壤有机质条件好、土体构型好、土壤水分高的土地其生产功能相对较高，相应的宜耕性也高。另外，土地结构在腐殖质作用下将更加稳定，并可以减少水土流失；土壤的阳离子交换量可以间接表征养分供给能力，上述因素值均影响着土地理化性质。笔者据此构建了土地生物性生产功能的结构—属性—功能—影响指标框架（图 2-10）。

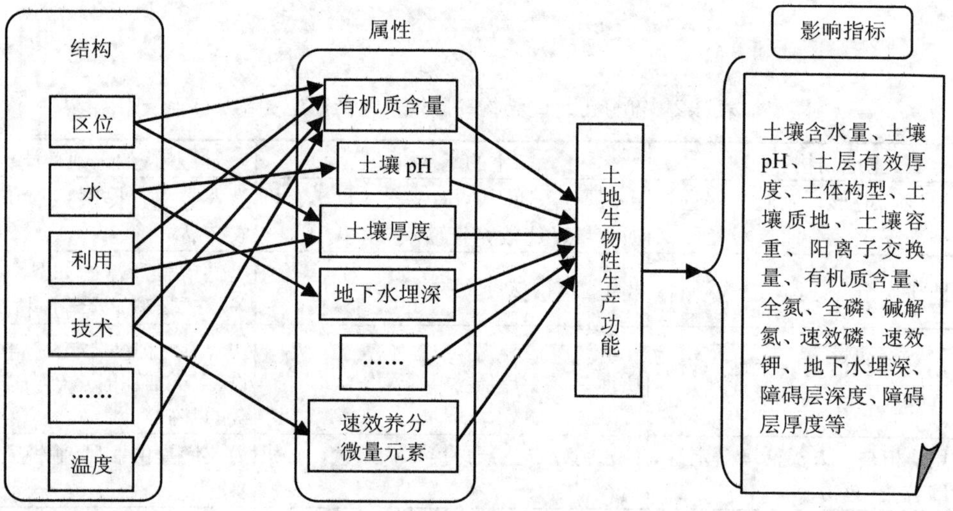

图 2-10 土地的结构—属性—功能—影响指标框架

功能影响指标的取舍应遵循代表性、灵敏性、通用性、稳定性、经济性的原则。根据评价尺度、范围、研究区实际情况的不同，所选取的相关评价指标也有所不同。

2.5.3.2 土地的生态维持与协调功能分析框架

土地的生态维持与协调功能主要包括土地的缓冲过滤功能、土地对污染物等的分解与转化功能、维持生物多样性功能、土地养分循环及碳吸收功能等（图 2-11）。

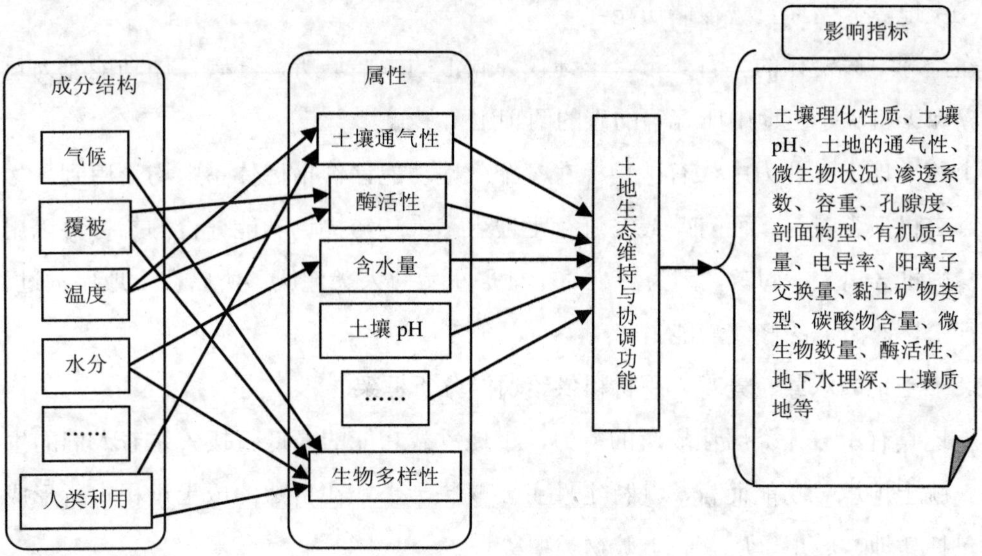

图 2-11 土地的生态维持与协调功能分析框架

①缓冲过滤功能。

缓冲过滤功能是土地的另外一项重要功能，即土地针对重金属等污染物的缓冲和过滤能力。在工业涵养区或生态涵养区，土地的这一功能尤为关键，可以大大延缓工业及道路交通产生的污染物进入土地。当土地富集的如重金属等污染物超过土地的容纳限度时，污染物会继续下渗，进而污染地下水。另外，在生态维持与协调功能评价过程中必须要考虑土地的环境容量。

②土地分解与转化功能。

土壤中存在很多微生物，这些微生物可以净化有机污染物。对于这些微生物来说，土壤的环境状况很重要。在土地分解与转化功能评价过程中，选择土层厚度、有机质含量、土壤 pH、土体结构、地下水埋深等因素可以较好地表达此功能。

③生物多样性维持功能。

土地生物多样性维持功能的主要目的是保护动植物，确保土地能够为动植物提供安全的生存场所，对保护生物多样性具有重要意义。因此进行评价时不仅要考虑地表的有机体，也要考虑其内部的生命形式。在选择某种生物的生存区域为保护地时，需要考虑土地的稀有性和自然性。

④土地养分循环及碳存储功能。

在全球气候变化的大背景下，土地作为碳汇的主要场所，其碳存储功能尤为重要。有机碳和无机碳是土地中所存储的碳的两种主要形式。

上述土地生态能力中，有些指标在多个土地功能评价指标体系中均会用到，如土壤质地、有机质含量等。而有些最终进行土地生态维持与协调功能评价的指标可以用基础土地参数推导出来。同时，因为污染的土地严重威胁人类健康，所以在土地保护过程中，应重视土壤对污染的修复功能。

2.5.3.3 土地的承载、景观、原材料供给功能分析框架

土地具有承载人类居住场所的能力，土地承载功能的高低直接关系着人们的生产、生活。就土地承载功能而言，其特定性主要取决于土地在自然的成土过程中所形成的特征，包括质地、成土母质、黏土矿物类型等。

土地景观功能主要从自然方面考虑其功能是否能反映气候、地貌变化的稀有独特性，是否具有明显的潜育特征从而愉悦人们的身心等。

土地可以为人们提供多种原材料，例如土地中的黏土可以用来烧砖或制陶，砂、石是重要的建筑材料。土地原材料供给功能的影响因素主要包括矿物类型及丰度、土壤质地等（图 2-12）。

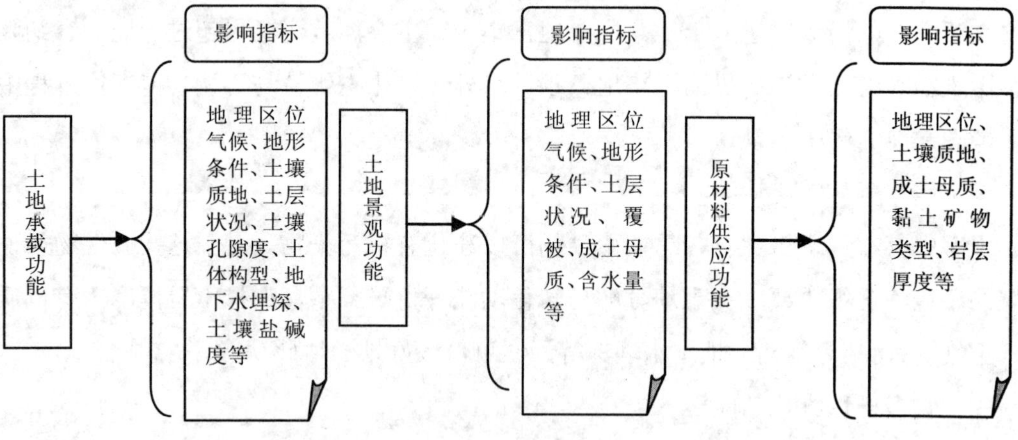

图 2-12 土地的承载、景观、原材料功能—影响指标框架

2.5.3.4 土地的文化遗产功能

土地的文化遗产功能是相对具有特殊文化、遗产功能的土地而言的。土地的文化遗产功能较难建立统一的衡量法则，因为其具有高度的变异性。因此，土地文化遗产功能在评价过程中以定性评价为主。

土地文化遗产功能的评估主要考虑土地是否有人文历史遗迹，是否起源于稀有土层，或是否具有其他需要特殊保护的历史价值等。因此，文化遗产功能主要受人类活动、土壤的稀有性、地形起伏等因素影响（图2-13）。

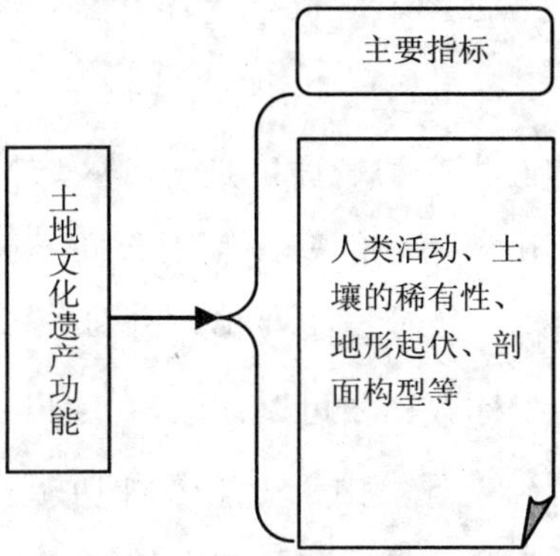

图2-13　土地的文化遗产功能—影响指标框架

2.6　土地功能评价方法体系

2.6.1　土地生物性生产功能评价方法研究

2.6.1.1　生物性生产功能指标选取及权重确定方法

（1）指标选取原则

评价指标是研究对象的质量与数量的衡量标准。指标选择是否合理将直接影响评价结果。建立评价指标体系的过程，是在充分分析研究对象基本特征的基础上，模拟评价对象运行机制的过程。由于影响土地功能的要素众多，要根据区域状况在众多的指标中选择出便于度量、最灵敏、内涵最丰富的主导性指标，土地生物性生产功能评价的指标筛选应遵循以下原则：

①全面性原则。土地功能是由自然及人为活动影响形成的各种属性，在土地生物性生产功能评价中，需要综合分析多种因素通过不同作用方式从各个方面对土地功能的影响，而非某几个因素或某个因素的影响。评价指标体系是一个有机整体，应该综合、全面地反映、度量被评价区域土地的主要特征，应该综合考虑多方面的影响因素。

②主导性原则。影响土地生物性生产功能的要素很多，但是在进行指标筛选时，并

不需要选取所有的评价指标。应根据有关土地的知识和经验，从众多指标中选择影响土地功能的主导指标进行评价，增强土地评价的科学性和简洁性。

③差异性原则。选取的指标应能体现土地生物性生产功能高低，以及相同等级功能的相对一致性。评价指标在选取过程中应尽量选择有较大变化范围的指标，且其变化应对土地功能影响显著。

④区域性原则。土地生物性生产功能评价是一项区域性和综合性较强的工作。区域不同的土地功能，决定着未利用地不同的开发利用方向。评价指标要选择反映区域差别的指标，使评价结果更具针对性，也使评价成果兼具科学性及实用价值。

⑤可操作性原则。选取的指标数据要可以获取，并且尽量易比较、易测量、易测试。能在野外处理的数据尽量在野外处理。由于土地各种功能评价需要的数据较多、工作量大，因此，在构建评价指标体系时尽量选取易获取的指标。

（2）指标筛选及权重确定模型

土地功能评价指标的取舍应遵循相关原则，根据评价尺度、评价范围、研究区实际情况确定。选择土地生物性生产功能评价的参评指标时，应该基于土地的结构—属性—功能—影响指标框架。通过对河北省黄骅市未利用地进行分析可以看出，其土地功能主要受自然影响因素制约（图 2-14），黄骅市未利用地结构由土壤、地下水等自然因素组成，对该区域土地功能影响最大的指标为土壤含盐量，因为土壤中的可溶性盐达到一定量时，会导致土壤溶液渗透压增大，从而极大地阻碍作物吸收水分，影响作物生长。同时，土

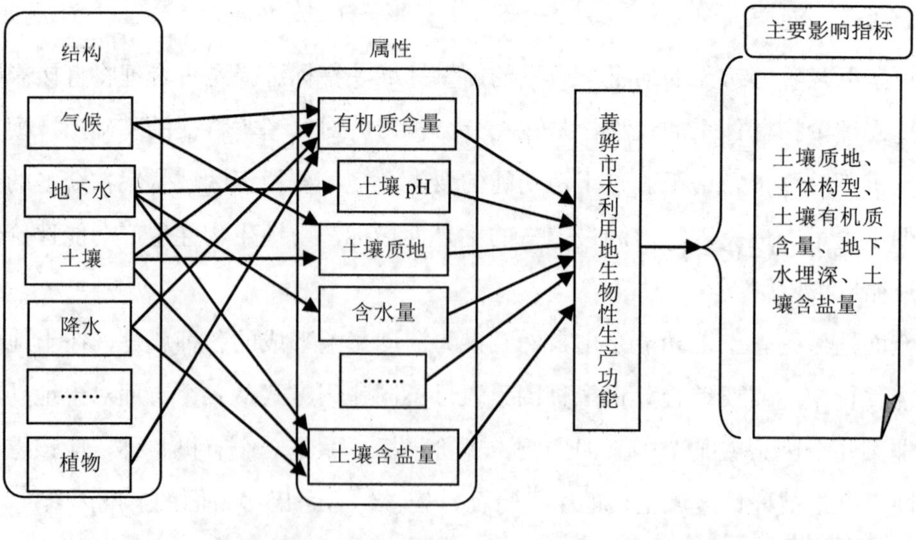

图 2-14 黄骅市未利用地的结构—属性—功能—影响指标框架

壤 pH 受一些碱性可溶盐的影响会升高。对于盐碱土而言，要采取一些措施改变土地的组成结构才能从根本上增加作物产量。针对区域特点的不同，确定评价因素的重要程度可以参考层次分析法等方法。

层次分析法是由专家依据因素重要程度给出定量指标，这种方法对指标重要程度的分析更具逻辑性，可信度较高。在对因素按重要性排序后，还可以根据因子的贡献程度对因子进行取舍，因此该方法既可以用于确定因素权重，又可以用于评价因素的选择，是将定性分析与定量分析相结合的方法。在指标选取及指标权重确定时可使用层次分析法。采用层次分析法时，以土地生物性生产功能等级划分为目标，在目标下选择若干参评因子，建立评价指标的层次结构，对所列指标通过两两比较重要程度，进行初步判断，并计算矩阵的特征向量，进而确定各指标对土地功能的贡献程度，贡献程度小的指标舍去，最终确定评价指标体系。

2.6.1.2　评价因素分值及评价单元的确定

（1）因素分等及赋值

评价因素分等及赋值采用级位指数法，先对各项评价指标进行等级划分，再对每个等级进行量化。在赋值时可采用等差数列法，该方法能较好地反映各等级之间的差异。

（2）评价单元的确定

在进行土地评价时，评价单元的划分是关键步骤。土地评价工作首先综合分析土地划分单元之间的差异性，然后进行综合评定。

开展土地功能评价工作必须进行评价单元的划分。评价单元是土地功能评价的基本空间单位，其面积大小受研究区域的规模、土地特性、区域内环境条件等多种因素影响，评价单元划分的差异及面积大小会影响土地功能评价结果的准确性。

基于地块法划分评价单元要求人们对研究区域内的土地状况比较熟悉。该方法的优点在于，能够避免由于单元的划分而打破地块边界的缺陷，评价得出的结果在指导每个未利用地的地块将来的利用方向时更加准确，且便于操作。

（3）评价结果等级划分方法

对评价结果等级划分，可采用 ArcGIS 系统自带的自然断点分级法。自然断点法是基于数据中固有的自然状态分组。通过对分类间隔加以识别，可以对相似值进行最科学的分组，这种分类方法可使各个分类之间的差异最大化。划分类别时，该方法会在数值差异相对较大的位置设置边界，从而实现分类。

2.6.1.3 评价模型构建

土地生物性生产功能评价模型采用加权指数和法。对生物性生产功能评价得到的结果进行分级时，主要依据评价单元的差异性以及参评因素的实际条件对选取的指标值进行赋分，进一步得到评价单元不同参评因素的分值。加权指数和法的优点是考虑了各评价因素对结果的影响，该方法目前在我国土地评价中最常使用。

加权指数和法计算公式为

$$R_i=\sum_{j=1}^{n}F_{ij}\cdot W_j \tag{2-1}$$

式中：R_i——第 i 个评价单元的综合分值；

W_j——第 j 个指标的权重值；

F_{ij}——第 i 个评价单元、第 j 个指标的分值；

n——评价指标的总个数。

2.6.1.4 生物性生产功能与宜耕性的关系确定

土地利用方式是土地功能的外在体现，是人们基于土地的属性和功能为达到一定的经济目的和社会目的（如获得服务或物质产品）对土地的使用、保护和改造过程。人们对土地的开发利用而形成的不同土地利用类型最终形成土地利用格局。在长期的历史发展进程中，逐步确立的稳定的土地利用方式是人们在逐步地摸索自然规律、总结土地肥力等特征的基础上形成的。根据这种逻辑关系提出通过土地生物性生产功能评价结果来确定土地宜耕性（图 2-15）。

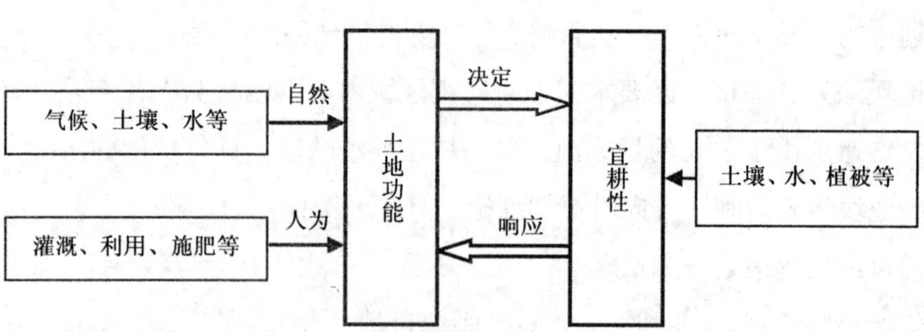

图 2-15 土地功能与宜耕性评价关系图

2.6.2　土地承载功能评价方法

2.6.2.1　承载功能评价指标选取原则

（1）主导性原则

由土地承载功能的性质可知，主导性原则主要受自然及人为活动的影响，所以在进行承载功能评价指标的选取时，应遵循既全面又有所侧重的基本原则。根据现有数据资料，将评价结果影响较大的因子设为主要的评价因子。

（2）可操作性原则

评价的关键一环就是评价指标的科学选择。对于一些十分重要的指标，如果出现指标数据难以获取的状况，可以考虑用相似指标进行替代，进而实现对研究对象的评价。

（3）考虑生态因素原则

为保护生态环境，在评价过程中应充分考虑生态因素，同时在选取相应指标时要充分利用研究区的资料，因地制宜地选取评价指标及评价方法。

2.6.2.2　土地承载功能的评价指标体系

土地的承载功能是土地为工厂建设的厂房、人类居住的建筑物等提供承载基础的能力。利用上文构建的土地承载功能的结构—属性—功能—影响指标框架，作为土地承载功能评价指标的筛选基础。土地与人类生产、生活息息相关，功能健全的土地在提升居住区承载能力中发挥着重要的作用，但这一作用往往被人们忽视。对于土地承载功能来说，其主要取决于土地在自然的成土过程中所形成的特征，包括质地、成土母质、黏土矿物类型等。就黄骅市未利用地而言，影响其承载功能的最重要因素为地下水埋深，因此该指标为承载功能评价的重要指标。

土地承载功能评价指标体系的构建是实现对未利用地宜建性评价的关键，评价结果应符合人们对土地承载功能的需求，即满足建设用地开发的具体要求，并能够准确地表征出评价单元的各种概况。根据前文论述可知，未利用地承载功能的影响指标主要为自然因素，所以在进行承载功能评价时应以该指标体系为基础，针对其他限定条件、当地实际情况、其他相关资料选取最终评价指标。

在评价指标筛选过程中，除基于土地的结构—属性—功能—影响指标框架之外，还参考了《城乡用地评定标准》（CJJ 132—2009）中针对县域的评价指标中的自然状况指标（表 2-3）。

表 2-3 建设用地评定指标体系表

序号	一级指标	二级指标	建制镇、乡和村			
			滨海	平原	高原	丘陵山地
1	工程地质	地震烈度	○	○	○	○
2		岩土类型	○	○	○	○
3		地基承载力	√	√	√	√
4		地下水埋深	√	√	○	○
5		地下水腐蚀性	▲	▲	▲	▲
6		地下水水质	√	√	○	○
7	地形地貌	地貌地形形态	○	○	√	√
8		地面坡向	○	▲	○	√
9		地面坡度	√	√	√	√
10	水文气象	地表水水质	○	○	√	√
11		洪水淹没程度	√	√	√	√
12		最大冻土深度	○	○	○	○
13		污染风向区位	○	○	○	○
14	自然生态	生物景观多样性	○	○	√	√
15		土壤质量	○	○	○	○
16		植被覆盖度	√	√	√	√
17	人为影响	土地使用强度	√	√	√	√
18		工程设施强度	√	√	√	√

注：“√”——必须采用指标；“○”——应采用指标；“▲”——宜采用指标。

2.6.2.3 土地承载功能指标权重确定方法

以土地承载功能等级划分为目标，在目标下选择若干参评因子建立评价指标的层次结构，通过两两对比所列指标，比较其重要程度后进行初步判断，计算矩阵的特征向量，进而确定各指标对土地功能的贡献程度，贡献程度小的指标舍去，最后利用层次分析法确定评价权重。

2.6.2.4 土地承载功能评价模型的构建

（1）指标分等与赋值方法

指标分等与赋值采用级位指数法。

（2）评价单元的划分

基于地块法划分土地承载功能评价单元。

（3）评价模型的选取

土地承载功能评价模型采用加权指数和法。对未利用地承载功能评价得到的结果进行分级时，主要依据评价单元的差异性以及参评因素的实际条件，对选取的指标值进行赋分，可以进一步得到评价单元不同参评因素的分值。加权指数和法考虑了各评价因素对结果的影响。

（4）评价结果的等级划分方法

可采用 ArcGIS 系统自带的自然断点分级法对承载功能评价结果进行等级划分。

（5）土地承载功能与未利用地宜建性的逻辑关系

土地在满足人们对建设用地需求的能力是有高低差别的。在长期的历史发展进程中，人们通过对土地的不断探索，逐步摸清了土地承载功能的高低，并通过土地利用方式来体现。土地结构在自然因素及人为因素作用下发生的变化，使得土地承载功能也发生了改变，人们在土地使用过程中通过土地利用方式的改变而响应功能的变化，同时土地功能的高低也对应着相应土地利用适宜性的高低。根据这一特点，研究者们提出通过土地承载功能评价结果确定土地宜建性。

2.6.3　土地生态维持与协调功能评价方法

2.6.3.1　指标选取与权重确定方法

（1）指标选取原则

进行土地生态维持与协调功能评价，应选取多方面的功能影响因素对其进行系统分析。具体实施过程中应遵循以下原则：

①持续性原则：土地资源可持续利用是进行土地管理工作的基本原则，因此在土地利用过程中，应考虑土地功能的高低与生态平衡的关系，避免造成土地退化和土地污染。

②可操作性原则：合理的指标评价体系是进行评价的关键，因此要求选取的指标应该较易于量化，以达到相关评价的要求，使其最终能被指标评价体系采纳。

③代表性原则：在生态功能评价指标选取过程中，尽量避免选取重复或意义相近的指标，并且选取的指标要从多个角度综合考虑。

④相对稳定性原则：选取的土地生态维持与协调功能的评价指标应该具有相对稳定性，以确保评价结果的合理性。

（2）评价指标选取

在未利用地生态维持与协调功能评价指标体系的构建过程中，应以前述土地功能的影响指标为基础，并根据指标内涵参照国内外关于土地功能评价的研究，结合区域实际情况选取。通过实地调查研究可以看出，环渤海平原地势平坦，海岸地貌明显，该区域气候指标（气温和降水量等）以及地貌因子等显著性差异不大，土地的显著特点之一是盐碱度高。基于以上调查情况，考虑数据获取、数据处理的难易程度，参考国内外主要研究成果以及专家意见，从未利用地缓冲过滤功能、水源涵养功能、栖息地与基因库功能等方面初步选取评价指标，对指标重要性进行排序，筛选确定最终评价指标。

（3）评价指标权重的计算

评价研究的最核心问题之一就是确定评价指标的权重。针对指标权重的确定问题，国内外已有很多相关研究成果，但概括起来评价指标权重的确定方法主要分为客观赋值法和主观赋值法两大类。客观赋值法主要有主成分分析法、熵值法等；主观赋值法比较常用的有德尔菲法、层次分析法（Analytic Hierarchy Process，AHP）。相对来说，各种方法都有其优缺点。例如，就层次分析法而言，决策者凭借经验给出指标两两比较后的重要性，结果误差较小，但确定过程的工作量较大，特别是当指标数较多（多于 9 个）时，难以给出准确的判断。东北大学的郭亚军教授针对层次分析法的缺点，提出了用赋权法（以下简称 GI 法）进行指标权重确定。GI 法是在 AHP 法基础上进行了改进，郭亚军使用该方法确定了生态环境功能指标权重。

2.6.3.2 评价模型的构建及单元划分

土地生态维持与协调功能的指标分等与赋值方法使用的是级位指数法，评价单元划分采用图斑地块法，评价结果分等采用的是自然断点法，生态维持与协调功能评价模型选用综合指数法，上述方法已在前文详细介绍，此处不再赘述。

2.7 本章小结

本章首先在对土地功能概念及内涵进行辨析的基础上对土地功能进行了界定。将土地功能定义为土地在自然因素、人为因素等作用下具有的稳定属性且满足人们现实及潜在需求的能力。通过对国内外相关学者及研究机构对土地功能分类的梳理，分析其隶属关系及包含关系，归纳推理得出土地功能包括土地生物性生产功能、土地生态维持与协调功能、土地承载功能、土地景观功能、土地原材料供应功能、土地文化遗产功能六大功能，并对每种功能进行了概念辨析及定义。

土地结构的不同会使土地产生多种性质和土地功能，土地结构包括土地的各种自然及人为因素，如气候、温度、耕作、施肥等。土地结构因素的不同组合使土地产生某些特性，其是土地功能产生的基础，据此，研究者构建了土地的结构—属性—功能—影响指标框架，分析了框架中每部分相互之间的对应关系。土地的功能类型及功能高低由土地构成要素（土地结构）的种类及比例决定。土地性质是土地结构特征的外在表现。另外，本章在土地功能分类的基础上解释了土地功能的影响因素。

土地具有多功能性，各种功能是由土地结构决定的。土地结构发生变化必然导致土地功能的改变，人们在长期的土地使用过程中由于土地利用方式的改变而造成土地功能的变化，同时土地功能的高低也决定者其土地利用适宜性的高低。

第 3 章

土地生态安全评价的理论与方法体系

3.1 生态安全基础理论

土地利用与生态环境的关系是人与自然和谐共生的关键。人类在对土地利用、生态环境进行干预的同时，其过程也无时无刻不受到生态环境的约束。人类对土地利用结构和土地利用布局的改变使得区域生态系统的结构发生改变，同时导致区域生态环境的变化。土地利用/地表覆被的变化影响了生态系统的结构、性质和功能，这些改变反过来又影响生态系统为人类提供的产品和服务。土地利用/地表覆被变化已成为对全球生物地球化学循环、生态系统改变、气候变化产生重大影响的重要因素之一。对土地利用与生态安全关系的研究目的主要是基于生态安全对土地利用进行调控。由于土地利用和生态环境之间的相互影响是非线性动态变化关系，仅对二者关系的表面现象进行分析是无法满足对土地利用和生态环境调控的现实需要的，因而必须采用辩证和动态的眼光对二者的作用机理进行详细研究，从根本上把握生态环境问题的产生机制。

对土地利用进行调控、对生态环境进行保护需要在景观生态学和可持续发展等理论的指导下，深入研究区域土地利用与生态环境相互作用机理及其变化规律，合理确定区域土地利用与生态保护目标，及时发现潜在的土地利用及生态环境问题并进行调控，以保证区域生态环境与经济社会的可持续发展。

开展生态约束下的土地利用格局研究，应先对此项研究所用到的学科理论基础进行阐述、对相关概念进行辨析，同时对快速城市化过程中土地利用与生态环境的相互作用机制、土地利用与生态安全的辩证关系等做深入探讨，为区域生态安全维护及土地利用格局优化提供理论支持。

3.1.1　可持续发展理论

长期以来，工业化和城市化在创造巨大的物质财富和精神财富的同时，其对生态环境的破坏也使人们对自身的生存产生了极大的忧虑。快速的经济发展、建设用地的迅猛扩展以及人口的急剧增加都加剧了资源的耗竭、生物生境的破坏等生态环境问题。这些都促使人们不断对自身发展进行反思，可持续发展理论由此应运而生。

联合国环境规划署在《关于可持续发展的声明》中这样论述可持续发展，“既能满足当前需要，又不削弱子孙后代满足其需求能力的发展”。其中，人与自然的和谐发展是可持续发展理论的核心。可持续发展强调发展的约束和限制，强调人地关系的和谐统一，其认为在人地关系中，土地是发展的基础，土地的承载力是可持续发展的关键，而人在可持续发展中起到管理作用，人的作用发挥得是否适当合理对系统具有重要的影响，人的作用可使系统进入良性循环，也可使系统遭到破坏。

可持续发展有三条原则：公平性原则、持续性原则和协调性原则。人与自然的矛盾归根结底是因资源和环境问题而产生的，自然资源及环境承载力的有限性与人类需求的无限性必然产生矛盾，要想可持续发展，必须要实现资源环境与社会经济及人口的协调发展。可持续发展理论注重生态环境容量与承载力约束，强调人口、资源和环境协调发展，为土地利用与生态保护的研究提供了重要理论基础。对此，研究应以可持续发展的理论为指导，通过各种措施确保土地利用与生态环境二者关系的和谐稳定，最终达到人与自然的和谐相处及经济社会的可持续发展。

3.1.2　景观生态学原理

景观生态学是以景观为研究对象，运用系统理论和生态学方法研究区域景观的结构和功能、景观的动态变化及相互作用机理、格局的优化以及合理利用和保护的一门学科。

本书用到的景观生态学理论可概括如下：

（1）“斑块—廊道—基质”理论

“斑块—廊道—基质”是最基本的景观空间格局构型，同时也是进行景观生态学研究的基础，通过描述景观的斑块、廊道和基质的组合特征，可以分析景观格局与生态过程的联系，研究其相互作用机理。

斑块是外观上与周围环境有明显区别的非线性地表区域，因其成因不同，斑块的外部特征差异较大。通过对斑块的大小、形状、组合特征等进行分析，可对区域生态系统进行定性评价。一般来说，斑块内的物质、能量与斑块面积呈正相关。多数研究表明，物种多样性、物种分布及生产力水平与景观斑块面积大小密切相关，斑块面积增大，生物数量和生产力水平也会随之增加和提高。

廊道是景观中的狭长地带，两端常常与大型斑块相连。廊道可分为两种类型：一类是障碍廊道，如公路、铁路等大型基础设施，将两侧的生态基质分隔开来，对于生态来说是一种障碍；另一类是生态廊道，是生态系统物质能量迁移的一个通道，如河流是许多水生动物的迁移通道。按照廊道结构可将廊道分为线状廊道、带状廊道和河流廊道 3 种类型。线状廊道一般指较窄的狭长条带，如城市中的绿道、农田防护林等。带状廊道是指具有一定宽度的条带，条带内部通常具有较高的物种多样性和较丰富的内部环境，且其内部物种的多样性与廊道宽度密切相关。河流廊道是指沿河流分布的植被条带，其对控制水流和矿质养分的流动具有重要作用，对物种的迁移起通行或阻断作用。一般廊道的度量指标有连接度、环度、曲度及间断等。

基质是景观的背景，一般情况下面积大、连通性高、对景观要素的控制作用强。人们常从相对面积、连接度和动态控制 3 个方面来判定基质。基质孔隙度和基质连通性是基质的两个主要结构特征，在生物多样性保护中起关键作用。孔隙度大小可以指示出景观中物种的隔离程度和潜在基因变异的可能性，是边缘效应总量的一个指标。基质孔隙度对物流、能流和物种流具有重要的作用，其作用大小取决于斑块和基质流的性质，同时基质孔隙度对野生动物的管理也具有重要的参考价值。基质的连接度可在一定程度上表明物体穿越基质时的阻力大小，基质的连接度高，物体可以自由地在特定景观要素内流动；基质的连接度低，则物种运动受到的阻力加大。作为背景，基质控制着生物生境斑块之间的物质和能量流动，对生物生境受人为因素而产生的破碎化或孤岛化效应能够起到强化或缓冲的作用，对物质和能量的迁移具有重要影响。

“斑块—廊道—基质”理论是构成和描述景观空间格局的一个重要模式，也是景观生态学用来研究景观结构、功能、过程以及景观内部物质能量流动的基本模式。景观生态学通过定量、定性的描述和分析区域景观的斑块、廊道和基质的组合特征，探究景观结构对生态过程和生态流的影响，如斑块大小对生物多样性及物种构成的影响、弯曲的廊道或直线的廊道对物种运动和能量流动的影响等，进而按照景观生态学中关于景观结构和功能关系的一些基本原理，指导区域景观生态进行规划。

（2）景观结构和功能原理

景观单元在数量、大小、类型、形状和结构方面呈现反复变化的特征，其决定因素是景观结构在斑块、廊道和基质中的物质、能量和物种的分布。决定物质和能量流动及相互作用的是景观功能。景观功能主要表现在景观结构单元间的物质流、能量流和物种流的不同。

景观结构具有稳定性，景观的稳定性主要取决于景观抗干扰的能力及受到干扰后复原的能力，一般用景观阻抗和可恢复性来表示。不同景观单元的稳定性程度不同，景观总的稳定性取决于景观各组分的稳定性及各景观组分所占的比例。通常来说，景观类型越多，各景观组分所占比例越均匀，该系统越稳定，而景观类型相对较单一，景观比例相差越大，景观在受到外界干扰时稳定性越差。

景观的结构和功能原理对区域生态资源的保护、土地利用格局的优化和区域生态服务功能的提高具有重要作用。通过系统间物质、能量和物种的合理流动，实现土地的生态功能和生态系统的良性循环，以达到土地利用和生态环境关系的协调和可持续发展。

（3）“格局—过程”关系原理

景观格局一般指景观的空间分布，即不同景观要素在空间上的排列和组合。而景观过程指景观结构和功能发展变化的动态过程，如种群迁移、群落演替、物质循环及能量流动等。景观过程在形成景观结构时起决定作用，同时，已形成的景观结构和格局对景观过程具有很强的控制作用。

“格局—过程”关系原理是景观生态学理论研究的核心，其核心内容包括景观结构的时间变化规律、景观格局对干扰扩散的影响、景观格局的控制要素、景观格局度量及其生态功能、景观变化的模拟与预测以及景观格局的尺度转换规律等。一般认为，区域生态安全可以通过格局优化来实现，格局优化时要尽量规避有害的生态过程，恢复或重建有利的生态过程。格局和过程的关系通常是复杂的非线性关系，受多种因素影响，因此对格局过程的推演和解释是景观生态学研究的难点之一。

3.1.3　土壤生态学

土壤生态学是以土壤生物为中心，研究土壤、生物和环境组成的土壤生态系统的功能特点，探讨土壤系统内的能量流动过程和作用机制，揭示土壤生物群落和功能的学科。土壤生态学通过对土壤生态过程以及土壤生物与外界环境之间的相互作用机制等的研究，解决一系列区域性或全球性的生态环境问题，如土壤生态系统的破坏修复以及土壤生物多样性保护等。其中土壤生态学中的土壤生物多样性保护和退化土壤生态系统的恢复与重建对本书具有较强的指导作用。

3.1.3.1 土壤生物多样性保护

土壤生物多样性对增强土壤生态系统的抗外界干扰能力及恢复能力、调节和保蓄土壤生态系统内的养分、增强土壤生态系统的活力和组织力等具有重要作用，同时土壤中的各种动物和微生物相互协作，通过不断分解有机质和改善土壤理化性状，调节养分循环，从而调控植物根际食物网，维持和促进区域生态系统健康。

土壤生物在生态系统恢复过程中也具有重要作用。以往对退化生态系统的恢复，多考虑植被恢复途径，但在重金属污染严重或土壤极度退化的土地上采用植被恢复途径进行生态恢复，效果欠佳。因此，在退化严重的生态系统中，应先对土壤修复进行，然后进行植被恢复。相关研究表明，土壤在恢复时，蚯蚓和微生物等土壤生物的作用非常重要。

3.1.3.2 退化土壤生态系统的恢复与重建

随着人类活动的加剧，土壤退化面积不断增加，土壤生态系统维持土壤肥力、抵御自然灾害的能力不断减弱，这已成为威胁人类生存和发展的重大问题，因此对退化土壤生态系统进行恢复和重建具有重要意义。土壤生态学中的以下研究对指导生态安全下的土地利用格局调控具有重要意义：①土壤生态系统退化评价；②土壤生态系统退化机理研究；③自然灾害对土壤生态系统退化的影响；④土壤生态系统的环境承载力评价；⑤土壤生态系统恢复的生物技术措施和政府行为等。

3.2 相关概念

国内外对以下概念的内涵进行过大量的研究，本书在对相关概念的研究现状进行简要分析的基础上，给出本书中该概念的内涵。

3.2.1 土地生态安全

土地生态安全来源于“生态安全”的研究。一般情况下，生态安全指一个国家或地区的经济社会状况不受或少受来自资源和生态环境的制约与威胁的状态。诸多生态安全问题的出现，从根本上是不合理的土地开发利用的结果。关于土地生态安全，目前还没有一个确切的含义界定。本书综合张虹波等、崔峰等、梁留科等、高桂芹等、杨洁等研究认为，土地生态安全是指土地生态系统的结构和功能在其弹性限度内处于不受或少受威胁的动态平衡状态，能够为区域的可持续发展提供稳定的生态服务和良好的保障。土地生态安全一般是指陆地表层由有机物和无机物构成的土地生态系统的结构和功能的稳定性，土地生态安全是土地资源可持续利用的核心和基础。

3.2.2　土地生态安全格局

关于土地生态安全格局的内涵，比较有代表性的观点有以下两种：一种是俞孔坚等认为土地生态安全格局是景观中存在某些潜在的格局，它们由某些关键的要素和空间联系所组成，对维护区域自然生命支撑系统和生态安全具有重要作用；另一种观点认为土地生态安全格局是针对区域主要生态环境问题，通过分析生态过程和空间格局的相互作用，提出区域生态恢复和生物多样性保护的措施，并落实在空间上。本书综合以上两种观点，认为土地生态安全格局是基于区域基本生态系统服务维护，通过景观格局和生态过程的模拟与分析，判别出对区域景观和基本生态服务过程的健康与安全具有重要意义的景观元素、空间位置及空间联系。

3.2.3　生态系统服务

关于生态系统服务的定义，以下两个定义通常被引用，并具有广泛的代表性：一是 Daily 在 1973 年提出的定义：生态系统服务是指自然生态系统及其组成物种得以维持和满足人类生命的环境条件和过程；另一个是 Costanza 等在 1997 年提出的：生态系统的产品与服务是指人类直接或者间接地从生态系统的功能中获得的各种收益。本书综合后认为生态系统服务是指人类从生态系统中获得的各种收益。

3.2.4　土地利用格局

土地利用是人们基于土地资源的特性和功能，为达到一定的经济和社会目的（如获得物质产品和服务）而对土地的使用、保护和改造的过程。土地利用格局是指由于人们对土地的利用而形成的各种土地利用类型的面积及其空间分布格局。

3.3　城市化过程中土壤的生态环境效应

目前，关于城市化过程中的生态环境效应问题的研究多围绕城市化进程中由于土地利用/地表覆被变化而引起的土壤的生态环境变化展开。城市化过程导致的生态环境问题主要表现在 3 个方面：自然生境向建设用地的永久转换、自然资源的攫取和耗竭以及污染和废弃物质在大气圈、水圈和岩石圈表层的积累。

城市化过程中土地利用、土壤功能及生态环境问题的关系如图3-1所示。随着城市化进程的加快，城市用地及城市基础设施用地快速扩张，同时随着人们生活水平的提高，人们对食物的需求也由单纯对小麦、水稻等粮食的需求逐渐向对更多蔬菜、水果及肉类等需求转变，这也间接导致了土地利用的变化，如更多的城市用地的需求导致耕地非农化严重，城郊耕地向果树和蔬菜种植转变，以及为了更多的粮食需求而毁林开荒、围湖造田等。耕地非农化导致原本为大面积土壤的地表被水泥地面覆盖，使地表被永久性密闭，

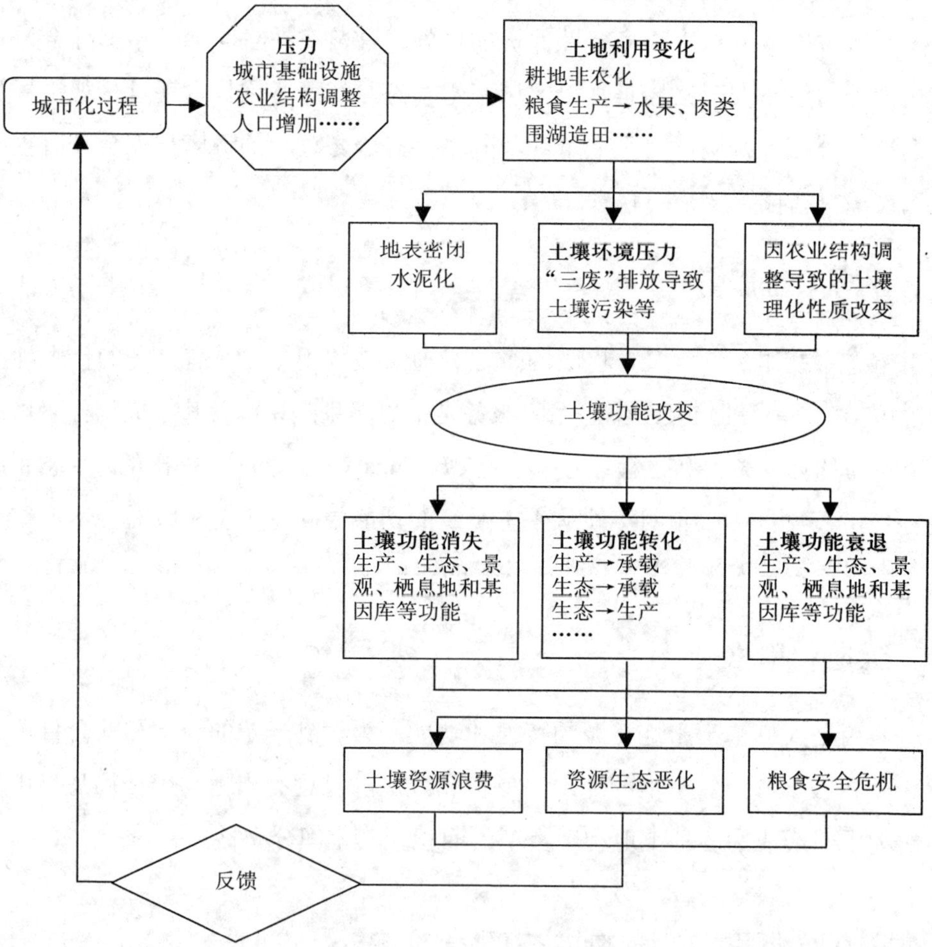

图 3-1 城市化过程中土壤功能演变及其生态环境效应

失去了生产力及吸附、容纳、过滤、降解等生态功能；人类在居住及工业生产时产生的

"三废"等对区域空气质量、地表水环境、流域水生生态系统等造成污染，进而对土壤质量产生污染。同时农业结构的调整因水果、蔬菜等从土壤中吸收的养分量及类型不同导致其对土壤的肥力水平和农业循环过程中的物质循环过程产生重要的影响，这些都导致了土壤功能的改变。土壤功能转变主要表现在 3 个方面：①土壤功能的消失；②土壤功能的转换，如土壤的生产功能转变为建设用地的承载功能，土壤的生态功能转变为承载功能以及土壤的生态功能转变为土壤的生产功能等；③土壤功能的退化。这些方面进一步加剧了土壤资源的浪费、生态环境的恶化及粮食安全危机，会对城市化过程产生不良影响。

3.4　土地利用与生态安全的辩证关系

人类对土地/土壤的利用决定了区域的土地利用结构，而土地利用结构又在很大程度上影响区域生态系统的物质循环和能量循环，进而影响区域生态系统服务。不同的土地利用方式对生态环境因子的物理性质、化学性质与养分循环影响程度相差很大。一般而言，建设用地破坏了原有的地表植被覆盖，使土壤原有的生态功能减弱或消失，同时地面的密闭水泥改变了地表反射率，使地表温度升高；而且密闭的地面使得雨水下渗量减少，地表径流量增加，对物质能量循环方式有较大的影响。而农业用地虽然有效地增加了植被覆盖率，减缓了地表径流量，促进了养分循环，但也因不合理的土地利用方式增加了土壤侵蚀、养分流失、面源污染的风险。此外，在农业用地内部，不同的土地利用方式对土壤团粒、水分分布、微生物数量、重金属积累等物理化学性状及物质能量循环的影响也存在重大差异。就某一地域空间而言，不同的土地利用类型在空间上以斑块、廊道、基质相互镶嵌，形成区域的土地利用景观格局。而土地利用景观格局又以不同类型的比例与空间配置方式决定了区域整体的生态过程及功能。合理的景观格局有利于促进区域水分与养分的循环和区域生态系统的协调，有利于充分发挥区域生态系统功能输出的潜力；而不合理的景观格局，则容易导致水分和养分循环的失调，阻碍区域生态系统的过程，进而影响生态系统功能的输出。

不同的土地利用格局又影响着生态用地的类型、分布及其空间联系，这在一定程度上决定了生态安全格局的空间分布，区域生态安全格局的空间分布会对区域基本生态系统服务的供给产生直接影响。同时，不同的土地利用方式又对区域景观格局与生态过程产生影响，进而使生态系统服务功能发生改变。区域土地利用结构演变对景观结构的影响主要表现在区域景观整体异质性的增加、人为景观优势度的增强、自然及半自然景观数量的减少与破碎度的加大、景观格局趋于不稳定性等方面。而景观格局的演变，必然影响到区域生态过程，土壤养分流失、土地退化以及水环境质量下降都是这一影响最直接的体现。

土地利用与生态安全的相互影响机制如图 3-2 所示。土地利用类型、结构和土地利用方式直接决定了土地利用格局，进而又会影响生态用地的数量和分布及其空间联系，如城镇用地及交通水利等大型基础设施的快速建设会造成生态用地的减少和破坏，阻断生态用地之间的联系，使其日趋破碎化，进而破坏区域生态安全格局。生态安全格局的破坏导致区域生态系统及基本生态系统服务遭受破坏，进而威胁区域生态安全。

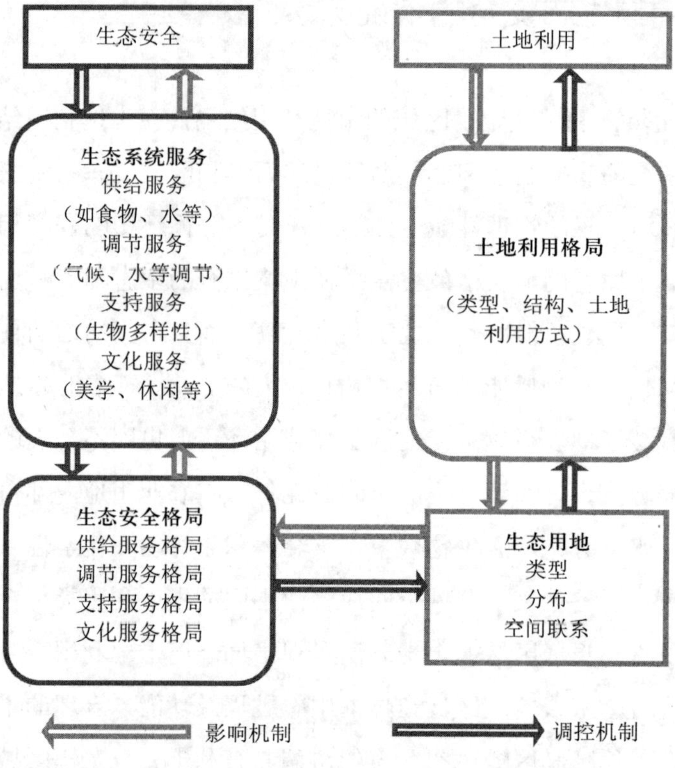

图 3-2 土地利用与生态安全相互影响机制

生态安全对土地利用的影响主要表现在人们基于自身福祉的考量，从维护区域生态安全的角度对区域土地利用进行调控。一般而言，要维护区域生态安全，就必须保障区域的基本生态系统服务，而要维持区域基本生态系统服务，就需要特定的生态安全格局，需要从景观生态学的角度来合理地布局生态用地，并建立生态用地的联系以最大限度地维持区域生物多样性，避免生态用地的孤岛化和破碎化，这就需要调整土地利用结构，规划土地利用布局，尤其是城市用地和重要基础设施用地的布局。这些都会对土地利用产生影响。

3.5　土地利用与生态环境的相互作用机制

土地利用/地表覆被变化是区域生态变化的重要动力。由于地表覆盖是全球生态系统中重要的“源”和“汇”，因此，土地利用造成的地表覆被变化必然对全球生态系统产生重大影响。土地利用方式和土地利用结构的改变导致地球表面的下垫面发生改变，下垫面的改变又会影响土地对太阳辐射的反射和吸收，改变系统内的物质和能量循环，进而对生态环境产生重要影响。而生态环境对土地利用的影响主要表现为生态环境对土地利用的限制和约束，按其作用方式，可分为直接影响和间接影响两个方面。从直接影响来看，首先生态单元的特性决定了土地的利用方式；其次生态敏感带等特殊地段的分布又在一定程度上影响了土地的利用模式；再次生态安全格局的要求对土地利用格局具有重要影响；最后生态系统阈值、生态系统承载力又对土地利用的结构、强度以及污染等具有重要的约束作用。而生态环境对土地利用的间接影响则主要是由于不合理的土地利用导致的生态环境问题唤起了人类的生态环境保护意识，进而有意识地在保护环境的基础上优化土地利用。

土地利用与生态环境的相互作用机制相当复杂，但归根结底是土地利用与生态环境五大主要因子（气候、土壤、水文、地貌及生物多样性）相互影响而叠加的结果。本书重点探讨土地利用与气候、土壤、水文及生物多样性的相互作用机理。

3.5.1　土地利用与气候

3.5.1.1　土地利用对气候的影响机制

土地利用对气候的影响主要表现在两个方面：①土地利用改变了地表的下垫面，使得地表植被覆盖度、太阳辐射反射率、土壤水分与养分循环等发生改变，进而影响区域的地表温度、蒸发和降水，最终促使气候发生改变，土地荒漠化、城市热岛效应是典型的例证。②土地利用结构变化（如城市等建设用地增多及森林、湿地等生态用地减少）直接或间接地改变了大气成分，使得大气中 CO_2、CH_4 等温室气体及 N_2O 等痕量气体含量增多，O_2 等含量减少，大气成分的变化影响了大气对太阳辐射的吸收，进而促使区域气候发生改变。

3.5.1.2 气候对土地利用的影响机制

气候条件影响全球及区域的水热分配，进而影响动植物的分布，从而间接对土地利用产生影响。众所周知，光照对植被的类型、分布及其生物生产力的大小具有显著的影响，一般生物生产力随着太阳辐射强度的增大而增大。植被因纬度和高程不同而产生的地带性分布决定了不同地区的农业生产特征。同样，降水是地表水资源的重要补给源，降水量的大小对当地农业生产具有重要影响。不同地区降水量不同，使植被类型的分布具有明显的地域性，同时也决定了农业生产的布局。此外，由降水引发的水土流失和洪涝灾害等也间接地影响了土地的开发和利用。

3.5.2 土地利用与水文环境

3.5.2.1 土地利用对水文环境的影响

水是重要的生态环境因子之一，其与植被和土壤一起决定了整个区域生态环境的质量。土地利用对区域水文环境的影响主要表现在水质与水量两个方面。

不同的土地利用方式对水质的影响程度不同，农业上化肥和农药的大量施用会对地表水及浅层地下水造成污染，污染方式主要为非点源污染。而城市及工业用地在利用过程中所排放的废水、废气和废渣，也会对水质产生重要影响。许多研究表明，在同一流域内，河流水质变化与土地利用类型的变化具有很强的相关性。

同时，区域土地利用对区域水量也具有重要影响。随着社会经济的发展，土地利用结构发生变化，农业用水量和工业用水量不断增大，人们大量采用地下水使得地下水位不断下降，可利用的水资源总量不断减少。此外，大型水利设施的兴建改变了原有河系渠网的特征，使得部分河流流量减少、湖泊水位下降、湖面收缩，间接地影响了区域水资源总量。

3.5.2.2 水文环境对土地利用的影响

同光照一样，水资源的分布也对区域植被类型、分布和生产力大小具有重要影响。水资源分布的状况决定了区域的作物类型和种植结构，在实际农业生产中应根据当地的水资源状况进行合理规划。水热充足的地区可发展需水量大且产量大的作物，而在水资源不足的地区，应根据当地情况选择需水少的作物进行种植，同时应注意发展林业或牧草业，以保持当地的生态环境。此外，局地水资源状况及水资源的季节分配对农业生产也具有重要影响，在实际土地开发利用时，应合理安排作物种植结构，同时兴建水利设施用地。

3.5.3　土地利用与土壤

3.5.3.1　土地利用对土壤的影响

土壤是农业生产的载体，因不合理的土地利用导致的水土流失、土壤污染、土壤沙化是目前国内外亟待解决的问题之一。土地利用方式及利用结构对土壤理化性质、物质循环及土壤有机碳储量等具有重要影响。本书重点讨论土地利用对土壤理化性质、土壤养分及土壤生态过程 3 个方面的影响。

（1）土地利用对土壤理化性质的影响

国内外大量的研究都已证明，土壤侵蚀、土壤污染、土壤板结及土壤沙化等都与不合理的土地利用有密切的关系。土地利用对土壤理化性质的影响主要表现在土壤孔隙度、土壤容重、土壤酸碱度、土体构型、表土厚度等几个方面的变化。相关研究表明，荒地或天然林地开发为耕地后，土壤团聚体的含量会明显降低，土壤的容重会相应增大，在山区，发生土壤侵蚀的风险会明显增大。建设用地占用农用地后，会严重破坏土壤结构，使土壤出现压实、变硬，孔隙度降低，渗透性减小等一系列问题。由此可见，土地利用对土壤的理化性质具有重要影响。

（2）土地利用类型变化对土壤养分的影响

不同的土地利用类型对土壤养分的保持和循环具有重要影响。土壤养分的保持和循环与土地生态系统的类型密切相关，而土地生态系统的类型与土地利用的类型密切相关。天然林地和草地生态系统与人工建立的农田生态系统相比，由于天然林地或草地生态系统的生态结构相对更完整，其对土壤养分的保持和循环要优于人工生态系统。

（3）土地利用对土壤生态过程的影响

土地利用会导致土壤理化性质、土壤景观格局及土壤养分循环的变化，这些变化又会对土壤生态系统的物质流动和能量循环产生巨大的影响，同时，土地利用对土壤有机碳的储量及变化也会产生巨大的影响，进而影响土壤生态过程。

3.5.3.2　土壤对土地利用的影响

众所周知，土壤是在气候、地貌、母质、生物以及人类活动五大成土因素的共同作用下形成的。不同的条件产生的土壤，其理化性质、土壤质地、剖面构型、土壤养分各不相同，不同的土壤性质和质量决定了所在区域土地利用的类型和土地利用方式。土壤是一种可再生资源，具有一定的自调节和自净化能力，在一定程度上对进入土壤的污染物能够进行消纳，同时对水资源和气候具有一定的调节作用。一般来说，保护和维持当地的自然生态系统，有利于土壤的发育和改良，促进耕地生产能力的增长和对土地的利用。而毁林开荒等不合理的土地利用方式，容易造成土壤活性降低，导致土壤环境恶化，生产力降低，从而影响土地利用。

3.5.4 土地利用与生物多样性

3.5.4.1 土地利用对生物多样性的影响

生物多样性是生态系统提供生态服务的源泉，也是生态系统物质生产的基础，对人类生存和发展意义重大。但随着人类对土地利用活动的加剧，全球生物多样性不断下降。相关研究表明，土地利用对生物多样性影响巨大且仍会持续很长一段时间。

土地利用变化引起的生物生境破坏是区域生物多样性不断降低的主要原因之一。随着土地需求矛盾的日益尖锐，森林砍伐、草地的退化以及湿地的围垦等现象越来越严重，这导致生物栖息地不断萎缩，同时城市用地以及交通、水利等基础设施的建设也阻隔了生物栖息地之间的联系，致使生物在栖息地之间的觅食及繁殖受到影响，最终导致生物多样性的降低。

同时，现代农业的发展与土地利用过程中的农药、化肥等污染也成为导致生物多样性减少的重要因素。现代农业的发展一方面通过对表层土壤的反复耕作使土壤的温度、湿度与孔隙度等理化性质发生改变，进而影响土壤微生物的数量；另一方面通过农药、灭草剂、化肥等的大量的施用将原始生境中的动植物多样性破坏，只保留少数几种物种，最终也会导致生物多样性的减少。

3.5.4.2 生物多样性对土地利用的影响

区域土地利用在影响生物多样性的同时，也受到生物资源的限制，主要表现在两个方面：一是土地利用方式及土地利用类型受到生物多样性资源功能及空间分布的限制；二是土地利用类型与利用方式受到生物多样性保护的限制。

生物多样性可为人类提供多种生物资源，如提供粮食、原材料等，人类对土地的利用活动实质上是人类对土地上生产的生物资源的直接或间接利用。人类对土地的利用活动与生物资源的种类和空间分布密切相关。

生物多样性对人类而言具有重要的生态价值和社会价值，如维持全球气体平衡、生产有机物质、涵养水源、调节气候、保护农田、促进土壤发育、分解污染物质，净化环境、美学娱乐等。鉴于近年来生物多样性的不断降低及日益突出的生态环境问题，人类开始意识到生物多样性保护的重要性，并逐渐有意识地采取各种措施保护生物资源，减少对生物资源的掠夺式开发。在生物资源丰富的地区，受生物多样性保护的制约，应尽可能地保护原始生物生境，必要时可以建立自然保护区的方式，禁止改变土地用途，维持区域物种多样性。

3.6　土地生态安全格局构建方法体系

3.6.1　基于基本生态系统服务识别的生态安全格局构建

3.6.1.1　基本生态系统服务识别

生态系统包含的类型很多，本书主要针对土地生态系统展开研究，研究对象包括建设用地建成区密闭地面之外的所有区域。土地生态系统包括土壤生态系统及与其密切相关的水生态系统及植被生态系统（图 3-3）。

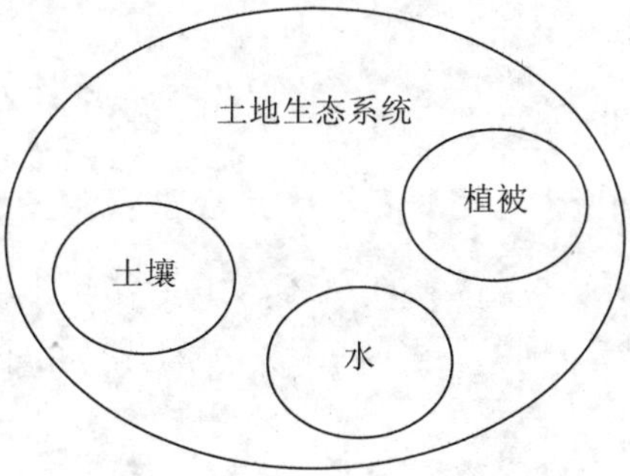

图 3-3　土地生态系统

生态系统服务是人类从生态系统中获得的产品和服务，是人类生存和发展的保障。综合 Costanza 和 MA 的研究成果，生态系统服务按其主要功能可分为 4 个方面：供给服务、调节服务、文化服务和生命支持服务，见表 3-1。

表 3-1　生态系统服务功能内容

生态系统服务	主要内容
供给服务	粮食生产、原材料生产、淡水供给、遗传资源
调节服务	气体调节、气候调节、水文调节、干扰调节、疾病调节、废物处理、生物控制、传粉、避难所
文化服务	文化多样性、文化遗产价值、游憩与生态旅游
生命支持服务	土壤形成、提供生物生境、养分循环、生物地化循环、水循环

本书参考国内外已有研究成果，确定了识别基本生态系统服务所应遵循的几个原则：

①必不可少或非常重要。基本生态系统服务关系区域生态安全及人类福祉（如水、空气等），一般这些基本生态系统服务由生态系统中的关键因子提供。

②地域关联性。基本生态系统服务一般只能由本系统内或本区域提供，无法从外区域获得或从外区域获得成本代价高昂。

③土地利用关联性。这些基本生态系统服务应与土地利用类型和空间布局紧密相关，人们的土地利用会对这些基本生态系统服务产生影响，同时可以通过合理调整土地利用结构和布局来保护和改善。

满足上述条件的可视作区域的基本生态系统服务，这些生态系统服务在城市化进程中不可或缺，找出这些基本的生态系统服务及其所依赖的土地生态安全格局，也就找到了区域发展的底线，对区域土地利用布局的优化及生态环境的保护具有重要意义。

3.6.1.2 基本生态服务过程分析

（1）淡水供给过程

淡水资源是工农业生产的重要生产资料，本节以河北省曹妃甸为例对基本生态系统服务进行识别。曹妃甸新区由于地处滨海地区，淡水资源匮乏。主要的淡水资源供给包括地表淡水供给和地下淡水补给。曹妃甸新区属于华北缺水地区，新区咸水层分布面积占 90%以上，地下水可开采量很小，当地地表水自产水量也很少，主要依赖上游过境水，水资源短缺。

①地表水供给过程。

曹妃甸新区位于滦河流域和蓟运河流域，河流主要有滦河、沙河、陡河、溯河、小青龙河等 11 条河流，均发源于燕山山区，主要河流分布情况见图 3-4。曹妃甸新区生活水源及工业水源来自陡河水库供水和地下水开采，农业水源为保证率较低的自产地表水和引滦地表水。境内河流多数为季节性河流，水量季节分配不均，枯水期缺水较严重。同时，河流上游农业和工业的发展带来污水的随意排放，使得河流水质污染严重，尤其是平原河网和河口湿地等水质较差。

②地下水补给。

地下水资源量是指地下水中参与现代循环且可以更新的动态水量。曹妃甸新区地下水资源的可利用量分为浅层淡水和深层淡水两个部分。浅层淡水区位于六农场、八农场、九农场的北部，面积为 56.50 km^2，地下水补给主要靠大气降水和河流、灌溉入渗补给，年补给量约为 693.59 万 m^3。深层淡水区位于六农场、八农场、九农场以南地区，面积为

675.70 km^2，主要的补给方式为地下水侧向补给。曹妃甸新区地下水矿化类型及矿化度情况见图 3-5。

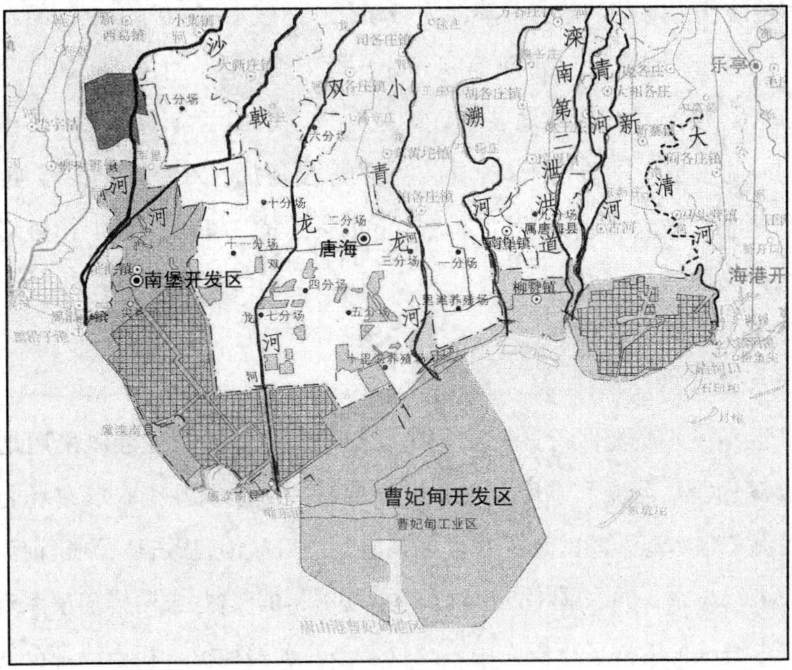

图 3-4　曹妃甸新区河流分布示意图

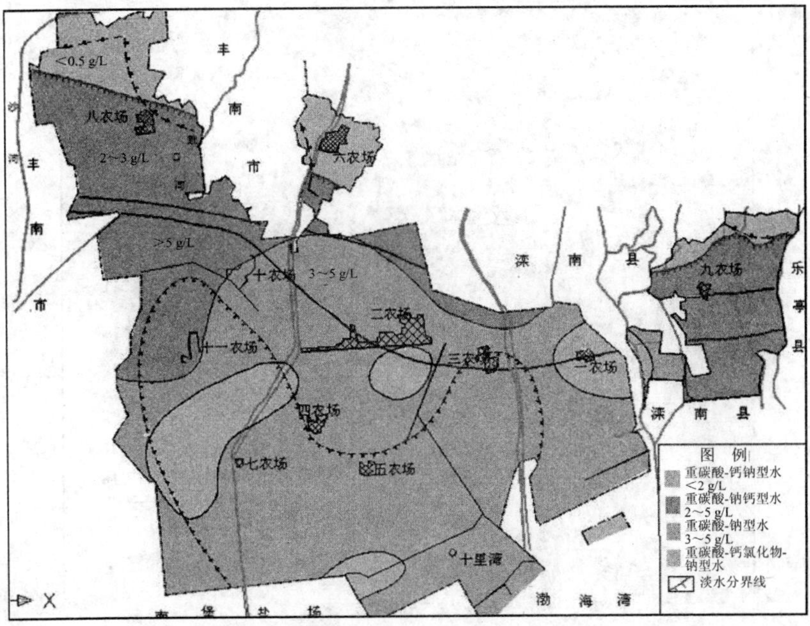

图 3-5　曹妃甸新区地下水矿化类型及矿化度

曹妃甸新区地下水位呈海退型梯变。北部为淡水区，埋深 1.5～1.8 m，旱季降到 2～2.5 m；中北部为薄层淡水区，水位埋深 0.8～1.5 m，旱季降到 1.3～2 m，10～80 m 地层为咸水层，表层淡化为薄层淡水；中南部为微淡化区，咸水层 40～100 m，仅深层有淡水，水位埋深 0.8～1.3 m；南部潮间带滩涂和大片洼地为咸水区，水位埋深 0.8～1.5 m。

曹妃甸新区经济的发展造成地表水被大量开采，增加了降水入渗，使得地表径流量不断减少，同时随着地下水位的下降，包气带的厚度增加，入渗水量很难补给到地下水，因此曹妃甸新区不仅地表水资源量减少，地下水资源量也在减少，但植被对土壤水直接利用的量却在持续增加。

（2）水资源调节服务过程

①农业用水调节。

曹妃甸新区地下水资源匮乏，除曹妃甸北部小部分地区农业灌溉采用地下水外，其他地区农业灌溉均需从河流和水库调水。曹妃甸新区从原柏各庄农场建场之后就不断修建排灌渠系以调节水资源，同时通过排灌渠系进行土壤盐渍化改良。到目前为止，曹妃甸新区已经形成了较为完备的农业生产排灌渠系，见图3-6。这些农业排灌渠系对曹妃甸新区的农业生产和土壤改良发挥了重要作用，经过多年的水稻种植，相当一部分的盐渍土或盐化土转变为水稻土。这些排灌渠系对当地土壤改良和农业灌溉具有十分重要的意义，但由于常年经久失修，部分渠系淤积严重，部分沟渠损坏严重，亟待进行整修和恢复。

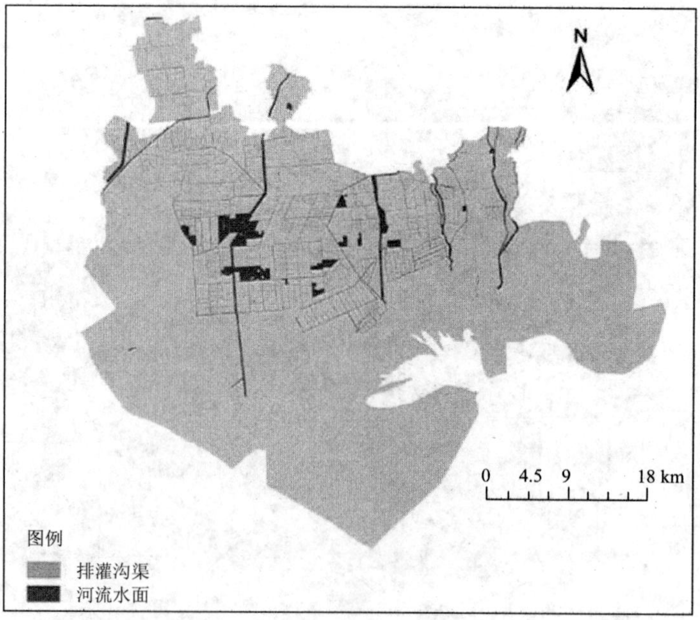

图 3-6 曹妃甸新区农业排灌沟渠分布图

②洪涝调节。

曹妃甸新区河流洪涝灾害与区域降水密切相关。曹妃甸新区水文部门 1956—2006 年降水量观测资料显示，曹妃甸新区年平均降水量（图 3-7）年际变化较大，最大年降水量在 1 000 mm 以上（1964 年），而最小年降水量仅为 318.1 mm（2002 年），且降水量年际变化呈现波动趋势。根据曹妃甸新区多年月平均降水量情况（图 3-8），曹妃甸新区降水年内分配不均，汛期（6—8 月）径流量占全年径流量的 70%以上，造成曹妃甸新区多雨季节容易形成洪涝，少雨季节时又会出现河湖湿地蓄水不足的情况，影响工农业生产。曹妃甸新区年降水量与年平均径流深度关系见图 3-9，曹妃甸新区降水径流关系较好，符合降水产流关系。据资料记载，曹妃甸新区自 1949 年以来共发生过 4 次重大洪涝灾害，造成了巨大的财产损失，此外，曹妃甸新区对河流进行了大量的工程化措施处理，如堤岸固化、修建水闸、河道渠化、裁弯取直等洪水控制方案，使其蓄滞洪水的能力不断减弱，一旦发生决堤，必然造成大面积的财产损失。所以应对曹妃甸新区可供调洪和滞洪的河流、湿地、水库等进行重点保护。

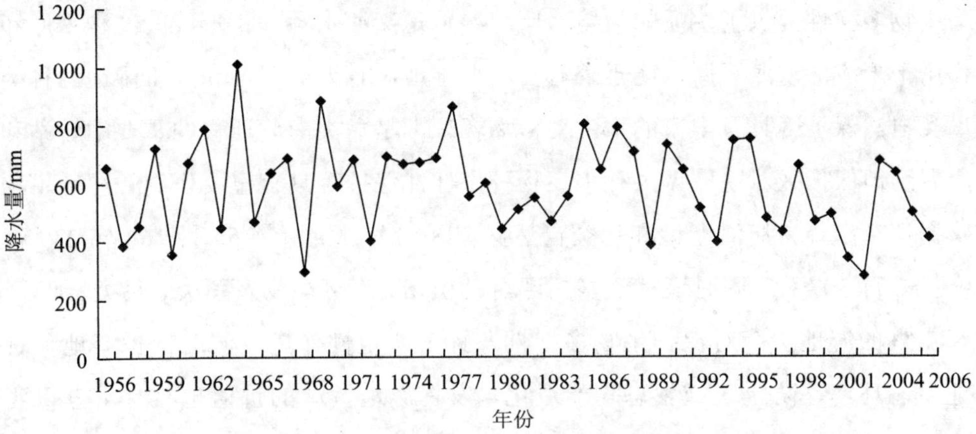

图 3-7　1956—2006 年曹妃甸新区平均降水量

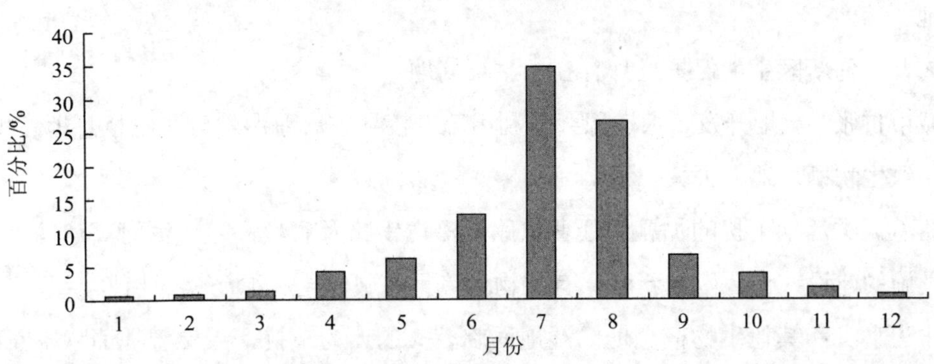

图 3-8　曹妃甸新区多年平均月降水量百分比

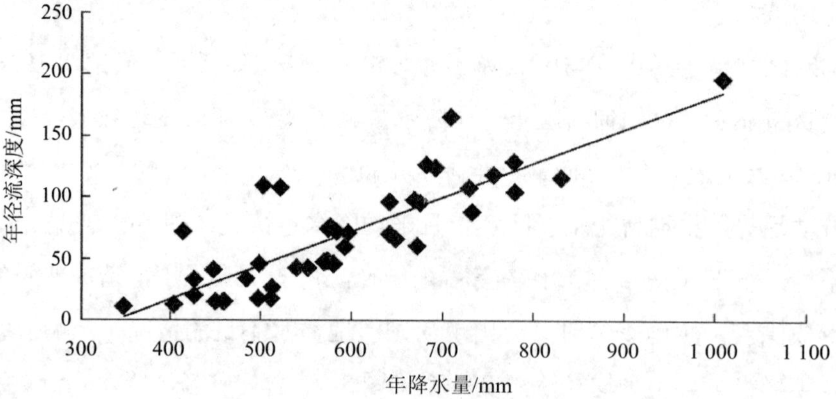

图 3-9 曹妃甸新区年降水量与年径流深度关系图

（3）生物生境保护过程

①曹妃甸新区生境保护过程分析。

曹妃甸新区南部的动植物生境良好，生物多样性丰富，境内唐海湿地及滨海滩涂沼泽等为生物多样性提供了优质的生境。唐海湿地是滦河水系冲积形成的冲积平原和海洋动力作用下形成的滨海平原，属于滨海复合型湿地，有天然湿地和人工湿地两种类型。湿地鸟类自然保护区具有丰富的水生动植物资源，是鸟类南北迁移的重要中转站和栖息地。唐海湿地保护区对区域调洪补水、物种多样性保护等具有重要作用。湿地生物资源丰富，据调查统计，唐海湿地和鸟类自然保护区共有野生植物 63 科 164 属 239 种，鸟类 17 目 52 科 307 种，同时还有众多的浮游动植物、底栖动物及鱼类、贝类、虾、蟹等。保护区良好的湿地生境对保护生物多样性发挥着决定性作用，同时保护湿地，对于保护当地生态环境，防止区域生态功能退化，发挥湿地资源的价值也具有十分重要的意义。此外，曹妃甸新区石臼坨、草泊水库及河口湿地和滩涂等也是重要的生物多样性栖息地。

②曹妃甸新区生境保护过程存在的主要问题。

城市扩张、土地开发、水资源开发利用等直接导致唐海湿地等生物栖息地发生改变，甚至导致生物栖息地丧失。

随着人类活动干扰的加剧，迁曹铁路、沿海铁路及唐曹高速、滨海高速等大型交通基础设施的建设，使曹妃甸新区原有生物生境呈现破碎化、孤岛化的趋势。

作为鸟类和其他生物栖息地的湿地面临较大的人为干扰，天然湿地面积不断减少，湿地生态系统功能不断下降。

虽然曹妃甸新区建立了石臼坨、唐海湿地等自然保护区并对区域生物多样性保护起到了重要的作用，但仍存在以下问题：一是除唐海湿地与鸟类保护区外，其他保护区面积过小，难以满足物种生活和繁殖的需要；二是保护区外的大量生物多样性资源没有被很好的保护；三是保护区之间缺乏联系，物种生活范围狭小，影响物种的繁殖，导致物种衰退。

③曹妃甸新区景观现状和人工干扰对生物过程的影响。

曹妃甸新区目前的景观格局和人工干扰对曹妃甸新区境内的生物过程和生物多样性保护具有重要的影响，本书在梳理曹妃甸新区境内生物生境及其迁徙特征的基础上，分析了景观格局变化及人工干扰对区域生物过程和生物多样性保护的影响，见表 3-2。

表 3-2 曹妃甸新区景观现状和人工干扰对生物过程的影响

现状	对景观格局的干扰	对生物过程的影响
高等级公路和铁路的建设	曹妃甸新区境内高速公路、国道、省道等近年来发展较快，路网密度有极大提高	大规模的道路建设使生物生境日益破碎化，同时道路对生物在不同生境中的迁移产生了巨大的阻碍作用。如铁路和公路切断了各生态系统间物种流动的路径，迁徙动物在穿越道路时存在巨大风险
大型水利工程威胁生物工程	一系列的水利工程设施的修建，包括堤防、水闸、水库、标准海塘等，对区域景观产生了较大的干扰	在一定程度上阻碍了生物的迁徙，尤其是水生动物的迁徙。大型水利工程对其他陆生动物的迁徙活动也造成了很大威胁
各类开发区、城市和集镇建设威胁生物过程	曹妃甸工业区和曹妃甸新城的建设因其规模较大对曹妃甸新区景观产生较大的影响	对一些滨海原有生态格局造成破坏，甚至消失；污染加剧，导致生物栖息地破碎化、缩小甚至消失
滩涂围垦威胁生物过程	曹妃甸工业区围垦造地，表现为逐步推进的围垦造地	沿海滩涂和湿地是重要的生物多样性基地，围垦会破坏鸟类栖息地、破坏生态平衡，造成物种种类和数量减少
污染威胁生物过程	随着工业的发展，对当地环境尤其是水环境及其相关的土壤环境造成了较严重的污染	水体污染日益严重，两栖动物数量大幅下降，同时对爬行动物也有较大影响。污水灌溉造成土壤生态系统退化，影响土壤微生物及地上植物的生长

（4）水土景观保护

曹妃甸新区淡草甸盐渍土、沼泽盐化土及盐土等土壤在海洋、陆地、河流等多种动力系统的作用下，形成了极具地方特色、具有重要观赏与生态功能的滨海水土景观，如曹妃甸新区菩提岛、唐海湿地、石臼坨等。这些景观可为人类提供享受美和愉快以及接近自然与生物多样性的机会。

①曹妃甸新区水土景观状况。

曹妃甸新区目前已形成了新城景观区、港口景观区、生态景观区、盐田景观区和农业景观区六大景观区。多处水土景观极具观赏和历史价值，对曹妃甸新区土地生态的维护具有重要作用。比较具有代表性的有新城内湾、新城资源管理中心、深水港、纳潮河、老龙湾、嘴东渔港、唐海湿地、唐海灌渠、南堡盐场、大清河盐场、冀东油田、菩提岛、石臼坨、月坨岛等，具体见图 3-10。

图 3-10 曹妃甸新区旅游景点及文化遗产分布图

②水土景观保护存在的问题。

近年来，曹妃甸新区快速城市化过程对当地水土景观构成了巨大的威胁，主要表现在以下几个方面：

a. 曹妃甸新区许多连续的水土景观被高速公路、铁路等切断，独特的乡土游憩资源和游憩过程遭受破坏。

b. 唐海湿地等的滩涂围垦、环境污染、滨海围海造地等对当地生态系统造成了巨大破坏，使原有生物栖息地遭受破坏，生物多样性降低，水土景观可观赏度降低。

③水土景观保护。

结合曹妃甸新区具有重要生态保护功能的水土景观现状及存在的问题，针对区域生态安全目标，提出以下水土景观保护措施：

a. 加强观光性岛屿水土景观的保护与开发建设，包括菩提岛、月坨岛及打网岗 3 个近海岛屿的开发建设。

b. 湿地保护与生态提升。曹妃甸新区内大片草泊、河滩、洼淀及滩涂种类齐全，涵盖了沼泽湿地、湖泊湿地、河流湿地、滨海湿地及人工湿地五大类型，应加强上述不同类型湿地的保护，对部分呈现退化趋势及受人类活动干扰严重的地区进行整治及生态修复工作。

c. 以海上旅游为核心，进行近海水土景观开发与保护，重点建设国际游艇和邮轮码头，连通三岛保护区、新城内湾、工业区通潮河、嘴东渔港等。

3.6.1.3　综合生态安全格局构建

（1）淡水供给安全格局

①地表水安全格局构建。

曹妃甸新区淡水资源缺乏，淡水供给主要依靠境内地表河流及北部地区的地下淡水补给。为保证区内居民的饮用水供给与饮用水安全，避免水体污染和水源枯竭，应对河流周边划定缓冲区进行保护。根据 Lena 等研究成果，河岸植被缓冲带对改善水质具有重要意义，一般 50 m 宽的缓冲带可过滤掉大部分水体中的磷元素，同时通过土壤微生物过程可以把水中的全部氮元素去除掉。河岸缓冲带过滤污染物的能力与植被结构、地形、土壤状况等因素密切相关。因此本书将河流水系缓冲区 50 m 以内范围设定为地表水供给底线安全格局，将河流水系缓冲区 50～100 m 范围作为地表水供给满意安全格局；将河流水系缓冲区 100～150 m 设定为地表水供给理想安全格局，同时考虑到曹妃甸新区湿地淡水资源的保护，根据唐海湿地和鸟类自然保护区规划，将规划湿地保护区的核心区作为底线安全格局，将规划湿地保护区的缓冲区作为满意安全格局，将规划湿地保护区的试验区定为理想安全格局，最后通过空间叠加，得到曹妃甸新区地表淡水供给安全格局（图 3-11）。

②地下水安全格局构建。

曹妃甸新区地下淡水资源主要分布在新区北部，其中，位于六农场场区北部的曾家湾地区是曹妃甸新区最重要的地下水补给源，曾家湾水源地属于沙河冲积扇区，地下水含水层的主要岩石类型为砂岩，富水性好。六农场、八农场和九农场的地下水核心回补区的面积分别达到 16.2 km^2、29.5 km^2 和 10.8 km^2，因此被确定为地下水补给的“源”。根据曹妃甸新区地下水补给模数分布图，并经地下水补给适宜性分析，确定了曹妃甸新区地下水补给的底线安全格局［补给模数＞15 万 m^3/（km^2·a)］、满意安全格局［补给模数：12 万～15 万 m³/（km²·a）] 和理想安全格局 [补给模数：9 万～12 万 m³/（km²·a）]，见图 3-12。

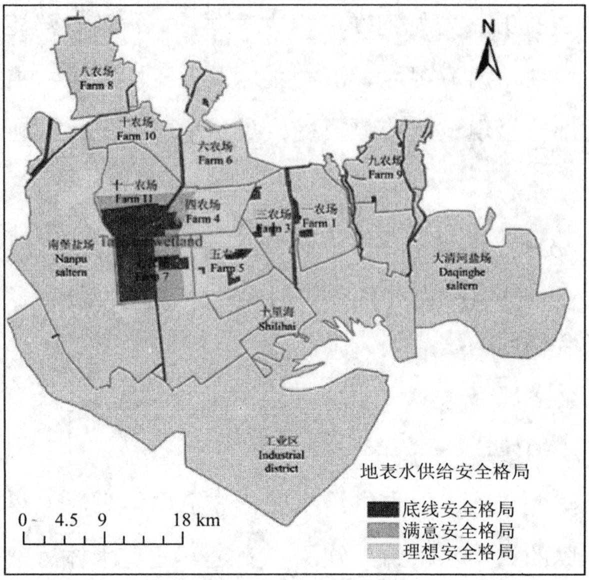

图 3-11 曹妃甸新区地表水供给安全格局

图 3-12 曹妃甸新区地下水补给安全格局

③淡水供给综合安全格局。

地表水供给安全格局与地下水补给安全格局经空间叠加，形成了曹妃甸新区淡水供给安全格局，见图 3-13。曹妃甸新区淡水供给底线安全格局面积为 141.75 km^2，占区域总面积的 7.17%，主要分布在曹妃甸新区六农场、八农场、九农场及唐海湿地附近。曹妃甸新区淡水供给满意安全格局面积为 130.74 km^2，占区域总面积的 6.61%，主要分布在底线安全格局周围。而淡水供给理想安全格局则主要分布在满意格局的外围，对满意安全格局呈包围状，面积共 276.91 km^2，占区域总面积的 14.00%。

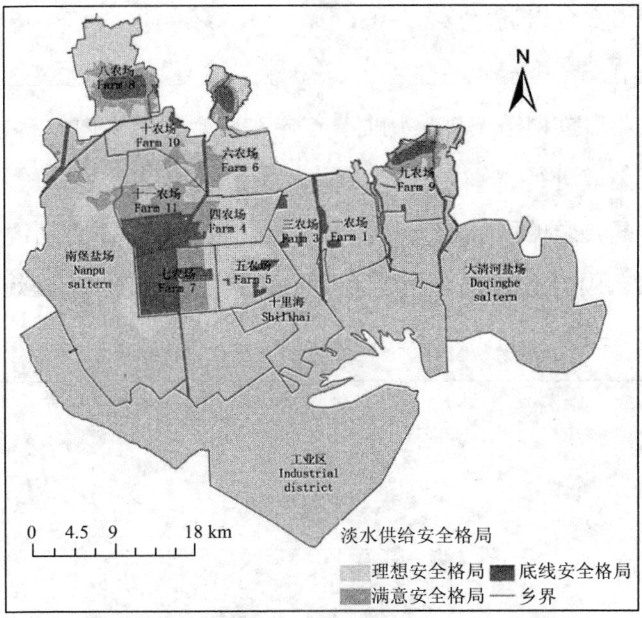

图 3-13　曹妃甸新区综合淡水供给安全格局

唐海湿地、河流、湖泊、水库是曹妃甸新区地表水的主要供给来源。曹妃甸新区位于小清河、溯河、青龙河等多条河流末端，且区域本身蓄水量较大，若能进行有效蓄积，则可增加水资源的供给，缓解区域淡水短缺状况。六农场的曾家湾附近水源、八农场水源、九农场水源是曹妃甸新区地下水供给的为数不多的重要水源地，应采取措施，加以重点保护。因此，基于对曹妃甸地表水和地下水资源供给过程的分析，对曹妃甸新区淡水供给安全格局制定以下保护导则，见表 3-3。

表 3-3 3 种安全水平下的综合淡水供给安全格局规划导向

综合水安全水平	规划导则
底线安全水平	尽可能地保留其原始自然状态，禁止建设。地下水补给区，严格控制具有污染的工业等项目入驻，严禁污染水源
满意安全水平	严禁有污染水源风险的项目进入，其他项目进入需经过严格审批，且不能污染和破坏水源。采取生物措施恢复其天然水文过程，同时应减少地下水的开采利用
理想安全水平	允许有条件的地区进行开发建设，但要控制规模，且需进行严格的审批和环境影响评估

（2）水资源调节安全格局

①农业灌排调节安全格局。

本书在构建农业灌排调节安全格局时，首先对曹妃甸新区内原有排灌渠系进行分析，对淤积严重的土质渠道进行整修规划，对渠水利用系数低的渠系进行防渗处理；对不能满足灌溉和排水排盐要求的区域增布农沟和支沟。根据实际调查情况和可操作性，确定排灌沟渠两侧 5 m 范围内为满意安全格局，两侧 5～10 m 范围为理想安全格局，曹妃甸新区排灌水资源调节安全格局见图 3-14。

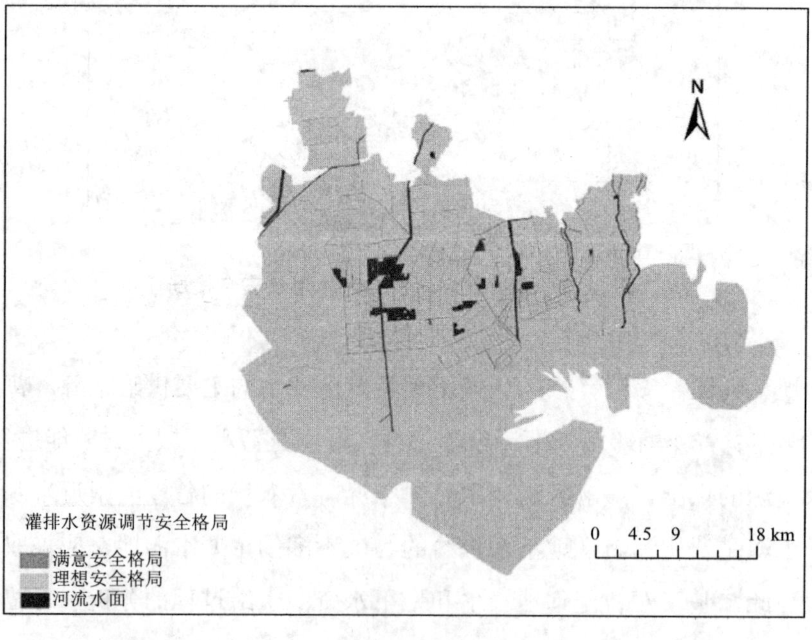

图 3-14 排灌水资源调节安全格局

②洪水调蓄安全格局。

湿地、洪泛平原及沼泽地等对调节洪涝灾害具有重要作用，河流周边的缓冲带对调洪滞洪也具有重要作用。因此在水资源调节安全格局构建时，应遵循洪水自然过程，充分依靠沿河的支流、湖泊、水库、湿地、沼泽以及低洼地区的调洪滞洪蓄洪作用，将有水文联系的区域都纳入保护范围。

通过洪水自然流淌分析，找出水流流经区域及停滞低洼区，通过对一些关键区域和空间位置的控制，最大限度地减弱洪水的危害。本书基于 GIS 技术，利用径流模型和数字高程模型（DEM）可进行不同水量下洪水流动路线和淹没范围模拟，并据此判别不同防洪安全水平下的景观安全格局。曹妃甸新区洪水调蓄安全格局构建步骤如下：把区域内河流水面和水库作为曹妃甸新区洪水调节的“源”，根据曹妃甸新区 DEM 模型及历年洪水统计数据，利用 ArcGIS 9.3 软件中的 Hydrology 模块对洪水自然过程进行“无源淹没”模拟，首先利用“分水岭”分析及“捕捉倾泻点”功能，找出不同汇水区域及其倾泻点，然后利用水文分析中的“填洼”功能确定不同水量径流流经区域及运动停滞的低洼位置，本书以 20 年一遇、50 年一遇和 200 年一遇洪水频率（凹陷点与倾泻点之间的高差分别为 0.8 m、1.2 m 和 1.5 m）根据 DEM 确定洪水淹没范围，并据此划分为洪水调节低、中和高 3 个水平的安全格局。曹妃甸新区模拟淹没范围见图 3-15，洪水调蓄安全格局见图 3-16。

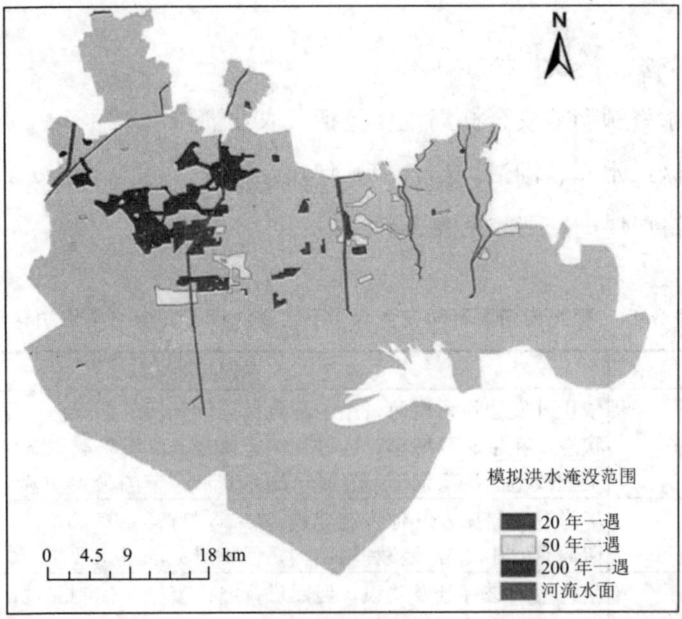

图 3-15　曹妃甸新区模拟洪水淹没范围

由图 3-16 可知，曹妃甸新区水资源调节底线安全格局共 27.31 km^2，占区域总面积的 1.38%，主要分布在曹妃甸新区小青河、青龙河、溯河等主要河流两岸以及唐海湿地等区域。满意安全格局共 29.84 km^2，占区域总面积的 1.51%，主要分布在底线安全格局外围及小青龙河、双龙河周边低洼地带。理想安全格局共 59.16 km^2，占区域总面积的 2.99%，主要分布在双龙河周边十农场和十一农场境内的低洼区域。

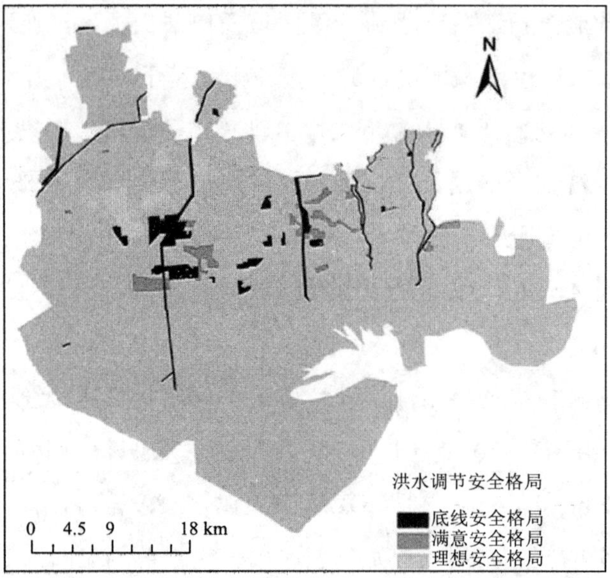

图 3-16 2013 年曹妃甸新区洪水调节安全格局

③水资源调节安全格局保护导则。

曹妃甸新区水资源调节安全格局主要包括：农业灌排沟渠体系；调洪蓄洪湿地；河流水系及其缓冲区；水库、湖泊。结合曹妃甸实际情况，根据不同安全等级，制定以下水资源调节安全格局保护导则，见表 3-4。

表 3-4 曹妃甸新区不同安全水平下水资源调节安全格局保护导则

安全水平	规划导则
底线安全格局	禁止开发建设，避免采用工程化措施硬化河道和渠道，尽量保持湿地等自然状态，在生态环境恶化区进行生态修复。尽量采取生态化工程恢复已被硬化工程改造的沟渠河道，发挥区域水资源调节的最大功效
满意安全格局	尽量避免村庄及其他设施建设，尽量保持其原有状态；尽量退耕还林，若保留原有农田，应调整种植结构，发挥最大的生态效益
理想安全格局	允许适当进行开发建设，但需进行严格审批并控制建设规模。要尽量避免开发建设对自然水过程的阻碍

（3）生物生境保护安全格局

根据俞孔坚等的研究成果，生物多样性包含遗传多样性、物种多样性和生态系统多样性 3 个层次的含义，因此，相应的生物多样性保护也应分别在多个层次上进行，生物多样性的空间等级层次与空间位置和格局紧密相关。

相应地，生物多样性的保护途径也可分为两种：①以物种为中心的途径，强调区域内稀有或濒危动植物物种的保护；②以生态系统为中心的途径，强调对整个区域生物多样性栖息地及整体景观系统的保护。两种方法侧重点不同，以物种为中心的方法首先选择有代表性的典型物种，然后根据典型物种的生活特性、活动规律及对栖息地的要求等来设计景观格局，而以生态系统为中心的途径是以不同尺度景观元素的保护为目标，根据其空间位置和相互关系来设计安全格局。

根据国内外研究成果，加强对核心生物栖息地的保护，建立生物活动缓冲区、构筑生态廊道等空间战略对生物多样性保护均具有重要意义，但具体采取什么方法、在什么地方构筑多大区域，目前还没有一个统一的方法。本书将两种生物多样性保护的途径联系起来，将物种的活动及生态过程作为一种动态的景观过程来考虑，在构建生物多样性保护安全格局时，以生物保护为核心，以物种的移动为途径，兼顾重要景观及生态资源的保护，最终构建区域生物生境保护安全格局。

①生物生境保护安全格局构建。

曹妃甸新区动植物资源丰富，据统计，仅唐海湿地与鸟类自然保护区就拥有高等、低等及浮游植物共 353 种，各种鸟类 307 种，以及大量的浮游动物、软体动物、昆虫和鱼类等。但由于曹妃甸新区城市的快速扩张和交通等基础设施的大量建设，境内生物生境遭到了不同程度的破坏，破碎化和孤岛化严重。本书以最小累计阻力模型为基础，通过阻力判别缓冲区和廊道，进而构建高连接度的生物多样性保护网络体系。

通过指示物种进行生物多样性保护研究是方便而有效的方法。由于不同物种对景观破碎化的响应存在较大差异，选择合适的物种代表当地多样的动物保护需求十分重要，通常生境需求面积较大且有较高景观连接度需求的物种对景观破碎化更为敏感，景观规划中应给予优先保育。综合国内外关键物种的选择标准，结合曹妃甸实际，本书选择丹顶鹤、大鸨、白鹳作为曹妃甸新区关键物种，如果这几个物种能够维持生长和繁殖，那么其他物种基本也可以维持其生存和发展，因为这几个物种对生境需求较高，种群规模较大，且均为珍稀保护物种。

根据丹顶鹤、大鸨、白鹳等的生活习性，通过适宜性分析并参考专家意见选取唐海湿地鸟类自然保护区、石臼坨鸟类自然保护区、草泊水库及双龙河河口湿地作为生物保护安全格局的“源”。

本书在利用最小累计阻力模型建立阻力面时，以土地利用类型为阻力因子，并采用德尔菲法确定相对阻力值大小：水域——0（0 代表最小阻力），滩涂用地——2，耕地——4，盐田——7，建设用地——10（10 代表最大阻力），利用 ArcGIS 9.3 软件中的 cost-weighted 工具制作阻力因子的分级图层，见图 3-17。

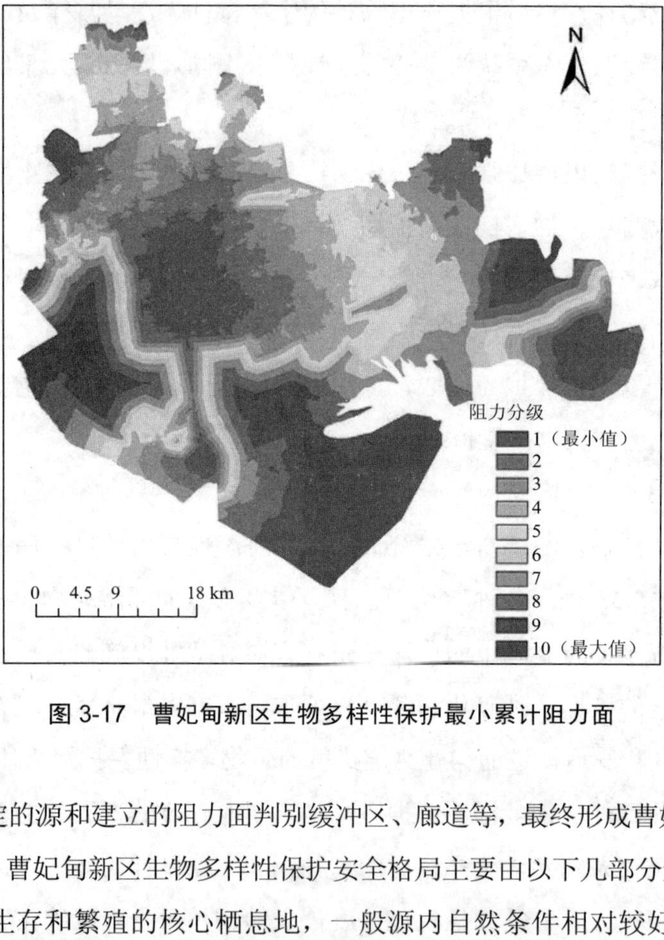

图 3-17 曹妃甸新区生物多样性保护最小累计阻力面

根据已经确定的源和建立的阻力面判别缓冲区、廊道等，最终形成曹妃甸新区生物多样性保护安全格局。曹妃甸新区生物多样性保护安全格局主要由以下几部分景观元素构成：

源，是生物生存和繁殖的核心栖息地，一般源内自然条件相对较好。曹妃甸新区生物多样性保护的源主要包括唐海湿地、草泊水库、石臼坨鸟类保护区、双龙河河口湿地。

缓冲区，源周围的低阻力区域，可以从阻力分级图中判别。在阻力图中，可以通过阻力值与面积的关系曲线确定缓冲区的边界。一般认为，在阻力值与面积的关系曲线上具有跳跃性的门槛，即随着缓冲区向外围扩展，景观阻力的增加是不均匀的，存在一些突变的地方，一般可对这些突变点进行综合分析后确定缓冲区的边界。

廊道，是指生物向周边活动的低阻力通道，生态廊道的存在被认为可以促进植物和动物在多个栖息地之间进行移动，可增加大片生物生境之间的联系，增加物种生存和繁衍的机会，减少由于生物栖息地的破碎和孤岛化乃至丧失导致的物种灭绝。构建生态廊道是保护生物多样性的常用措施。一般生态廊道主要包括各级别河流廊道和防护林网等。关于生物多样性保护格局中保护廊道的宽度，基于不同的生物多样性保护目标，不同学者提出了不同的结果，见表 3-5。本书中，根据生物多样性保护阻力面分级图，同时考虑曹妃甸新区生物多样性保护的需要，廊道宽度最小设定为 60 m。

表 3-5　不同学者提出的生物保护廊道的宽度及其功能

宽度值	功能及特点
≤9 m	廊道宽度与草本植物和鸟类的物种多样性之间相关性接近于零
9～20 m	可保护非脊椎动物种群，其中 12 m 为区别线状和带状廊道的标准
20～30 m	满足鸟类等生物迁徙，但生物多样性仍处于较低水平。≥27.4 m 才能满足野生动物对生境的需求
30～60 m	保护生物多样性的合适宽度；能够保护哺乳、爬行和两栖类动物
60～152 m	满足动植物迁徙和传播及生物多样性保护功能
≥200 m	保护鸟类种群
≥600 m	能创造自然的、物种丰富的景观结构；含有较多植物及鸟类内部种

战略点，是对生物过程具有关键意义的节点，根据相关研究，本书直接将以相邻源为中心的等阻面的切点作为战略点。战略点是对景观整体结构的形成和生物多样性保护具有战略意义的位置，根据曹妃甸新区生物多样性保护最小累计阻力面，确定的区域战略点包括曹妃甸新城、大清河河口湿地、通港水库、平原水库、曾家湾饮用水水源保护区、平原水库等，见图 3-18。

不同的安全等级对应着不同的保护等级和范围，底线安全格局意味着维持生物最小的区域，可能仅能维持某些种群的生存，而较高等级的安全格局意味着更大的保护范围和更为健全的空间联系，为生物的空间运动及生长繁殖提供更好的生境。曹妃甸新区生物多样性保护格局见图 3-19。

统计结果显示，曹妃甸新区总的生物多样性保护安全格局共 562.53 km^2，占区域总面积的 28.4%；其中底线生物多样性保护格局为 165.59 km^2，占区域总面积的 8.37%，主要分布在曹妃甸新区唐海湿地与鸟类自然保护区及其周边区域、草泊水库附近，三臼坨鸟类自然保护区及曹妃甸新区的部分河口湿地附近。满意生态安全格局面积为 216.17 km^2，占区域总面积的 10.93%，主要分布在底线生物保护安全格局周围。理想生物保护安全格局面积为 180.77 km^2，占区域总面积的 9.14%。底线生态安全格局是必须加以保护的区域，应严格限制建设用地占用。

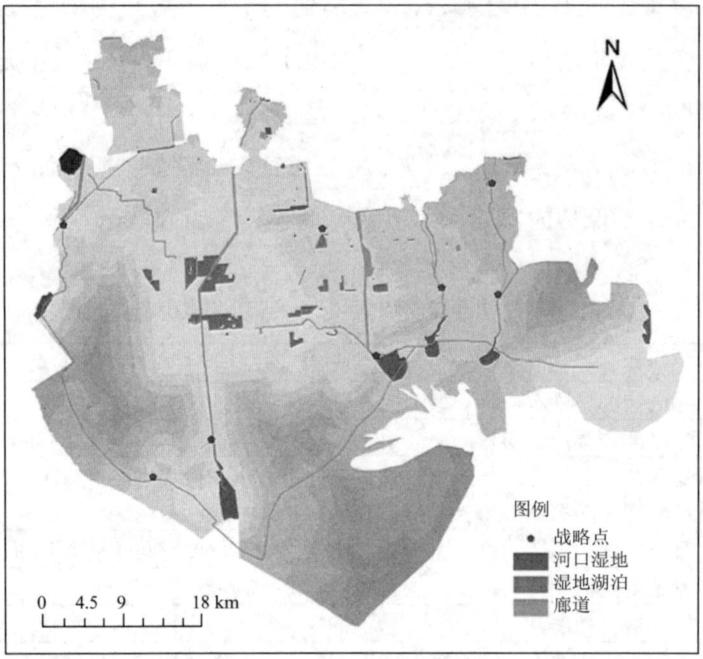

图 3-18 曹妃甸新区生物多样性保护廊道及战略点

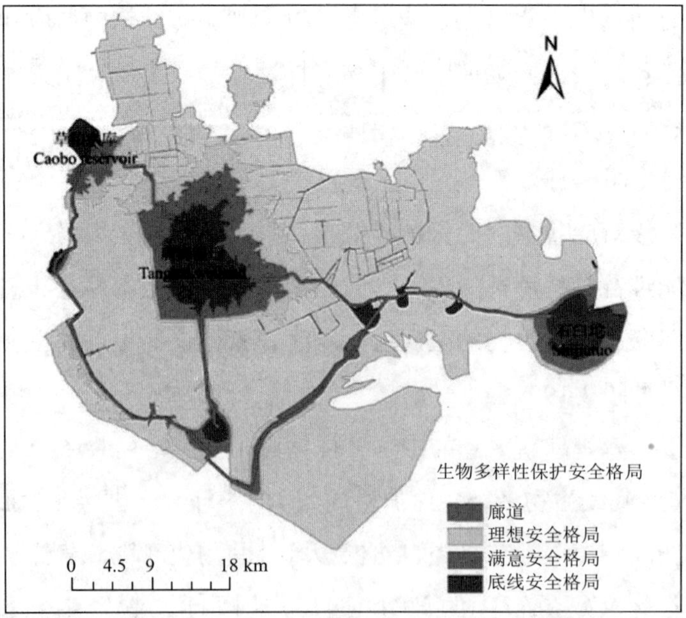

图 3-19 曹妃甸新区生物多样性保护安全格局

②生物多样性安全格局保护导则。

根据已经确定的源和建立的阻力面判别缓冲区、廊道、战略点，参考已有研究成果，根据不同的生物多样性保护水平，结合曹妃甸实际，确定如下规划导则，见表 3-6。

表 3-6　3 种不同安全水平下的生物多样性安全格局规划导则

安全水平	现状描述	保护导则
底线安全水平	以地域性次生植物为主，生物多样性较高，人类活动相对较少，仅有少量农业耕作和村落	内部原有农田逐步退耕，不断改善植被群落组分结构，增加植被种类和物种丰富度。不断进行生态恢复和保育；对区域内的湿地生态系统和湖泊湿地生态系统进行充分保护和保育，加大对区内野生动物和生物多样性的保护力度。 禁止开发建设
满意安全水平	以灌木丛、芦苇丛等半人工植物为主，人类活动较多	预留动物迁徙通道，以保证野生动物的穿越； 发展生态农业进行生态管理，人工建设避开生态敏感区
理想安全水平	农业活动较多，植被中农作物、经济作物等占有较大比重	不断调整土地利用结构，有条件的地区逐步进行退耕，以减少人类活动对区域的干扰； 有条件的地区进行人工建设，但应尽量避开生态敏感区

（4）水土景观保护安全格局

①水土景观安全格局构建。

为充分发挥曹妃甸新区水土景观在游憩与生态方面的作用，本书从游憩活动的组织进行水土景观安全格局的构建。采用德尔菲法确定不同景观类型对人类游憩阻力的大小，采用最小累计阻力模型进行水土景观安全格局的构建。具体过程如下：以曹妃甸新区的重要水土景观为水土景观保护安全格局的“源”，利用德尔菲法确定各土地利用类型对游憩活动的阻力系数（表 3-7），在 ArcGIS 9.3 软件中运用最小累积阻力模型建立阻力面（图 3-20）。然后根据最小累计阻力面，人工判别廊道的走向和位置，形成区域的水土景观游憩廊道系统，最终形成廊道网络和底线、满意和理想的游憩水土保护安全格局（图 3-21）。

表 3-7　曹妃甸新区游憩景观体验的阻力因子与阻力系数

阻力因子	阻力系数	阻力因子	阻力系数
河流水库	5	城市建设用地	20
耕地	10	盐田	30
荒草地	15	滩涂	40

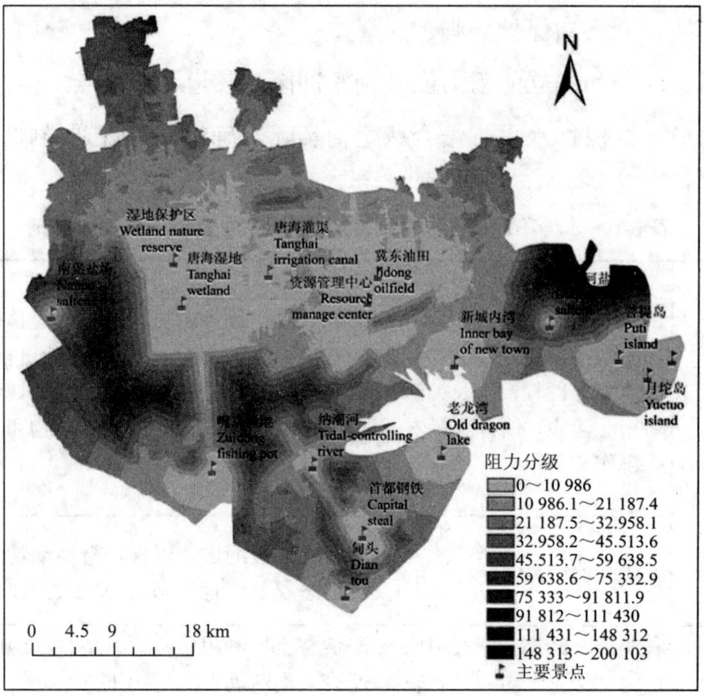

图 3-20 曹妃甸新区游憩阻力分级图

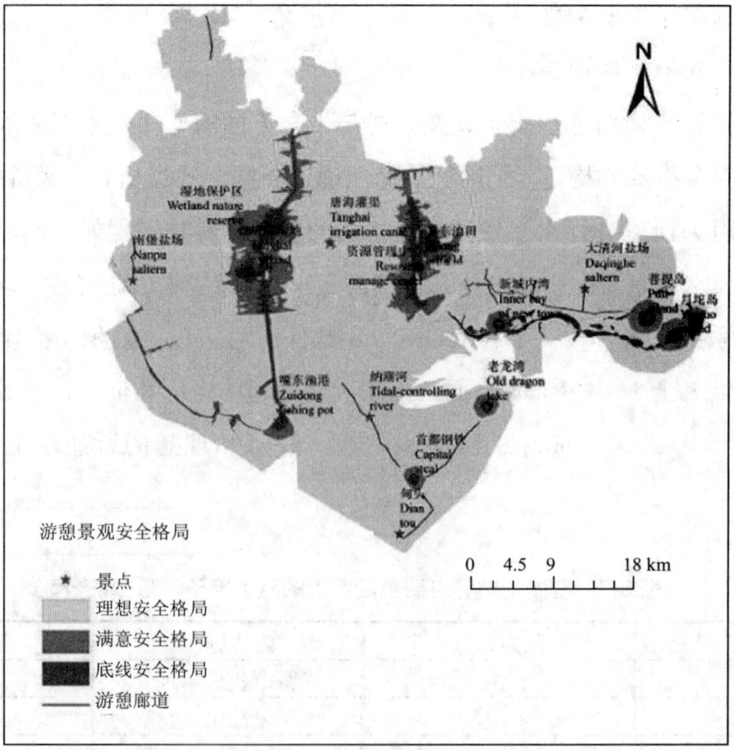

图 3-21 曹妃甸新区游憩景观保护安全格局

由图 3-21 可知，曹妃甸新区游憩景观保护安全格局呈现以底线安全格局为中心，满意安全格局和理想安全格局相包围，以游憩廊道为连接的网络系统。其中，底线安全格局面积为 60.76 km^2，占区域总面积的 3.07%；满意安全格局面积为 133.08 km^2，占区域总面积的 6.73%；理想安全格局面积为 160.28 km^2，占区域总面积的 8.10%。

②水土景观保护安全格局及规划导向。

根据不同游憩安全水平及其功能和空间分布，提出相应的规划导向（表 3-8）。

表 3-8　3 种不同安全水平下的水土景观安全格局规划导向

安全水平	规划导向
底线安全水平	尽量减少人为干扰，以保持自然原貌为主，严格控制建设，以生态恢复为主； 进行景观保护、生态恢复和生态整治
满意安全水平	允许适度的开发建设，但建设项目要进行严格审批； 加强绿化，适度发展主题性游憩项目
理想安全水平	尽可能地增加自然要素，如林木、水体等； 鼓励发展与游憩相关的设施和项目

（5）曹妃甸新区综合生态安全格局构建

综合洪水调节、淡水供给、生物多样性保护及水土景观保护安全格局结果，通过空间分析取最大值（即若某像元在任一单要素安全格局中为底线安全水平，则在最终综合安全格局中为底线安全水平），建立了曹妃甸新区综合生态安全格局，见图 3-22。统计结果显示，曹妃甸新区总的生态安全格局面积为 1 058.80 km^2，占区域总面积的 53.53%。其中，底线生态安全格局面积为 312.67 km^2，占区域总面积的 15.81%；满意生态安全格局面积为 308.15 km^2，占区域总面积的 15.58%；理想生态安全格局面积为 437.98 km^2，占区域总面积的 22.14%。底线生态安全格局区域是保障区域生态安全的基础，需纳入建设用地禁建区，严格保护；满意生态安全格局是中等水平安全格局，在进行开发时需注意生态系统的恢复和保护；理想生态安全格局是高水平安全格局，此范围可根据具体情况进行有条件的开发。

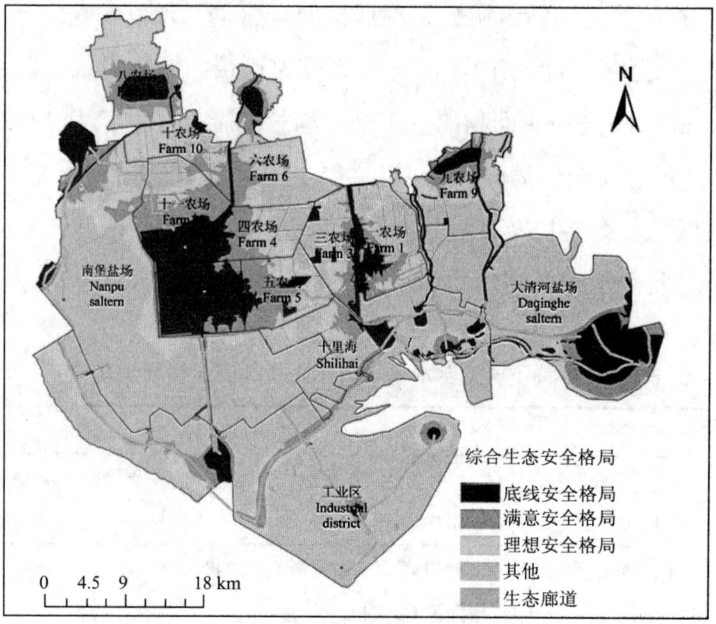

图 3-22 曹妃甸新区综合生态安全格局

3.6.2 基于生态系统服务价值的生态安全格局构建

3.6.2.1 生态源地的提取

生态源地的识别和保护对区域生态环境健康持续发展具有重要意义。可选取研究区内核心斑块面积大于 5 hm^2 的湿地、水库和主要河流作为生态源地，面积共 168.58 km^2。这些生态源地对维持区域生态系统稳定性具有重要意义，要加强对其的保护和重视，将其设置为核心保护区域，同时加强生态建设，提升景观之间的连通性，扩大核心斑块面积。

本节以河北省黄骅市为例进行生态安全格局构建。

3.6.2.2 耗费距离表面构建

源和阻力值是构建耗费距离表面的基础数据，其中阻力值的确定是关键。生态功能强度为其提供了依据，景观生态功能越完善，生态流运行的阻力就越小，其阻力值越低，反之，则阻力值越高。由于研究基于景观生态价值，故利用单位面积生态系统服务价值（ESV）确定生态源地的阻力面。由图 3-24 可见，生态源地分布区 ESV 大，阻力值极小；随着距离生态源地距离的增加，越接近城区、道路和滨海盐田，ESV 相对越小，阻力值越大。

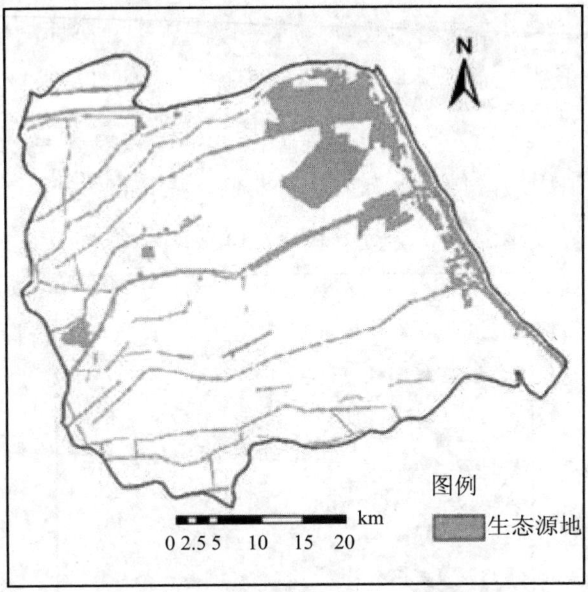

图 3-23　黄骅市生态源地图

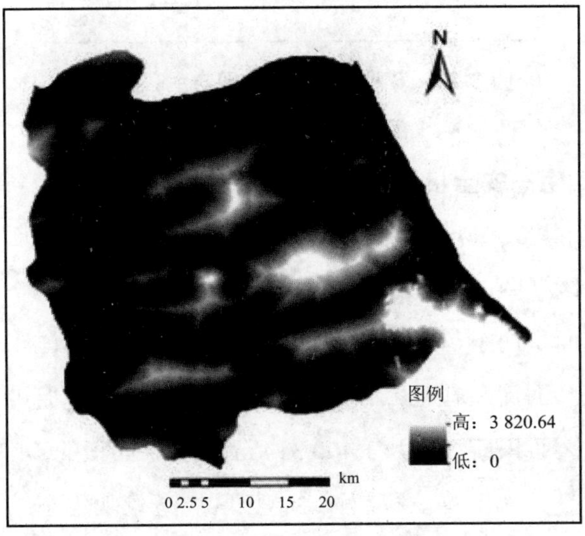

图 3-24　黄骅市累积阻力值图

3.6.2.3　生态廊道和生态节点

黄骅市生态廊道在西部河流密集地区分布较为密集，是生态建设的重点区域。生态廊道分布的另一个特点是沿海岸线和东部湿地分布（图 3-25）。因此，在构建这类廊道时，需要注重对河堤两岸的绿化，通过生态恢复、水土保持及流域治理等手段增强廊道连通功能的稳定性，要在道路两侧设置一定宽度的绿化带，降低道路的阻隔效应。

黄骅市生态节点主要分布于东部河流两侧及西部湿地、水库周围，总计 30 个。这些区域由于人为因素的干扰，景观破碎化程度较为严重，特别是水域周边区域，景观生态流和人为干扰之间的作用较强烈，因此需要对其加强生态节点建设，以充分保证景观生态流的通畅。对于城镇周边区域，生态节点主要位于城镇向外扩展过程中的关键敏感区，特别是河流与城镇边界及道路的交会处（图 3-25）。

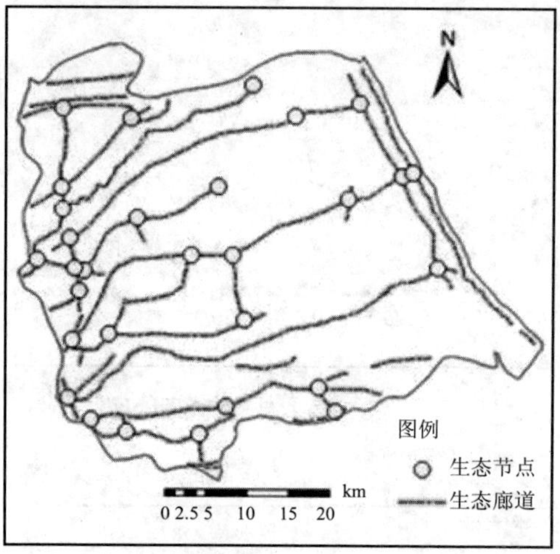

图 3-25 黄骅市生态廊道图与生态节点图

3.6.2.4 基于 ESV 的生态安全格局

利用 ArcGIS 中自然断点功能，将研究区分为生态核心保护区、生态缓冲区、生态恢复区和人类活动核心区（图 3-26）。

生态核心保护区面积最小，为 168.58 km^2，占总面积的 7.74%，该区域生态核心保护区主要是湿地、水库和河流所在地，景观生态功能最强，是能促进生态环境健康发展的核心区域。生态缓冲区面积最大，为 1 400.33 km^2，占总面积的 64.30%，该区域 ESV 相对较高，主要是耕地、园地、草地和盐碱地，该区域是景观生态结构较稳定、对区域生态环境不会产生重大影响的区域。生态恢复区面积为 436.58 km^2，占总面积的 20.05%，该区域主要是农村居民点和沿海盐田，该区域 ESV 较低，景观破碎化程度较高，生态功能较脆弱的区域。人类活动核心区主要分布在城镇中心及沿海的港口码头，面积为 172.34 km^2，占总面积的 7.91%，该区主要分布在城镇中心及沿海的港口码头，该区人类活动非常集中，ESV 极低，生态功能脆弱。

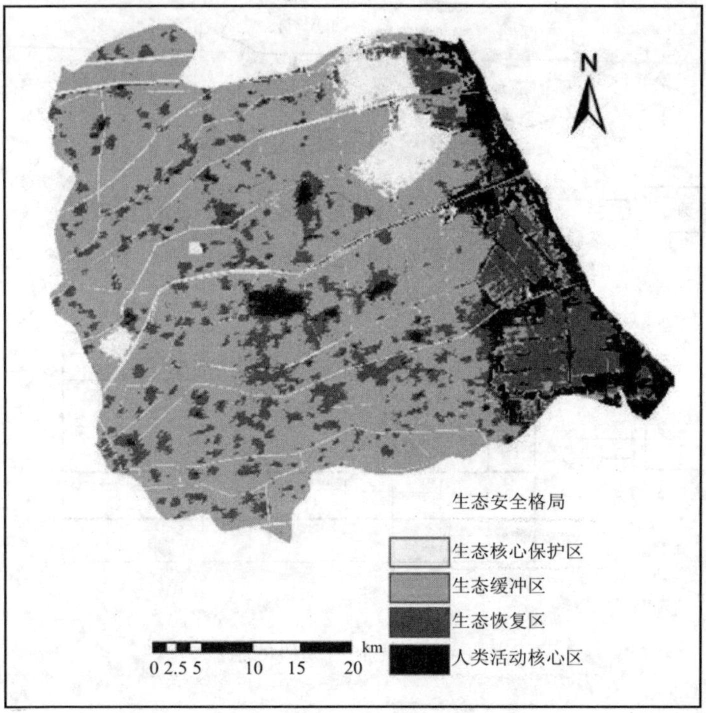

图 3-26　黄骅市生态安全格局图

3.6.3　基于 CA-Markov 模型的土地生态安全格局构建

3.6.3.1　CA-Markov 模型

（1）元胞自动机概述

元胞自动机（Cellular Automaton，CA）最早在 20 世纪 50 年代由美国数学家、计算机学家 Von Neumann 创建，主要用来模拟生命系统的自复制能力。目前元胞自动机已经广泛应用在物理、化学、生物学等领域，成功地模拟了复杂系统的繁殖、自组织、进化等过程。该模型是由单元、状态、邻域及转换 4 个部分基本要素组成，见图 3-27。每个元胞在由所有类型组成的元胞空间有各自的属性，元胞状态的变化由该元胞当前状态、邻居元胞状态和特定的转换规则决定。

①元胞。元胞是元胞自动机最基本的组成部分，具有一定的状态属性。本书中原胞大小即为一个栅格单元的大小。

②状态。本书中元胞状态指元胞的土地利用类型。

③邻域。邻域由个体元胞周围的相邻元胞组成，邻域状态影响本元胞的状态转换。

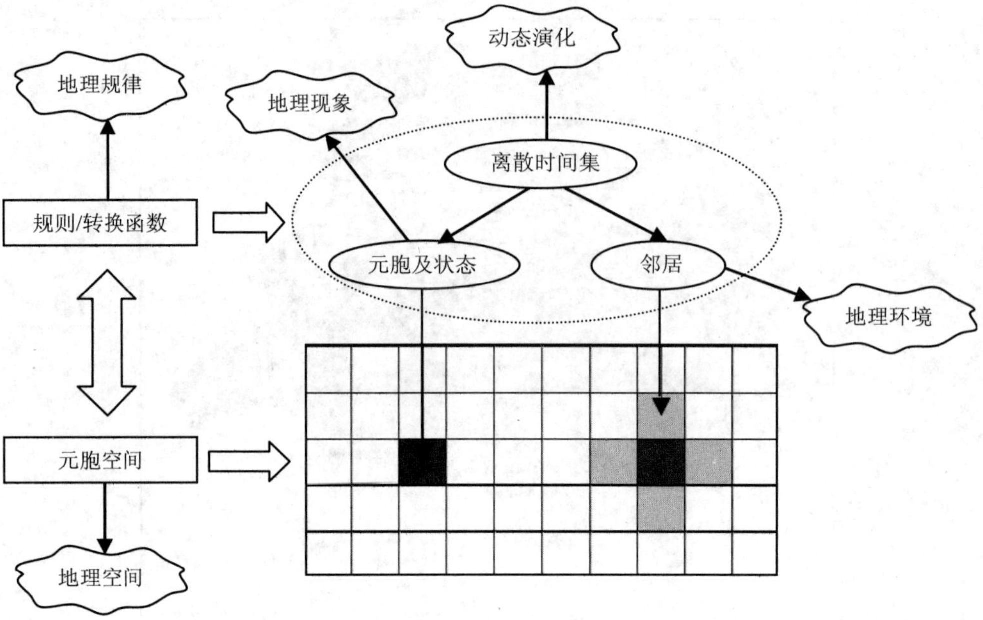

图 3-27 元胞自动机的组成

④转换规则。转换规则指元胞状态的转换函数，此函数根据元胞当前状态及邻域元胞状态确定该元胞在下一时刻的状态，也称为状态转移函数。在 CA 模型中，转换规则是核心，在模拟过程中一般通过迭代的方法最终确定预测和模拟结果。综合已有研究成果，常用的转换函数主要有以下几种：Logistic 回归模型转换规则、CLUE-S 转换规则、MCE-Markov 概率规则、SLEUTH 转换规则、神经网络方法、遗传算法方法、SVM-CA 等。

（2）Markov 模型

Markov 模型是基于马尔可夫过程理论而形成的预测事件发生概率的一种方法，是一种描述随机现象的模型，一般用于预测“无后效性”特征地理事件的运动过程，即预测变量的状态变化只与前一时刻有关，与后一时刻无关。一定时期内不同土地利用类型之间存在相互转化，而且转化过程难以用函数来准确表达，此时应用 Markov 模型相对较方便。Markov 模型无法确定是什么原因导致的地类变化，但可通过分析两期土地利用状况的变化预测未来土地利用类型间的变化趋势。应用 Markov 模型的关键是确定土地利用类型转移概率矩阵。其数学表达式如下：

$$P = P_{ij} = \begin{bmatrix} P_{11} & P_{12} & \cdots & P_{1n} \\ P_{21} & P_{22} & \cdots & P_{2n} \\ \vdots & \vdots & \vdots & \vdots \\ P_{n1} & P_{n2} & \cdots & P_{nn} \end{bmatrix} \tag{3-1}$$

式中：P_{ij}——土地利用类型 i 转化为土地利用类型 j 的概率。

P_{ij} 满足两个条件，公式如下：

$$0 \leqslant P_{ij} \leqslant 1 \tag{3-2}$$

$$\sum_{j=1}^{n} P_{ij} = 1 \quad （i，j=1，2，3，\cdots，n） \tag{3-3}$$

根据条件概率函数可以由系统 T 时刻的状态向量确定未来 $T+\Delta$ 时刻的状态向量，公式如下：

$$S(T+\Delta) = S(T) \cdot P_{ij} \tag{3-4}$$

式中：$S(T+\Delta)$——系统在 $T+1$ 时刻的状态向量；

$S(T)$——系统在 T 时刻的状态向量。

（3）MCE 模型

MCE（Multi-criteria Evaluation）也称作 MCDM（Multi-criteria Decision Making），是集地理信息与决策于一体的判别和决策方法，其主要目的是在众多因素或相互矛盾的客观实际选择中确定一种折中方案。在地理分析中，MCE 过程（决策准则）能够建立一种输入图像集和输出图像的联系，它通过运用赋予参评指标不同的权重来辅助决策者进行方案选择。MCE 模型通常被表示成如下形式：

$$S = f(x) \tag{3-5}$$

式中：S——可持续水平；

x——对土地可持续利用水平具有重要影响的评价指标；

$f(x)$——决策规则。

常见的 MCE 方法有加权线性合并法（Weighted Linear Combination，WLC）、一致性分析方法、理想点法及层次分析法等。其中，WLC 方法最常用，其表达式为

$$S = \sum_{i=1}^{n} w_i \cdot x_i \tag{3-6}$$

式中：w_i——指标 i 的权重；

n——指标的总个数。

一般 WLC 过程包含 4 个步骤：①选择指标；②确定指标标准化数值；③确定指标权重；④加权线性叠加。一般在利用 WLC（Weighted Linear Combination）模型进行评价时，通常选择自然指标，同时常选用 AHP 法来确定各指标的权重。

作为一个定量化的评价模型，与主观定性分析相比较，WLC 能够改善评价精度，因此在 GIS 的支持下，WLC 具有广泛的应用。但是此模型在应用时存在较多的缺点，包括指标的选择、权重的计算以及指标叠加规则等。

3.6.3.2 ESP-CA-Markov 模型模拟步骤

本书整合土地生态安全格局 ESP 及 CA-Markov 模型的土地利用模拟步骤如下。

（1）数据转换

在 ArcGIS 9.3 软件中将两期 GRID 格式的土地利用现状图转换为 IDRISI 15.0 软件默认的 RST 格式。转换时首先将 GRID 格式的栅格图转为 ArcRASTER 形式，然后利用 DIRISI 15.0 软件导入。

（2）创建 Markov 转移概率矩阵

Markov 转移概率矩阵确定在模拟期间不同土地利用类型之间相互转化的概率。初始 Markov 概率转移矩阵可通过 IDRISI 15.0 软件中的 Markov 模块叠加两期土地利用现状图获得。

（3）创建各地类转换适宜性图集

因为 Markov 过程并不能确定土地利用类型转换发生在何处，因此采用多标准评价（Multi-criteria Evaluation，MCE）方法中的模糊隶属度函数确定转换像元（元胞）的适应性和位置。MCE 方法中适宜性图集包含限制因素图集和影响因素图集，限制因素图集通常用布尔函数图来表示，用来约束和限制某一类型用地扩展范围。而影响因素图集主要包括土壤类型、高程、到交通干线的距离、到城市中心的距离、各级生态安全格局等。影响因素在模拟时都需要标准化到 0～255（0 代表不适宜，255 代表最适宜）的数值，本书根据不同因素对用地适宜性的影响，分别采用 IDRISI 15.0 中的“S”形单调增函数或减函数及“J”形单调增函数或减函数来进行标准化，IDRISI 15.0 软件中提供的用来标准化数据的函数样式见图 3-28，通过设置不同的 a、b、c、d 的数值来达到要求的结果。如在建设用地适宜性图集中，距道路的距离采用非线性“J”形单调减函数进行标准化（随着距离的增加，适宜性不断降低）。

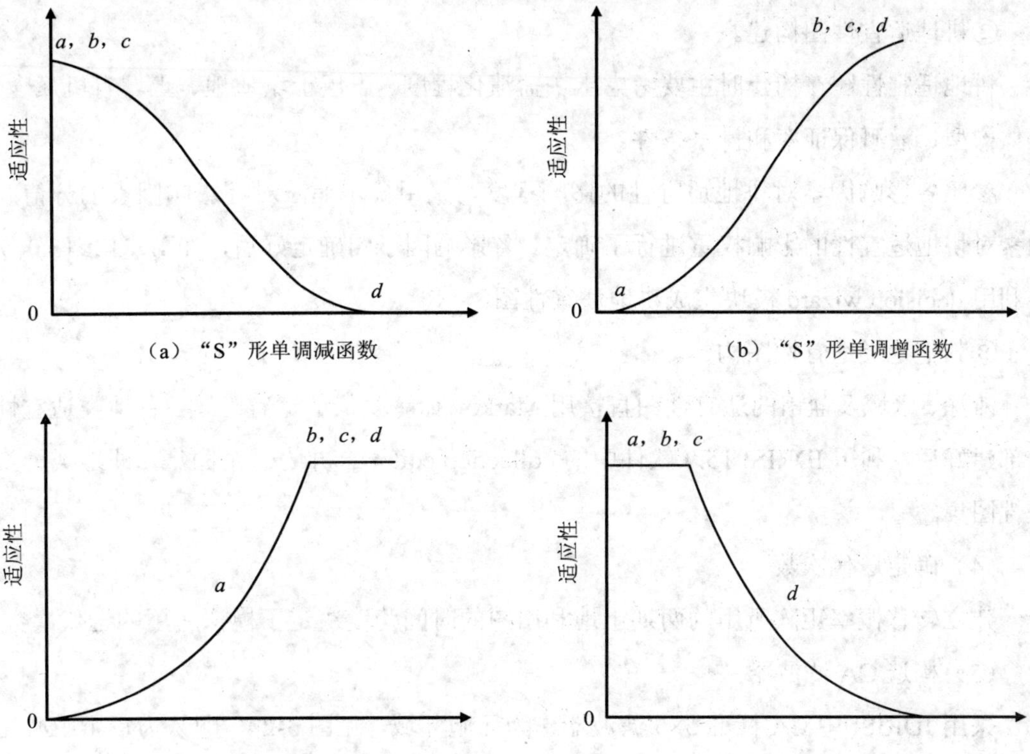

（a）“S”形单调减函数　（b）“S”形单调增函数

（c）“J”形单调增函数　（d）“J”形单调减函数

图 3-28　IDRISI 15.0 软件中部分标准化函数样式

①建设用地适宜性图构建。

首先建立各单因素图，主要包括 ESP 分级图、底线 ESP 图、到商业中心的距离、距交通干线的距离，以及 Markov 建设用地条件转换图等，其中到交通干线的距离利用 ArcGIS 9.3 中的 Eucdistance 工具，分别计算各像元到铁路的最短距离和到公路的最短距离，然后分别按 0.6 和 0.4 的权重（德尔菲法，下同）加权求和得到；到商业中心的距离由到城市中心和到乡镇中心的最短距离图按 0.65 和 0.35 的权重加权生成；Markov 建设用地条件转换图在创建 Markov 转移概率矩阵时一并生成。

然后利用 IDRISI 15.0 中 decision wizard 模块中的 MCE 方法生成建设用地适宜性图集，其中底线 ESP 图为限制因素图集，类型为布尔型，底线 ESP 设为 0，其他设为 1；而到城市中心的距离、到交通干线的距离、ESP 分级图及 Markov 建设用地条件转换图等作为影响因素图集，利用 WLC 合并，得到建设用地转移适宜性图。

②耕地适宜性图构建。

耕地适宜性图在构建时主要考虑土壤盐渍化程度、表层土壤质地、土壤有机质含量、土体构型、灌溉保证率和排水条件。

参照各影响因素对耕地适宜性的影响程度，采用德尔菲法对各影响因素的分值及各因素对耕地适宜性的影响权重进行了确定。各影响因子图确定好后，在 IDRISI 15.0 软件中利用 decision wizard 模块生成耕地适宜性图。

③其他地类适宜性图构建。

滩涂、水域及盐田的适宜性图直接用 Markov 命令生成的适宜性图。各地类适宜性图全部建好后，利用 IDRISI 15.0 软件中的 collection editor 合并为一个图集，即地类转换适宜性图集。

（4）确定迭代次数

建立转移概率矩阵所用的两期土地利用图的时间跨度决定了模拟所用的迭代次数。

（5）构造 CA 滤波器

采用 IDRISI 中 CA 标准 5×5 滤波器作为元胞邻域，见图 3-29，即认为每个中心元胞周围 5×5 元胞空间对该元胞状态的改变具有显著的影响。

0	0	1	0	0
0	1	1	1	
1	1	1	1	1
0	1	1	1	0
0	0	1	0	0

图 3-29 标准 5×5 滤波器

（6）情景模拟

本书设置了两种情景：无生态保护情景和 ESP 保护情景。无生态保护情景在城市扩展模拟时只考虑了到交通干线距离、到城市中心距离等少数几个影响因素，没有考虑生态安全格局的保护，而 ESP 保护情景则在无生态保护情景的基础上加入了生态安全格局保护的限制。

（7）模型确认

使用 IDRISI 15.0 软件中的 VALIDATE 模块的 Kappa 空间相关统计对模拟情景与实际情景的符合程度进行评价，评价时采用逐像元对比分析。

Kappa系数通常被用来对遥感图像解译正确程度进行评价及对两幅图像相似程度的比较，最早由Cohen在1960年提出。一般Kappa系数的计算是建立在Markov转移概率矩阵的基础上，为方便解释Kappa系数中各变量含义，结合本书实例，首先给出Markov转移概率矩阵，见表3-9。

表 3-9　Markov 转移概率矩阵

	C_1	C_2	…	C_j	合计
C_1	P_{11}	P_{12}	…	P_{1j}	S_1
C_2	P_{21}	P_{22}	…	P_{2j}	S_2
…	…	…	…	…	…
C_j	P_{j1}	P_{j2}	…	P_{jj}	S_j
合计	R_1	R_2	…	R_j	

Kappa 系数计算公式为

$$\text{Kappa}==\frac{P_o-P_c}{P_p-P_c} \tag{3-7}$$

式中：$P_o=P_{11}+P_{12}+\cdots+P_{jj}$，即两期图件上地类保持不变部分的百分比。

$$P_c=R_1\times S_1+R_2\times S_2+\cdots+R_j\times S_j \tag{3-8}$$

$$P_p=R_1+R_2+\cdots+R_j \tag{3-9}$$

通常，当 Kappa≥0.75 时，说明两幅图一致性较高；当 0.4≤Kappa≤0.75 时，一致性一般，变化明显；当 Kappa≤0.4 时，说明一致性较差。

3.6.4　基于 CLUE-S 模型的土地生态安全格局构建

3.6.4.1　模拟方案与数据处理

为了研究需要，将耕地园地林地中土地二级地类合并到一级地类，建设用地中城镇用地、居民点用地、工矿用地和公路铁路用地归并为建设用地一级地类，而其中水库水面、水工建筑和特殊用地等面积较小的地类归并为其他用地中，水域用地包括河流水面和滩涂用地。由于地类面积低于 5%不适宜单独用来模拟，因此合并的目的一方面是简化模型，另一方面是从模拟的科学性方面考虑。高程、坡度和坡向数据来源于中国科学院国际科学数据平台，该 SRTM（Shuttle RadarTopography Mission，即航天飞机雷达地形测绘使命）数据是由美国太空总署（NASA）和国防部国家测绘局（NIMA）联合测量的，数据覆盖中国全境。土地利用变化由自然条件和社会经济条件及空间距离等因素综合作用和影响的，本书利用 ArcGIS 提取高程、坡度和坡向等自然因素，而距离因素无法直接提取，需要首先提取出一级道路、二级道路、城镇、农村居民点和河流作为单独的图层，利用 ArcGIS 工具箱中的 distance 工具，以行政区为范围制作得到的距离影响因素。社会经济数据主要来源于社会经济统计年鉴，通过把相关经济数据输入到行政区，再栅格化得到。确定 10 个驱动因子，分别为人均 GDP（sc1gr0.fil）、到一级道路的距离（sc1gr1.fil）、到二级道路的距离（sc1gr2.fil）、到城镇的距离（sc1gr3.fil）、到农村居民点的距离（sc1gr4.fil）、到河流的距离（sc1gr5.fil）、人口密度（sc1gr6.fil）、高程（sc1gr7.fil）、坡度（sc1gr8.fil）、坡向（sc1gr9.fil）。CLUE-S 模型拥有较严格的数据格式，为了统一分辨率，数据采用 100 m×100 m 的栅格，并且所有空间栅格数据要在统一坐标系下处理。

3.6.4.2 模拟参数设定

根据上述分析，结合研究所采用模型结构需要，模拟参数设置如下。

（1）回归方程（regress.reg）

0		耕地	1		园地
1.861 53		常量	−6.107 606		常量
8		解释变量因素数目	8		解释变量因素数目
−0.000 257	1	人均 GDP	0.000 973	1	人均 GDP
−0.000 121	2	到一级道路的距离	0.000 09	2	到一级道路的距离
−0.000 105	3	到二级道路的距离	−0.000 087	3	到二级道路的距离
0.000 014	4	到城镇的距离	−0.000 016	4	到城镇的距离
−0.000 589	5	到农村居民点的距离	−0.000 832	5	到农村居民点的距离
−0.071 621	7	人口密度	0.000 143	6	到河流的距离
−0.000 089	8	高程	0.118 114	7	人口密度
0.000 064	9	坡度	−0.000 059	8	高程
2		林地	3		建设用地
−3.054 535		常量	1.823 009		常量
6		解释变量因素数目	9		解释变量因素数目
−0.000 096	2	到一级道路的距离	−0.000 25	1	人均 GDP
0.000 152	3	到二级道路的距离	−0.000 025	2	到一级道路的距离
0.000 094	4	到城镇的距离	−0.000 187	3	到二级道路的距离
0.001 646	5	到农村居民点的距离	−0.000 162	4	到城镇的距离
0.000 135	6	到河流的距离	−0.012 172	5	到农村居民点的距离
−0.154 030	7	人口密度	−0.000 192	6	到河流的距离
			0.128 911	7	人口密度
			−0.000 066	8	高程
			−0.000 056	9	坡度

4		水域	5		其他土地
0.699 271		常量	−3.905 393		常量
8		解释变量因素数目	9		解释变量因素数目
−0.001 091	1	人均 GDP	0.000 306	1	人均 GDP
0.000 087	2	到一级道路的距离	0.000 08	2	到一级道路的距离
−0.000 141	4	到城镇的距离	0.000 052	3	到二级道路的距离
0.002 016	5	到农村居民点的距离	0.000 047	4	到城镇的距离
−0.005 45	6	到河流的距离	0.001 137	5	到农村居民点的距离
0.351 933	7	人口密度	0.000 314	6	到河流的距离
−0.000 093	8	高程	−0.057 538	7	人口密度
−0.000 061	9	坡度	0.000 114	8	高程
			0.000 055	10	坡度

（2）基本信息设置（main.info）

6	土地利用类型数量
1	区域数量
10	回归解释变量的最大数
10	解释变量的总数量，包括限制区域文件
309	行数
499	列数
1	单元大小，在要求文件中使用区域要求的同一单元（hm^2）
40 396 016.006 029	x 坐标
4 397 915.029 455 6	y 坐标
0、1、2、3、4、5	土地利用类型代码
0.4、0.7、0.7、0.8、0.9、0.4	所有土地利用类型的弹性
5、5	总体差异和最大差异临界
2010、2013	开始模拟年份和截止模拟年份
0	可变变量的数量
1	利用 arcview asc 文件编码格式，1——是，0——否
0	不同的区域选用不同的因子，1——是，0——否

（3）各年份土地利用需求（demand.dmd）

年份	耕地	园地	林地	建设用地	水域用地	其他用地
2010	49 269.00	7 430.00	9 476.00	12 507.00	2 993.00	13 931.00
2011	49 835.00	7 583.00	9 309.00	13 589.00	3 104.00	12 186.00
2012	50 401.00	7 736.00	9 142.00	14 670.00	3 215.00	10 442.00
2013	50 967.00	7 889.00	8 975.00	15 752.00	3 326.00	8 697.00

（4）初始年各地类栅格图（cov_all_*.asc）

根据研究需要，赋值各地类：耕地、园地、林地、建设用地、水域用地和其他用地分别为 0、1、2、3、4、5。

（5）土地利用转移矩阵［conversion matrix（allowt.txt）］

不是所有的土地利用变化都是可以发生的，有些土地利用变化是几乎不可能发生的。土地利用转移矩阵表示土地利用类型转变的可能性和规则。下述各土地利用类型之间的转移规则是根据专家经验和文献资料制定，只是体现了土地地类转化的可能性，具体能否转移及转移多少还需根据局部土地利用的适宜性来判断。

（6）区域限制区（area restriction）

空间政策限制区是根据土地利用实际情况确定的土地利用转化特殊限制条件，根据国家土地利用规划内容和精神，严格控制各项建设工程占用特定区域的土地。根据土地利用总体规划和基本农田保护规划，为了保障国家粮食安全和生态安全，基本农田保护区将得到强化，严格控制优质基本农田数量减少。此外，具有生态功能的水域和滩涂等生态用地需要设定缓冲区，禁止被其他建设工程侵占。

（7）模拟解释因子文件（explanation factors）

模拟 10 个驱动因子，分别为人均 GDP（sc1gr0.fil）、到一级道路的距离（sc1gr1.fil）、到二级道路的距离（sc1gr2.fil）、到城镇的距离（sc1gr3.fil）、到农村居民点的距离（sc1gr4.fil）、到河流的距离（sc1gr5.fil）、人口密度（sc1gr6.fil）、高程（sc1gr7.fil）、坡度（sc1gr8.fil）、坡向（sc1gr9.fil）。在 ArcGIS 中分别将栅格文件转换成为 ascⅡ文件，然后在 CLUE-S 模型工具 accessorial tools 中分别转换成为模型可识别的文件，即 sc1gr*.fil，然后导入到 land use dynamic simulation 模型。

3.6.4.3 模型模拟

（1）模型效果检验

模型检验一般采用逐点比较和整体对比两种方法。前一种方法是将模拟结果和真实值叠加，采用逐点对比的方式计算精度，即 Kappa 指数法。后一种是检验模拟结果的空间格局，可以根据 Moran Ⅰ指数表示，但是 Moran Ⅰ指数多用于描述观测数据的空间自相关性，不适于本书。在没有其他更适合的检验方法的情况下，采用比较严格的 Kappa 指数检验法仍然是优先选择。

利用 Kappa 指数对规划目标情景下的 CLUE-S 模型模拟结果进行检验，若 Kappa 指数＞0.75，则说明模拟结果具有较好的一致性。

$$\text{Kappa}=\frac{P_o - P_c}{P_p - P_c} \tag{3-10}$$

式中：P_o —— 正确模拟的比例；

P_c —— 随机情况下期望的正确模拟比例；

P_p —— 理想分类情况下正确模拟的比例。

（2）模拟结果与分析

设置好所有参数后，运行模型，计算机进行多次迭代运算，模拟完成后，将结果文件转换成 GIS 能够识别的栅格格式，得到模拟结果图。

3.7　本章小结

本章对土地利用与土地生态安全相关的可持续发展理论、景观生态学原理及土壤生态学理论等理论基础进行了阐述，对文中相关概念进行了辨析，对城市化过程中土壤的生态环境效应及土地利用与生态安全的辩证关系进行了深入的分析，并详细阐述了土地利用与气候、土壤、水文及生物多样性的相互影响机理，为土地生态安全评价和生态安全约束下的土地利用调控提供了理论基础。

基于景观生态学中的景观“过程—格局”理论，借助 GIS 技术，对维护基本生态系统服务的单一生态安全格局进行构建，最后通过空间综合，形成不同安全水平的区域综合生态安全格局，为区域土地利用布局优化及生态安全维护提供基础。

在构建生态安全格局的基础上，基于 CA-Markov 和 CLUE-S 模型，提出基于生态安全格局保护的土地利用情景模拟方法，进行土地利用结构和布局预测与模拟。

第 4 章 基于土地功能的未利用地多宜性开发评价

4.1 未利用地宜耕性确定

随着我国人口数量的增长，一些区域人地矛盾进一步凸显，合理开发利用土地是解决这一矛盾的有效途径之一。进入 21 世纪以来，随着我国人口及建设用地规模的不断扩大，耕地逐渐减少，人口、资源、环境等问题产生的矛盾进一步加剧。保持工农业可持续发展首先要确保耕地的数量和质量。习近平总书记曾说“手中有粮，心中不慌”，粮食问题事关国家的长治久安。进行未利用地开发，确保耕地的数量和质量至关重要，未利用地宜耕性评价是合理开发的前提。土地具有多功能性，不同地域的土地功能不尽相同，土地功能的高低决定着土地利用适宜性的高低。土地生物性生产功能是土地具有的为人类生存提供粮食和其他农产品的能力，是土地功能中最基础、最核心的功能，直接关系到国家粮食安全。

土地提供粮食的能力是在长期的自然及人为作用影响下形成的稳定属性，反映的是土地的生产功能。林培认为“土地具有生产能力，一个区域的土地可以生产人们需求的能量或蛋白质”。许皞认为土地生产力属于土地的基本功能，是提供农产品和生产效益的能力。土地生产力的定量化研究始于 20 世纪 30 年代，但以土地的潜力评价为主，随着计算机、RS 等科学技术方法的发展与进步，一些学者从土地退化、土壤肥力等方面探讨了土地生产力的影响指标，汤佩松、竺可桢分别从作物生理和气候方面讨论了作物生产力；黄秉维、龙斯玉结合太阳辐射原理，通过分析不同的有效光合利用系数，计算了我国不同区域的光合潜力。20 世纪 80 年代，我国学者周兆德、封志明、张永柱等分别对我国不同作物、不同区域进行了生产力研究。张凤荣等根据土地的自然属性调查了后备土地资源，从以上研究中可以看出，前人的土地生产力评价多集中于农用地。未利用地由于受人类社会、经济活动的干扰较少，生产力评价研究也相对较少。未利用地宜耕性是土地生物性生产功能的外在体现，基于土地功能评价的未利用地适宜性评价具有科学性和可操作性，依据其结果确定未利用地的开发方向可以在遵循土地自然、内在规律的基础上完成。

本书首先分析土地生物性生产功能的主要影响指标，建立功能评价指标体系，进而基于层次分析法确定其权重，并构建土地功能加权指数和法评价模型，在辨析土地功能与未利用地适宜性逻辑关系的基础上，利用功能评价结果确定未利用地适宜性，并以河北省黄骅市为例对相关方法进行了验证。

4.1.1 未利用地生物性生产功能评价

4.1.1.1 评价指标筛选及权重确定

在河北省黄骅市未利用地生物性生产功能评价指标体系中，每个评价指标都会影响功能高低，但各个评价指标影响程度却不尽相同，根据在评价过程中对综合评价结果影响大小划分主次，确定评价指标及其权重，本书采用的是层次分析法。

黄骅市未利用地较多，且大部分未利用地受人为因素干预少，处于待开发的状态。基于第 2 章土地功能“结构—属性—功能—影响指标”框架，结合黄骅市农用地分等成果中影响耕地质量的因素指标，初步筛选功能评价指标。利用层次分析法，参考对评价结果的贡献程度将各个指标进行排序，舍弃非重要因素后，筛选得出如下土地功能评价因素：土壤质地、土体构型、有机质含量、地下水埋深、土壤盐分含量。结合层次分析法，确定了评价因素的权重。

用层次分析法确定评级因素的排序及权重时，首先用确定的 5 个评价因子应用层次分析法构建层次分析模型。在层次模型中，评价因子属于因素层。在确定其权重过程中，利用其重要性进行两两比较，并赋以相应的值，由此得出土壤质地等指标的分级定量值，并利用 Yaahp 软件建立判断矩阵。

通过参考前人的研究成果和对专家咨询，运用 Yaahp 软件建立判断矩阵。矩阵经过反复调整，使其 CR 值小于 0.1，并用式（4-1）计算一致性指标。

$$\mathrm{CI}=\frac{\lambda_{\max}-n}{n-1} \tag{4-1}$$

式中：n —— 反判断矩阵 A 的阶数；

$\lambda_{\max}$ —— 最大特征值。

并可以计算得出：CR=CI/RI=0.025 6＜0.1。

利用 Yaahp 软件计算得到各指标的权重值见表 4-1。

表 4-1 各参评因子权重值

参评因子	权重
土壤质地	0.124 5
有机质含量	0.106 4
地下水埋深	0.156 7
土壤盐分含量	0.450 3
土体构型	0.162 1

4.1.1.2 评价指标的量化

确定土地生产功能各个参评因子权重之后，需要对各参评因子进行量化分级。评价因子的量化分级，可以使定性的因素定量化，使评价结果更精确。对于因素分等值的确定，可以采用专家咨询法、评价数据的平均值法、行业标准法等方法。本次研究中，根据黄骅市的实际情况，参考大量文献和基于级位指数法，将评价指标体系中各个因子划分为 4 个等级，并咨询专家意见对评价因子进行定量化及分级，对每个级别用 0～100 进行打分，制定了黄骅市未利用地生物性生产功能评价因子量化分级表。在制定好分级表的基础上，结合 GIS 技术，对研究区数据进行处理，获取了每个评价因子的分级专题数据。指标分级赋值如下。

（1）土壤质地

根据黄骅市未利用地的实地调查及分析化验数据，参照土壤质地的分级量化表（表 4-2），将各个单元的未利用地土壤质地级别用 GIS 工具进行插值，得到黄骅市未利用地的土壤质地分布图。通过 GIS 的空间分析功能得出黄骅市未利用地的土壤质地中中壤和轻壤为主要质地类型，只有南排河镇有部分重壤土分布（图 4-1）。

表 4-2 黄骅市土壤质地分级量化表

评价指标	特性描述	级别	分值
土壤质地	壤土	4	100
	黏土	3	70
	砂土	2	40

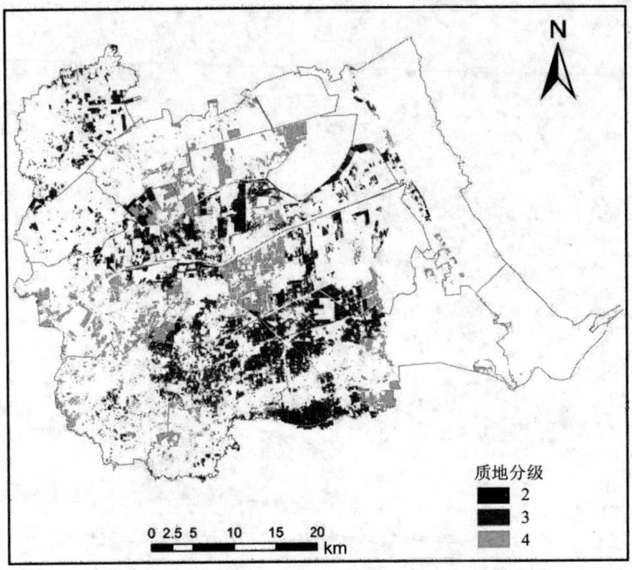

图 4-1　黄骅市未利用地土壤质地分布图

（2）土壤有机质含量

对黄骅市未利用地进行实地土壤采样，室内测定所得数据，根据土壤有机质含量的分级量化表（表 4-3），将各个评价单元的土壤质地级别用 GIS 插值得到相应图层，得出区域未利用地土壤有机质含量等级分布图（图 4-2）。从图中可以看出，在黄骅市的未利用地中，有机质含量范围为 3.2～27.5 g/kg，其中有机质含量大于 15 g/kg 的面积最少，而吕桥镇有机质含量大于 15 g/kg 的未利用地面积最大；南排河镇和新村回族乡均没有有机质含量在 10～15 g/kg 的未利用地。

（3）地下水埋深

地下水深度与质量直接关系到地表的生存状态，是生物性生产功能的重要影响指标，在对研究区地下水深度进行调研的基础上，将其划分为 4 个等级（表 4-4），利用 GIS 工具制作了空间分布图（图 4-3）。

表 4-3　土壤有机质含量分级量化表

评价指标	特性描述/%	级别	分值
土壤有机质含量	≥15	4	100
	10～15	3	80
	5～10	2	60
	＜5	1	40

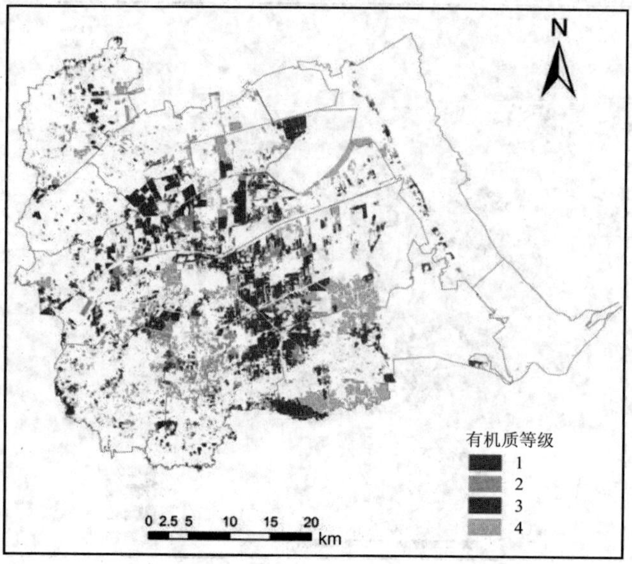

图 4-2 黄骅市未利用地土壤有机质含量分布图

表 4-4 黄骅市地下水埋深分级量化表

评价指标	特征描述/m	级别	分值
地下水埋深	≥2.6	4	100
	2.2～2.6	3	90
	1.6～2.2	2	60
	＜1.6	1	10

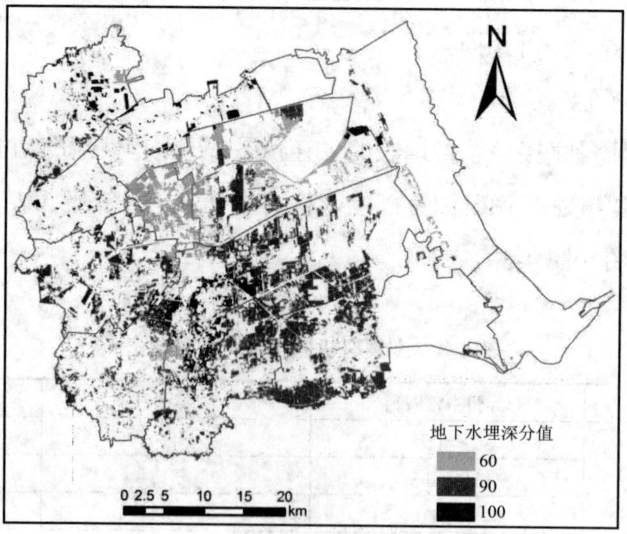

图 4-3 黄骅市地下水埋深分值图

（4）土壤盐分含量

根据对黄骅市未利用地实地采样数据的化验分析，测得黄骅市未利用地土壤盐化程度为 0.17～37.66 g/kg，建立的土壤盐分含量的量化分级表共分为 4 个等级（表 4-5），并基于 GIS 工具制作得出黄骅市未利用地土壤盐分含量分布（图 4-4）。从图中可以看出，黄骅市未利用地的土壤盐分含量方面，中度盐渍化和重度盐渍化这两个级别所占区域比重较大。

表 4-5　土壤盐分含量分级量化表

评价指标	特性描述/（g/kg）	级别	分值
土壤盐分含量	＜2	4	100
	2～4	3	70
	4～6	2	40
	≥6	1	10

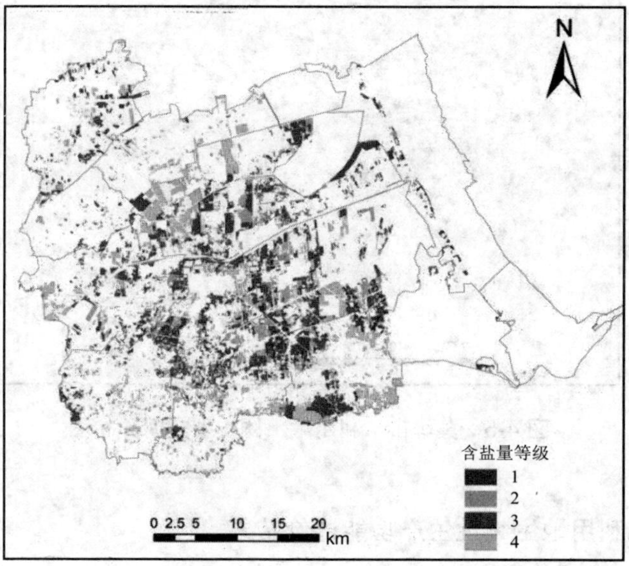

图 4-4　黄骅市未利用地盐分含量分布图

（5）土体构型

通过对黄骅市未利用地的实地调查及分析，将黄骅市未利用地土体构型分为 7 个级别（表 4-6），将各个单元的级别运用 GIS 插值得到相应图层，制作得到区域未利用地的土体构型分布（图 4-5）。

表 4-6 土体构型分级量化表

评价指标	特性描述	级别	分值
土体构型	通体壤，壤-黏-壤	7	100
	壤-黏-黏，壤-砂-壤，砂-黏-黏	6	90
	黏-砂-黏，通体黏	5	80
	砂-黏-砂	4	70
	壤-砂-砂，浅位姜	3	60
	黏-砂-砂	2	50
	通体砂，通体砾	1	40

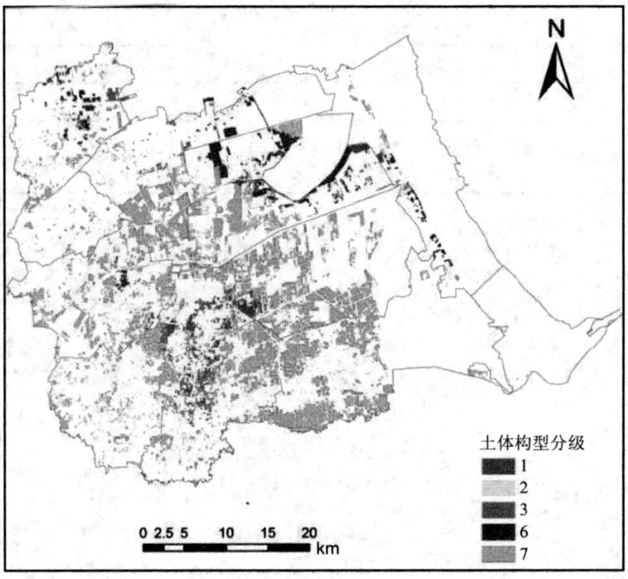

图 4-5 黄骅市未利用地土体构型空间分布图

4.1.1.3 黄骅市未利用地生物性生产功能评价结果

利用加权指数和法，对黄骅市未利用地每个评价单元的生物性生产功能进行评价，基于自然断点法将评价结果划分为 4 个等级，来表达生物性生产功能的高低。依据综合指数值确定的划分界限，运用运算得到的各土地功能评价单元的指数值，可以得到相应功能等级，并用 1、2、3、4 来表示，数字越大功能越高。评价结果如图 4-6 所示。

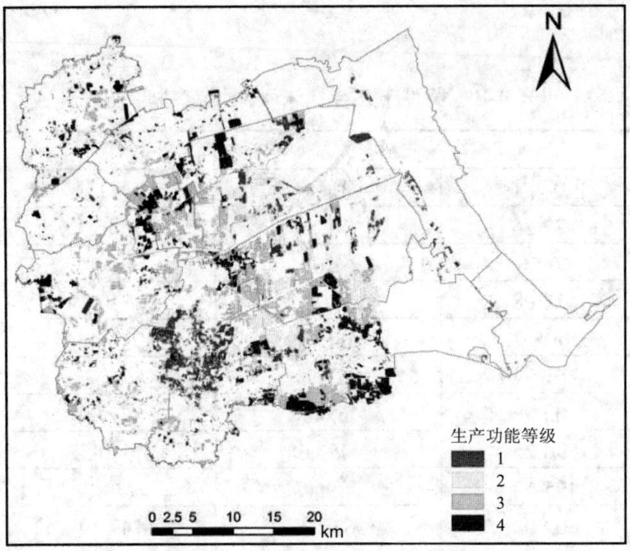

图 4-6　黄骅市未利用地生物性生产功能空间分布图

4.1.2　基于功能评价的未利用地宜耕性确定

土地利用方式是土地功能的外在体现，未利用地生物性生产功能决定着未利用地宜耕性，人们对土地的开发利用而形成的不同土地利用类型形成土地利用格局。土地功能与适宜性存在逻辑关系，可以通过土地生物性生产功能评价结果确定未利用地宜耕性。

4.1.2.1　宜耕性等级确定

未利用地生物性生产功能的大小决定了未利用地的宜耕性，而土地宜耕性表征土地功能大小，未利用地生物性生产功能和宜耕性具有等级对应关系（表 4-7）。

表 4-7　未利用地功能与宜耕性对应关系

生物性生产功能分级	等级说明	对应适宜性等级
四级生产功能	很适合开发为耕地	高度适宜区（四级）
三级生产功能	选择性开发为耕地	较适宜区（三级）
二级生产功能	个别区域可开发为耕地	勉强适宜区（二级）
一级生产功能	一般不开发为耕地	不适宜区（一级）

4.1.2.2　黄骅市未利用地宜耕性结果分析

根据未利用地生物性生产功能评价结果，将黄骅市未利用地宜耕性划分为 4 个等级，评价结果见表 4-8、图 4-7。

表 4-8 黄骅市各乡镇未利用地宜耕性分布

乡镇	各等级面积/hm²			
	不适宜区	勉强适宜区	较适宜区	高度适宜区
常郭镇	177.26	181.55	764.23	322.15
官庄乡	40.56	61.69	260.36	88.20
国营中捷友谊农场	428.08	1 790.82	2 640.79	1 305.37
黄骅镇	2 005.01	1 003.49	946.46	407.42
旧城镇	257.92	957.63	876.97	707.94
吕桥镇	0.00	6.06	577.94	644.08
南大港管理区	596.25	2 050.68	1 640.52	1 153.10
南排河镇	495.13	329.47	13.80	0.00
齐家务乡	0.00	63.57	747.14	720.27
滕庄子乡	115.24	1 047.27	1 658.63	929.57
新村回族乡	58.01	68.70	0.00	0.00
羊二庄回族镇	237.65	1 336.16	1 734.34	2 469.03
羊三木回族乡	0.00	184.22	1 001.24	708.61
总计	4 411.12	9 081.31	12 862.43	9 455.73

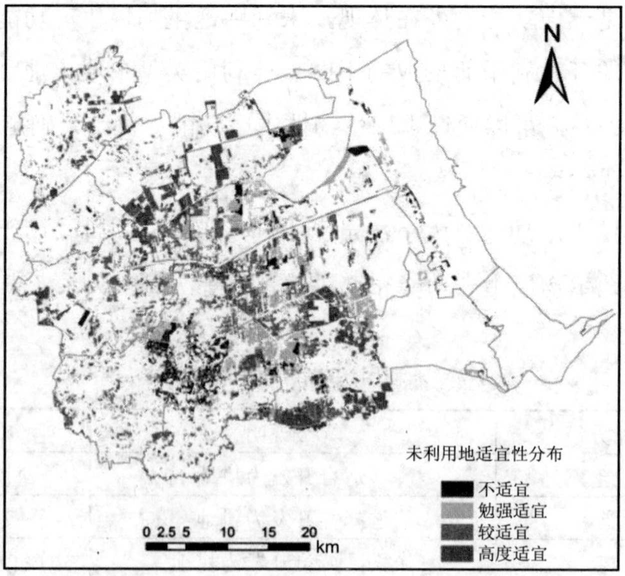

图 4-7 黄骅市未利用地宜耕性分布图

（1）高度适宜区

根据评价结果，黄骅市未利用地高度适宜区的耕地面积为 9 455.73 hm²，主要分布在羊二庄回族镇、中捷管理区、南大港管理区。该地区地势平坦，交通便利，土壤基质状况良好，农业基础设施较为完善，适合农业生产。

（2）较适宜区

经过统计汇总分析，黄骅市较适宜区的面积为 12 862.43 hm^2。该区分布范围较广，但主要集中分布在羊三木回族乡、中捷管理区的南部、羊二庄回族镇的西北部、黄骅镇的东北部，另外滕庄子乡和齐家务乡也有少量分布。

（3）勉强适宜区

从表 4-8 中可以看出，黄骅市勉强适宜区的面积为 9 081.31 hm^2。该区主要分布在南大港管理区、国营中捷友谊农场的交界地带，旧城镇的东北部以及羊二庄回族镇的西南及西北部，另外，黄骅镇的西部、官庄乡、滕庄子乡以及常郭镇等地也有零星分布。

（4）不适宜区

通过对黄骅市未利用地宜耕性分析，该区域不适宜作为耕地的区域面积为 4 411.12 hm^2。该区主要分布在南排河镇、黄骅镇的南部、羊二庄回族镇的西北及西南部，南大港管理区、常郭镇等地也有零星分布。该区域的土壤盐分含量较大，不利于农业生产活动的开展。

4.2　未利用地宜建性确定

根据全国最新土地调查结果，我国未利用地资源丰富，特别是滨海盐碱地面积很大，蕴藏着巨大的建设用地开发潜力，但同时随着我国城镇化的快速推进，建设用地逐步侵占了大量耕地，导致我国耕地面积持续减少。所以，在城市向外扩展建设时，尽量不要侵占耕地，充分发掘利用未利用地，特别是适宜建设的盐碱地，这也是值得我们重点研究的课题。

社会经济持续快速的发展，必然加剧对建设用地的需求。这就促使建设用地扩张与土地之间的矛盾逐步显现出来。因此，探索基于土地承载功能评价的未利用地开发建设适宜性评价能够指导未利用地更高效地进行建设用地开发，并具有很大的现实意义。在早期的城市规划中，由于针对建设用地的适宜性评价常常被忽略，导致我国建设用地适宜性评价研究进展较为缓慢，直到 20 世纪 90 年代末期，针对建设用地的适宜性评价才逐渐被人们重点关注。刘贵利通过总结前人成果，构建了建设用地适宜性评价模型；雷燚等针对工业园区用地评价目标，构建了一套评价指标体系，并利用递阶模糊数学模型评价了其适宜性；黄丽明等以广州市花都区城镇建设用地为研究对象，进行了宜建性评价研究；姚玉镯对低丘缓坡用地进行了建设用地适宜性评价；孙晓莉针对未利用地进行了建设用地适宜性评价，进而确定了未利用地的最佳开发方式；于伯华在 2006 年通过参考建设用地评定的有关标准，对济南市建设用地进行了评价，并基于评价结果提出了土地的开发利用方向。温华特以浙江省金华市为研究区，在综合考虑区域自然因素、经济因素、社会因素、生态因素的基础上，对指标采用定性与定量分析相结合的方式，构建了宜建性评价指标体系，并用 G1 法确定了指标权重。从以上研究成果可以看出，前人的研究多集中在已有建设用地的适宜性评价，针对未利用地的宜建性评价较少，更鲜见基于土地承载功能的未利用地宜建性评价。

本书以土地功能所体现出的土地各种性质、指标为评价依据，充分利用现有数据，基于层次分析法确定土地承载功能的指标及指标权重，利用加权指数和法，进行土地承载功能评价，进而分析承载功能与未利用地宜建性的逻辑关系，评价区域未利用地的建设适宜性，为探索经济、工业快速发展区域的建设用地合理扩展提供新思路。

4.2.1 未利用地承载功能评价

4.2.1.1 评价指标及权重确定

基于土地承载功能的“结构—属性—功能—影响指标”框架，初步筛选评价指标。利用层次分析法，筛选对结果贡献较小的因素。舍弃非重要因素后，得出以下土地功能评价因素：地基承载力、植被覆盖度、土壤含盐量、距水源距离、交通便利度。结合层次分析法，确定了评价因素的权重。

（1）选取指标介绍

在参考上述土地承载功能评价指标的选取原则的基础上，选取了以下稳定的自然及人为因素影响指标。

①地基承载力。

地基承载力，是指地表物质在其上部受到外界物质压力时的承受能力，其主要构成要素是土地的土壤、岩石等的地质构造，不同区域有不同的土地结构，其岩石、土壤以及剖面构型存在较大差异，因此，不同区域的承载力状况也存在差异。

地基承载力对建筑物的工程造价、地基的稳定状况及建筑物寿命等均有影响。对于地基承载力的判别，当前主要是参照地表物质的分布状况来确定。地基承载力的单位通常用 kPa，不同地表物质的地基承载力见表 4-9。

表 4-9　地表构成物质的承载力

类别	承载力/（kPa/m²）	类别	承载力/（kPa/m²）
砾石（中密）	400～700	细砂（很湿）（中密）	120～160
角砾（中密）	300～500	大孔土	150～250
黏土（固态）	250～500	游泥	40～100
粗砂（中密）	240～340	泥灰	10～50
稍湿细砂（中密）	160～220		

②植被覆盖度。

环渤海地区生态状况具有一定的特殊性，属于生态脆弱区，所以在该区域进行建设用地开发时，要十分重视对其生态的保护，植被覆盖度主要反映了区域的植被生长状况，植被生长状况越好，则反映区域的生态状况越佳，越有利于人们生产、生活，适宜居住。

③土壤含盐量。

土壤中所含盐分（主要是氯盐、硫酸盐、碳酸盐）的质量占干土质量的百分数。土壤中盐分及类型对土壤物理、水理、力学性质影响较大。

④距水源距离。

距水源距离主要指距河流、湖泊、水库等的距离，河流、湖泊以及水库作为当地居民生产生活用水的主要来源，在进行开发建设时，应给予重点保护。在进行建设用地选址时，距水源距离是影响因素之一。

⑤交通便利度。

交通是土地结构中典型的人类活动因素。建设用地的扩张主要集中在交通发达的区域，人类活动越集中，交通越便利，既会逐步改变当地的土地结构，也会提升区域承载功能，作为建设用地，其开发价值就越高。交通状况通过研究区到主要交通干线的距离来确定，包括到铁路、公路等的距离，所以在进行开发建设时，一般选择离交通沿线较近的区域。

（2）指标权重确定

用层次分析法确定评级因素的排序及权重时，首先用确定的评价因子和评价目标的递接关系，应用层次分析法建立层析分析模型。在层次模型中，评价因子属于因素层。在确定其权重过程中，利用其重要性进行两两比较，并赋以相应的值。由此得出地基承载力、植被覆盖度等指标的分级定量值，并利用 Yaahp 软件建立判断矩阵。

经过对矩阵反复修改调整，计算得出黄骅市未利用地承载功能的各评价因子的权重。利用公式计算得到一致性检验的指标值，计算得出：CR=CI/RI=0.038 5＜0.1。

利用 Yaahp 软件计算得到各指标的权重值见表 4-10。

表 4-10　黄骅市未利用地承载功能评价权重值

目标层	指标层	权重值
黄骅市未利用地承载功能	地基承载力	0.183 9
	植被覆盖度	0.128 5
	土壤含盐量	0.299 5
	距水源距离	0.195 2
	交通便利度	0.192 9

4.2.1.2　评价指标分级及量化

（1）地基承载力

通过调查分析，并对采样数据进行检测，依据黄骅市未利用地土地结构，特别是地表构成，确定了黄骅市地基承载状况，见表 4-11、图 4-8。

表 4-11　地基承载力分级量化表

评价指标	特征描述/（kPa/m^2）	级别	分值
地基承载力	400～500	4	100
	300～400	3	70
	200～300	2	40
	100～200	1	10

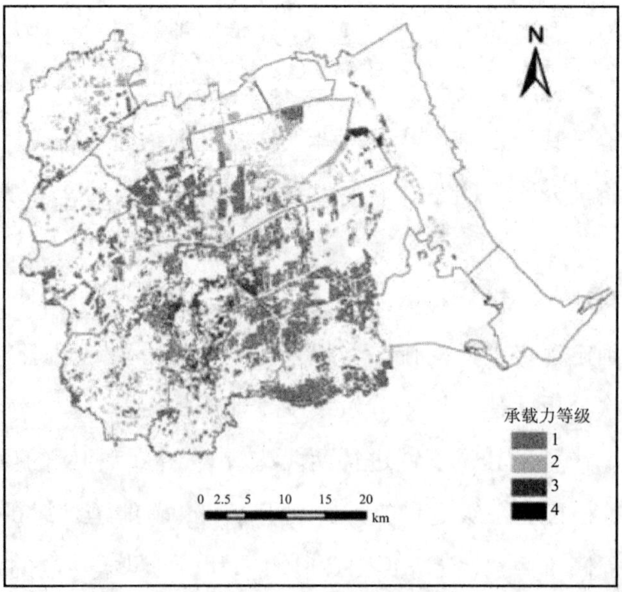

图 4-8　黄骅市未利用地地基承载力分布图

（2）植被覆盖度

植被覆盖度是植被垂直投影面积占区域总面积的比例，能够反映区域植被的生长状况。采用归一化指数，提取研究区域的植被覆盖率数据。具体步骤如下：借助 ENVI 软件，利用式（4-2）计算波段，求算 NDVI 值；利用式（4-3）进一步计算评价区域的植被覆盖度。植被覆盖度越高，则该区域的未利用地适宜性越高。

$$\mathrm{NDVI}=\frac{\mathrm{TM4}-\mathrm{TM3}}{\mathrm{TM4}+\mathrm{TM3}} \tag{4-2}$$

$$F=\frac{(\mathrm{NDVI}-\mathrm{NDVI}_{\min})\times 100}{\mathrm{NDVI}_{\max}-\mathrm{NDVI}_{\min}} \tag{4-3}$$

式中：F—— 植被覆盖度；

$\mathrm{NDVI}_{\max}$ —— 最大归一化植被指数值；

$\mathrm{NDVI}_{\min}$ —— 最小归一化植被指数值。

之后，将植被覆盖度分为 5 个级别：0～10、10～30、30～50、50～70、70 及以上，见表 4-12、图 4-9。

表 4-12　黄骅市植被覆盖度分级量化表

评价指标	特性描述/%	级别	分值
植被覆盖度	≥70	5	100
	50～70	4	90
	30～50	3	70
	10～30	2	50
	0～10	1	10

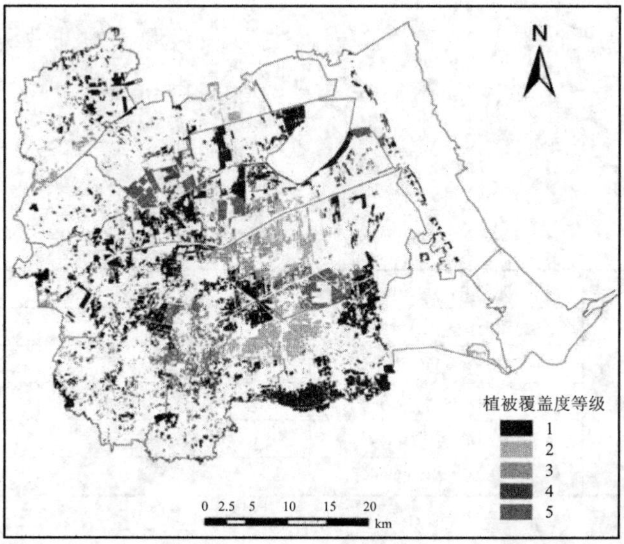

图 4-9　黄骅市未利用地植被覆盖度分布图

（3）地下水埋深

地下水深度与质量直接关系到地表的状态，是生物性生产功能的重要影响指标，在对研究区地下水深度进行调研的基础上，将其划分为 4 个等级，利用 GIS 工具制作了空间分布图（图 4-10）。

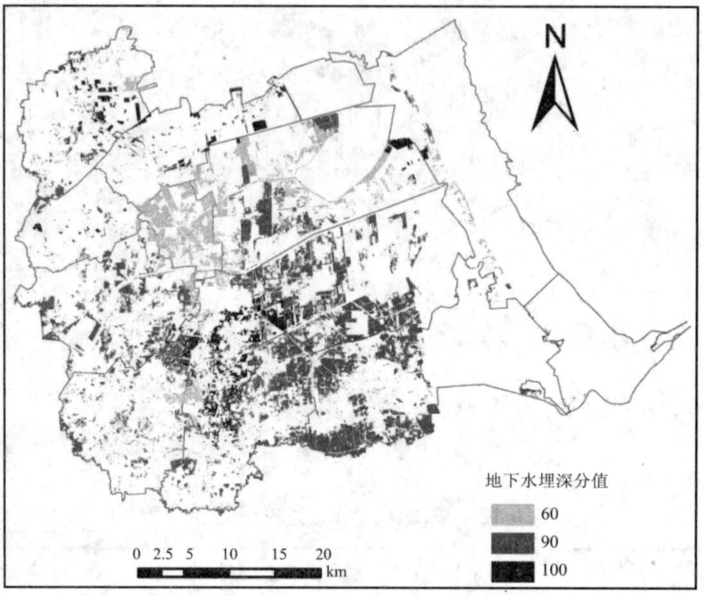

图 4-10 黄骅市地下水埋深分值图

（4）距水源距离

黄骅市未利用地开发过程中，应该与水域保持一定距离，以减少人类对环境的影响，特别是黄骅湿地也需要保护。分析过程中把水源地作为源，向外做缓冲区，缓冲区的间隔为 500 m，分为 0～500 m、500～1 000 m、1 000～1 500 m、1 500～2 000 m、2 000 m 及以上，见表 4-13、图 4-11。

表 4-13 黄骅市未利用地距水体分级量化表

评价指标	特性描述/m	级别	分值
距水源距离	0～500	1	20
	500～1 000	2	40
	1 000～1 500	3	60
	1 500～2 000	4	80
	≥2 000	5	100

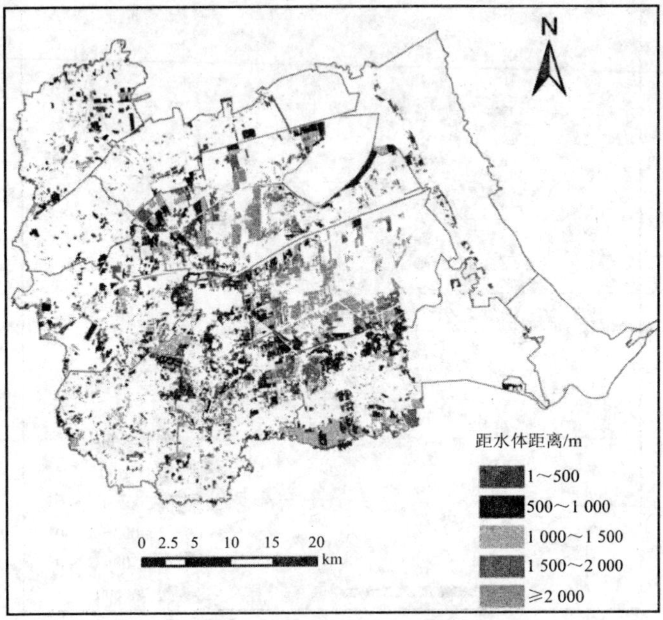

图 4-11　黄骅市未利用地距水体距离分布图

（5）交通便利度

交通便利度对建设用地的选址具有很大的影响，一般情况下，居民点分布在主要交通干线沿线，所以在对黄骅市未利用地进行建设适宜性评价时，要尽可能地靠近交通沿线区域，通过构建交通干线的缓冲区，反映交通干线对外的影响，缓冲区距离为 500 m，分为 0～500 m、500～1 000 m、1 000～1 500 m、1 500～2 000 m、2 000 m 及以上，见表 4-14、图 4-12。

表 4-14　黄骅市未利用地距道路分级量化表

评价指标	特性描述/m	级别	分值
交通便利度	0～500	5	100
	500～1 000	4	80
	1 000～1 500	3	60
	1 500～2 000	2	40
	≥2 000	1	20

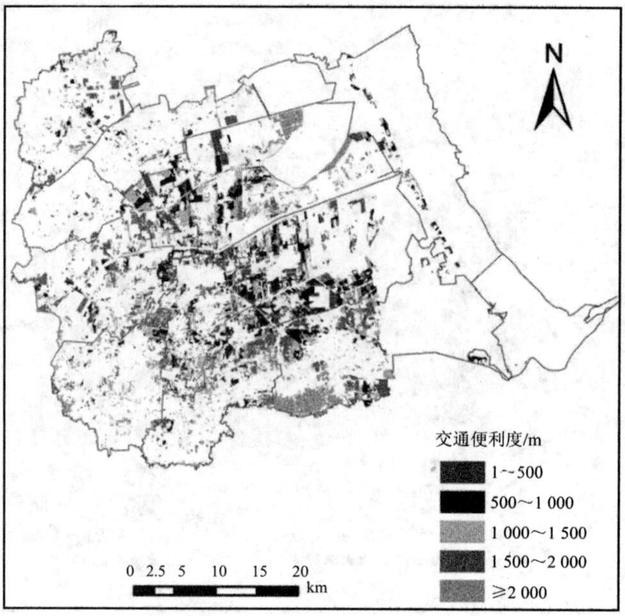

图 4-12 黄骅市未利用地距道路距离分布图

4.2.1.3 黄骅市未利用地承载功能评价

通过上述评价因子构建评价指标体系，利用 ArcGIS 计算得出区域承载功能，根据自然断点法重新对功能进行分级，分别为未利用地一级承载功能区、未利用地二级承载功能区、未利用地三级承载功能区、未利用地四级承载功能区，见图 4-13。

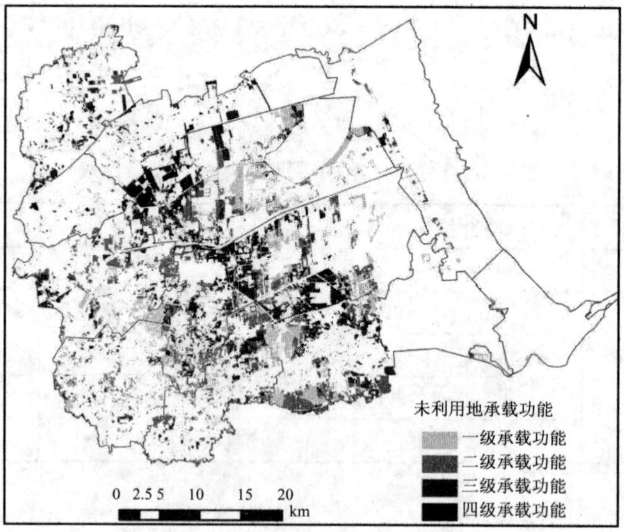

图 4-13 黄骅市未利用地承载功能图

4.2.2　基于功能评价的未利用地宜建性确定

4.2.2.1　未利用地承载功能与宜建性对应关系

如前所述，未利用地承载功能是指为工厂建设、人类居住的建筑物等提供承载基础的能力，而未利用地宜建性评价是评价其是否可以作为建设用地，因此可以看出两个概念的含义是一致的，利用未利用地承载功能评价结果作为宜建性评价的依据，并分别对应未利用地适宜建设区、较适宜建设区、勉强适宜建设区、不适宜建设区。适宜性分区标准见表 4-15。

表 4-15　未利用地土地承载功能与适宜性对应关系

承载功能分级	等级说明	对应适宜性等级
四级承载功能	优先开发建设	适宜建设区
三级承载功能	有选择地开发建设	较适宜建设区
二级承载功能	个别区域进行开发建设	勉强适宜建设区
一级承载功能	一般不做建设用地，且把一部分建设用地恢复为生态用地	不适宜建设区

4.2.2.2　黄骅市未利用地宜建性分析

（1）适宜建设区

黄骅市未利用地适宜建设区面积为 6 075.25 hm^2，主要分布在中捷农场、黄骅镇及羊三木回族乡等区域。适宜性扩展区从空间来看，主要分布在县城周围以及中心镇的外围区域，其主要原因是县城周围的土地状况和区位条件较好（表 4-16）。

（2）较适宜建设区

黄骅市未利用地较适宜建设区的面积为 10 821.93 hm^2，主要分布在中捷农场、黄骅镇、旧城镇等区域，新村回族乡没有该级别未利用地分布。较适宜建设区分布在适宜扩展区的外侧区域，在县域南部的分布面积要多于县域的北部。

（3）勉强适宜建设区

黄骅市未利用地勉强适宜建设区的面积为 10 709.35 hm^2，在各乡镇均有分布，主要分布在中捷农场、黄骅镇、南大港管理区等区域。该区域因生态条件相对较脆弱，一旦被破坏就难以恢复，故在对其进行建设时，要控制建设规模，同时，维护好该区域的生态平衡，保证进行建设后不打破原有的生态状况。

表 4-16 黄骅市各乡镇未利用地宜建性分区

乡镇	各等级面积/hm²			
	适宜建设区	较适宜建设区	勉强适宜建设区	不适宜建设区
常郭镇	70.72	469.62	576.49	328.36
官庄乡	86.95	197.09	87.78	78.99
国营中捷友谊农场	1 276.18	1 898.43	1 531.75	1 458.70
黄骅镇	1 036.71	1 363.69	1 224.97	737.01
旧城镇	283.24	1 024.27	1 003.16	489.78
吕桥镇	710.52	508.83	8.73	0.00
南大港管理区	455.04	1 278.58	1 375.83	2 331.10
南排河镇	13.25	134.51	402.89	287.76
齐家务乡	367.97	727.91	408.84	26.26
滕庄子乡	400.84	1 116.49	1 550.73	682.63
新村回族乡	0	0	66.42	60.29
羊二庄回族镇	280.63	1 505.14	2 318.79	1 672.63
羊三木回族乡	1 093.18	497.38	252.96	50.54
总计	6 075.25	10 821.93	10 709.35	8 204.05

（4）不适宜建设区

黄骅市未利用地不适宜建设区的面积为 8 204.05 hm^2，主要分布在中捷农场、南大港管理区以及羊二庄回族镇。该区域无论是自然条件还是社会经济条件，都不具备开发成为建设用地的条件。

4.3 未利用地宜生态性评价

未利用地不但是重要的耕地后备资源，也是关键的生态用地后备资源。随着对生态环境的逐步重视，我国提出了建设生态文明社会的倡议，党的十八届三中全会明确提出要为一些区域划定生态保护红线。但现阶段我国生态保护红线的划定缺乏科学合理的依据，生态服务价值及生态补偿机制研究也需要参考科学合理的土地功能评价。现阶段，我国的生态问题已经上升到前所未有的高度，生态功能评价研究已经成为当前的研究热点。

土地作为一个生态系统，进行着极为复杂的物质循环及能量流动，其服务功能的方式也极为复杂。Costanza 等将生态功能类型划分为气体调节功能、扰动调节功能、水调节功能等 17 个类型；谢高地等在 Costanza 研究基础上将生态服务功能类型进行合并，针对我国土地特点进一步将其划分为 9 种。刘彦随对陕西省秦岭地区的土地质量与土地功能的适宜性进行了匹配，并做了深入分析，进而为调整土地利用结构提供参考；华熙成在综合自然及社会经济条件的基础上，用定性、定量相结合的方法，对浙闽山区茶叶生产基地进行了合理布局；郭晋平等以黄土高原沟壑区为研究对象，进行了宜林地的土地类型分类，并相应地开展了土地生态适宜性评价研究。

近年来，我国学者在前人研究的基础上，将生态服务功能进一步细化，特别是单一土地类型的功能评价逐步得到完善。从以上专家学者的研究可以看出，目前对生态功能的概念尚未形成统一的意见，针对土地生态功能的评价研究也较少。土地的生态维持与协调功能的内涵为土地支持生物区的繁衍及对地下水、食物链、生物多样性、区域大气、生物基因库的保护能力。根据前人研究成果及区域状况，将上述功能进行重新组合、划分，将土地生态维持与协调功能进一步划分为土地的缓冲与过滤、土地栖息地与基因库、水源涵养 3 个二级功能，并建立指标评价体系，对其进行功能评价，进而用生态维持与协调功能的高低表征未利用地生态适宜性。

4.3.1　未利用地生态维持与协调功能评价

4.3.1.1　评价指标的确定

未利用地生态功能评价指标是在对研究区进行充分调查的基础上，结合土地的“结构—属性—功能—影响指标”而确定的（图 4-14）。表 4-17 为对指标准则层的介绍。

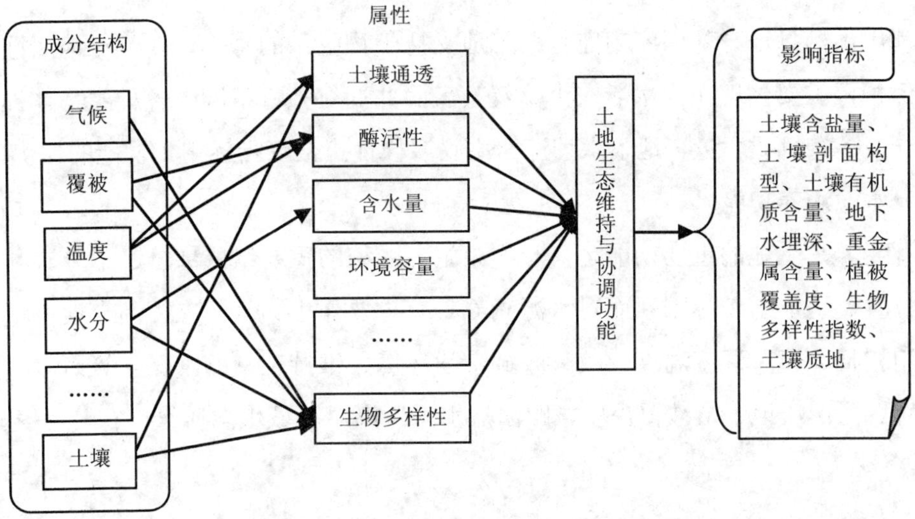

图 4-14　黄骅市未利用地“结构—属性—功能—影响指标”框架

表 4-17 黄骅市未利用地生态功能评价指标

目标层	准则层	指标层
生态维持与协调功能	缓冲与过滤功能	土体构型
		土壤含盐量
		土壤中 As 环境容量
		土壤中 Cu 环境容量
		土壤中 Pb 环境容量
		土壤中 Cd 环境容量
	栖息地与基因库功能	有机质含量
		地下水埋深
		生物多样性指数
	水源涵养功能	距河流水系距离
		土壤质地
		植被覆盖度

（1）缓冲与过滤功能

缓冲与过滤功能是未利用地的重要功能，保护生态用地、维护自然景观格局的可持续性是生态系统可持续发展的关键内容。它是指土地对酸、碱的抵御能力，以及对进入土体污染物的净化能力。主要体现在对食物链、地下水、生物多样性以及区域大气的保护方面。选取了土体构型、土壤含盐量、土壤环境容量等指标进行评价分析，并对这些指标进行了量化分级。

（2）栖息地与基因库功能

未利用地栖息地与基因库功能是指土地支持生物区系的繁衍，以及对地区性生物基因库的保护，主要体现在为生活在土壤及其表面并拥有独特基因的各种生物体提供活动场所。选取了有机质含量、地下水埋深、生物多样性指数等指标用于功能的评价。

（3）水源涵养功能

水源涵养是土地的重要功能之一，作为生态系统的重要组成部分，部分未利用地因其所处位置、地形地貌等因素而对水源涵养具有重要作用。水体在提高土地质量、优化土地利用格局、调节湿度温度、改善区域空间环境、维持正常的水循环等诸多方面起着关键作用。土壤质地、植被覆盖度、距河流水系距离对区域生态质量也有较大影响。

4.3.1.2　评价指标权重的确定

不同指标在生态功能评价指标体系中对评价结果的贡献不同。为了提高最终评价结果的可信度，指标权重赋值很关键。

（1）指标相对重要性及序关系确定

黄骅市未利用地生态维持与协调功能评价指标体系分为准则层和指标层，准则层包括 3 个因素，指标层包含 12 个评价因子。确定权重时，首先咨询专家意见，对两个层次的指标进行排序，参照 r_k 赋值表对重要性指标进行赋值，结合专家意见，对指标之间相对重要程度进行量化，其中 X_1，X_2，…，X_m 之间按“＞”确定序关系，其中 r_k 为相对重要性程度，确定的评价因素的排序为：缓冲与过滤功能＞栖息地与基因库功能＞水源涵养功能。缓冲与过滤功能中评价因子的排序为：土壤含盐量＞土体构型＞土壤中 As 环境容量、土壤中 Cu 环境容量、土壤中 Pb 环境容量、土壤中 Cd 环境容量；栖息地与基因库功能中评价因子的排序为：生物多样性指数＞有机质含量＞地下水埋深；水源涵养功能中评价因子的排序为：距河流水系距离=植被覆盖度＞土壤质地。

根据指标重要性量化表，并基于上述土地生态维持与协调功能的评价指标确定的排序，对指标重要性进行量化，结果见表 4-18。

表 4-18　评价指标体系指标排序与相对重要性量化结果

评价因素	r_i	量化值	评价因子	r_i	量化值
缓冲与过滤功能	r_1	1.6	土壤含盐量	r_{11}	1.2
			土体构型	r_{12}	1.2
			土壤中 As 环境容量	r_{13}	1.0
			土壤中 Cu 环境容量	r_{14}	1.0
			土壤中 Pb 环境容量	r_{15}	1.0
			土壤中 Cd 环境容量	r_{16}	1.0
栖息地与基因库功能	r_2	1.2	有机质含量	r_{21}	1.2
			地下水埋深	r_{23}	1.0
			生物多样性指数	r_{22}	1.4
水源涵养功能	r_3	1.0	距河流水系距离	r_{31}	1.2
			土壤质地	r_{33}	1.0
			植被覆盖度	r_{32}	1.2

（2）确定权重系数 W_k 的值

根据前文介绍的 G1 法确定权重系数方法，计算过程中选择了直接计算法确定各指标的权重系数 W_k，同时为了使此系数更适合研究区概况，在计算权重基础上再一次咨询专家意

见对 W_k 值进行了修正。利用已经确定的各个指标的相对重要性，可以得到表 4-19 的结果。

表 4-19 G1 法权重系数 W_k 的确定

评价因素	r_i	量化值	权重系数 W_k	评价因子	r_i	量化值	权重系数 W_k
缓冲与过滤功能	r_1	1.6	0.541	土壤含盐量	r_{11}	1.2	0.326
				土体构型	r_{12}	1.2	0.150
				土壤中 As 环境容量	r_{13}	1.0	0.131
				土壤中 Cu 环境容量	r_{14}	1.0	0.131
				土壤中 Pb 环境容量	r_{15}	1.0	0.131
				土壤中 Cd 环境容量	r_{16}	1.0	0.131
栖息地与基因库功能	r_2	1.2	0.243	有机质含量	r_{21}	1.2	0.395
				地下水埋深	r_{23}	1.0	0.243
				生物多样性指数	r_{22}	1.4	0.362
水源涵养功能	r_3	1.0	0.216	距河流水系距离	r_{31}	1.2	0.380
				土壤质地	r_{33}	1.0	0.282
				植被覆盖度	r_{32}	1.2	0.338

将用 G1 直接计算法得到的指标权重结果按照指标顺序还原，并计算使每层的所有指标权重求和都为 1，得到黄骅市生态维持与协调功能评价指标体系权重系数表（表 4-20）。

表 4-20 黄骅市未利用地生态功能评价指标及权重

评价因素	权重	评价因子	权重
缓冲与过滤功能	0.541	土壤含盐量	0.176
		土体构型	0.081
		土壤中 As 环境容量	0.071
		土壤中 Cu 环境容量	0.071
		土壤中 Pb 环境容量	0.071
		土壤中 Cd 环境容量	0.071
栖息地与基因库功能	0.243	有机质含量	0.096
		地下水埋深	0.059
		生物多样性指数	0.088
水源涵养功能	0.216	距河流水系距离	0.082
		土壤质地	0.061
		植被覆盖度	0.073
合计	1	—	1

4.3.1.3 评价指标的量化

（1）评价因素等级划分

不同评价指标对各二级生态功能的影响、贡献程度不同。评价因子的等级划分过程中，应充分调研数据，并进行具体分析。在充分总结前人经验的基础上，再确定土地功能各评价因素的等级。并按高生态维持与协调功能、较高生态维持与协调功能、较低生态维持与协调功能和低生态维持与协调功能进行划分，在对各具体因素指标赋值时，综合考虑实际中各因子与生态环境问题间的关系来确定等级（表4-21）。

表4-21　黄骅市未利用地生态功能评价指标等级划分

目标层	指标层	划分指标级别
生态维持与协调功能	土体构型	七级
	有机质含量/（g/kg）	四级
	尚可容纳环境容量	三级
	土壤盐碱度	四级
	表土质地	四级
	地下水深度/m	四级
	生物多样性指数	五级
	距河流水系距离/m	五级
	植被覆盖度/%	四级

（2）评价指标量化

①土体构型。

土体构型直接影响土地的缓冲过滤功能。通过实地调查，未利用地土体构型主要分为7个级别（表4-22），将各个功能评价单元的土地构型的级别运用ArcGIS工具进行插值，得到黄骅市未利用地的土体构型空间分布图（图4-15）。

表4-22　土体构型分级表

评价指标	级别	分值
土体构型	7	100
	6	90
	5	80
	4	70
	3	60
	2	50
	1	40

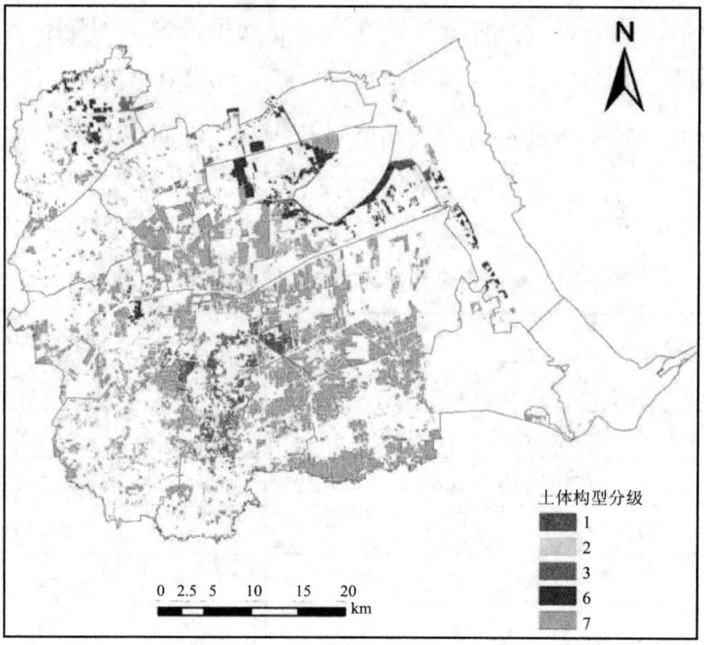

图 4-15 黄骅市未利用地土体构型空间分布图

②有机质含量。

对黄骅市未利用地实地布设调查样点，在室内分析、测定在样点上获取的数据，根据土壤有机质含量的分级表（表4-23），将每个生态功能评价单元的土壤质地的级别用ArcGIS工具得到相应图层，得出区域未利用地土壤有机质含量分布图（图4-16）。从图中可以看出，黄骅市未利用地有机质含量范围为3.2～27.5 g/kg，其中有机质含量15～20 g/kg的面积最少，吕桥镇有机质含量15～20 g/kg的未利用地面积最多。

表 4-23 土壤有机质含量分级

评价指标	级别	分值
土壤有机质含量	4	100
	3	80
	2	60
	1	40

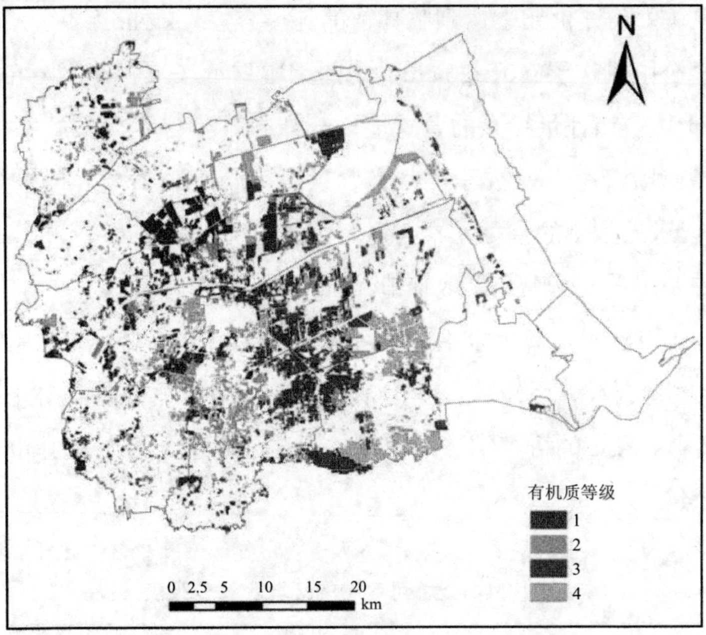

图 4-16　黄骅市土壤有机质含量分级图

③土壤环境容量。

土壤环境容量包括静态环境容量和动态环境容量，其中静态环境容量是以静止的观点来度量计算土壤所达到的生态环境标准所能容纳污染物的净含量。本章使用的计算方法为夏增禄（1992）提出的函数模型，见式（4-4）：

$$C_{so} = 10^{-6} M(C_i - C_{Bi}) \tag{4-4}$$

式中：C_{so} —— 土壤的静容量，kg/hm^2；

M —— 每公顷的土壤重量（2.25×10^6 kg/hm^2）；

C_{Bi} —— 某污染物的土壤背景值，mg/kg；

C_i —— 某污染物的土壤环境标准，mg/kg。

该式的含义为土壤环境质量标准是个定值，即临界值，本章理解为评价结果距临界值越大其可容纳的环境容量也越大。如果土壤类型相近且土地背景相似，在这种情况下其环境容量是相对固定的，如果土壤机械组成物质相似，即使土壤类型不同，土地也有相似的环境容量。土壤环境净容量的另一个表达式为

$$W = 10^{-6} M(C_{ic} - C_{ib} - C_{io}) = 10^{-6} M(C_{ic} - C_{ip}) \tag{4-5}$$

式中：W—— 土壤中某评价元素达到临界值的环境容量，kg/hm²；

M—— 每公顷耕作层（0～20 cm）中的土壤重量（2.25×10^6 kg/hm²）；

C_{ib}—— 土壤中该评价元素的背景值，mg/kg；

C_{ic}—— 土壤中某种污染元素的临界含量值，mg/kg；

C_{io}—— 已进入土壤的该种元素含量，mg/kg；

$C_{ip}=C_{ib}+C_{io}$—— 土壤中元素现状值，mg/kg。

由式（4-5）可以看出，尚可容纳的环境容量由土壤中所含有的元素决定，据此，本章利用黄骅市土壤调查数据可知，黄骅市未利用地土壤类型相似，据此计算了黄骅市未利用地 Cd、Pb、As、Cu 的可容纳环境容量，用这 4 种元素参与黄骅市未利用地的生态适宜性评价（表 4-24）。

表 4-24　土壤可容纳的环境容量分级表

评价指标	含义	级别	分值
土壤可容纳环境容量	高	3	100
	中	2	70
	低	1	40

④土壤盐碱度。

根据黄骅市实地调查，经过实验测得黄骅市未利用地盐化程度为 0.17～37.66 g/kg，参照土壤盐碱含量的分级表，将其共分为 5 个等级（表 4-25），并制作得出黄骅市未利用地土壤盐碱含量分布图（图 4-17）。从图中可以看出，在黄骅市的未利用地中，重度盐渍化和中度盐渍化土壤所占比重较大。

表 4-25　土壤盐碱度分级表

评价指标	级别	分值
土壤盐碱度	4	100
	3	70
	2	40
	1	10

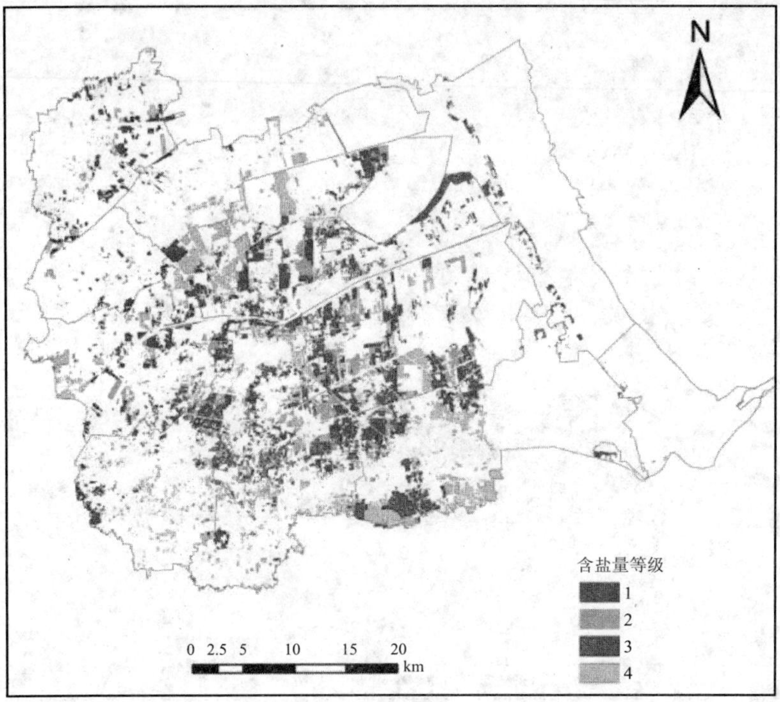

图 4-17　黄骅市未利用地盐碱度分布图

⑤土壤质地。

通过对黄骅市未利用地进行实地调查，布设土壤质地调查样点，采集并分析、测定未利用地土壤数据，参照黄骅市土壤质地分级表（表 4-26），将各个单元的未利用地土壤级别运用 GIS 工具进行插值，得到黄骅市未利用地的土壤质地空间分布图（图 4-18）。从土壤质地空间分布图中可以看出，黄骅市未利用地的土壤质地等级大多为中壤和轻壤，只有南排河镇有部分重壤土分布。

表 4-26　黄骅市土壤质地分级表

评价指标	级别	分值
土壤质地	4	100
	3	70
	2	40
	1	10

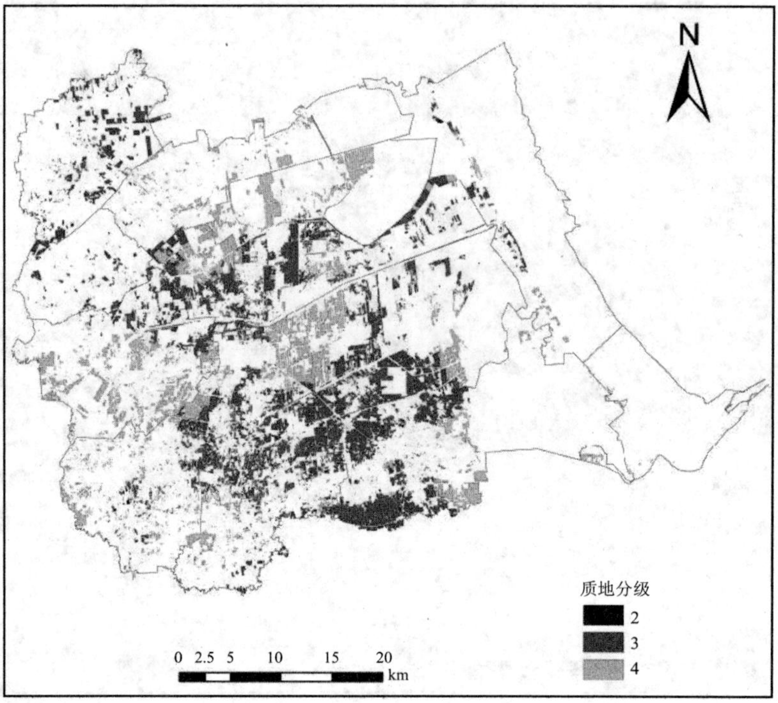

图 4-18 黄骅市未利用地土壤质地空间分布图

⑥地下水埋深。

水是生命之源，地下水深度与质量直接关系到地表的生存状态，同时其是生态功能的重要影响指标，在对研究区地下水深度进行调研的基础上，将其划分为 4 个等级（表 4-27），利用 GIS 工具制作了黄骅市地下水深埋空间分布图（图 4-19）。

表 4-27 黄骅市地下水埋深分级表

评价指标	级别	分值
地下水埋深	4	100
	3	90
	2	60
	1	20

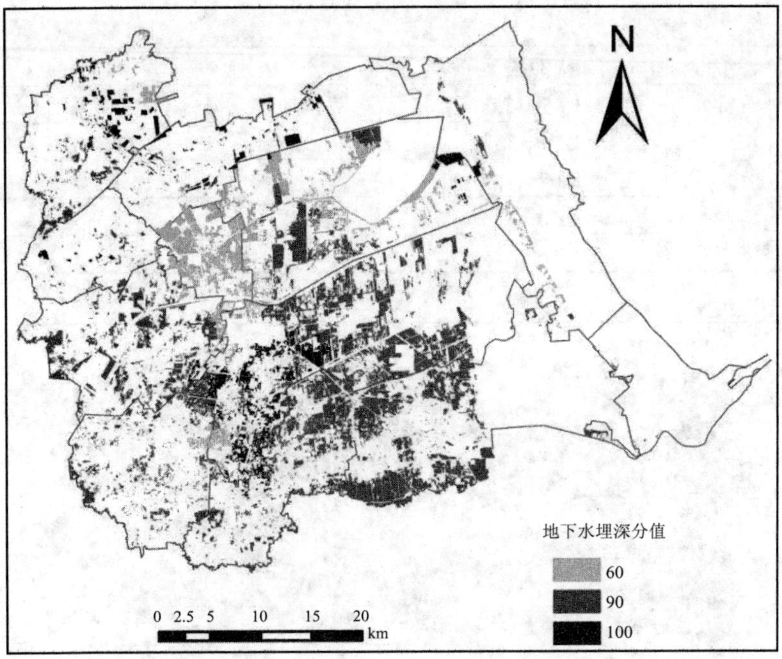

图 4-19　黄骅市地下水埋深分布图

⑦生物多样性。

目前，大多数学者较多采用比较主观的方法进行相关研究，如支付意愿法，但这些评估结果受人为影响较大，评估结果精度较低。为避免这种缺陷，笔者选取了相对客观的分析方法，即借助物种多样性指数（Shannon-Wiener）来进行定量化评估，生物多样性指数分级量化表见表 4-28。具体方法为：首先在野外布设调查样点，获取样点的物种数量等数据，然后分析各样点的生物多样性指数，借助 ArcGIS 软件的插值功能，对研究区样点 Shannon-Wiener 指数进行空间插值，得到区域的生物多样性指数空间分布图（图 4-20）。将研究区生物多样性指数的空间分布图按照表 4-28 中的级别重新进行分类及等级划分，其等级越高则对生态功能的贡献越大。

Shannon-Wiener 指数可根据式（4-6）计算：

$$H = -\sum_{i=1}^{S} P_i \log_2 P_i \tag{4-6}$$

式中：H—— 生物多样性指数；

P_i—— 物种 i 的个体数量占全部个体数量的比例；

S—— 物种数目。

表 4-28 生物多样性指数分级量化表

评价指标	特性描述	级别	分值
生物多样性指数	1.45～3.00	5	100
	1.30～1.45	4	80
	1.15～1.30	3	60
	1～1.15	2	40
	<1	1	20

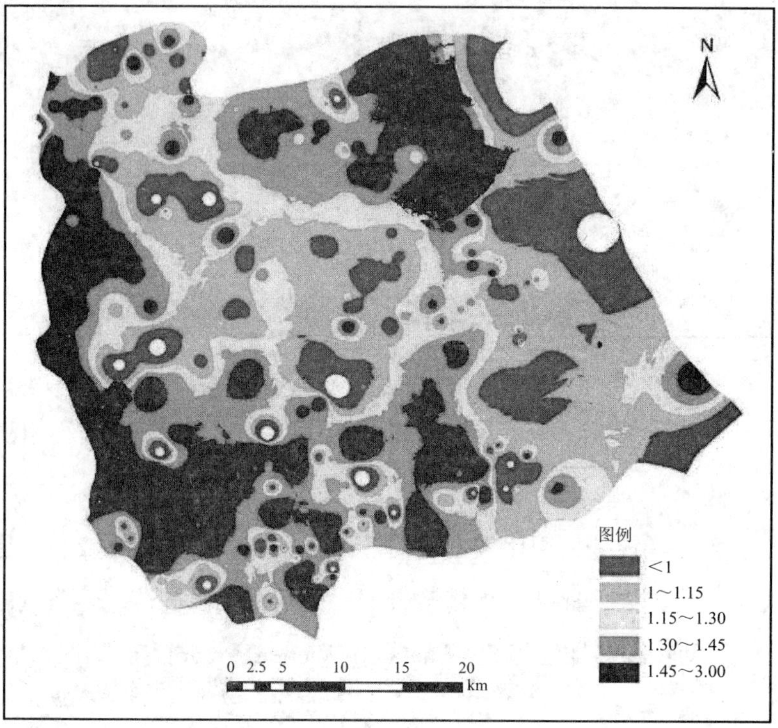

图 4-20 黄骅市生物多样性指数分布图

⑧距河流水系距离。

水是影响整个生态系统平衡的重要因素，也是一切生命的源泉，并且在能量循环过程中担负着给养、运输等重要任务，影响着植物和生物的状态。同时植物也可以影响水体，植被生长能够缓解水土流失、涵养水源。

未利用地与河流水系、水库等水源地的距离不同，这种距离的变化对水源地的影响也不相同。一般情况下，距河流水系距离较近的未利用地生态状况变化时，其对水资源的影响也相对较大，需予以重点保护。距河流水系距离可通过提取区域内河流水系以及水库等水源地图斑，借助 ArcGIS 软件中的缓冲区功能，以水源地图斑为中心进行缓冲区处理，得到未利用地与水源地的距离。具体如表 4-29、图 4-21 所示。

表 4-29　黄骅市未利用地距水体分级量化表

评价指标	特性描述/m	级别	分值
距河流水系距离	0～500	5	100
	500～1 000	4	80
	1 000～1 500	3	60
	1 500～2 000	2	40
	≥2 000	1	20

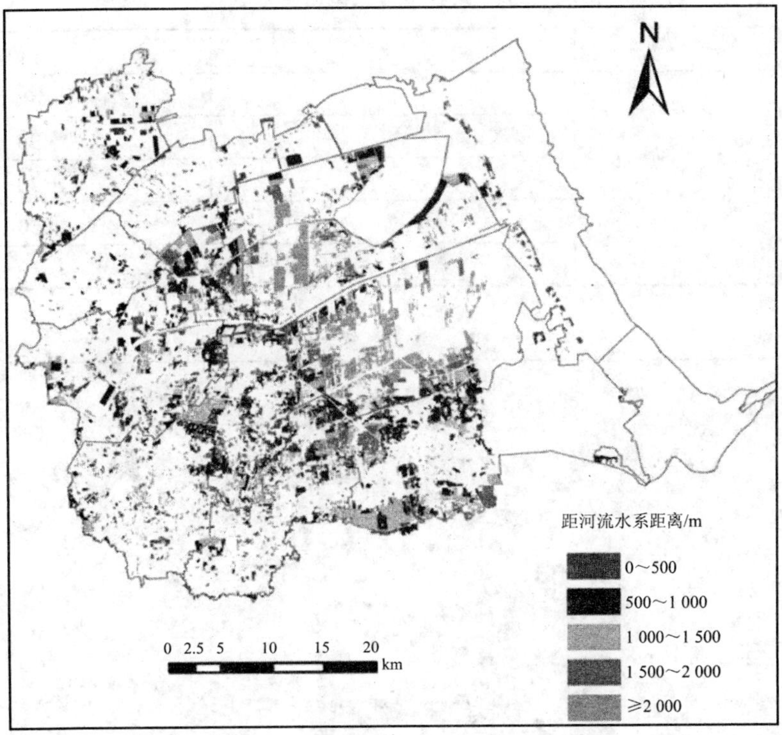

图 4-21　黄骅市未利用地距水体距离分布图

⑨植被覆盖度。

植被在水源涵养方面发挥着重要的生态功能，植被较多的区域涵养水源能力相对较强，相应的生态功能就高，应予以重点防护。书中植被覆盖度情况采用植被覆盖度表征地表植被覆盖情况，该指标的获取以地理空间数据云的 Landsat8 遥感影像为基础，借助 ENVI 软件，对其进行辐射定标与几何校正后，通过 ENVI 软件中的 Basic Tool→Transform →NDVI 功能进行提取，具体见表 4-30、图 4-22，计算的理论公式如下：

$$NDVI = \frac{TM4 - TM3}{TM4 + TM3} \tag{4-7}$$

$$F = \frac{(NDVI - NDVI_{min}) \times 100}{NDVI_{max} - NDVI_{min}} \tag{4-8}$$

式中：F—— 植被覆盖度；

$NDVI_{max}$ —— 最大的归一化植被指数值；

$NDVI_{min}$ —— 最小的归一化植被指数值。

表 4-30 黄骅市植被覆盖度分级表

评价指标	级别	分值
植被覆盖度	5	100
	4	90
	3	70
	2	50
	1	10

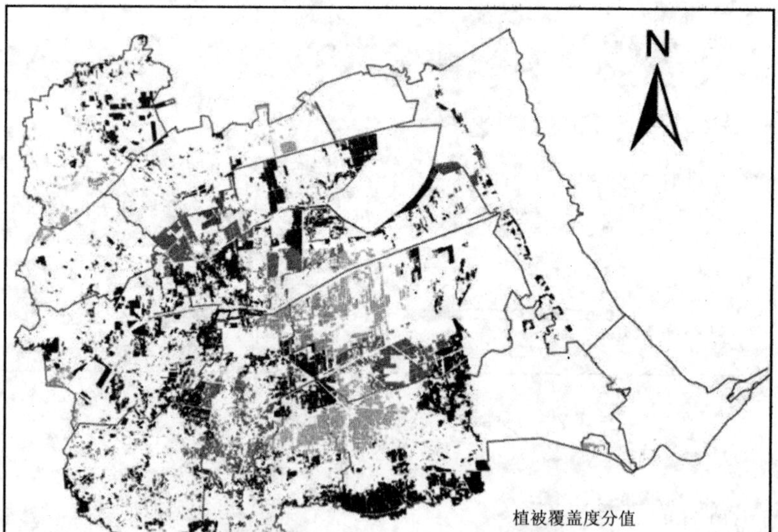

图 4-22 黄骅市未利用地植被覆盖度分布图

4.3.1.4　黄骅市未利用地生态维持与协调功能评价结果

基于加权指数和法评价模型，在生成各评价因子分值图的基础上，借助 ArcGIS 平台，计算各个评价单元的生态功能分值，然后根据其综合分值确定黄骅市未利用地生态功能等级，并用 1、2、3、4 来表示，数值越大，代表功能越强（图 4-23）。

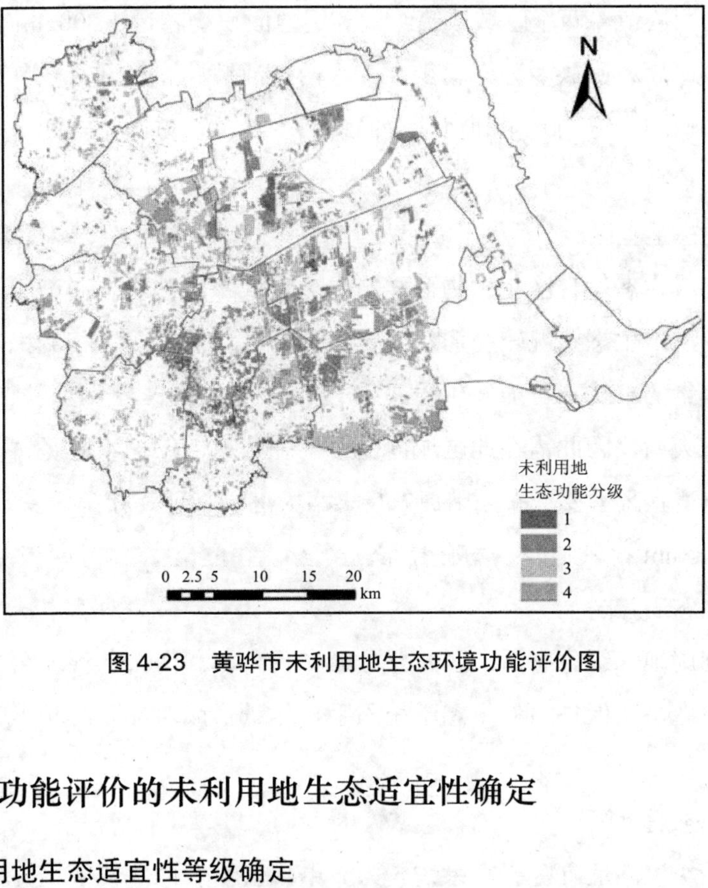

图 4-23　黄骅市未利用地生态环境功能评价图

4.3.2　基于功能评价的未利用地生态适宜性确定

4.3.2.1　未利用地生态适宜性等级确定

未利用地生态功能的强弱直接体现了未利用地作为生态用地的重要性及适宜性，生态功能强的区域未利用地的性质或者其指标就越适合生态功能的发挥，也就有更强的生态效能。因此，未利用地生态功能与未利用地生态适宜性存在对应关系，如表 4-31 所示。

表 4-31　功能与适宜性对应关系

生态功能分级	对应适宜性等级
高	四级生态适宜区
较高	三级生态适宜区
较低	二级生态适宜区
低	一级生态适宜区

通过表 4-31 的对应关系，通过 GIS 软件的统计分析可以看出：

（1）四级生态适宜区

未利用地四级生态适宜区是未利用地生物多样性和特有性、水源涵养较稳定及对各种物质的缓冲与过滤功能相对较高的空间综合体，黄骅市四级生态适宜区主要分布在中捷农场及羊二庄回族镇，两个区域该等级未利用地面积均超过 1 000 hm^2，官庄乡、南排河镇、齐家务乡、新村回族乡分布较少，其中南排河镇、新村回族乡甚至没有该等级未利用地分布，其原因一方面是未利用地总面积较少，另一方面是这两个区域靠近渤海，土壤盐渍化程度较高。

（2）三级生态适宜区

未利用地三级生态适宜区是生物多样性保护、水源保护及缓冲过滤的重要生态缓冲带。区域内未利用地生态状况较脆弱，且自我调节循环能力弱，相对稳定性较差，在人为因素、自然因素的干扰下可能发生较严重的生态问题，并给整个区域的生态系统带来破坏，造成生态失衡，因此需在此区域内建立生态廊道，保护不同区域之间的通达性。黄骅市三级生态适宜区主要分布在中捷农场、南大港管理区、滕庄子乡、羊二庄回族镇，面积均超过 2 000 hm^2，其他乡镇均有分布。

（3）二级生态适宜区

黄骅市未利用地二级生态适宜区主要分布在黄骅镇和南大港管理区，该区域要合理规划布局未利用地，从保护自然生态系统入手，尽量形成对环境威胁小、附加值大的绿色产业。

（4）一级生态适宜区

未利用地一级生态适宜区生态系统较为简单，生物多样性较低。黄骅市一级生态适宜主要分布于黄骅镇和南大港管理区，但分布面积较小。

4.3.2.2 黄骅市未利用地生态适宜性结果分析

总体而言，黄骅市未利用地生态适宜性评价结果中，四级生态适宜区、三级生态适宜区总面积分别为 5 942.87 hm^2、16 673.12 hm^2，超过了区域未利用地总面积的 50%。从图 4-24 中可以看出，黄骅市的中部和中南部地区是后备生态资源的主要分布区域，这些区域是维护黄骅市未利用地中水土安全、生物多样性保护的关键地段，需重点加以保护。二级生态适宜区面积为 11 290.24 hm^2，分布在四级地段和三级地段的外围，是与人类活动区之间的一道屏障。综合评价结果中一级生态适宜区面积只有 1 904.35 hm^2（表 4-32）。等级划分结果体现出黄骅市生态用地后备资源相对充足，同时应在提高农村现代化水平的基础上，尽量减少人类活动对区域生态安全的影响。

表 4-32　黄骅市未利用地生态适宜性评价

乡镇	各等级面积/hm²			
	一级	二级	三级	四级
常郭镇	44.81	235.18	890.82	274.39
官庄乡	25.79	76.46	264.91	83.65
国营中捷友谊农场	313.60	1 717.63	2 828.38	1 305.45
黄骅镇	560.01	2 676.76	783.91	341.70
旧城镇	49.67	741.58	1 309.50	699.71
吕桥镇	0	11.72	1 036.33	180.03
南大港管理区	746.27	2 140.30	2 419.82	134.16
南排河镇	115.34	706.56	16.49	0
齐家务乡	48.86	570.15	849.26	62.72
滕庄子乡	0	943.63	2 379.96	427.11
新村回族乡	0	121.50	5.21	0
羊二庄回族镇	0	1 029.23	2 967.13	1 780.84
羊三木回族乡	0	319.54	921.40	653.11
总计	1 904.35	11 290.24	16 673.12	5 942.87

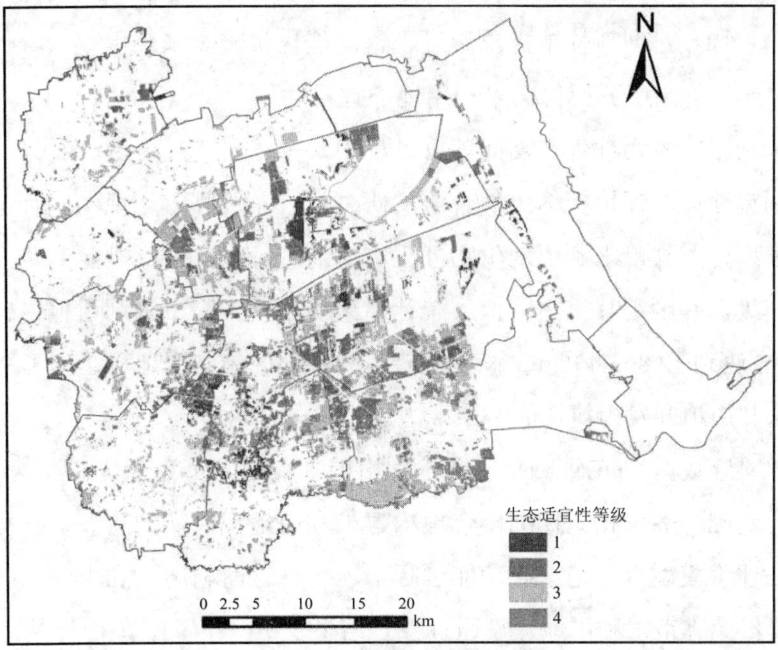

图 4-24　黄骅市未利用地生态适宜性分区

由于近年来黄骅市社会经济快速发展，城镇化水平逐步提高，导致该市草地、水域、湿地等生态用地面积减少，土地生态安全遭到威胁；另外，人类社会经济活动频繁且逐年加剧，生态用地在人们的不断干扰入侵下，斑块面积偏小、破碎化程度更加明显，影响了生态用地之间的连通，造成该区域土地生态系统物质与能量循环功能受到干扰。若长期发展下去，会导致该地区生态结构被破坏，因此有必要进行黄骅市未利用地生态适宜性评价，合理增加生态用地，以保障黄骅市生态安全。

4.4 本章小结

未利用地几乎不受人为因素干扰，主要受长期、稳定的自然因素影响，在这种影响下，未利用地是具有生物性生产功能的，所以基于土地功能评价的未利用地适宜性评价，是确定未利用地最佳开发利用方式的有效手段。土地功能分类、功能的确定及影响指标的筛选最核心的目标是实际应用，如预测土地行为、合理评价土地各种功能的大小、确定未利用地最佳开发方式等。未利用地适宜性评价是分析未利用地开发方式的前提，也是土地功能的外在表现，因此，依据土地功能评价结果进行未利用地适宜性评价具有科学性和可操作性，依据评价结果进行未利用地的开发可以在遵循土地自然规律的基础上进行。根据这一特点，创新性地提出通过土地功能评价确定未利用地适宜性，利用未利用地生物性生产功能高低分析得出未利用地的宜耕性。

在进行未利用地生物性生产功能评价过程中，根据研究区土壤、气候、人类活动等条件，因地制宜地选取评价指标。结合前文研究成果及黄骅市土地结构筛选评价指标，并利用评价模型对黄骅市未利用地生物性生产功能进行了评价，进而对黄骅市未利用地宜耕性进行分级，并确定其空间区位。统计结果显示，黄骅市未利用地中较适宜作为耕地的面积最大，达到 12 862.43 hm^2，高度适宜作为耕地的未利用地也达到了 9 455.73 hm^2，说明黄骅市未利用地开发为耕地的潜力很大。

本章基于遥感数据、DEM 数据、土地利用调查数据，以前述土地功能分类、土地功能影响因素为基础，参考相关标准，合理构建未利用地承载功能的评价指标体系，选取加权指数和法评价模型对土地承载功能进行了评价，进而利用未利用地承载功能与宜建性对应关系得出黄骅市未利用地建设适宜性。结果表明：

①利用相关模型进行未利用地建设适宜性评价，利用层次分析法筛选地基承载力、植被覆盖度、距河流水系距离等因素作为关键评价指标，利用 ArcGIS 的相应模块，计算

得出研究区未利用地的承载功能，将结果根据自然断点法分级，并分别对应不同等级的未利用地建设用地适宜性，对黄骅市未利用地进行宜建性分区，并统计得出每个未利用地宜建性等级的面积。

②评价最终结果显示，黄骅市未利用地适宜建设区面积为 6 075.25 hm^2、较适宜建设区面积为 10 821.93 hm^2、勉强适宜区面积为 10 709.35 hm^2、不适宜建设区面积为 8 204.05 hm^2，建设用地开发潜力较大。

本章构建了土地生态维持与协调功能评价指标体系，利用 G1 法确定指标权重，基于加权指数和法确定研究区生态功能水平，并以此作为未利用地生态适宜性分区的依据。针对黄骅市未利用地状况和生态过程，从未利用地缓冲与过滤功能、栖息地与基因库功能、水源涵养功能方面，构建了空间尺度上的生态功能评价指数，对黄骅市未利用地功能在空间上进行了划分。

在未利用地生态功能评价及辨析生态功能与生态适宜性关系的基础上，分析土地功能与适宜性的关系，进而得出黄骅市未利用地生态适宜性区域。经过统计可以看出，黄骅市未利用地生态适宜性以三级适宜性区域为主，面积达到 16 673.12 hm^2，三级、四级生态适宜性未利用地面积占未利用地总面积的一半以上，而一级生态适宜性未利用地只有 1 904.35 hm^2，说明黄骅市未利用地生态后备资源相对充足，由于近年来黄骅市社会经济快速发展，城镇化水平提高，建设用地逐年扩大，导致该地区草地、湿地及水域面积减少，从而威胁区域土地生态安全；另外，人类社会经济活动频繁且逐年加剧，生态用地在人们的不断干扰入侵下，斑块面积偏小、破碎化程度更加明显，相关部门应在提高农村现代化的水平基础上，尽量减少人类活动对区域生态安全构成的压力。

第 5 章 耕地质量监测及变化特征研究

5.1 耕地质量监测区的划定和监测样点布设研究

耕地质量等别更新成果反映了研究区域的耕地质量状况，将其作为划定耕地质量监测区和布设监测样点的先验知识，可以有效减少取样的盲目性和不确定性，极大地增加抽样效率和监测样点的代表性。

以耕地质量等别更新成果为数据基础，首先采用空间聚类分析法，依据耕地单元的空间属性和非空间属性，划定具有不同分区数的耕地质量备选监测区。然后计算和比较它们在不同分层抽样误差下对应的综合样本容量，划定初始耕地质量监测区，并进行优化，得到优化耕地质量监测区。最后把优化耕地质量监测区作为分层，采用分层抽样的方法布设监测样点。

5.1.1 耕地质量概念的界定与评价过程

5.1.1.1 耕地质量概念的界定

农业部所指的耕地质量侧重于土壤肥力方面，未考虑光照、温度等因素的影响。环境保护部所指的耕地质量从污染的角度来考虑，侧重于砷、汞等土壤重金属污染方面，主要考虑了耕地的环境条件。本书所指的耕地质量是国土资源部所进行的农用地分等中的耕地质量，包括国家自然等、国家利用等与国家经济等，是在气候、土壤、利用状况和经济效益等综合影响下的耕地综合生产能力。

5.1.1.2 耕地质量评价的过程

国家自然等指数为 1 541～3 355，国家自然等别处于 7～11 等，10 等地最多，占耕地总面积的 68.2%，其次为 9 等地，占耕地总面积的 20.3%，其他等别的耕地所占比例较小。

农用地分等中，采用因素法计算和划分耕地国家自然等。主要包含以下几个步骤。

（1）分等因素的分级标准和权重的确定

黄骅市属小麦—玉米一年两熟区，标准耕作制度一级分区为黄淮海区，二级分区为冀鲁豫低洼平原区，耕地分等因素为表层土壤质地、排水条件、盐渍化程度、剖面构型、灌溉保证率和土壤有机质含量，耕地分等因素分级标准及其权重见表5-1。

表5-1 耕地分等因素分级标准及其权重

因素分值	表层土壤质地	排水条件	盐渍化程度	灌溉保证率	土壤有机质含量/%	剖面构型
100	土壤	一级健全	无盐化	充分满足	—	通体壤，壤-黏-壤
90	黏土	丰水年（短涝1～2天）基本健全	—	基本满足	—	壤-黏-黏，壤-砂-壤，砂-黏-黏
80	—	—	轻度（缺苗2～3成）	—	＞2.0	黏-砂-黏，通体黏
70	砂土	丰水年（积水2～3天）一般	—	一般满足	—	砂-黏-砂
60	—	—	中度（缺苗3～5成）	—	1.5～2.0	壤-砂-砂，浅位姜
50	—	—	—	—	1.0～1.5	黏-砂-砂
40	—	常年涝≥3天，无排水系统	重度（缺苗≥5成）	—	0.6～1.0	通体砂，通体砾
30	—	—	—	无灌溉条件	—	—
20	—	—	—	—	＜0.6	—
10	流动沙	—	—	—	—	—
权重值	0.16	0.10	0.20	0.32	0.08	0.14

（2）计算自然质量分

分等单元的自然质量等指数反映了耕地的自然质量。首先采用加权平均法，计算各分等评价单元自然质量分。计算公式为

$$C_{Lij}=\frac{\sum_{k=1}^{m}w_k\cdot f_{ijk}}{100} \tag{5-1}$$

式中：C_{Lij}——分等单元自然质量分；

k——分等属性标号；

m——分等属性的数目；

f_{ijk}——第i个分等单元内第j种指定作物第k个分等属性加（减）分值。

（3）计算省级自然等指数

应用以下公式计算评价单元的省级自然质量等指数：

$$R_{ij}=\alpha_{ij}\cdot C_{ij}\cdot \beta_{j} \tag{5-2}$$

$$R_{j}=\sum R_{ij} \tag{5-3}$$

式中：R_{ij}—— 第 i 个分等单元第 j 种指定作物的自然质量等别指数；

α_{ij}—— 第 j 种作物光温（气候）生产潜力指数；

C_{ij}—— 第 i 个分等单元第 j 种指定作物的耕地自然质量；

β_{j}—— 第 j 种作物产量比系数；

R_{j}—— 第 j 个分等单元的省级自然质量等指数。

按照省级等指数与标准粮产量的回归方程，确定省级等指数向国家级等指数平衡转换规则为

国家级自然等指数=省级自然等指数×1.208−137.84　　（5-4）

（4）划分国家自然等

原始耕地分等成果中，采用等间距法初步划分耕地国家自然质量等，按 400 分进行划分，最终黄骅市耕地共划分 7～11 共 5 个国家自然等。国家自然等指数越大，国家自然等别越小。国家自然等别界限见表 5-2。

表 5-2　黄骅市耕地国家自然等分级标准

国家自然等	国家自然等指数范围	国家自然等	国家自然等指数范围	国家自然等	国家自然等指数范围
7 等	3 200～3 600	9 等	2 400～2 800	11 等	1 600～2 000
8 等	2 800～3 200	10 等	2 000～2 400	12 等	1 200～1 600

5.1.2　研究区概况

5.1.2.1　地理位置

黄骅市地处滨海平原区，属河北省沧州市管辖，北部紧邻天津市，西部紧邻沧县，南部紧邻海兴县，东部为渤海海域。黄骅市土地总面积约为 2 391.46 km^2，黄骅市中心的黄骅镇是市政府驻地。黄骅市作为环京津冀的重要出海口，对周边地区的发展起着非常大的作用。因此，黄骅市优势十分明显，是带动京津冀不断发展的重要保证。黄骅市在

河北省的位置示意见图 5-1。

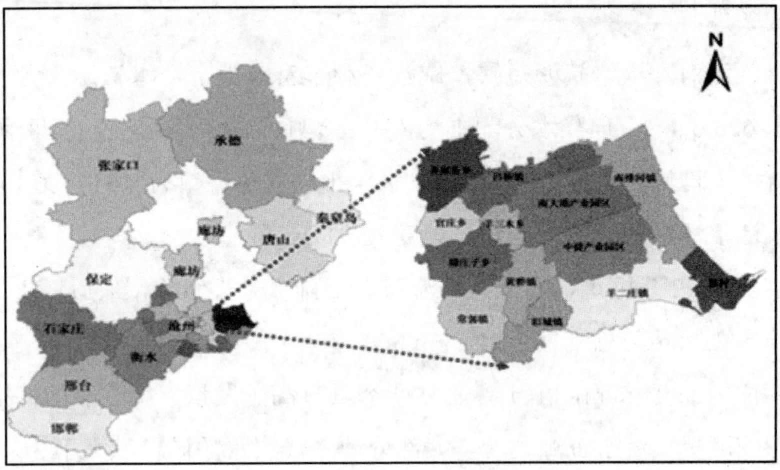

图 5-1　黄骅市地理位置示意图

5.1.2.2　自然条件

（1）地形地貌

黄骅市属滨海平原，全市地势较低，自西南向东北逐渐下降，海拔只有 3～5 m，最低点仅 1 m，最高点 7.4 m，坡降为 1/15 000 左右。黄骅市具有典型的海岸地貌特征，东部为沿海地区，河北海上运输中心——黄骅港位处环渤海经济圈中部，是典型的淤积型泥质海岸，海岸平坦宽阔，上有著名的贝克堤、沼泽堤，海潮大潮位可达 3.3 m 左右。

（2）气候

黄骅市属于暖温带半湿润季风气候区，全年无霜期约为 210 天，日照时数 2 700 小时，年均气温为 12.5℃左右，1 月平均气温−5.0℃，7 月平均气温 27.2℃，积温 4 710℃。全年盛行西南风，年均风速约为 3.4 m/s，年均降水量约为 626.6 mm，变化率较大，40%的降水量集中在夏季，降水空间分布不均，年均蒸发量约为 1 908.7 mm，3 月、4 月、5 月 3 个月份的蒸发总量占全年蒸发总量的 40%，而冬季的蒸发量仅占 9%，由于春、秋两季具有高蒸发量的气候特征，适宜晒盐，因此黄骅市有很多优良的盐场。

（3）土壤

黄骅市主要包括潮土、沼泽土和滨海盐土 3 个土壤类型，其中潮土面积最大。黄骅市土壤较为贫瘠，土壤盐渍化严重，碱解氮含量处于中下等水平，空间分布呈沿海低、内陆高的趋势，速效磷和速效钾含量均处于较高水平，含量空间分布特征相似，与碱解氮相反，呈现沿海高、内陆低的趋势。土壤含盐量多在 0.3%以上，pH 多呈碱性，肥力总体偏低。

（4）水文条件

黄骅市濒临渤海，淡水资源短缺，咸水资源丰富。地上淡水资源来源主要靠降水，多年平均降水 626.6 mm，但降水分配不均，主要集中在夏季。而春、冬两季降水量较少，不能形成径流。平均年径流量 1.28 亿 m^3，多年平均径流系数为 0.317～0.144，主要在汛期形成径流。地下淡水资源贫乏，开采难度大，成本高。

黄骅市主要有 22 条河道，由天然河流与人工排水干渠组成，最后汇于 9 处，流入渤海，河流总长 543.3 km，总流量 2 147.3 m^3/s。

黄骅市水位埋深 0～6 m，由于春、秋两季具有高蒸发量，降水少的特征，地下水受海潮咸水的影响严重，淡水资源贫乏。大部分地区浅层水的矿化度大于 3 g/L，据河北省地质七队统计资料得知，地下水最高矿化度达到 40 g/L。

（5）生物资源

黄骅市土壤及地下水受海潮咸水影响严重，导致土壤盐渍化，全市多为盐碱地，地下水含盐量较高，因此全市植被覆盖率很低。该地区海岸植被多为草本植物，木本乔木和灌木植被较少，这是由该区降水少、蒸发量高、地下水含盐量高的特征决定的，而与地域性因素关系不大。主要的草本科优势种植物有碱蓬、芦苇、白茅、蒿、苜蓿等，芦苇分布面积最广。

黄骅市由于草本植物覆盖率较广，因此湿地较多，使其拥有丰富的自然资源，特别是黄骅湿地生物多样性较高。但近年来，由于人类活动影响的加剧，该地区生物多样性减少，许多生物濒临灭绝。

5.1.2.3 社会经济状况

研究区包括黄骅市辖的齐家务乡、羊三木回族乡等 10 个乡镇以及南大港管理区等 3 个直辖乡镇。该市大力推进城乡一体化建设，城镇化进程较快，2014 年启动耗资 1.8 亿元的“美丽乡村”建设工作，涉及 120 个乡村。

占有关键位置的黄骅市是河北省东面外交、西部联系的“出海口”和“桥头堡”，京津冀一体化中重要节点的黄骅市是国家级世纪工程的“领头羊”项目，其充分发挥了环渤海和环京津“双环”的地理位置作用，经济效益显著。

5.1.2.4 研究区耕地资源概况

2014 年黄骅市耕地总面积约为 869.64 km^2，约占研究区总面积的 36.36%，耕地图斑共有 12 619 个，全部分布在黄骅市的西部和中部的 11 个乡镇，东北沿海地区的 2 个乡镇无耕地分布，土壤类型主要为潮土，与大量的盐碱地相间分布。

5.1.3　数据来源

本书所采用的国家自然等指数、农用地分等因素值、标准耕作制度等耕地质量数据均来源于黄骅市 2014 年 1∶10 万耕地质量等别年度更新成果数据库，包括技术报告、矢量数据、表格和图件等。研究区土地利用类型数据和行政区划数据分别来源于 2014 年 1∶10 万土地利用现状变更数据库中的地类图斑图层和行政区图层，其中乡镇行政区划数据通过融合村级行政区划图斑获取。土壤监测样点数据通过实地土壤采样、室内化验以及农户调研、收集资料等手段获取，取样时间为 2016 年春收秋播和耕地未施肥之前。其他辅助数据中，土壤类型的空间分布状况通过 1∶25 万黄骅市土壤图获取。

5.1.4　运用空间聚类法划定备选耕地质量监测区

耕地质量监测区是由空间位置相邻、质量状况相似的耕地单元组成的区域。科学合理的监测区应真实、可靠地反映全域耕地质量的空间分布特征，是确保样点代表性的必要条件。

采用空间聚类法划定耕地质量监测区，基本流程为：首先根据耕地单元的自然等指数、各分等因素值等非空间属性和 x 坐标、y 坐标等空间属性，采用空间聚类法划定耕地质量备选监测区，得到具有不同分区数的备选耕地质量监测区方案；然后通过对比它们的分区效果以及不同抽样误差对应的综合样本容量，确定初始监测区方案；接着根据耕地单元的分等因素组合类型和空间位置，对部分初始监测区内的耕地单元进行重新划分和合并，得到优化耕地质量监测区方案。

5.1.4.1　空间聚类法的介绍

空间聚类法是依据空间要素的空间和非空间属性划分类别的方法，其已经在诸多领域得到广泛应用。主要包括以下几个关键步骤。

（1）空间聚类指标的选择

空间聚类指标直接决定了耕地质量监测区划定的合理性，与分层抽样误差密切相关。因此，为了划定合理的耕地质量监测区，减少抽样误差，要选择合适的指标作为空间聚类依据，最好充分利用已有的调查数据。耕地等别年度更新成果真实地反映了研究区以往的耕地质量状况，有较高的可信度，可作为划定耕地质量监测区的先验知识。

耕地质量监测目的是监测一定时段内特定空间位置的耕地质量变化情况。划定耕地质量监测区时，如果仅依据分耕地单元的非空间位置属性进行分区，虽然会保证同一耕地质量监测区内耕地单元的质量状况相近，但耕地单元在空间上离散分布，抽取的监测单元的位置代表性会较差；如果仅考虑耕地单元的空间位置属性，虽然会保证同一耕地质量监测区内耕地单元在空间上连续分布，但它们的质量状况会存在较大的差异，抽取的监测单元的质量代表性也会较差。

因此，为了把耕地分等因素相似和空间位置相邻的耕地单元划分在相同的耕地质量监测区内，保证抽样单元的代表性，保障耕地分等因素和等别的监测精度，本书需要综合考虑耕地单元的非空间信息属性和空间属性。其中，非空间属性包含表层土壤质地分、剖面构型分、盐渍化程度分、土壤有机质含量分、灌溉保证率分、排水条件分、国家自然等指数，空间属性包含 x 坐标值和 y 坐标值。

（2）空间聚类指标的标准化

为了清除由于指标单位差异对聚类结果产生的干扰，需要对它们进行标准化处理。为了同等考虑耕地单元的空间属性和非空间属性，赋予它们相同的权重。不同属性的标准化公式分别为

$$Z_{ij}=100\times\frac{F_{ij}-\min(F_j)}{\max(F_j)-\min(F_j)} \tag{5-5}$$

式中：Z_{ij} —— 第 i 个耕地单元第 j 个指标的标准化值；

F_{ij} —— 第 i 个耕地单元第 j 个指标的非空间属性原始值；

$\min(F_j)$ —— 所有耕地单元第 j 个指标的最小值；

$\max(F_j)$ —— 所有耕地单元第 j 项指标的最大值。

（3）耕地单元相似度的计算

结合相关研究，为了同样保证耕地单元的空间属性和非空间属性对聚类结果产生相同的作用，本书赋予两者相同的权重，用下面的属性距离公式度量相似度。两个耕地单元间的距离越小，相似度越大。

$$d_{ij}=\frac{1}{6}\sqrt{\sum_{k=1}^{6}\left(Z_{ik}-Z_{jk}\right)^2}+\frac{1}{2}\sqrt{\left(Z_{ix}-Z_{jx}\right)^2+\left(Z_{iy}-Z_{jy}\right)^2} \tag{5-6}$$

式中：d_{ij} —— 第 i 个耕地单元与第 j 个耕地单元的距离；

Z_{ik}、Z_{jk} —— 第 i 个耕地单元和第 j 个耕地单元第 k 项分等因素标准值；

Z_{ix}、Z_{jx} —— 第 i 个耕地单元和第 j 个耕地单元的 x 坐标标准值；

Z_{iy}、Z_{jy} —— 第 i 个耕地单元和第 j 个耕地单元的 y 坐标标准值。

（4）空间聚类方法的具体实施

借助 Matlab 软件，运用 K-means 聚类法和循环算法，根据耕地单元的分等因素分值、国家自然等指数以及耕地单元的质心坐标，对研究区所有的耕地单元进行空间聚类分析，形成 20 个具有不同分区数的备选耕地质量监测区方案。分区数 K 组成以 5 为首项、100 为末项、5 为公差的等差数列。

K-means 法的基本流程为：①随机选择 K 个初始聚类中心；②计算单元到各中心的距离，并将单元归到距离最小的类；③重新计算 K 个类的均值；④不断重复步骤②和③，如果标准测度函数收敛或达到最大迭代次数，则迭代结束，否则继续迭代。

5.1.4.2　不同备选耕地质量监测区方案的分区效果

引入区间方差和区内方差，比较 20 个备选耕地质量监测区方案的分区效果。区间方差又叫组间方差，等于每一个分区的属性均值与总体属性均值差值的平方的和，反映了不同分区之间属性值的差异程度。区内方差又叫组内方差，等于每个耕地单元属性值与所在分区的属性平均值的差值的平方和，反映相同分区属性值的差异程度。因此，某一属性值的区内方差越小，区间方差越大，表示该属性值在区内的差异程度越小、均一性越强，在区间的差异程度越大、非均质性越强，分区效果越理想。通过 SPSS 19.0 软件计算不同耕地质量备选监测区各属性的区内方差和区间方差，以比较它们的分区效果，计算结果见图 5-2 和图 5-3。

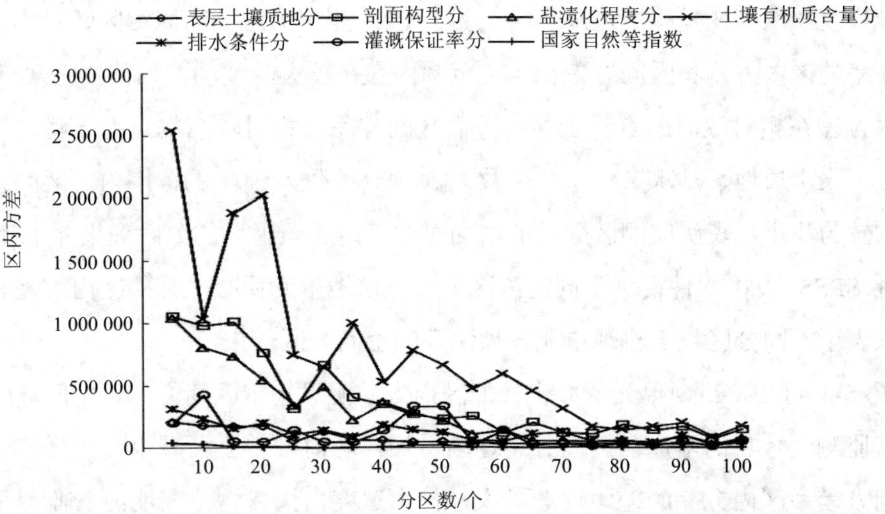

图 5-2　不同监测区数目下各因素的区内方差

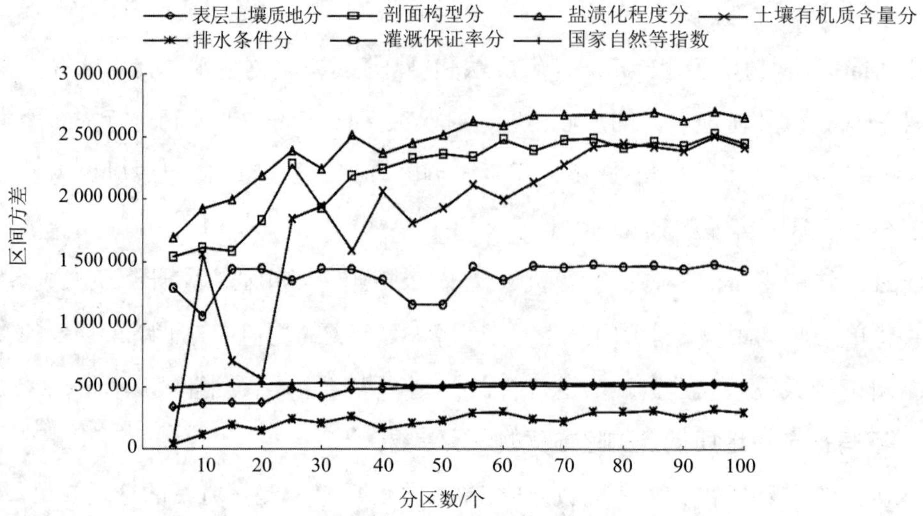

图 5-3 不同监测区数目下各因素的区间方差

从图 5-2、图 5-3 中可以看出，各项因素的区内方差和区间方差之间呈反向变化，各项因素之间的区内方差和区间方差的变化曲线有各自的变化特征。其中，盐渍化程度、剖面构型和土壤有机质含量随着分区数的不断增大，区内方差逐渐减少、区间方差逐渐增大，但是当分区数增大到一定程度后，它们的区内方差和区间方差趋于稳定，表明这 3 项因素随着监测区数目的逐步增大，区内变异程度逐渐减少，而区间变异程度逐渐增大，分区效果越来越好，但是当分区数达到一定程度时，增大分区数已经不能对这些因素的区内变异程度和区间变异程度造成影响，分区效果变化不明显。当监测区数目小于 65 时，灌溉保证率的区内方差和区间方差在一定范围内存在较大的波动，当监测区数目大于 65 时，区内方差在相对较低的点趋于稳定，而区间方差在相对较高的点趋于稳定。国家自然等指数、表土质地、排水条件从分区数为 5 到分区数为 100 的范围内，区间方差和区内方差均较为稳定，表明监测区数目的增加对改善这 3 项因素的分区效果并不明显。

通过 SPSS 19.0 软件得到不同监测区数目下耕地单元质心坐标的区内方差和区间方差，用来表示不同分区数下耕地单元各项因素的空间分区效果。

由图 5-4 可知，耕地单元质心坐标的区内方差明显小于区间方差，空间分区效果较好。随着监测区数目的增加，区间方差逐渐增加，区内方差逐渐减少，变化速度由快变慢，区间方差和区内方差的差距逐渐扩大，扩大速度由快变慢。表明随着监测区数目的增加，区内单元的空间聚合度和区间单元的空间分离度逐渐增加，本书所应用的空间聚类方法能有效地将位置相邻的耕地单元归为一个监测区，并且监测区数目越多，空间分区效果越好，最后保持平稳。

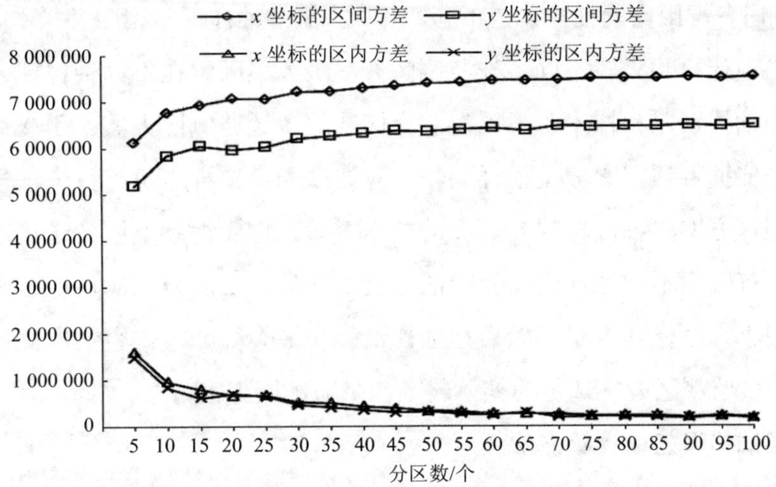

图 5-4　耕地单元质心坐标的区内方差和区间方差的变化曲线

综上所述，本书所采用的空间聚类方法能够将空间属性和非空间属性均相对一致的耕地单元划分在一个备选耕地质量监测区内，有效地突出了各项属性的区内均一性和区间差异性。但相同备选方案中，不同因素的分区效果不同。随着分区数目的增多，各因素的分区效果逐渐变好，不同因素分区效果稳定时对应的最小分区数不同。因此，必须要综合考虑 20 个备选方案中各项因素的分区效果，从中选择合适的耕地质量监测区方案。

5.1.5　初始耕地质量监测区方案的选定方法

将监测区分层抽取监测样点。分层抽样又称分类抽样或类型抽样，该方法是先按某种特征对调查对象分区，相同分区内调查对象的特征值相似，然后在每层中随机抽取样本的方法。这种抽样方法具有样本代表性好、抽样误差小、抽样效率高和抽样成本低的优点，是调查统计工作中最常采用的抽样方法之一。

抽样误差是指因抽样的随机性所导致的样本统计量与总体真实值之间的差异，是可以通过计算加以估计的。根据相关研究可知，不同抽样方案在相同样本容量要求下会产生不同的抽样误差。一定样本容量下，某种抽样方案的抽样误差越小，表示该抽样方案抽取的样本的稳定性和代表性越强；一定样本抽样误差下，某种抽样方案抽取的样本容量越小，表示该抽样方案越节约抽样成本，抽样效率越高。

本书以备选耕地质量监测方案得到的聚类分区为分层依据，运用分层抽样方法抽取相同容量的样本。在不同备选耕地质量监测区方案中，样本容量相同时某项因素的抽样误差不同，某项因素的抽样误差相同时样本容量也不同。在相同备选耕地质量监测区方案中，样本容量相同时各项因素的抽样误差不同，各项因素的抽样误差相同时样本容量也不同。

因此，必须计算和比较不同备选监测区方案中各项因素在不同抽样误差下的样本容量，从中选择抽样误差和样本容量具有综合优势的备选监测区方案。引入统计学中的抽样理论，首先依据各项因素分层抽样误差计算方法和综合样本量计算方法得到不同备选耕地质量监测区方案中各抽样误差对应的样本容量，进而得到不同备选耕地质量监测区方案中满足所有因素不同抽样误差要求的综合样本量，汇总得到满足所有因素不同抽样误差要求的最小综合样本容量，然后把抽样误差和最小综合样本容量的优势均相对较大的备选耕地质量监测区方案选定为初始耕地质量监测区方案。

5.1.5.1 分层抽样误差的计算方法

在分层抽样中，在样本容量已知的前提下，按照 Neyman 法分配各层的样本量［式(5-7)］，由各层耕地单元的单元数量和属性值的变异程度共同决定。

$$n_h = nf_h = n\frac{W_h S_h}{\sum W_h S_h} \tag{5-7}$$

式中：n—— 样本容量；

n_h—— h 层样本容量；

f_h—— h 层的抽样比；

W_h—— h 层耕地单元的数量比例；

S_h—— h 层某属性值的标准差。

然后利用式（5-8）分别计算各因素抽样均值的方差。

$$V = \sum W_h^2 (1-f_h)\frac{S_h^2}{n_h} = \frac{\left(\sum W_h S_h\right)^2}{n} - \frac{1}{N}\sum W_h {S_h}^2 \tag{5-8}$$

式中：V—— 耕地单元某一因素的抽样均值的方差。

在置信度为95%的水平下，抽样均值的最大相对误差（以下简称抽样误差）为

$$r = \frac{\sqrt{V}\,t_{0.025}(n-1)}{u_{\bar{y}}} \times 100\% \tag{5-9}$$

式中：r—— 抽样均值的最大相对误差；

V—— 耕地单元某一因素的抽样均值的方差；

n—— 样本容量；

$u_{\bar{y}}$—— 样本均值的抽样分布的均值；

V—— $u_{\bar{y}}$ 的方差；

$t_{0.025}(n-1)$ —— 自由度为 n−1，置信度为 95%时的概率度。

5.1.5.2　综合样本量的计算方法

根据式（5-8）和式（5-9）可推导出在某一因素抽样误差为 $r(u_{\bar{y}})$ 时的样本容量计算式（5-10）。

$$n=\frac{\left(\sum W_hS_h\right)^2}{V+\frac{1}{N}\sum W_hS_h{}^2}=\frac{\left(\sum W_hS_h\right)^2}{\left[\frac{r}{t_{0.025}(n-1)}\right]^2+\frac{1}{N}\sum W_hS_h{}^2} \tag{5-10}$$

式中：$\bar{y}$——耕地单元某一因素的总体均值。

然后根据式（5-7）和式（5-10）推导出某一因素抽样误差 r 时的第 h 层的样本量计算式（5-11）。

$$n_h=nf_h=n\frac{W_hS_h}{\sum W_hS_h}=\frac{(W_hS_h)\sum W_hS_h}{\left[\frac{r}{t_{0.025}(n-1)}\right]^2+\frac{1}{N}\sum W_hS_h{}^2} \tag{5-11}$$

通过式（5-11），可以求得当分层数为 h 时，在某一项因素的抽样误差为 r 时各层的样本量，进而可以推导出在所有因素的抽样误差均为 r 时各层的综合样本量。在某一分区方案下，如果把第 i 项因素抽样误差为 r 时的第 h 层样本量设为 $n(h,i)$，那么在所有因素抽样误差均为 r 时，第 h 层最大样本量为

$$m_h=\max\{n(h,i)\}\quad（i=1，2，\cdots，6） \tag{5-12}$$

因此，在所有因素抽样误差为 r 时，各层最大样本量的和，即综合样本量为

$$m=\sum m_h \tag{5-13}$$

可见，在某个备选方案中，当抽取 m 个样本时，各项因素的抽样误差均小于等于 r。因此，m 可看作在该备选方案中，各项因素满足抽样误差小于 r 的要求时抽样的最少样本量。

5.1.5.3　抽样效率计算方法

在相同样本容量要求下，抽样方法的抽样误差越低，抽样效率越高；在相同抽样误差要求下，抽样方法的样本容量越少，抽样效率越高。因此，抽样效率分别与抽样误差和样本容量呈反向变动关系，可看作抽样误差和综合样本量综合作用的函数。通过比较不同抽样方法的抽样效率，可权衡它们在样本容量和抽样误差两个方面的综合优势。某种抽样方法的抽样效率高，表示该抽样方法在样本容量和抽样误差两个方面的综合优势

越大。基于此，本书通过建立抽样效率函数，计算不同抽样方案的抽样效率，进而筛选出抽样效率较高的抽样方案。抽样效率函数为

$$E=\frac{1}{mr} \tag{5-14}$$

式中：E —— 抽样方法的抽样效率；

m —— 样本容量；

r —— 抽样误差。

5.1.5.4 样本容量—抽样误差弹性系数计算方法

为了更好地测度抽样误差随着样本容量变动的程度，揭露抽样效率的变动情况，本书借鉴经济学中的弹性系数，提出样本容量—抽样误差弹性系数，计算公式如下：

$$\beta_n=\frac{|r_m-r_n|/(r_m+r_n)}{|m-n|/(m+n)} \tag{5-15}$$

式中：β_n —— 综合样本量为 n 时的样本容量—抽样误差弹性系数；

m、n —— 样本容量 n，$n<m$；

r_m、r_n —— 样本容量为 m 和 n 时的抽样误差。

$\beta_n>1$ 表示样本容量由 n 变为 m 时，抽样误差的相对变化率大于样本容量的相对变化率，抽样效率增大；$\beta_n=1$ 表示样本容量由 n 变为 m 时，抽样误差的相对变化率等于综合样本量的相对变化率，抽样效率不变；$\beta_n<1$ 表示样本容量由 n 变为 m 时，抽样误差的相对变化率小于样本容量的相对变化率，抽样效率减少。

5.1.6 初始耕地质量监测区方案的选定过程

5.1.6.1 不同备选方案中各抽样误差对应的综合样本量计算结果

通过以上公式，可以得到不同备选监测区方案中各抽样误差对应的综合样本量（表 5-3），并用下画线标注出每一列的最小值，作为该抽样误差对应的最小综合样本量。

从表 5-3 中可以看出，相同备选方案中，随着抽样误差的增加，综合样本量随之减少，减小速度逐渐变慢，最后逐渐接近备选方案的分区数。当抽样误差为 0.1%～1%，抽样误差相同时，最小样本量随着分区数的增加逐渐减小，但幅度越来越小；当抽样误差为 1.5%～10%，抽样误差相同时，综合样本量随着分区数的增加先减小后增加，逐渐与分区数相同。

表 5-3　不同备选监测区方案中各抽样误差对应的综合样本量

分区数/个	抽样误差																	
	0.1%	0.2%	0.3%	0.4%	0.5%	1%	1.5%	2%	2.5%	3%	3.5%	4%	4.5%	5%	6%	7%	8%	9%	10%
5	14 001	11 422	9 312	7 554	6 271	2 596	1 314	777	511	361	267	206	164	133	94	70	55	43	36
10	12 086	9 634	8 051	6 643	5 441	2 195	1 102	651	425	299	222	170	135	110	75	56	44	34	28
15	11 890	9 649	8 142	6 779	5 590	2 282	1 151	680	447	313	230	180	142	116	78	60	47	38	29
20	9 116	5 764	3 881	2 813	2 118	699	332	192	127	88	69	53	49	38	31	25	23	22	21
25	8 960	5 717	3 679	2 491	1 777	530	245	141	93	68	51	41	36	31	29	26	26	25	25
30	5 775	2 981	1 677	1 041	703	194	89	54	42	34	32	30	30	30	30	30	30	30	30
35	5 602	2 964	1 686	1 058	718	199	97	61	47	38	37	35	35	35	35	35	35	35	35
40	4 272	2 065	1 138	702	475	140	73	52	44	42	40	40	40	40	40	40	40	40	40
45	3 670	1 783	972	600	408	124	56	55	49	46	45	45	45	45	45	45	45	45	45
50	2 798	1 319	719	446	305	105	65	55	51	51	50	50	50	50	50	50	50	50	50
55	2 599	1 215	665	416	287	100	66	59	56	55	55	55	55	55	55	55	55	55	55
60	2 354	1 022	543	337	236	90	68	61	60	60	60	60	60	60	60	60	60	60	60
65	1 465	609	327	213	155	77	67	65	65	65	65	65	65	65	65	65	65	65	65
70	2 180	833	425	261	188	83	72	70	70	70	70	70	70	70	70	70	70	70	70
75	1 517	599	323	211	155	83	75	75	75	75	75	75	75	75	75	75	75	75	75
80	1 728	710	383	250	182	91	82	80	80	80	80	80	80	80	80	80	80	80	80
85	1 413	562	309	208	157	92	85	85	85	85	85	85	85	85	85	85	85	85	85
90	1 026	425	246	173	137	94	91	90	90	90	90	90	90	90	90	90	90	90	90
95	1 601	729	412	275	206	112	97	95	95	95	95	95	95	95	95	95	95	95	95
100	1 265	509	289	201	158	107	100	100	100	100	100	100	100	100	100	100	100	100	100

5.1.6.2 基于抽样误差和最小综合样本容量的初始监测区确定

通过以上分析可知，分区数、抽样误差和综合样本量三者之间存在相互影响的变动关系。只有综合考虑它们之间的变动关系，才能确定最合适的监测区方案。

（1）不同抽样误差对应的最小综合样本量和分区数计算结果

对综合样本量进行统计汇总，可以得到不同抽样误差对应的最小综合样本量和分区数，结果见表 5-4。

表 5-4 不同抽样误差对应的最小综合样本量和分区数

抽样误差/%	最小综合样本容量/个	分区数/个	抽样误差/%	最小综合样本容量/个	分区数/个
0.1	1 026	90	3.5	32	30
0.2	425	90	4.0	30	30
0.3	246	90	4.5	30	30
0.4	173	90	5.0	30	30
0.5	137	90	6.0	29	25
1.0	77	65	7.0	25	20
1.5	56	45	8.0	23	20
2.0	52	40	9.0	22	20
2.5	42	30	10.0	21	20
3.0	34	30			

根据表 5-4 可以得到抽样误差随着最小综合样本量的变动曲线（图 5-5）。

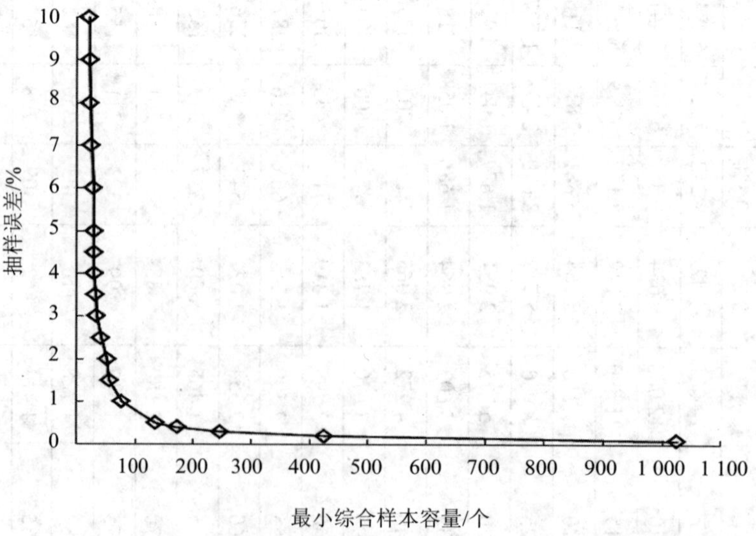

图 5-5 抽样误差随着最小综合样本量的变动曲线

由表 5-4 和图 5-5 可知，抽样误差随着最小综合样本量增加而减少，减少速度由快变慢，最后逐渐稳定。抽样误差越大，满足抽样误差的最小综合样本量对应的分区数越小。

（2）不同最小综合样本容量下的抽样效率计算结果

不同最小综合样本容量下的抽样效率见表 5-5 和图 5-6。

表 5-5　不同最小综合样本容量下的抽样效率

最小综合样本量/个	抽样效率	最小综合样本量/个	抽样效率	最小综合样本量/个	抽样效率
21	0.48	32	0.89	137	1.46
22	0.51	34	0.98	173	1.45
23	0.54	42	0.95	246	1.36
25	0.57	52	0.96	425	1.18
29	0.57	56	1.19	1 026	0.97
30	0.83	77	1.30		

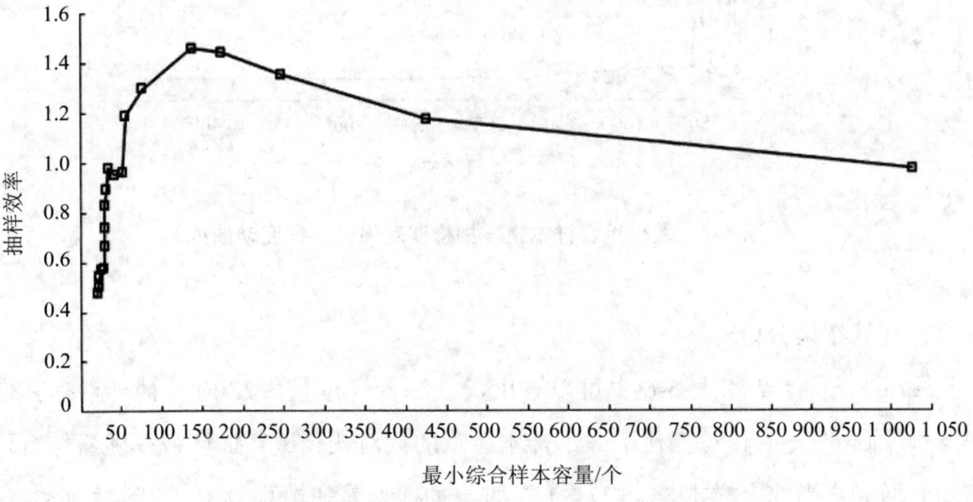

图 5-6　抽样效率随着最小综合样本容量变化的曲线

（3）不同最小综合样本容量下的抽样误差弹性系数计算结果

表 5-6 和图 5-7 是根据表 5-5 统计出来的不同最小样本容量对应的抽样误差弹性系数。

表 5-6 不同最小样本容量对应的抽样误差弹性系数

最小综合样本量/个	弹性系数	最小综合样本量/个	弹性系数	最小综合样本量/个	弹性系数
21	2.26	32	2.54	137	0.96
22	2.65	34	0.86	173	0.82
23	1.60	42	1.04	246	0.75
25	1.04	52	3.86	425	0.80
29	11.80	56	1.27		
30	2.07	77	1.19		

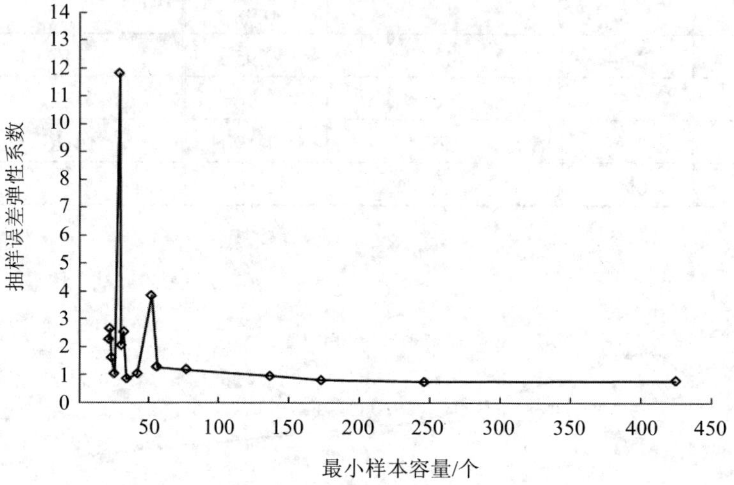

图 5-7 最小综合样本量—抽样误差弹性系数变动曲线

（4）计算结果分析

从图 5-6、图 5-7 和表 5-6 中可以看出，当综合样本量≤77 时，抽样误差弹性系数一般＞1，抽样误差的相对变化率大于样本容量的相对变化率，抽样效率随着综合样本量的增加而增大；当综合样本量为 77～137 时，抽样误差弹性系数由＞1 过渡到＜1，抽样效率随着综合样本量的增加先增大后减少；当综合样本量≥137 时，抽样误差弹性系数＜1，抽样误差的相对变化率小于综合样本量样本容量的相对变化率，抽样效率随着综合样本量的增加而减小。根据以上分析可知，当抽样误差弹性系数=1 时，抽样误差的相对变化率等于样本容量的相对变化率，抽样方案的抽样效率最高，此时综合样本量为 77～137，分区数为 65～90，抽样误差为 1.0%～1.5%。

综合比较不同备选耕地质量监测区方案的分区效果以及综合权衡最小综合样本容量和抽样误差 3 项因素可知，分区数为 65，抽样误差为 1%，对应的综合样本容量为 77 的备选耕地质量监测区方案具有较好的分区效果，可以在保证较少样本容量的前提下，获得较低的抽样误差和较高的抽样效率，被选定为初始监测区方案。

5.1.7 初始耕地质量监测区方案的优化

5.1.7.1 初始耕地质量监测区方案的优化方法

把各耕地单元分等因素值组合在一起，形成耕地单元的分等因素组合类型。相同组合类型的耕地的自然质量状况相同。在初始耕地质量监测区方案中，大多数监测区内组合类型基本相同，并且连片分布。但是有的监测区内耕地单元的组合类型仍存在较大差异或空间距离较远的问题，主要分为以下几种情况。

①有些初始监测区内的耕地单元位于相距较远的几片区域，区内耕地单元的空间聚集性较差，减弱了监测样点的空间代表性。因此，把这种耕地单元相隔较远的初始监测区划分为耕地单元连片分布的多个优化监测区。

②有些初始监测区内的耕地单元尽管在空间上连片分布，但属于不同的分等因素组合类型，并且相应的耕地单元面积均较大，导致相同监测区内耕地单元的非空间属性一致性较差，减弱了监测样点非空间属性代表性。因此，把这种不同因素组合类型耕地单元数均较多的初始监测区划分为分等因素组合类型基本相同的多个优化监测区。

③对零散分布或面积较少的某种组合类型耕地不单独划分监测区，而是归并到类型相似的相邻监测区。这必然会增加分层抽样的误差，但是保证了耕地质量监测区的空间连续性，改善了空间分层效果，并极大地减少了耕地质量监测区的数量，节约了监测成本。

5.1.7.2 初始耕地质量监测区方案的优化结果

表 5-7 表示各初始监测区内的因素组合类型数、最小综合样本量以及优化监测区数目。黄骅市优化监测区方案如图 5-8 所示，编号的命名方式为“初始耕地质量监测区编号-类别序号”。例如，“23-1”表示由初始耕地质量监测区编号为 23、类别序号为 1 的耕地单元组成的监测区。“23-2”表示由初始耕地质量监测区编号为 23、类别序号为 2 的耕地单元组成的监测区。这两个优化耕地质量监测区内的耕地均位于相同的初始监测区内，但空间距离较远或者分等属性组合类型不同。

表 5-7 不同初始监测区统计结果

初始监测区编号	因素组合类型数目/个	最小综合样本量/个	优化监测区数目/个	初始监测区编号	因素组合类型数目/个	最小综合样本量/个	优化监测区数目/个
1	2	1	2	34	1	1	1
2	1	1	1	35	1	1	1
3	2	1	1	36	2	1	2
4	1	1	1	37	1	1	1
5	3	1	1	38	1	1	0
6	1	1	1	39	1	1	2
7	1	1	1	40	1	1	1
8	7	5	1	41	1	1	2
9	1	1	2	42	1	1	1
10	1	1	1	43	1	1	1
11	1	1	1	44	11	3	3
12	2	1	1	45	2	1	1
13	1	1	1	46	1	1	2
14	1	1	1	47	1	1	0
15	1	1	1	48	1	1	1
16	1	1	1	49	4	1	1
17	1	1	1	50	1	1	1
18	1	1	1	51	2	1	1
19	1	1	2	52	2	1	1
20	1	1	1	53	4	5	3
21	1	1	1	54	2	1	1
22	1	1	1	55	1	1	1
23	6	1	2	56	1	1	2
24	1	1	1	57	1	1	1
25	1	1	1	58	2	1	1
26	4	2	2	59	1	1	1
27	1	1	1	60	1	1	1
28	4	1	2	61	2	1	1
29	1	1	1	62	1	1	1
30	2	1	1	63	2	1	1
31	1	1	1	64	10	2	2
32	4	1	2	65	1	1	1
33	1	1	2	总计	124	77	81

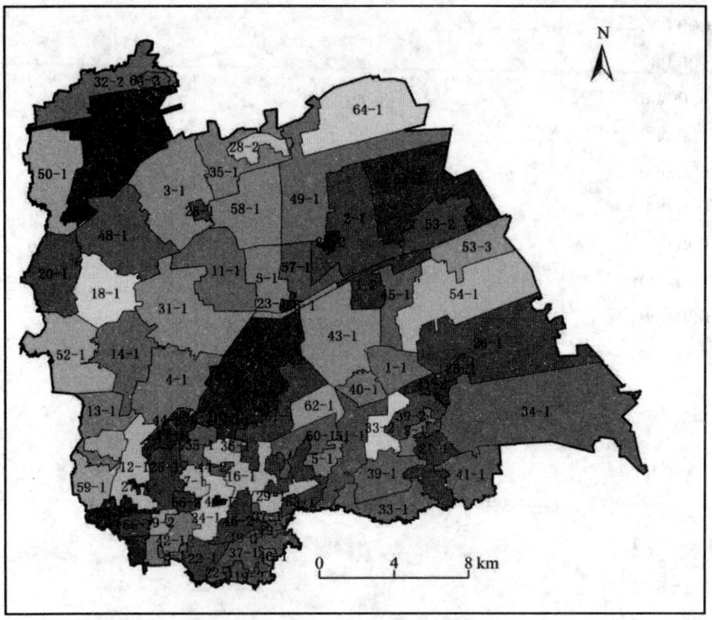

图 5-8　黄骅市优化监测区图

5.1.7.3　两种耕地质量监测区方案的分区效果比较

分别运用 SPSS 19.0 软件计算两种监测区方案中各因素的区内方差以及占总方差的比例，以比较这两种方案的分区效果，结果见表 5-8。

表 5-8　两种监测区方案中各因素的区内方差以及占总方差的比例

因素	初始方案区内方差	初始方案区内方差占总方差比例/%	优化方案区内方差	优化方案区内方差占总方差比例/%
表层土壤质地分	92 514	16.97	23 241	4.26
剖面构型分	153 987	5.94	168 254	6.49
盐渍化程度分	270 698	9.92	180 986	6.63
土壤有机质含量分	36 237	3.89	29 513	3.17
排水条件分	40 230	11.51	15 685	4.49
灌溉保证率分	39 103	3.24	165 813	13.75
国家自然等指数标准值	156 115	8.48	204 284	11.09
x 坐标标准值	259 294	3.36	159 479	2.07
y 坐标标准值	287 122	4.31	149 999	2.25

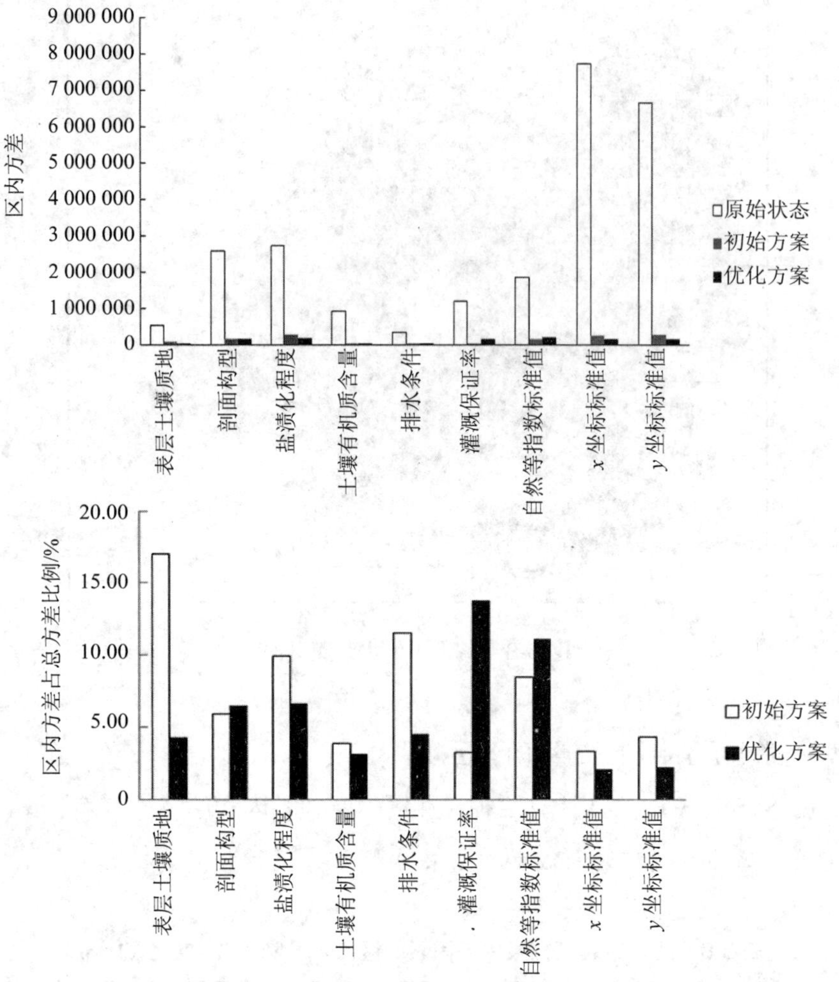

图 5-9 不同监测区方案的区内方差及所占总方差的比例

由表 5-8 和图 5-9 可知，两种方案均可以把属性相似的耕地单元划分在相同监测区内，并取得很好的分区效果。由于考虑了耕地单元的空间位置，优化方案比初始方案进一步增强了相同监测区内耕地单元的空间聚集性，空间分区效果更好。尽管在优化监测区中某些因素的分区效果变差，但变化幅度不大，各因素的区内方差占总方差的比例均在 15% 以下，表明优化方案比初始方案在确保相同监测区内耕地单元的质量状况一致性和空间分布连续性两个方面更具综合优势，分区效果更好。

5.1.8　运用分层抽样方法布设耕地质量监测样点

5.1.8.1　与传统抽样方法比较抽样误差

以优化监测区为分层依据，采用分层抽样的方法抽取监测单元，共布设了 81 个监测样点。在以往的样点布设研究中，经常采用简单随机抽样、等别分层抽样和网格分层抽样 3 种传统抽样方法布设样点。采用这 3 种抽样方法布设 81 个监测样点，分别计算它们的抽样误差。

简单随机抽样又称纯随机抽样，是从总体中随机抽取某一数量的样本，每个样本被抽中的概率相等。它是最简单的一种抽样方法。利用式（5-16）计算简单随机抽样的均值方差。

$$V(u_{\bar{y}})=\frac{1-f}{n}S^2 \tag{5-16}$$

式中：$u_{\bar{y}}$—— 抽样均值；

V—— $u_{\bar{y}}$ 的方差；

f—— 抽样比；

n—— 样本容量；

S^2—— 总体方差。

网格分层抽样是一种网格为空间分区的依据，在每一层只抽取一个耕地单元作为监测单元的特殊的空间分层抽样方法，是一种较为常见的监测样点布设方法。为了便于对比，本书根据监测区数目分别设计了 3.5 km×3.5 km、4 km×4 km、4.5 km×4.5 km、5 km×5 km 4 种类型的格网，并计算不同格网下各因素的抽样误差，发现它们与样本容量呈反向变动关系。因此，可通过线性插值的方法计算样本容量为 81 时的抽样误差。不同网格边长下样本容量和各因素抽样误差见表 5-9。不同抽样方法在样本量均为 81 时，各因素的抽样误差计算结果见表 5-10 和图 5-10。

表 5-9　不同网格边长对应的样本容量和各因素抽样误差

网格边长/km	样本容量/个	表层土壤质地/%	剖面构型/%	盐渍化程度/%	土壤有机质含量/%	排水条件/%	灌溉保证率/%	国家自然等指数/%
3.5	148	0.81	1.79	3.08	2.00	0.33	5.47	1.47
4.0	115	1.01	2.21	3.82	2.61	0.40	6.30	1.79
4.5	94	1.05	2.36	4.08	2.61	0.46	7.09	1.91
5.0	73	1.33	2.96	5.06	3.34	0.50	8.06	2.31

表 5-10 不同抽样方法各因素抽样误差的比较

抽样方法	表层土壤质地分/%	剖面构型分/%	盐渍化程度分/%	土壤有机质含量分/%	排水条件分/%	灌溉保证率分/%	国家自然等指数/%
监测区分层抽样	0.37	1.02	1.39	0.91	0.31	1.53	1.27
等别分层抽样	0.97	2.41	4.28	4.54	1.28	2.04	1.06
简单随机抽样	1.45	3.00	4.23	4.16	1.17	6.01	1.89
网格分层抽样	1.23	2.73	4.69	3.06	0.49	7.69	2.16

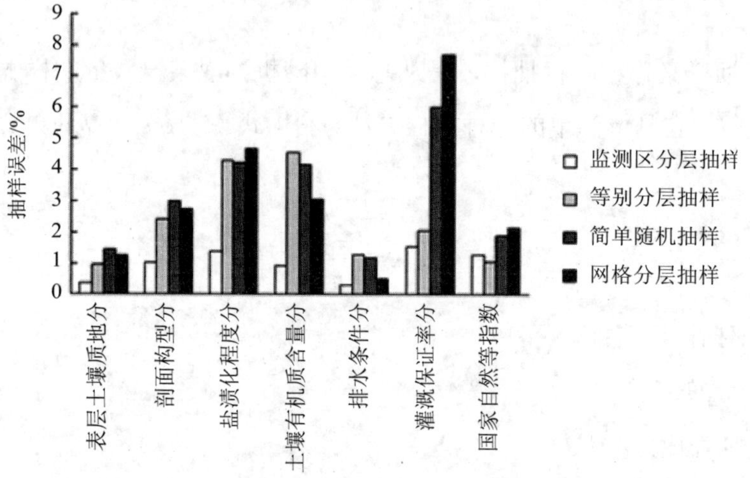

图 5-10 不同抽样方法各因素的抽样误差的比较

从表 5-9 和图 5-10 中可以看出，相同样本容量均为 81 时，几乎所有因素的监测区分层抽样误差均明显小于传统抽样方法，随机抽取的耕地单元非空间代表性较好。表明与传统的抽样方法相比，本书所采用的分层抽样方法在相同的样本容量下明显地减少了抽样误差，使样点在分等因素和耕地自然等指数方面更具有代表性，具有较高的抽样效率。另外，该抽样方法实际上是一种空间分层抽样，因此监测样点也更加具有空间代表性。

网格分层抽样和简单随机抽样两者的抽样误差比较接近，表明网格分层抽样在抽样精度和效率上均不占优势，本书不适合采取网格法布点。这是由于网格分层抽样仅考虑了耕地单元的空间位置，却忽略了耕地单元的其他属性，导致抽取的监测单元的非空间属性代表性较差。

国家自然等指数的等别分层抽样误差比其他抽样方法小，但是由于在分区时未考虑各项分等因素，导致各项分等因素的抽样误差较大。说明运用等别分层抽样方法抽取的监测单元对耕地自然等指数的代表性较好，但对各项分等因素的代表性较差。

另外，由于等别分层抽样和简单随机抽样没有考虑到耕地单元的空间位置属性，会导致抽取的监测单元的空间代表性较差。

5.1.8.2 耕地质量监测单元的筛选

耕地质量监测样点布设是耕地质量监测的基础和关键。耕地质量监测样点需要满足以下条件：①监测样点要有代表性，每种耕地类别至少布设 1 个监测样点，实现全面监控，所布设的耕地监测样点能够与该类型耕地的质量状况保持一致，对所有质量因素具有代表性；②监测样点要保持稳定性，便于长期监测；③为了节约监测成本，监测样点的数量不宜过多，需要综合权衡监测精度和监测成本，制定效率较高的监测方案。

把每个优化监测区耕地总面积最大的某种组合类型称为该监测区的主导因素组合类型。在优化监测区方案中，为了增强耕地质量监测单元的代表性程度，首先选择主导因素组合耕地单元作为各耕地质量监测区的备选耕地质量监测单元。为了保证耕地监测单元的稳定性，便于进行长期的监测，再在其中优先选择基本农田作为最终的备选耕地质量监测单元。这是因为基本农田受到了国家严格的保护，不容易改变用途，与普通耕地相比，在土地利用类型上更加稳定。

表 5-11 表明，各监测区内主导因素组合耕地单元数共有 11 529 个，占耕地单元总数目的 91.4%，说明各监测区内耕地质量一致性相对较好。研究区共有 7 518 个满足条件的耕地单元数。在 81 个耕地质量监测区内，只有 1 个监测区存在没有满足条件的耕地，需把普通耕地作为备选耕地质量监测单元，最终确定 7 521 个耕地单元作为备选耕地质量监测单元。

表 5-11 耕地质量监测单元的筛选结果

耕地单元总数/个	主导因素组合耕地单元数/个	属于基本农田的耕地单元数/个	满足条件的耕地单元数/个	备选监测单元数/个
12 619	11 529	8 124	7 518	7 521

5.1.8.3 耕地质量监测样点布设结果

借助 SPSS 19.0 软件，在筛选出来的 7 521 个备选耕地质量监测单元中，以耕地质量监测区作为分区依据，运用分层抽样方法，在每一区内随机抽取 1 个耕地单元作为耕地质量监测单元。监测样点位于监测单元的质心位置，最终共布设 81 个监测样点，其中，80 个监测样点位于基本农田上，1 个监测样点位于普通耕地上。黄骅市耕地质量监测样点空间分布情况如图 5-11 所示。

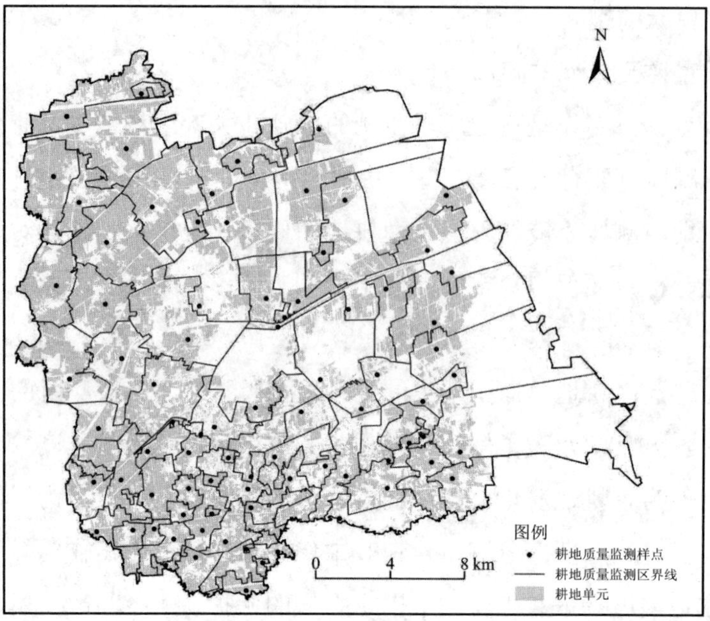

图 5-11 黄骅市耕地质量监测样点分布图

5.2 耕地质量变化特征研究

5.2.1 耕地质量监测指标与数据获取方法

为了较好地实现耕地质量监测效果，合理分析耕地质量变化特征，在分等因素中选择耕地质量监测指标。在 6 项分等因素中，表层土壤质地、剖面构型 2 项因素在自然条件下演变比较缓慢。黄骅市属于滨海平原区，基本不存在水土流失、沙化、风化等土壤退化问题。因此，这 2 项指标在短时间内变化不明显，不作为耕地质量监测指标。通过调查发现，黄骅市多数耕地有排水沟渠，排水设施基本健全，近几年排水条件一直较好，无明显变化趋势。

近年来，黄骅市土壤有机质含量、盐渍化程度和灌溉保证率 3 项分等因素在气候条件、水文条件等自然因素和投入产出状况、排灌条件等类活动的影响下有明显的渐变趋势，并且这 3 项因素对研究区耕地质量的影响比较大，可作为本书确定的耕地质量监测指标。测量有机质含量的方法是油浴加热重铬酸钾氧化容重法；根据土壤含盐量和作物长势状况综合判断盐渍化程度，通过测量电导率和转换公式得到各监测样点的土壤总含盐量；灌溉保证率经过农户调查获取。

5.2.2 耕地质量监测样点数据特征分析

根据耕地质量监测指标，通过对耕地质量监测样点进行野外取样及其周边的情况进行调查，并对土壤含盐量、土壤有机质含量进行室内化验，然后根据耕地分等因素分级标准（表 5-1），确定各监测样点的各监测指标的原始分值和监测分值，分析其统计特征（表 5-12），了解样点数据的整体特性。

表 5-12 样点统计表

统计量	土壤有机质含量原始分值	盐渍化程度原始分值	灌溉保证率原始分值	土壤有机质含量监测分值	盐渍化程度监测分值	灌溉保证率监测分值
最小值	20	40	30	40	60	30
最大值	60	100	90	60	100	90
平均值	40.25	68.64	35.43	48.40	77.53	38.15
标准差	8.06	17.30	16.74	6.79	15.29	16.67
变异系数	0.20	0.25	0.47	0.14	0.20	0.42

由表 5-12 可知，在监测样点数据中，与原始分值相比，3 项监测指标的监测分值平均值均有所增加。原始数据和监测数据中，土壤有机质含量和灌溉保证率的平均分值较低，盐渍化程度的平均分值较高。3 项指标原始分值和监测分值的变异系数均处于 0.1～1，属于中等变异，表明这 3 项监测指标数据表现出一定的离散特性。与原始分值相比，这 3 项指标监测分值的变异系数均有减小，表明这 3 项指标的离散特性有所减弱，一致性增强。

5.2.3 耕地质量监测指标变化特征研究

把监测样点数据分别赋值给对应监测区的所有耕地单元，得到全域耕地的监测指标值，掌握全域耕地当前的监测指标状况。2014 年耕地质量等别更新成果中监测指标数据为原始数据。通过对比各单元监测指标的原始值和监测值，确定它们的变化特征。

5.2.3.1 耕地有机质渐变类型

土壤有机质是土壤中包括动植物残体等在内的各种含氮有机物。土壤有机质含量是指土壤中有机质的质量在土壤总质量中所占的比重。土壤有机质可以提供植物生长所必需的重要养分，可以使土壤的物理性质保持良好，不仅能调节土壤水热条件，还可以使土壤具备良好的缓冲与过滤功能。同时土壤有机质能够有效体现土壤养分储量，进而对土壤肥力质量产生影响。通过对耕地样品化验得到各样点土壤有机质含量监测数据，并根据分等因素分级标准，得到各样点土壤有机质含量分值数据，然后把样点分值数据赋值给样点所代表的监测区内的其他耕地，得到黄骅市该指标原始分值图（图 5-12）和监测分值图（图 5-13）。

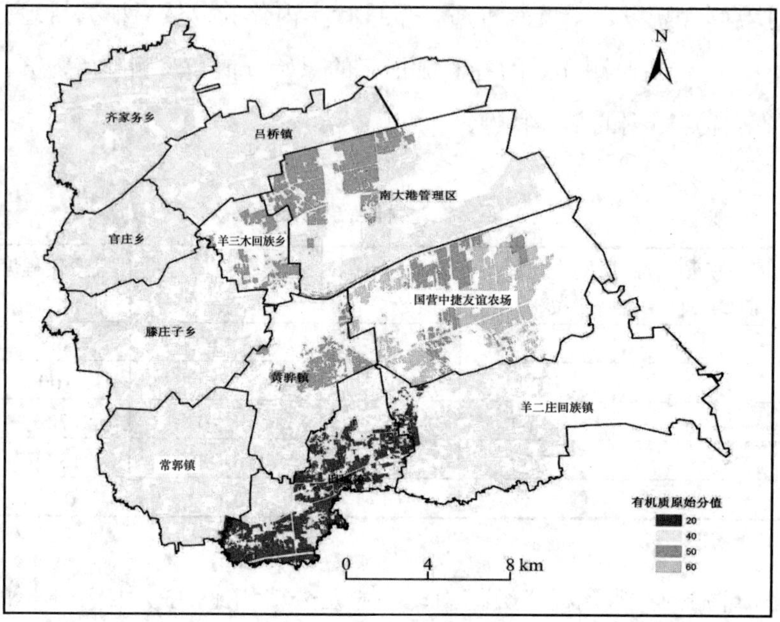

图 5-12　黄骅市耕地有机质含量原始分值空间布局

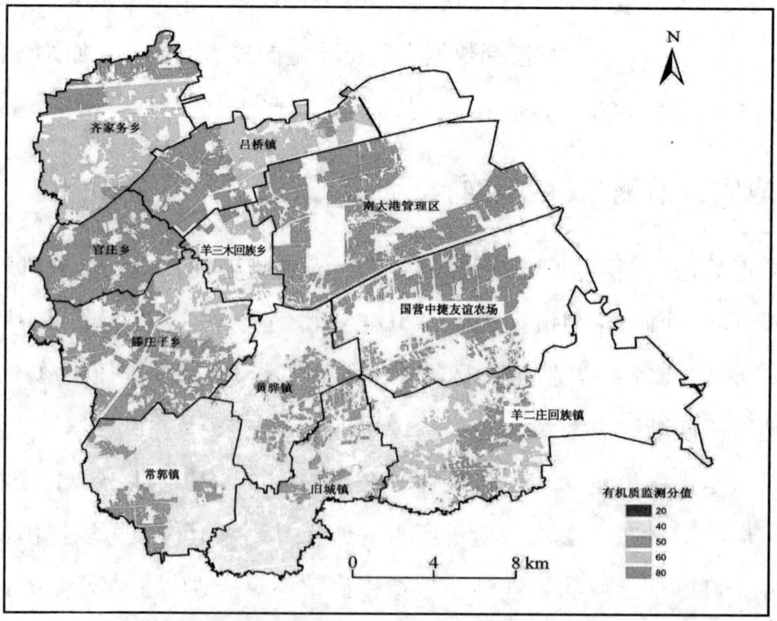

图 5-13　黄骅市耕地有机质含量监测分值空间布局

从图 5-12 中可以看出，有机质原始分值为 40 分的耕地分布范围最广，在除国营中捷友谊农场外的其他乡镇均有分布，说明研究区的有机质含量很低；原始分值为 20 分的耕地主要连片分布在南部的羊二庄回族镇和旧城镇；原始分值为 50 分的耕地主要分布在南大港管理区、羊三木回族乡、国营中捷友谊农场和黄骅镇；原始分值为 60 分的耕地主要分布在国营中捷友谊农场。

从图 5-13 中可以看出，研究区的有机质含量监测分值主要为 40～60 分，表明研究区的有机质含量主要在 0.6%～2.0%，处于低级水平。其中，监测分值为 50 分的耕地分布范围最广，在各乡镇均有分布，说明黄骅市的耕地有机质含量仍处于较低水准；监测分值为 20 分的耕地主要分布在黄骅镇；监测分值为 40 分的耕地主要分布在西南部的常郭镇、旧城镇和黄骅镇，呈现连片分布的特征；监测分值为 60 分的耕地主要分布在齐家务乡、吕桥镇、羊三木回族乡、滕庄子乡、羊二庄回族镇；监测分值为 20 分和 80 分的耕地较少。

通过求取耕地有机质含量监测分值和原始分值的差值判断有机质渐变类型，当监测前后耕地有机质分值的变化量小于0时，则把它确定为有机质减少型耕地；当监测前后耕地有机质分值的变化量大于0时，则把它确定为有机质增加型耕地；当监测前后耕地有机质分值的变化量等于0时，则把它确定为有机质稳定型耕地。最终统计出各有机质渐变类型的耕地面积和监测区数目（表5-13），并得到黄骅市耕地有机质渐变类型图（图 5-14）。

表 5-13　不同有机质渐变类型的耕地面积和监测区数目

有机质渐变类型	耕地单元面积/km^2	耕地单元面积比例/%	监测区数目/个	监测区数目比例/%
有机质减少型	50.88	5.85	6	7.41
有机质稳定型	207.29	23.84	25	30.86
有机质增加型	611.47	70.31	50	61.73

由表 5-13 和图 5-14 可知，黄骅市耕地有机质渐变类型呈现空间集中分布的特征。有机质增加型的耕地分布最广泛，耕地单元面积和监测区数目分别为 611.47 km^2 和 50 个，耕地面积比例和监测区数目比例分别为 70.31%和 61.73%，分布范围最广泛，除国营中捷友谊农场、黄骅镇 2 个区域外，在其他乡镇面积均较大，研究区多数耕地的有机质含量有所增加，总体上正往有机质增加的方向发展。有机质减少型的耕地面积和监测区数目分别为 50.88 km^2 和 6 个，耕地单元面积和监测区数目的比例分别为 5.85%和 7.41%，分

布范围较窄，主要分布在国营中捷友谊农场。有机质稳定型耕地面积和监测区数目分别为 207.29 km^2 和 25 个，耕地单元面积和监测区数目的比例分别为 23.84%和 30.86%，主要分布在南大港管理区、国营中捷友谊农场、黄骅镇、常郭镇和旧城镇，在羊二庄回族镇也有少量分布。

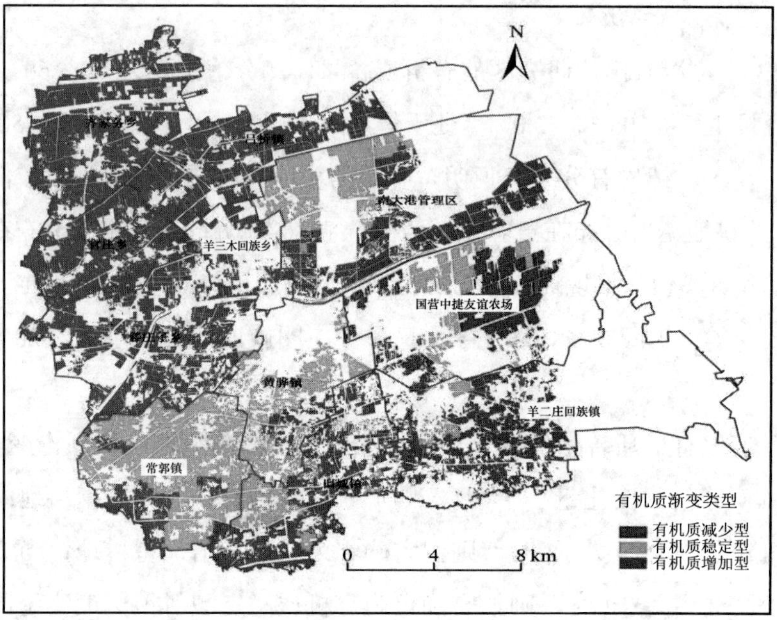

图 5-14 黄骅市耕地有机质渐变类型空间布局

5.2.3.2 耕地盐渍化渐变类型

土壤盐渍化是指土壤中含有一定的可溶性的盐类，当含盐量过多时在土壤的表层累积的这一现象或过程。这种现象大多是由于地下水过浅，底层的盐分通过毛管水上升，而水分蒸发盐分聚积造成的。土壤中可溶性盐含量过高时，会抑制作物的正常生长。近滨海地区是重要的盐碱地分布区，耕地普遍存在土壤盐渍化现象，主要原因有以下 3 个：①气候干旱，蒸发量大于降水量，盐分易于集聚地表；②地处滨海平原区，海拔较低，受海潮咸水影响严重，地下水埋深较浅，矿化度高，土壤表层更容易积累盐分；③耕地灌溉设施不健全，容易发生干旱现象，也是土壤盐渍化产生的重要原因之一。土壤盐渍化使耕地质量严重退化，农作物大幅减产。

通过对耕地样品化验得到各样点土壤盐渍化程度分值数据，并根据分级标准，得到各样点土壤盐渍化程度分值数据，然后把样点分值数据赋值给样点所代表的监测区内的其他耕地，得到该指标原始分值图（图 5-15）和监测分值图（图 5-16）。

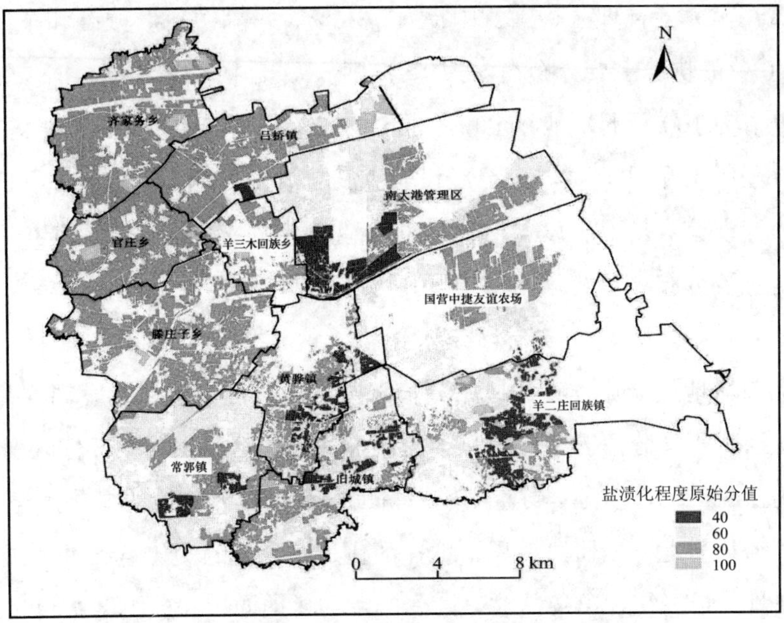

图 5-15　黄骅市耕地盐渍化程度原始分值空间布局

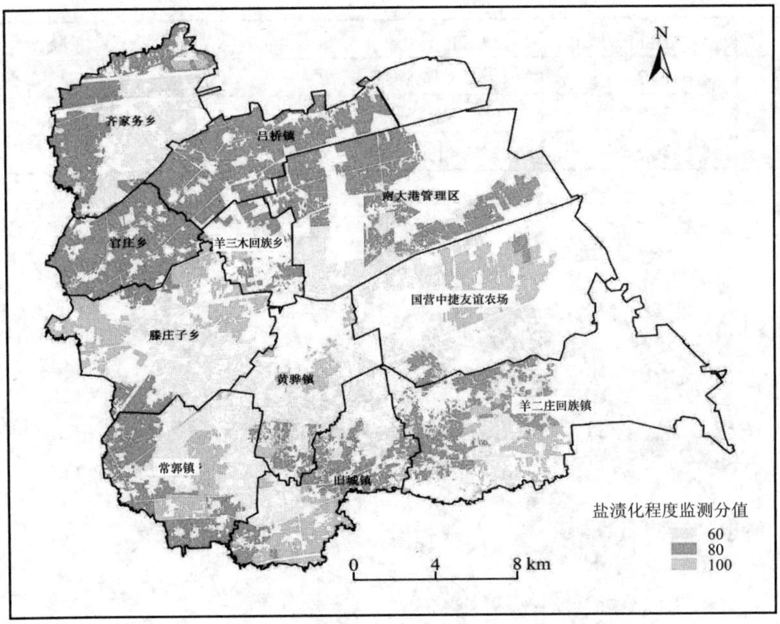

图 5-16　黄骅市耕地盐渍化程度监测分值空间布局

从图 5-15 中可以看出，轻度和中度盐渍化程度的耕地分布范围最广。盐渍化程度原始分值为 80 分的耕地分布范围最广，在各乡镇均有分布。其次为原始分值为 60 分的耕地，主要分布在南大港管理区、国营中捷友谊农场、常郭镇、旧城镇和羊二庄回族镇。原始分值为 40 分的耕地主要分布在南大港管理区、黄骅镇、常郭镇、旧城镇和羊二庄回族镇。原始分值为 100 分的耕地在全市零散分布，集中趋势不明显，面积较小。

从图 5-16 中可以看出，黄骅市已经没有重度盐渍化程度的耕地。除了滕庄子乡、黄骅镇和国营中捷友谊农场，轻度盐渍化程度耕地在其他乡镇均有广泛分布。盐渍化程度为中度的耕地主要分布在黄骅市南部地区，分布范围较大。无盐渍化程度的耕地分布范围较小。

根据监测前耕地盐渍化程度的原始分值和监测后耕地盐渍化程度的监测分值得到监测前后耕地盐渍化程度分值的变化量。当监测前后耕地盐渍化程度分值的变化量<0 时，则把它确定为盐化碱化型耕地；当监测前后耕地盐渍化程度分值的变化量>0 时，则把它确定为脱盐脱碱型耕地；当监测前后耕地盐渍化程度分值的变化量=0 时，则把它确定为盐碱稳定型耕地。最终统计出各盐渍化渐变类型的耕地面积和监测区数目（表 5-14），并得到黄骅市耕地盐渍化渐变类型图（图 5-17）。

表 5-14　黄骅市不同盐渍化渐变类型的耕地面积和监测区数目

盐渍化渐变类型	单元面积/km^2	单元面积比例/%	监测区数目/个	监测区数目比例/%
盐化碱化型	137.66	15.83	10	12.35
盐碱稳定型	369.21	42.45	33	40.74
脱盐脱碱型	362.78	41.72	38	46.91

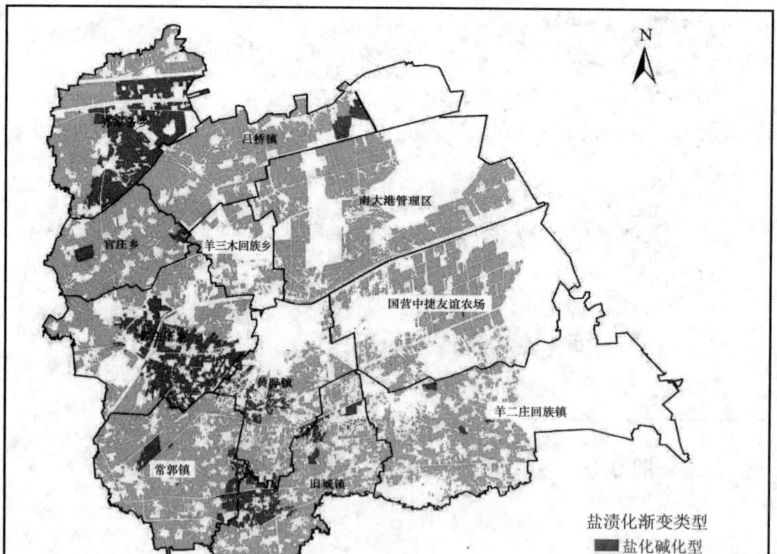

图 5-17　黄骅市耕地盐渍化渐变类型空间布局

由图 5-17 可知，黄骅市盐渍化主要渐变类型主要为盐碱稳定型和脱盐脱碱型，耕地盐渍化程度有所减弱，总体上正朝着脱盐脱碱方向发展，由于研究区有大量排水沟，近年来气候干旱，导致地下水位下降明显，盐分在地表的积累有所减弱。黄骅市脱盐脱碱型耕地面积和监测区数目分别为 362.78 km^2 和 38 个，耕地面积和监测区数目比例分别为 41.72%和 46.91%，除了西北部的齐家务乡、吕桥镇和管庄乡外，在各乡镇均有广泛分布，由于近年来黄骅市排水沟渠的不断完善，培肥、平整土地以及一系列农业改良措施的应用，加上近年来天气干旱、地下水被大量超采，地下水位下降明显，从而加速了河北省盐碱地土壤的脱盐过程，盐碱程度逐渐减弱。黄骅市盐化碱化型耕地面积和监测区数目分别为 137.66 km^2 和 10 个，耕地面积和监测区数目比例分别为 15.83%和 12.35%，主要分布在东部的齐家务乡、滕庄子乡、黄骅镇和旧城镇，分布范围较小。黄骅市盐碱稳定型耕地面积和单元数分别为 369.21 km^2 和 33 个，耕地面积和监测区数目比例分别为 42.45%和 40.74%，除南部的滕庄子乡、旧城镇和羊二庄回族镇外，在各乡镇均有广泛分布。

5.2.3.3　耕地灌溉渐变类型

植物的正常生长需要充足的水分，因此水源对植物生长起着关键性作用。耕地的灌溉保证率是指耕地所在地区的地表水与地下水含量满足其灌溉需求的程度。灌溉保证率对耕地质量的好坏有着重要影响，是评价耕地质量极为重要的指标之一。灌溉保证率的大小取决于水源和灌溉条件。由于黄骅市地下水矿化度较高，因此不能用其进行灌溉，而深层地下水在 700 m 以上，并且具有开采限制，所以利用地下水的灌溉难度较大。故研究区普遍利用天然降水和地表水进行灌溉。通过对耕地监测样点的调查数据并根据分级标准，得到各样点灌溉保证率分值数据，然后把样点分值数据赋值给样点所代表的监测区内的其他耕地，得到该指标原始分值图（图 5-18）和监测分值图（图 5-19）。

从图 5-18 中可以看出，灌溉保证率原始分值为 30 分、无灌溉条件的耕地分布范围最大，在各乡镇均占主体部分。原始分值为 70 分和 90 分耕地面积很小，在各乡镇零散分布，分布范围很小。

由图 5-19 可知，目前多数耕地依然无灌溉条件，灌溉中等水平和高等水平的耕地面积较少。灌溉保证率监测分值为 30 分（无灌溉条件）的耕地分布范围最广，在各乡镇均有分布。河北省滨海平原区属于温带大陆性季风气候，气候较为干旱，尽管地下水比较丰富，但是由于地下水矿化度较大，并不适合灌溉。近几年，该区干旱严重，地上河经常出现季节性断流的现象，可利用的地表水也较少，耕地基本无灌溉条件。监测分值为 70 分（灌溉保证率一般满足）的耕地在南部的羊二庄回族镇分布的面积较大且呈集中

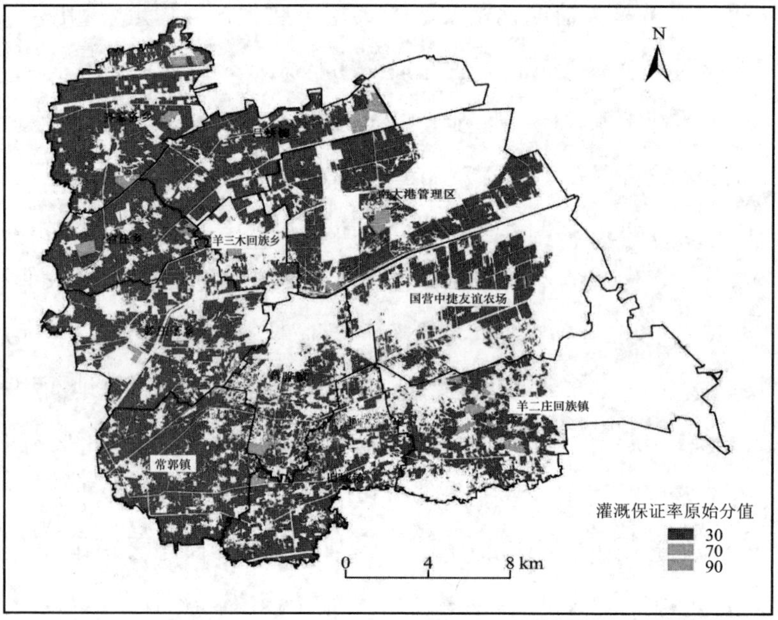

图 5-18 黄骅市耕地灌溉保证率原始分值空间布局

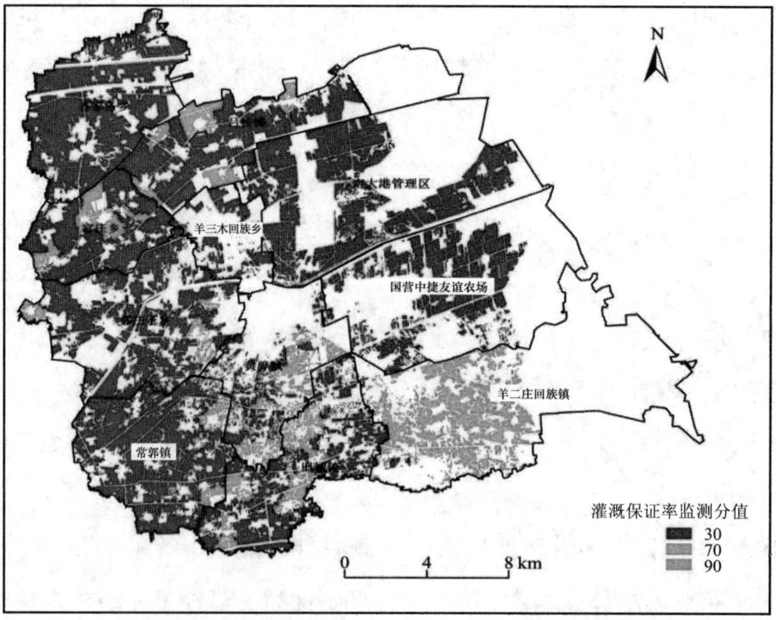

图 5-19 黄骅市耕地灌溉保证率监测分值空间布局

分布，在其他乡镇面积较小，分布比较零散。监测分值为 90 分（灌溉保证率基本满足）的耕地主要分布在黄骅镇，面积较小。根据耕地灌溉保证率的原始分值和监测分值得到连片监测前后耕地灌溉保证率分值的变化量。当变化量＜0 时，则把它确定为逐步干旱型耕地；当变化量＞0 时，则把它确定为灌溉改善型耕地；当变化量=0 时，则把它确定为灌溉稳定型耕地。最终统计出各灌溉渐变类型的耕地面积和监测区数目（表 5-15），并得到黄骅市耕地灌溉渐变类型图（图 5-20）。

表 5-15　黄骅市不同灌溉渐变类型的耕地面积和监测区数目

灌溉渐变类型	单元面积/km^2	单元面积比例/%	监测区数目/个	监测区数目比例/%
逐步干旱型	33.99	3.91	8	9.88
灌溉稳定型	689.54	79.29	61	75.31
灌溉改善型	146.11	16.80	12	14.81

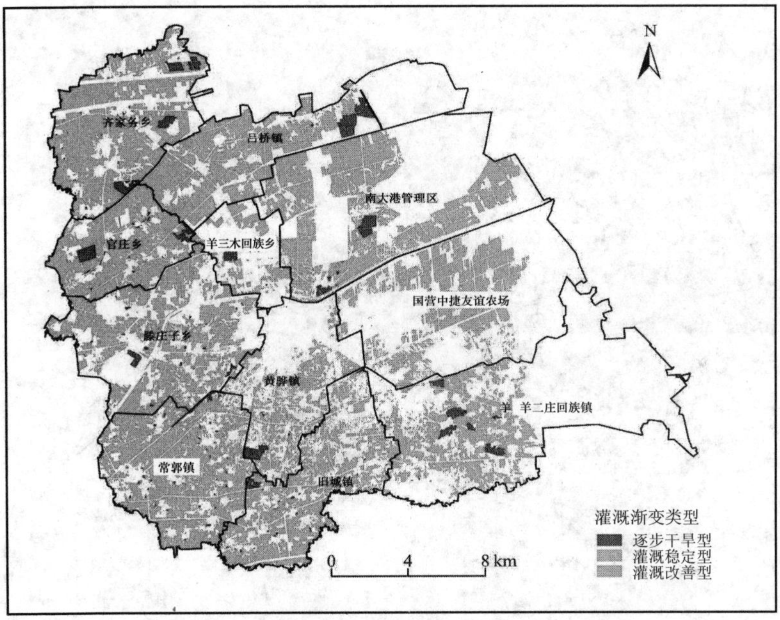

图 5-20　黄骅市耕地灌溉渐变类型空间布局

黄骅市灌溉稳定型耕地面积和监测区数目分别为 689.54 km^2 和 61 个，耕地面积和监测区数目的比例分别为 79.29%和 75.31%，除了羊二庄回族镇外，该类型耕地在各乡镇均广泛分布，这是因为黄骅市多数耕地依然缺乏灌溉设施，无灌溉条件。逐步干旱型耕地面积和监测区数目分别为 33.99 km^2 和 8 个，耕地单元面积和监测区数目比例分别为 3.91%和 9.88%，该类型耕地在全市零星分布。灌溉改善型的耕地面积和监测区数目分别为 146.11 km^2 和 12 个，耕地面积和监测区数目比例分别为 16.80%和 14.81%，该类型耕地主要分布在黄骅镇、旧城镇、羊二庄回族镇 3 个镇，在其他乡镇也有分布，但面积较少。可见，研究区内多数耕地灌溉保证率分值保持不变，有一部分耕地的灌溉保证率分值变大，灌溉条件改善。

5.2.4 耕地等别变化特征研究

5.2.4.1 监测前后耕地国家自然等

为了分析监测前后国家自然等的空间分布特征，根据各项分等因素的原始数据和监测数据，运用农用地分等中计算国家自然等的方法，得到国家自然等原始值图（图 5-21）和监测值图（图 5-22）。

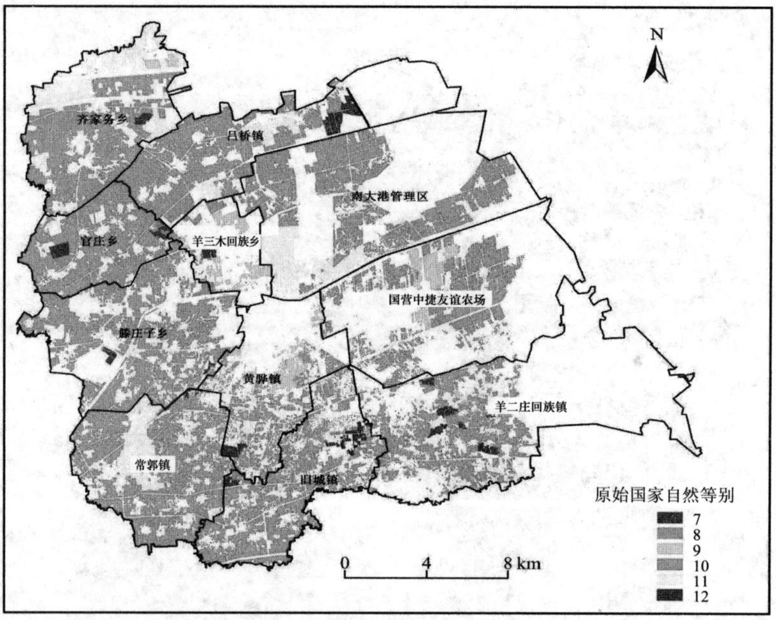

图 5-21 黄骅市耕地国家自然等原始值空间布局

由图 5-21 可知，原始国家自然等别中，除了羊三木回族乡外，10 等耕地均占主体地位，其他等别的耕地面积和分布范围较小。其中，11 等耕地主要分布在齐家务乡、吕桥镇、南大港管理区和常郭镇；9 等耕地主要分布在羊三木回族乡、黄骅镇和国营中捷友谊农场；7 等耕地分布比较零散，分布范围较广；8 等耕地和 12 等耕地较少，在图中分布不明显。

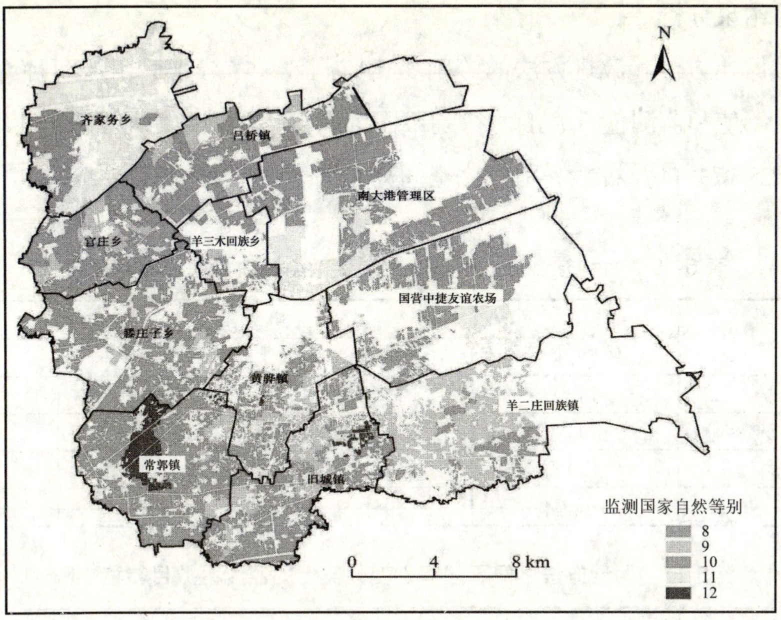

图 5-22　黄骅市耕地国家自然等监测值空间布局

由图 5-22 可知，监测国家自然等别中，仍然是 10 等地占主体，在除了羊二庄回族镇外的其他乡镇均有广泛分布，处于其他等别的耕地面积和分布范围较小。其中，8 等地和 9 等耕地交叉分布，集中分布在黄骅市南部的滕庄子乡、黄骅镇、旧城镇和羊二庄回族镇 4 个乡镇以及北部的管庄乡和吕桥镇 2 个乡镇；11 等耕地集中分布在齐家务乡，另外在吕桥镇、南大港管理区以及国营中捷友谊农场也有连片的分布；12 等耕地集中分布在常郭镇。

5.2.4.2　耕地国家自然等渐变类型

（1）计算耕地国家自然等的改进方法

现行国家自然等分级标准比较粗略，如果直接运用它进行耕地国家自然等变化分析，无法精确量算耕地质量的细微变化，可能会造成高估或者低估。因此，为了精确地反映耕地质量的细微变化，在借鉴前人研究的基础上，本书采用以下公式重新计算国家自然等别，将其保留一位小数：

$$\mathrm{GJZRD}_i' = 12 - \frac{\mathrm{GJZRDZS}_i - 1600}{3600 - 1600} \times 5 = 16 - \frac{\mathrm{GJZRDZS}_i}{400} \tag{5-17}$$

式中：GJZRD_i' —— 改进后第 i 个耕地单元的国家自然等别；

$\mathrm{GJZRDZS}_i$ —— 第 i 个耕地单元的国家自然等指数。

（2）计算结果分析

为了比较原始方法和改进方法的等别变化监测效果，分别运用这两种方法计算耕地国家自然等原始值和监测值，并汇总得到不同等别变化类型的耕地面积（表 5-16）和监测区数目（表 5-17）以及耕地等别变化空间分布图（图 5-23 和图 5-24）。

表 5-16 两种方法之间不同等别渐变类型的耕地面积转移矩阵

原始方法	改进方法			
	等别减少	等别不变	等别增加	总计
等别减少	45.11	0.00	0.00	45.11
等别不变	99.83	95.85	177.06	372.74
等别增加	0.00	0.00	451.79	451.79
总计	144.94	95.85	628.85	869.64

表 5-17 两种方法之间不同等别变化类型的监测区数目转移矩阵

原始方法	改进方法			
	等别减少	等别不变	等别增加	总计
等别减少	7	0	0	7
等别不变	9	14	12	35
等别增加	0	0	39	39
总计	16	14	51	81

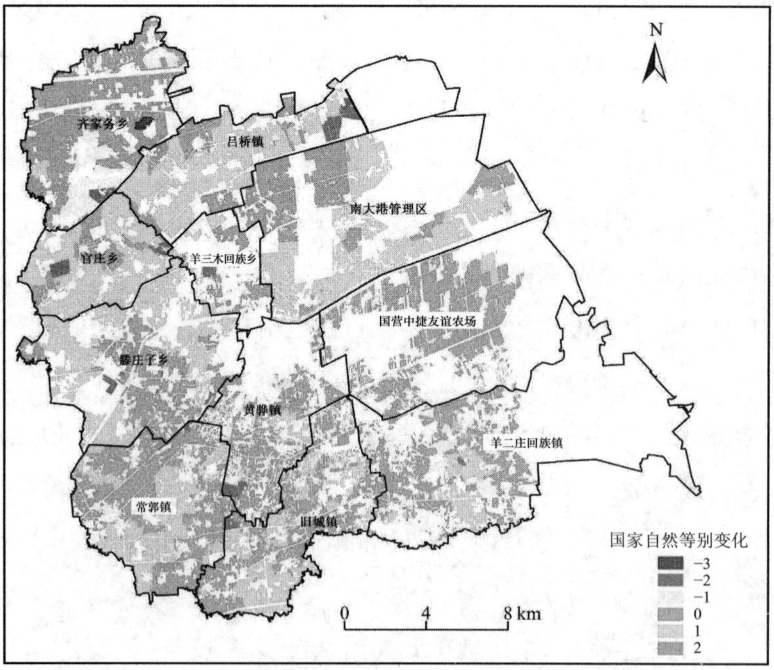

图 5-23 原始方法中国家自然等变化空间布局

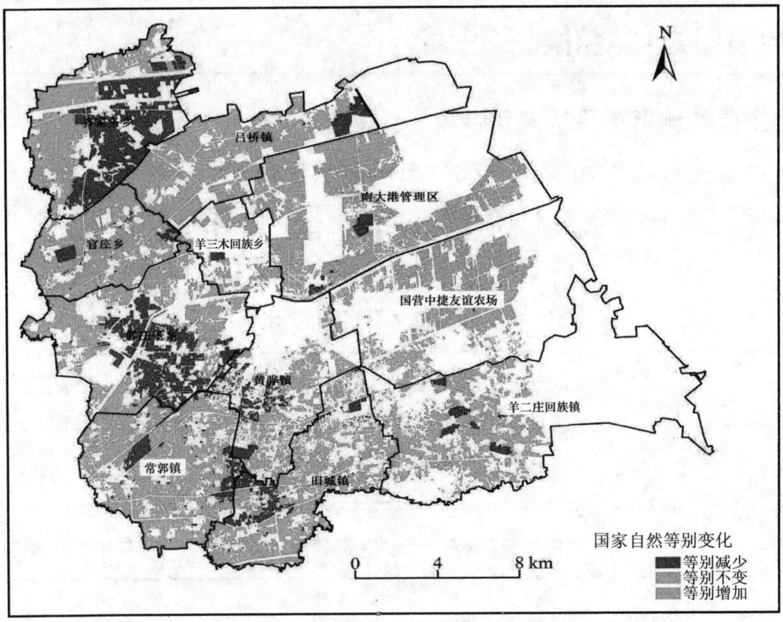

图 5-24　运用改进方法测算的国家自然等变化

由表 5-16、表 5-17 可知，运用原始方法得到的等别不变、等别增加、等别减少的耕地单元面积分别为 372.74 km^2、451.79 km^2、45.11 km^2，监测区个数分别为 35 个、39 个、7 个；运用改进方法得到的等别不变、等别增加、等别减少的耕地单元面积分别为 95.85 km^2、628.85 km^2 和 144.94 km^2，监测区个数之比为 14∶51∶16。原始方法中很多等别不变的耕地单元转换为改进方法中等别增加或减少的耕地单元，导致运用改进方法中等别不变的耕地单元面积和监测区数目明显减少，等别减少或增加的耕地单元面积和监测区数目均有所增加。可见，改进方法更能精细地监测耕地国家自然等的变化。

通过比较图 5-23、图 5-24 可知，原始方法中，等别增加和等别不变的耕地占全域耕地的主体，分布范围十分广泛；等别减少的耕地所占面积比例较小，主要分布在齐家务乡的南部。改进方法中，等别增加的耕地在黄骅市分布范围最广泛，表明全市耕地质量普遍增加；等别不变耕地分布范围大幅减小，主要分布在常郭镇、国营中捷友谊农场、羊三木回族乡和齐家务乡，分布范围较窄；等别减少的耕地有所增加，但占全域耕地面积的比例比较小，主要分布在黄骅市西部的齐家务乡和滕庄子乡，在黄骅镇、旧城镇也有较多分布，在其他乡镇分布范围较小。

5.2.5 耕地质量总体变化特征分析

5.2.5.1 耕地质量监测指标平均变化情况

为了掌握耕地质量的平均变化状况，运用面积加权平均法分别计算各监测指标以及国家自然等的原始平均值、监测平均值及平均变化值，结果见表 5-18。

表 5-18 各监测项目平均变化情况

监测项目	原始平均值	监测平均值	平均变化值
盐渍化程度分	71.7	77.8	6.1
土壤有机质含量分	40.9	50.0	9.1
灌溉保证率分	32.3	37.5	5.2
改进方法得到的国家自然等	10.2	9.9	−0.3
原始方法得到的国家自然等	10.0	9.4	−0.6

由表 5-18 可知，黄骅市耕地的平均盐渍化程度处于轻度至中度水平，正朝着脱盐脱碱的方向发展。平均土壤有机质含量有所增加，但仍然处于低级水平。平均灌溉保证率水平尽管有些许提高，但仍然接近无灌溉条件。全域耕地的国家自然等别平均值有所提升，改进计算方法和原始计算方法得到的国家自然等的原始平均值分别为 10.2 和 10.0，监测平均值分别为 9.9 和 9.4，分别提升了 0.3 个等和 0.6 个等。

5.2.5.2 分等因素平均限制程度变化情况

为了计算监测前后各项分等因素对耕地质量的限制程度大小，为耕地质量管理和建设指明方向，参考相关研究，运用以下公式计算各耕地单元不同分等因素的限制程度分。某项分等因素的限制程度分越大，表示该项因素对耕地质量的限制程度越大。

$$\mathrm{XZZLF}_{ik} = w_k(100 - f_{ik}) \tag{5-18}$$

式中：XZZLF_{ik} —— 第 i 块耕地第 k 项因素的限制程度分；

f_{ik} —— 第 i 个分等单元第 k 个分等因素分值。

运用面积加权平均法计算监测前后各项分等因素的平均限制程度分，结果见表 5-19。

由表 5-19 可知，与原农用地分等成果相比，监测成果中 3 项耕地质量监测指标的平均限制程度分均有所减少，灌溉保证率减少最大，其次为盐渍化程度，土壤有机质含量减少最小。监测前后，各项因素平均限制程度顺序保持不变，把 6 项农用地分等因素按平均限制程度分由大到小的顺序为 3 个等级：灌溉保证率处于第一等级，对研究区的耕地质量限制程度特别严重；土壤有机质含量和盐渍化程度处于第二等级；表层土壤质地、剖面构型和排水条件处于第三等级，对研究区的耕地质量限制程度较弱。

表 5-19　各耕地分等因素的平均限制程度分原始值和监测值

分等因素	原始值	监测值	变化量
表层土壤质地	0.4	0.4	0.00
剖面构型	1.01	1.01	0.00
盐渍化程度	5.66	4.44	−1.22
土壤有机质含量	4.73	4	−0.73
排水条件	1.21	1.21	0.00
灌溉保证率	21.66	20.01	−1.65

5.3　本章小结

本章以滨海平原区的典型地区河北省黄骅市为例，进行了耕地质量监测区的划定和监测样点布设研究，并分析了研究区的耕地质量变化特征，以期为耕地保护提供信息依据，为相关研究提供科学参考。研究结论主要为：

①根据耕地单元的空间属性和非空间属性，使用空间聚类方法划定了不同的备选耕地质量监测区方案。通过比较它们的分区效果以及各抽样误差对应的综合样本容量，选定了初始监测区方案。依据耕地单元的分等因素组合类型和空间位置对初始监测区方案进行了优化，得到优化监测区方案。

②以优化监测区为分层，运用分层抽样方法布设了 81 个监测样点。在相同样本容量下，优化监测区分层抽样方法比传统抽样方法的抽样误差小，样点的代表性更强。

③选择了农用地分等因素中的土壤有机质含量、盐渍化程度和灌溉保证率等指标为研究区耕地质量监测指标。运用对比分析法，确定了各项监测指标的变化特征。总体来看，研究区的耕地土壤有机质含量有所提升，盐渍化程度有所减弱，灌溉条件仍然很差，国家自然等别有所提升。按照限制程度由大到小的顺序把分等因素分成了 3 个等级：灌溉保证率处于第一等级；土壤有机质含量和盐渍化程度处于第二等级；表层土壤质地、剖面构型和排水条件处于第三等级。

④改进了分等成果中划分耕地自然质量等别的方法，该方法更能精细地监测耕地等别的变化，发现平均等别有所提升，但是目前研究区的耕地多为中低产田，仍然以 10 等地为主。

第6章 县域高标准基本农田建设时序与模式研究

6.1 高标准基本农田建设时序与模式体系构建

6.1.1 高标准基本农田建设评价指标构建

6.1.1.1 评价指标选取的原则

高标准基本农田建设首先要对基本农田的综合质量进行准确可靠的评价，科学合理地选择评价指标是保证高标准基本农田建设评价结果准确的关键环节。选择高标准基本农田建设评价指标时需遵循以下原则。

（1）科学性原则

选取的评价指标要能反映高标准基本农田的本质特征，评价指标数据要准确可靠。

（2）主导因素原则

在决定高标准基本农田建设条件的众多因素中，指标体系要根据当地条件选取，具有较强的代表性，能够直接反映高标准基本农田建设条件的主导性。

（3）可操作性原则

科学性是制定评价指标体系最基本的原则，选取评价指标时要选择容易衡量且易于计算的指标，充分利用统计资料、抽样调查以及直接从有关部门获得的能够反映高标准基本农田建设条件的数据，具有一定的可操作性。

（4）动态性原则

高标准基本农田建设是一个动态的过程，其评价指标应充分考虑高标准基本农田建设不断变化的新要求和动态发展趋势。

（5）定性与定量相结合原则

反映基本农田的指标一部分可通过空间数据分析和数学分析得到，另一部分只能对评价单元进行定性分析和规定，无法进行客观运算。因此在指标选取和分析过程中，选取适合的定性与定量方法进行分析。

6.1.1.2　评价指标体系的构建

根据高标准基本农田内涵与建设特征，遵循评价指标的选取原则，建立县域基础上的高标准基本农田建设评价指标体系，包括基本农田自然禀赋条件、基础设施与施工条件和立地条件三大方面 12 个评价指标（表 6-1）。

表 6-1　高标准基本农田建设影响因素指标体系

目标层	准则层	指标层
高标准基本农田建设影响因素指标体系 A	自然禀赋条件 B_1	土地利用方式 C_1
		有效土层厚度 C_2
		表层土壤质地 C_3
		土壤有机质含量 C_4
	基础设施与施工条件 B_2	田块坡度 C_5
		灌溉保证率 C_6
		排水条件 C_7
		路网密度 C_8
		农田防护林 C_9
	立地条件 B_3	连片性 C_{10}
		区位条件 C_{11}
		空间格局 C_{12}

首先，高标准基本农田应具有较好的自然条件，因此借助农用地分等成果对基本农田的自然质量标准做出标准判断，即基本农田的自然禀赋因素、土壤质量和综合生产能力较优的基本农田应优先入选高标准基本农田，参照农用地分等成果，基本农田自然禀赋条件优势集中体现在土地利用方式、有效土层厚度、表层土壤质地和土壤有机质含量 4 个子目标，这 4 个子目标是基本农田利用的基础条件，能够反映基本农田的本底状况，通过定量评价有助于揭示基本农田的自然禀赋空间分布规律。

其次，需要考虑基本农田基础设施与施工条件因素，高标准基本农田建设要考虑各个区域所存在的整治工程可改造和消除的各种限制性因素，基础设施与施工条件的因素应选取田块坡度、灌溉保证率、排水条件、路网密度和农田防护林条件 5 个子目标，该因素直接影响基本农田可改造难易程度以及建设模式的主要方向。

最后，基本农田立地条件主要是指除基本农田自然质量条件之外，影响基本农田永久稳定性的一切外部环境条件，对基本农田利用起到宏观控制作用，包括影响高标准基本农田永久稳定性的外部环境因素，主要就基本农田的连片性、区位条件和空间格局的立地条件进行评价研究。

6.1.2 评价指标的量化与分级标准

6.1.2.1 评价指标的量化方法

影响高标准基本农田建设的评价指标较多，涉及基本农田自然禀赋条件、基础设施与施工条件以及立地条件三大方面，这些评价指标综合影响着高标准基本农田的建设。由于各评价指标组合方式和作用程度不同，因此对高标准基本农田建设影响趋向也不尽相同。对评价指标进行综合评价时，由于各评价指标的取值范围和量纲往往不一致，难以直接进行比较分析，所以要将各评价指标进行无量纲、标准化处理，以消除量纲的影响，使不同性质、不同度量的评价指标具有可比性。根据因素指标对高标准基本农田建设的影响方式和作用程度不同，可将评价指标按照阈值型评价因子赋值法和数值型评价因子赋值法对不同指标分别进行量化。

（1）阈值型评价因子赋值法

当评价指标为连续数据，且在一定阈值范围内变化不会对高标准基本农田产生影响时，将这些指标值划分为若干个区段，在一定区段内均赋予相同的分值，此类指标如有效土层厚度、土壤有机质含量等。

（2）数值型评价因子赋值法

评价指标为一系列数值，该类数值的变化与高标准基本农田有着较好的函数关系，可以通过数学函数方程，对各个评价单元加以赋值，此类指标包括连片性和空间格局。

6.1.2.2 评价指标的分级标准

本书根据高标准基本农田建设的标准，结合上述评价指标赋值研究方法，并借鉴农用地分等体系中的赋值标准，采用经验法和专家咨询法确定高标准基本农田评价指标分级赋值标准，其中数值型评价因子采用[0，1]的标准化处理赋值，阈值型评价因子则按照具体分级赋值标准处理赋值，见表 6-2。

表 6-2 高标准基本农田建设阈值型指标分级赋值标准

因素分值	利用方式	表层土壤质地	土壤有机质含量/%	有效土层厚度/cm	田块坡度/(°)	灌溉保证率	排水条件	农田防护林/(m/100 hm^2)	路网密度/(m/hm^2)		区位条件/km
									田间路密度	生产路密度	
100	耕地	壤土		≥150	<2	充分满足	健全	≥800	18～20	36～40	≤0.5
90		黏土		100～150	2～5	基本满足	基本健全				
80	园地		≥2.0		5～8			600～800	15～18 或 20～23	30～36 或 40～46	0.5～1
70		砂土		60～100		一般满足	一般				
60	林地		1.5～2.0		8～15			400～600	12～15 或 23～26	24～30 或 46～52	1～1.5
50			1.0～1.5								
40		砾质土	0.6～1.0	30～60		无灌溉条件	无排水条件	200～400	9～12 或 26～29	18～24 或 52～58	1.5～2
30					15～25						
20			≤0.6					≤200	≤9 或 ≥29	≤18 或 ≥58	≥2
10				≤30	≥25						

6.1.3 评价指标因子权重的确定

6.1.3.1 评价指标权重的方法

在高标准基本农田建设评价指标体系中，每个评价指标虽然都会影响到高标准基本农田建设，但各评价指标对高标准基本农田建设的影响程度有所不同，根据在评价过程中对综合评价值所起作用的大小划分主次，并用一定的比例来反映各指标对评价目标的影响大小，即评价指标的权重。确定评价指标权重的方法很多，主要包括主成分分析法、层次分析法、德尔菲法、模糊综合评判法、回归系数法、均方差法、实验统计法、熵权系数法等。结合前人的研究成果与高标准基本农田建设评价体系的特征，采用层次分析法确定准则层和指标层的权重。

层次分析法是一个复杂的评价过程，符合人脑判断思维的基本特征，适合层次结构分明的高标准基本农田评价指标体系，将系统各评价因素分为目标层、准则层和指标层。

通过复杂的决策问题层次化，然后针对每一层的指标结合专家经验对同一层的指标进行两两对比，并按规定的标度值构造比较判断矩阵，再对判断矩阵作归一化处理得到每个评价指标的影响力大小。

6.1.3.2 评价指标权重的方法确定

利用层次分析法计算高标准基本农田建设评价体系指标权重，首先将评价体系分为目标层、准则层和指标层，分别构造判断矩阵确定高标准基本农田建设评价系统的权重。

假设评价指标为 A，构造判断矩阵 M：

$$\begin{bmatrix} a_{11} & a_{12} & \cdots & a_{1n} \\ a_{21} & a_{22} & \cdots & a_{2n} \\ \vdots & \vdots & \vdots & \vdots \\ a_{n1} & a_{n2} & \cdots & a_{nn} \end{bmatrix}$$

其中，a_{ij} 表示因素 a_i（i=1，2，…，n）对 a_j（j =1，2，…，n）的相对重要程度值，a_{ij} 的取值见表 6-3。

表 6-3 评价指标判断矩阵含义

a_{ij} 的取值	含义
1	a_i 与 a_j 同等重要
3	a_i 较 a_j 稍微重要
5	a_i 较 a_j 明显重要
7	a_i 较 a_j 强烈重要
9	a_i 较 a_j 极其重要
2、4、6、8	分别介于上述指标的中间值
a_{ji} 的取值	表示 j 比 i 的不重要程度

假设高标准基本农田建设评价总体目标为 A，相对于总体目标而言的准则目标 B 的相对重要程度值通过专家打分构造判断矩阵。其中自然禀赋条件较基础设施与施工条件不明显重要，a 的取值为 0.2；较立地条件处于同等重要与稍微重要之间，a 的取值为 2。基础设施与施工条件较自然禀赋条件明显重要，a 的取值为 5；较立地条件处于明显重要与强烈重要之间，a 的取值为 6，如表 6-4 所示。

通过计算得出上述矩阵的特征向量 W=[0.172 1，0.725 8，0.102 1]^T，即评价指标 B_1、B_2、B_3 的权重值分别为 0.172 1、0.725 8、0.102 1，矩阵最大特征根λ_{max}=3.029 1，CI=（$\lambda_{max}-n$）/（$n-1$）=0.014 5，其中 RI=0.58，CR=CI/RI=0.025＜0.10，说明上述判断矩阵通过一致性检验。

表 6-4　高标准基本农田建设评价目标层判断矩阵

	自然禀赋条件 B_1	基础设施与施工条件 B_2	立地条件 B_3
自然禀赋条件 B_1	1	0.2	2
基础设施与施工条件 B_2	5	1	6
立地条件 B_3	0.5	0.167	1

通过上述方法依次确定评价体系指标层的权重（表 6-5）。

表 6-5　高标准基本农田建设影响因素指标权重表

准则层	权重	指标层	权重
自然禀赋条件	0.172 1	利用方式	0.030 8
		有效土层厚度	0.052 8
		表层土壤质地	0.043 6
		土壤有机质含量	0.044 9
基础设施与施工条件	0.725 8	田块坡度	0.065 8
		灌溉保证率	0.322 1
		排水条件	0.128 3
		路网密度	0.117 8
		农田防护林	0.091 8
立地条件	0.102 1	连片度	0.044 2
		区位条件	0.025 7
		空间格局	0.032 2

6.1.4　高标准基本农田建设时序理论研究

高标准基本农田建设时序是指基本农田建设的时间安排，高标准基本农田建设是一项长期的系统工程，按照社会经济发展水平、自然条件等多方面因素统筹兼顾、先易后难、分类实施的原则，优先选取自然条件好、项目施工难度小、经济社会条件好、综合效益高的地区进行高标准基本农田建设。高标准基本农田建设时序受自然禀赋条件、基础设施与施工条件等多方面因素的影响，不同地区高标准基本农田建设进程是不同的。

对高标准基本农田建设时序进行综合评价，是为了科学合理地安排高标准基本农田建设，评价结果作为基本农田建设时序的依据，因此评价结果必须建立在真实可靠的基础上，高标准基本农田建设时序和类型是用基本农田综合评价分值来衡量的，综合分值的先后反映了高标准基本农田建设的优先程度。基本农田的综合评价分值排序实际上是一个多属性的综合排序，对于多属性指标的综合排序，求解方法很多，一般包括简单加权法、主成分分析法、层次分析法、逼近理想点法和线性分配法等。逼近理想点的排序方法把贴近度作为排序的量度，不但考虑了评价指标总体距离理想点的远近，还考虑了距离反理想点的远近，两者有着较强的一致性和相关性，由两种距离进行组合运算得到的综合排序结果，能够较好地体现综合评价结果。因此，本书采用逼近理想点法对县域高标准基本农田建设进行时序研究。

6.1.4.1 指标集的归一化处理

对高标准基本农田建设影响因素进行综合评价时，首先采用极差归一化法对各单元的单项评价指标值消除因子量纲，使其具有可比性。设评价单元为$\{x_{ij}^{*} \mid i=1，2，\cdots，n；j=1，2，\cdots，m\}$，其中$x_{ij}^{*}$为第$i$个评价单元的第$j$个评价指标值，$n$、$m$分别为评价单元的总数目和评价指标的总个数。

对于越大越优的指标：

$$x_{ij}=\frac{x_{ij}^{*}-x_{\min}(j)}{x_{\max}(j)-x_{\min}(j)} \tag{6-1}$$

对于越小越优的指标：

$$x_{ij}=\frac{x_{\max}(j)-x_{ij}^{*}}{x_{\max}(j)-x_{\min}(j)} \tag{6-2}$$

式中：$x_{\max}(j)$、$x_{\min}(j)$ —— 第j个指标的最大值和最小值；

x_{ij} —— 评价指标归一化处理后的序列值。

6.1.4.2 构造规范化的决策矩阵

评价单元组成决策对象集$A=\{a_1，a_2，a_3，\cdots，a_n\}$，其中$a_i$为决策对象，$n$为评价单元的总数目，根据高标准基本农田建设影响指标体系，确定决策指标$F=\{f_1，f_2，f_3，\cdots，f_m\}$，其中$f_j$为决策指标，$m$为评价指标总个数，$x_{ij}$为决策对象$a_i$在决策指标$f_j$的取值，$x_{ij}$组成决策矩阵：

$$X=\left(x_{ij}\right)_{nm}=\begin{bmatrix} x_{11} & x_{12} & \cdots & x_{1m} \\ x_{21} & x_{22} & \cdots & x_{2m} \\ \vdots & \vdots & \vdots & \vdots \\ x_{n1} & x_{n1} & \cdots & x_{nm} \end{bmatrix} \tag{6-3}$$

高标准基本农田建设指标体系的决策指标综合权重表示为

$$W=\{w_1 \quad w_2 \quad \cdots \quad w_m\} \tag{6-4}$$

决策矩阵X乘以权重就转化为规范化的决策矩阵R，其中$r_i=\{a_{i1}，a_{i2}，a_{i3}，\cdots，a_{im}\}$

为欧氏空间中的一个决策点，R 表示为

$$R=\left(r_{ij}\right)_{nm}=\begin{bmatrix} r_{11} & r_{12} & \cdots & r_{1m} \\ r_{21} & r_{22} & \cdots & r_{2m} \\ \vdots & \vdots & \vdots & \vdots \\ r_{n1} & r_{n1} & \cdots & r_{nm} \end{bmatrix} \quad r_{ij}=x_{ij}\cdot w_j \tag{6-5}$$

6.1.4.3　理想点法排序

（1）确定理想点和反理想点

高标准基本农田建设影响因素指标类型一般分为正相关和负相关两类，正相关指标是指标数值越大，基本农田综合分值越高，对评价结果越有利，如土壤有机质含量；反之，负相关指标数值越大，基本农田综合分值越低，对评估结果越不利，如基本农田至交通干线的距离。

理想点是研究中某一指标在理想状态下的取值，分为理想点和反理想点。本书中用 M_1 表示理想点，M_2 表示反理想点，由于指标类型不同，理想点和反理想点的定义也不同：评价指标属于正相关时，理想点为矩阵 R 列向量的最大值，反理想点为最小值；评价指标属于负相关时，理想点为矩阵 R 列向量的最小值，反理想点为最大值。由矩阵 R 作运算得到：理想点向量 $M_1=\{p_1，p_2，p_3，\cdots，p_m\}$，反理想点向量 $M_2=\{q_1，q_2，q_3，\cdots，q_m\}$。

（2）理想点评价函数

计算评价单元指标值到理想点 M_1 和评价单元指标值到反理想点 M_2 的距离，其中第 i 个评价单元（i=1，2，…，n）到 M_1 和 M_2 两点的距离分别用 S_i^+ 和 S_i^- 表示：

$$S_i^+=\sqrt{\sum_{j=1}^{m}\left(r_{ij}-p_j\right)^2} \tag{6-6}$$

$$S_i^-=\sqrt{\sum_{j=1}^{m}\left(r_{ij}-q_j\right)^2} \tag{6-7}$$

S_i^+ 值越小说明评价单元距离理想点越近，综合评价分值越大；S_i^- 值越小说明评价单元距离反理想点越近，综合评价分值越小。

（3）计算理想点贴近度

$$T_i=\frac{S_i^-}{S_i^+ + S_i^-} \tag{6-8}$$

贴近度 T_i 值越大，综合评价值越高。

（4）根据贴近度 T_i 大小排序

对 n 个评价单元进行评价，可以得到 n 个 T_i 值，对 T_i 值进行排序，T_i 值越大越具备高标准基本农田条件。若两个 T_i 值相同，则选取与理想点的距离值较近者为较优的基本农田。

6.1.4.4 高标准基本农田建设时序确定

根据 T_i 值的大小对高标准基本农田建设评价单元进行排序，T_i 值越大说明进行高标准基本农田建设的各项条件越好，应优先进行建设；相反地，T_i 值越小说明进行高标准基本农田建设的各项条件越差，应在经济社会发展到一定阶段后再进行建设。根据以上方法，按照综合排序对县域基本农田综合分值进行分级，采用自然断点法确定高标准基本农田建设时序为近、中、远 3 个时期，分别对应高标准基本农田的基本具备、稍加改造、全面整治类型区。

6.1.5 高标准基本农田建设模式理论研究

高标准基本农田建设是一个相互联系、相互作用的综合体，由土地整治活动、人力、资金、技术等多种要素组成。这些构成要素在特定的时间和特定的区域中，按照一定的构成方式所组成的具有一定外在表现形式与组合规律的整体就称为高标准基本农田建设模式。高标准基本农田建设是一项系统建设工程，只有把握了建设的重点和方向，才能有效提高建设效率，因此建设模式的研究就是将具有相同建设方向的类型归为一类，以便建设中采取类似的工程类型和技术措施。

6.1.5.1 因素组合类型分析

高标准基本农田建设工程包括土地平整工程、灌溉与排水工程、田间道路工程、农田防护与生态环境保护工程以及其他工程。划分建设模式主要考虑各个区域所存在的建设工程可改造和消除的各种高标准基本农田限制因素，因此本书从基本农田的基础设施与施工条件 5 项指标进行评价。根据评价指标得分高低，将得分低的因素归为高限制因素，得分高的因素则归为低限制因素，分析各评价单元因素的全因素组合类型，最后根据限制因素的主体与类型划定高标准基本农田建设模式。因此本书从基本农田基础设施与施工条件方面选用田块坡度、有效灌溉率、排水条件、路网密度和农田防护林 5 项指标进行评价。

分析限制因素组合类型，首先需要定义主要限制因素与其限制程度。由于农作物生长取决于对其周围最适生长环境满足程度，本书采用因素得分标识。满足程度小的则视为影响农作物生长的主要限制因素，也是影响基本农田生产能力发挥的主要原因。满足程度最小的为第一限制因素，即高限制因素，次之为中等限制因素，满足程度最高的为低限制因素。如田块坡度分值小于等于 60 分时，必须进行坡耕地整治；灌溉保证率为无灌溉条件，即分值为 40 分已严重影响农作物的产量。而田块坡度在 2°以下的极缓坡、灌溉充分满足、排设施水健全、农田防护林与路网密度分值为 100 分的基本农田对农作物生长基本无限制。将得分为 100 分的因素也归为低限制因素，是因为因素得分只是一种相对高低，尽管其得分为 100 分，但并不表示该因素对作物生长的限制作用为 0，绝对无限制的因素是不存在的。将剩余得分区间的视为中等限制因素，然后采用“高、中、低”进行组合，以高限制因素为主要限制因素，最终汇总出组合类型见表 6-6。

表 6-6　高标准基本农田建设模式影响因素分值表

建设模式影响因素	田块坡度	灌溉保证率	排水条件	路网密度	农田防护林
低因素限制分值	100	100	100	100	100
中因素限制分值	80、90	70、90	70、90	20～100	20～100
高因素限制分值	60	40	40	20	20

6.1.5.2　高标准基本农田建设模式确定

一般来讲，建设模式因素限制程度达到中等水平时就对基本农田生产潜力的发挥具有明显限制作用；一个限制因素组合类型中，高限制因素个数越多，该单元基本农田建设难度越大。与此同时，基本农田建设难度还与限制因素本身性质有关，限制因素个数相同因素组合不同，最终建设方向、难度也不同。因此，本书确定的基本农田建设模式重点考虑限制因素性质对基本农田建设模式分区的影响。组合类型的划分原则为：

①优先考虑高限制因素个数和单元评价综合分值大小对基本农田建设难易程度的影响。根据前文分析结果，组合类型中含有的高限制因素个数越多，基本农田综合分值越小，即基本农田综合质量越差，受技术、成本和时间制约，基本农田建设的难度也就越大。

②从具体限制因素来看，克服和改造坡度的难度最大、工程类型也最为复杂，尽管可以通过修筑梯田等改变坡度，但是需要长时间才可以实现，同时还要更多地考虑水土保持和环境生态方面的影响，需要大量工程以及资金的投入，难度相对较大，因此将组合类型中坡度因素限制级为高的组合类型划为模式Ⅰ，另外，当坡度因素为中限制级同时其他因素为中限制级或者低限制级时的组合也划入这一模式。

③农田水利建设是基本农田建设的重要内容，也是提升基本农田质量、提高粮食产

量的重要环节。因此，将灌溉因素或排水因素的限制级为高的组合划入模式Ⅱ，灌溉因素或排水因素的限制级为中，同时其他因素为低的组合同样划为模式Ⅱ；当有灌溉排水和路网密度、防护林限制级同时为高或中时，建设模式优先考虑基本农田水利设施的建设。

④路网密度与农田防护林的建设主要是提高基本农田的区位、便利条件以及生态环境的质量，因此将只有路网密度或农田防护林条件限制等级为高的组合划入模式Ⅲ，同时 5 个因素的限制等级全部为低的组合类型划为模式Ⅲ。

基于上述因素组合类型，这 5 种限制因素理论上应是 243 种不同水平组合的类型。其中模式Ⅰ为 97 种，模式Ⅱ为 102 种，模式Ⅲ为 44 种（表 6-7）。

表 6-7 高标准基本农田建设模式因素组合类型表

建设模式	因素组合类型
模式Ⅰ	高高高高高、高高高高中、高高高高低、高高高中高、高高高中中、高高高中低、高高高低高、高高高低中、高高高低低、高高中高高、高高中高中、高高中高低、高高中中高、高高中中中、高高中中低、高高中低高、高高中低中、高高中低低、高高低高高、高高低高中、高高低高低、高高低中高、高高低中中、高高低中低、高高低低高、高高低低中、高高低低低、高中高高高、高中高高中、高中高高低、高中高中高、高中高中中、高中高中低、高中高低高、高中高低中、高中高低低、高中中高高、高中中高中、高中中高低、高中中中高、高中中中中、高中中中低、高中中低高、高中中低中、高中中低低、高中低高高、高中低高中、高中低高低、高中低中高、高中低中中、高中低中低、高中低低高、高中低低中、高中低低低、高低高高高、高低高高中、高低高高低、高低高中高、高低高中中、高低高中低、高低高低高、高低高低中、高低高低低、高低中高高、高低中高中、高低中高低、高低中中高、高低中中中、高低中中低、高低中低高、高低中低中、高低中低低、高低低高高、高低低高中、高低低高低、高低低中高、高低低中中、高低低中低、高低低低高、高低低低中、高低低低低、中中中中中、中中中中低、中中中低中、中中中低低、中中低中中、中中低中低、中中低低中、中中低低低、中低中中中、中低中中低、中低中低中、中低中低低、中低低中中、中低低中低、中低低低中、中低低低低
模式Ⅱ	中高高高高、中高高高中、中高高高低、中高高中高、中高高中中、中高高中低、中高高低高、中高高低中、低高高低低、低高高高高、低高高高中、低高高高低、低高高中高、低高高中中、低高高中低、低高高低高、低高高低中、低高高低低、中高中高高、中高中高中、中高中高低、中高中中高、中高中中中、中高中中低、中高中低高、中高中低中、中高中低低、中高低高高、中高低高中、中高低高低、中高低中高、中高低中中、中高低中低、中高低低高、中高低低中、中高低低低、低高中高高、低高中高中、低高中高低、低高中中高、低高中中中、低高中中低、低高中低高、低高中低中、低高中低低、低高低高高、低高低高中、低高低高低、低高低中高、低高低中中、低高低中低、低高低低高、低高低低中、低高低低低、中中高高高、中中高高中、中中高高低、中中高中高、中中高中中、中中高中低、中中高低高、中中高低中、中中高低低、中低高高高、中低高高中、中低高高低、中低高中高、中低高中中、中低高中低、中低高低高、中低高低中、中低高低低、低中高高高、低中高高中、低中高高低、低中高中高、低中高中中、低中高中低、低中高低高、低中高低中、低中高低低、低低高高高、低低高高中、低低高高低、低低高中高、低低高中中、低低高中低、低低高低高、低低高低中、低低高低低、低中中低低、低中低低中、低低中低低、低中中中中、低中中中低、低中中低中、低中低中中、低中低中低、低中低低中、低低中中中、低低中中低、低低中低中

建设模式	因素组合类型
模式III	中中低高高、中中中高高、中低低高高、中低中高高、低中低高高、低中中高高、低低低高高、低低中高高、中中中中高、中中中低高、中中低中高、中中低低高、中低中中高、中低中低高、中低低中高、中低低低高、低中中中高、低中中低高、低中低中高、低中低低高、低低中中高、低低中低高、低低低中高、低低低低高、中中中高中、中中中高低、中中低高中、中中低高低、中低中高中、中低中高低、中低低高中、中低低高低、低中中高中、低中中高低、低中低高中、低中低高低、低低中高中、低低中高低、低低低高中、低低低高低、低低低低中、低低低中中、低低低中低、低低低低低

注：高表示坡度的建设限制因素为高；中表示灌溉保证率的建设限制因素为中；低表示排水条件的建设限制因素为低。路网密度的建设限制因素为中，农田防护林的建设限制因素为高。

6.2 高标准基本农田建设影响因素分析

河北省卢龙县位于河北省冀东山区，是全国主要的粮食生产基地。2005 年，卢龙县被国土资源部指定为全国基本农田开发整理重点示范县，2006 年又被确定为全国 116 个基本农田保护示范区之一。2011 年卢龙县基本农田面积为 37 297.04 hm^2，截至 2010 年卢龙县针对基本农田进行的整理项目规模为 8 474.80 hm^2，投资规模为 18 863.34 万元，卢龙县在高标准基本农田建设方面取得了显著成绩，在当前高标准基本农田建设背景下仍需要大规模地开展，同时卢龙县县域自然经济差异明显，为高标准基本农田建设提供典型样区的科学参考。

6.2.1 研究区概况

6.2.1.1 自然环境概况

（1）地理区位

卢龙县位于东经 118°45′54″～119°08′06″，北纬 39°43′00″～40°08′42″，东西宽 28 km，南北长 47 km，地处河北省东部、秦皇岛市西部，东与抚宁区相连，北部以长城与青龙满族自治县分界，西部与迁安市、滦县隔青龙河、滦河相望，南部接壤昌黎县。卢龙县城地处卢龙县域中西部，距离秦皇岛市区 82 km，向西距首都北京 225 km，西南距离天津市 165 km。大秦、京秦、京山 3 条铁路以及京沈高速公路、津秦公路、京沈公路横穿该县域，卢龙县是沟通华北与东北交通的咽喉要道，地理位置十分重要。

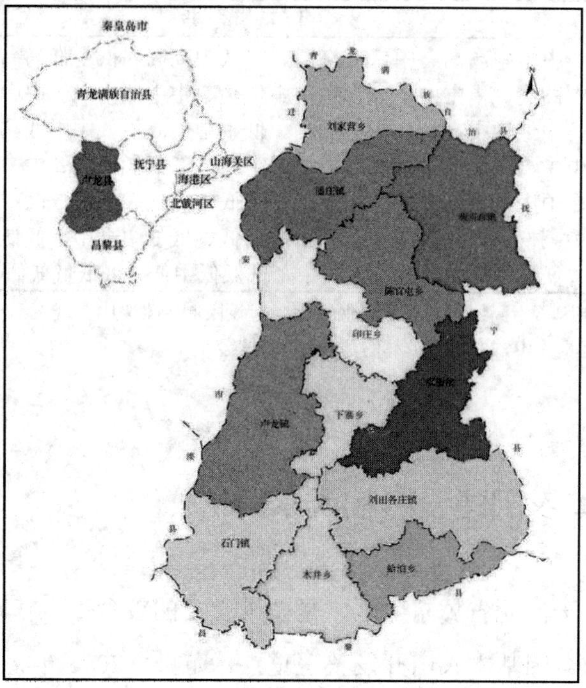

图 6-1 卢龙县区位图

（2）地形地貌

卢龙县地处华北平原边缘地带，属于燕山南部低山丘陵区，地形优势明显，有利于土地利用多样性的发展。地势南低北高，西北—东南方向倾斜并呈阶梯状分布，海拔最低处为 22.7 m，最高处为 627 m，高程差为 604.3 m。中部地区为燕山运动形成的低山脊，略呈“S”形。卢龙县南部为山麓平原区，中部为丘陵区，北部为低山区。丘陵区面积最大，占全县总面积的 71.63%；低山区面积最小，占全县总面积的 10.43%；山麓平原区占全县总面积的 17.94%。其中低山区山峦重叠，沟壑纵横，水土流失严重，地表多为岩石分化残积物或小块裸岩，耕地较少且零星分散，是林业发展的重点地区；丘陵区在全县分布较广，地势起伏，水土流失严重，生态环境稳定性较差，易对下游地区产生洪涝灾害，同时是全县粮食增产潜力较大的地区；平原区属于山洪淤积平原，是县域水肥条件较好的农业高产区。

（3）气候条件

卢龙县属于暖温带亚湿润的大陆性季风气候，大陆性气候显著，季风盛行、四季分明。春季干燥少雨，水分蒸发量较大，风速大、早晚温差较大；夏季受季风影响气候炎热，雨量充沛；秋季天高气爽，降水量较小；冬季气候干燥，降水量稀少。全县年平均气温为 10.9℃，最高气温一般出现在每年的 7 月，最低气温一般出现在每年的 1 月，达到−6.0℃，累年极端最高温度 39.5℃，累年极端最低温度−22.7℃；每年太阳总辐射量为 125.8 kcal/cm^2，5 月最大，12 月最小，年平均日照时数约为 2 778 h；全年平均降水量 725 mm，四季降水分布不均匀，大多集中在每年的 6—8 月；全年平均相对湿度为 59%；年平均风速为 2.2 m/s，春季风速较大，5 月、6 月有干热风。卢龙县的灾害性天气主要有大风、洪涝、干旱、冰雹、霜冻等。

（4）土壤与植被

卢龙县土壤共分棕壤、褐土 2 个土类、4 个亚类、15 个土属、57 个土种。棕壤主要分布在县境北部长城一线的海拔 350 m 以上的次生林区，在县域内呈南北狭窄、东西较长的不规则带状分布，适宜营造水土保持林；褐土主要分布在海拔 350 m 等高线以下、向南的大面积丘陵区、平原区，表层土壤厚度不足 30 cm，土质贫瘠、肥力较低、水土流失严重。卢龙县内没有天然林，植被种类主要为人工栽培植物种，一般为人工针叶林、灌木林、阔叶林、经济林和农作物。乔木主要有刺槐、油松、杨树、柳树等；经济林作物主要有核桃、葡萄、桃、梨、苹果等；灌木林主要有酸枣、紫穗槐、荆条等；农作物有玉米、小麦、水稻、高粱、谷子、甘薯、花生等；野生草本植物大多为蒿类和乔木本科杂草类植物。

（5）水文条件

卢龙县域内有青龙河、滦河、西洋河和饮马河等河流。年平均水资源量为1.9亿 m^3，自产地表水资源量为13 428万 m^3，地下水资源量为9 564万 m^3，地表水与地下水重复量为3 992万 m^3，地表水资源呈现全县分布不均、全年分配集中和年际变化大的特点。全县地下水的补给和排水条件不同，平原地区由于第四系地质较厚，地下水补给和排水条件都较好，补给源充足，水量丰富，浅层水一般在3～20 m；丘陵区较为复杂，青龙河、洋河、教场河、饮马河沿岸，冲积物覆盖和河道补给量大，地下水补充和排水条件都较好。北部梧桐峪、刘家营以及东部双望镇以东一带，地处山区，基岩石裸露，地下水补充和排水条件较差，缺水较为严重。

6.2.1.2　经济社会概况

（1）行政区划与人口

卢龙县现辖 12 个乡镇、548 个行政村。其中 12 个乡镇分别为卢龙镇、刘田各庄镇、石门镇、燕河营镇、潘庄镇、双望镇、木井乡、下寨乡、刘家营乡、蛤泊乡、陈官屯乡、印庄乡，全县总面积为 955.82 km^2。县域内总人口为 42.2 万人，其中非农业人口 4.2 万人，占全县总人口的 9.9%；乡村人口 38 万人，占全县总人口的 90.1%。

（2）经济社会状况

卢龙县努力推进工业化、城镇化和农业产业化，经济取得了快速发展，人均 GDP 呈现持续上升趋势。2011 年全县生产总值 85.7 亿元，年均递增 11.1%；全社会固定资产投资 39.5 亿元，农业总产值 35.99 亿元。卢龙县农业农村工作作为县域经济发展的基础，农业产业积极向特色化、规模化迈进，形成了酒葡萄、石门核桃、蔬菜、甘薯、畜牧养殖五大特色主导产业，并取得了较为明显的经济收益；同时全县工业生产稳步发展，围绕改造提升建材、装备制造、食品加工三大传统产业和加速培育绿色化工、新型建材、高新技术等新兴产业。

6.2.1.3 基本农田现状分析

依据《卢龙县土地利用总体规划（2010—2020 年）》确定的 2011 年变更调查数据，卢龙县基本农田控制面积为 37 297.04 hm^2，基本农田面积占全县土地总面积的 39.02%，占农用地面积的 51.43%。现状基本农田中，不仅包括耕地，还有部分可调整的优质园地和林地。其中耕地面积最多，为 33 867.28 hm^2，占基本农田总面积的 90.80%；其次是园地面积，为 2 974.73 hm^2，占基本农田总面积的 7.98%；林地面积最少，为 455.03 hm^2，占基本农田总面积 1.22%（表 6-8）。

表 6-8 2011 年卢龙县基本农田结构表 单位：hm^2

乡镇名称	耕地	园地	林地	合计
卢龙镇	2 674.65	140.2	79.33	2 894.18
石门镇	1 792.08	415.59	34.36	2 242.03
木井乡	3 152.25	294.60	1.25	3 448.10
蛤泊乡	1 801.31	505.15	32.27	2 338.73
刘田各庄镇	3 053.05	470.56	31.28	3 554.89
下寨乡	1 427.79	85.77	3.66	1 517.22
双望镇	4 019.13	104.62	17.30	4 141.05
印庄乡	3 644.84	150.37	25.21	3 820.42
陈官屯乡	3 395.52	223.54	17.60	3 636.66
燕河营镇	4 041.60	175.78	48.88	4 266.26
潘庄镇	3 438.03	316.43	114.56	3 869.02
刘家营乡	1 427.03	92.12	49.33	1 568.48
合计	33 867.28	2 974.73	455.03	37 297.04

卢龙县基本农田在各乡镇分布比较分散（图 6-2），主要分布在全县的平原以及一些丘陵地区，其中中心城区所在地卢龙镇和下寨乡、南部的石门镇为保证经济的发展，基本农田分布较少，其中燕河营镇的基本农田分布最多，达到 4 266.26 hm^2，占全县基本农

田总面积的 11.44%，其次双望镇基本农田为 4 141.05 hm^2；下寨乡的基本农田面积最少为 1 517.22 hm^2，占全县基本农田总面积的 4.07%。

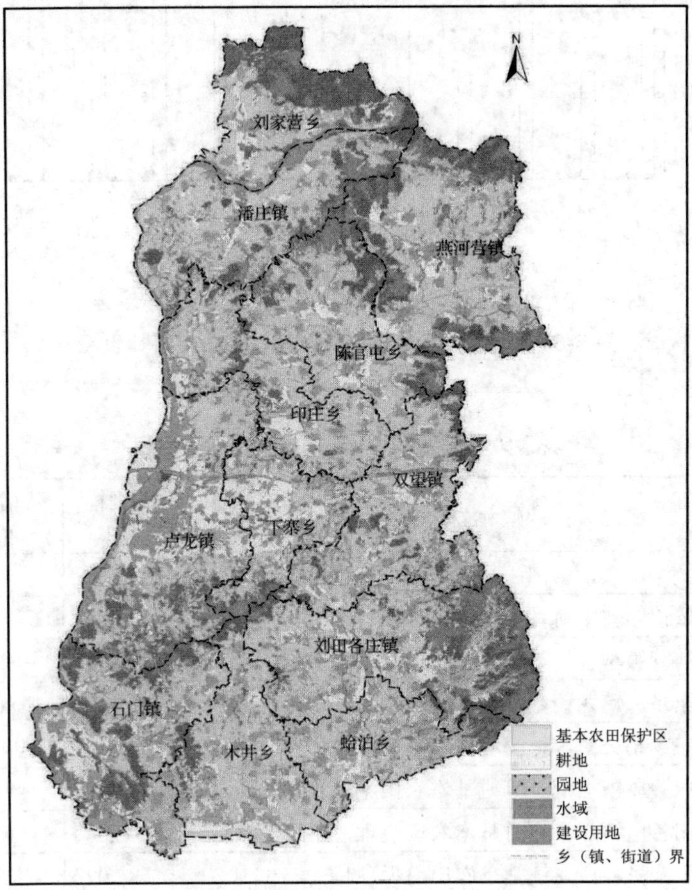

图 6-2　卢龙县基本农田分布图

在乡镇基本农田结构中，耕地所占的比例均明显大于园地和林地的比例，其中双望镇基本农田中耕地面积的比例最大，高达 97.06%；其次是印庄乡和燕河营镇，均达到 94%以上；蛤泊乡基本农田中耕地面积的比例最小，为 77.02%，主要是该乡镇东部地区存在大量的可调整园地；潘庄镇中林地所占的比例最大（图 6-3）。

卢龙县被确定为全国 116 个基本农田保护示范区之一后，卢龙县政府加大力度对基本农田进行建设，近年主要对基本农田进行的整理项目规模为 8 474.80 hm^2，占基本农田总规模的 22.72%，投资规模为 18 863.34 万元。基本农田整理项目使得整理区内提升了基本农田质量，完善了基本农田的基础设施，增加了农民的经济收入，经济、社会和生态效益明显（表 6-9）。

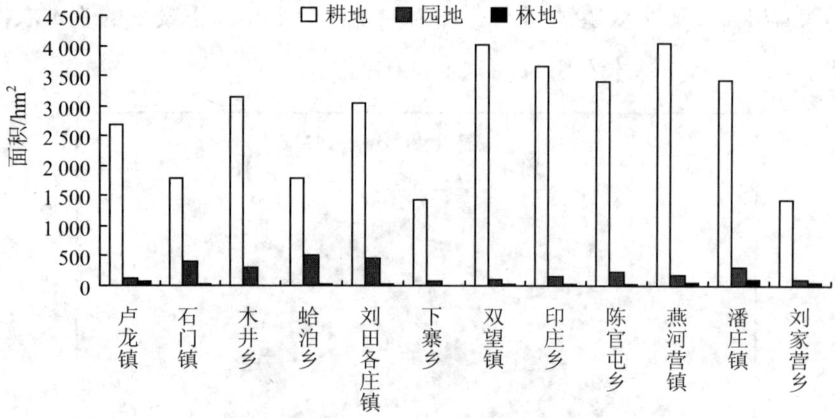

图 6-3 2011 年卢龙县分乡镇基本农田类型比例图

表 6-9 卢龙县近年基本农田整理项目表

序号	项目名称	总规模/ hm^2	新增耕地/ hm^2	总投资/万元
1	刘田各庄镇张田庄、腾田庄、大陆岭村基本农田整理项目	172.33	5.17	331.45
2	卢龙县双望镇四新庄村基本农田整理项目	34.00	1.20	88.37
3	卢龙县燕河营镇李各庄等村基本农田整理项目	185.06	5.85	417.20
4	卢龙县下寨乡、卢龙镇基本农田整理项目	1 766.05	180.35	3 986.00
5	卢龙县印庄乡相公庄等村基本农田整理总量平衡项目	667.58	44.12	1 637.24
6	卢龙县刘田各庄镇上荆子等村基本农田整理总量平衡项目	485.49	49.66	1 200.80
7	卢龙县刘田各庄镇六百户村基本农田整理总量平衡项目	51.39	1.54	117.26
8	印庄乡、下寨乡、卢龙镇基本农田整理项目	584.02	52.15	1 464.00
9	卢龙县刘田各庄镇、蛤泊乡、木井乡基本农田整理项目	1 407.67	48.45	3 243.06
10	卢龙县蛤泊乡基本农田整理项目	1 176.94	40.72	2 392.97
11	卢龙县刘田各庄镇基本农田整理项目	1 366.47	44.71	2 981.00
12	卢龙县木井乡基本农田整理项目	577.80	18.26	1 004.00
合计		8 474.80	492.18	18 863.34

6.2.2 基本农田自然禀赋条件分析

基本农田自然禀赋主要反映基本农田利用方向和土地肥力的高低，是基本农田生产能力的重要特征，是决定粮食生产能力高低的基础，是高标准基本农田的自然限制因素。本书借鉴卢龙县农用地分等成果及耕地质量补充完善成果，重点从土地的利用方式、有效土层厚度、表层土壤质地和土壤有机质含量 4 个方面进行分析。

6.2.2.1　土地利用方式

土地利用方式是影响基本农田自然禀赋条件的因素之一，土地利用方式不同对土壤的肥力影响也不同，在基本农田范围内以耕地为主的利用方式更易于建设和保护。卢龙县土地利用总体规划中确定的基本农田 90%为耕地，其余为土壤质量较高可以进行农用地调整的园地与林地。基本农田利用方式采用阈值型方法进行分级赋值，按照基本农田的分级赋值标准，基本农田的利用方式分为 3 个等级，其中耕地为Ⅰ级，分值 100 分；园地为Ⅱ级，分值 80 分；林地为Ⅲ级，分值 60 分。基本农田利用方式如表 6-10、图 6-4 所示。

表 6-10　卢龙县基本农田利用方式面积表

利用方式	分值	面积/hm^2	比例/%
耕地	100	33 867.28	90.80
园地	80	2 974.73	7.98
林地	60	455.03	1.22
合计	—	37 297.04	100

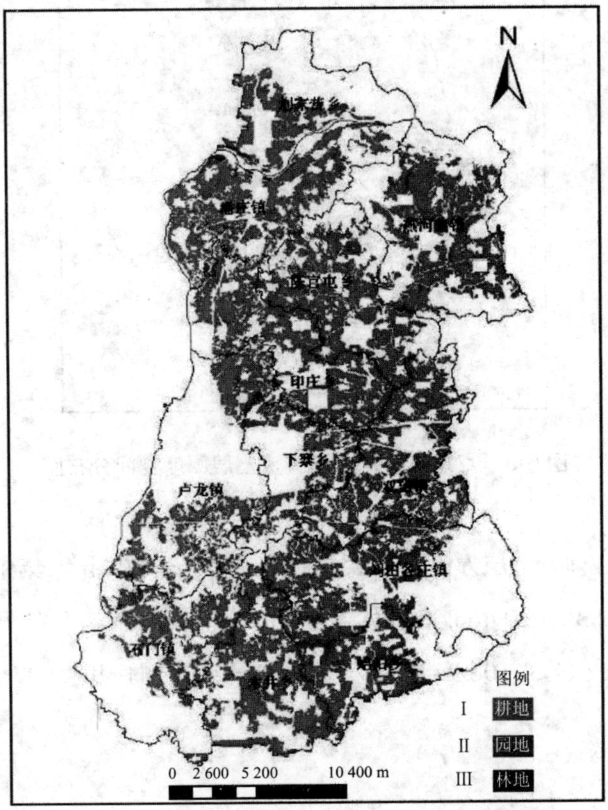

图 6-4　卢龙县基本农田利用方式空间分布图

6.2.2.2 有效土层厚度

有效土层厚度主要是指能够提供农作物生长所需的养分和水分的土层厚度，厚度越大基本农田的质量越高。根据卢龙县农用地分等成果，将基本农田有效土层厚度分为 5 个等级。其中Ⅰ级有效土层厚度≥150 cm，分值为 100 分；Ⅱ级有效土层厚度范围为 100～150 cm，分值为 90 分；Ⅲ级有效土层厚度范围为 60～100 cm，分值为 70 分；Ⅳ级有效土层厚度范围为 30～60 cm，分值为 40 分；Ⅴ级有效土层厚度为<30 cm，分值为 10 分（图 6-5）。

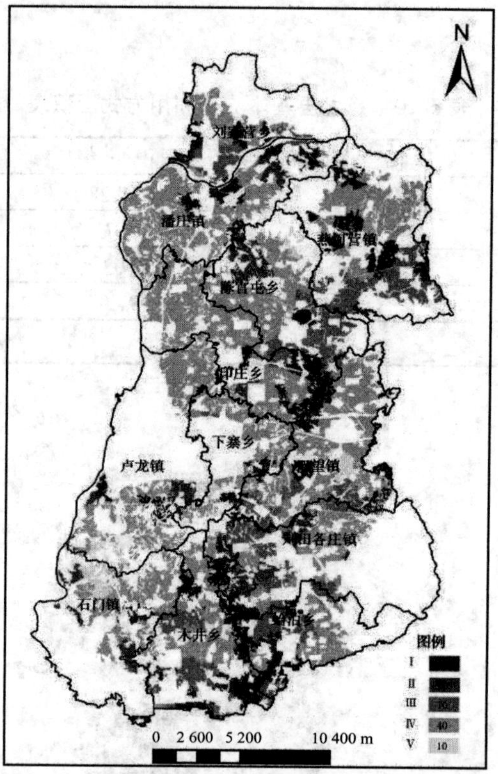

图 6-5 卢龙县基本农田有效土层厚度空间分布图

卢龙县基本农田有效土层厚度Ⅰ级类型面积为 7 267.90 hm^2，集中分布在卢龙县的平原地区，Ⅳ级类型面积为 20 466.60 hm^2，所占比例最大，占基本农田总面积的 54.87%；Ⅴ级类型区最少，面积为 1 108.93 hm^2，仅占基本农田总面积的 2.97%，零星分布在西南的丘陵地区（图 6-6）。

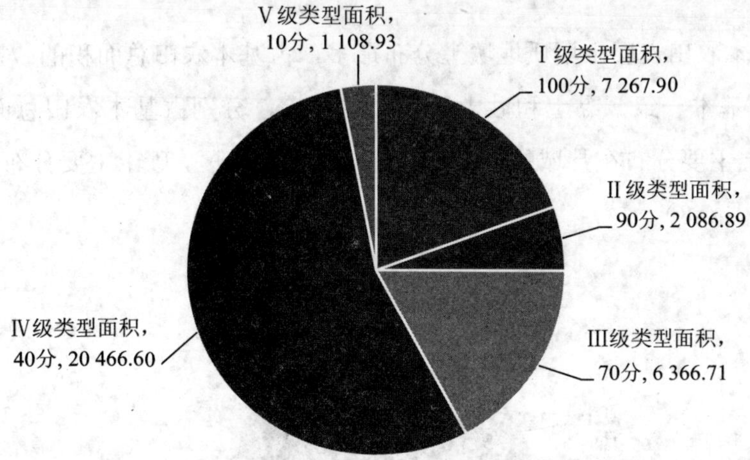

图 6-6　卢龙县基本农田有效土层厚度面积比例图

6.2.2.3　表层土壤质地

表层土壤质地是反映土壤耕作性能的指标之一，同时也是高标准基本农田建设的重要物理特征。在地球化学长期的反应过程中，表层土壤质地受母质、地形、气候、水文等多方面因素的影响，在空间分布上呈现特定的规律性和结构性，表层土壤质地具有保持土壤肥力、调节土壤中水分、热量等功能。按照卢龙县农用地分等成果将卢龙县基本农田表层土壤质地分为壤土、黏土和砂土 3 个级别，其中壤土为 I 级，分值 100 分；黏土为 II 级，分值 90 分；砂土为III级，分值 70 分（图 6-7）。

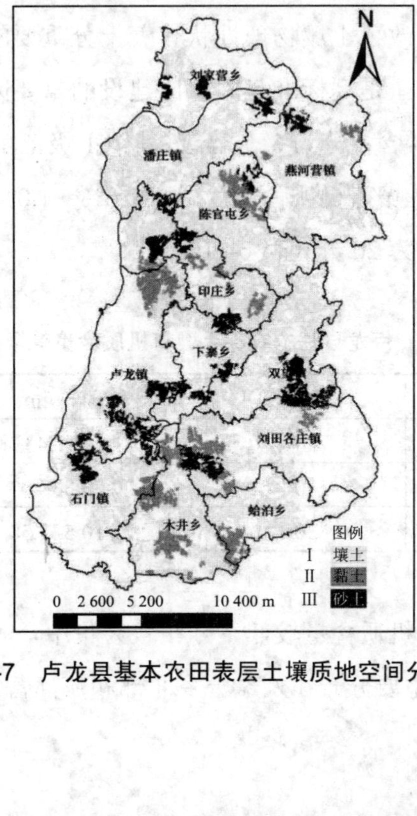

图 6-7　卢龙县基本农田表层土壤质地空间分布图

卢龙县基本农田表层土壤质地壤土分布最多，占基本农田总面积的 77%，这与卢龙县土壤分布图基本一致，黏土和砂土面积大致相等，分别占基本农田总面积的 12%和 11%，其中黏土主要分布在县域的中南部和北部的丘陵地区，砂土主要分布在县域的中部和南部地区（图 6-8）。

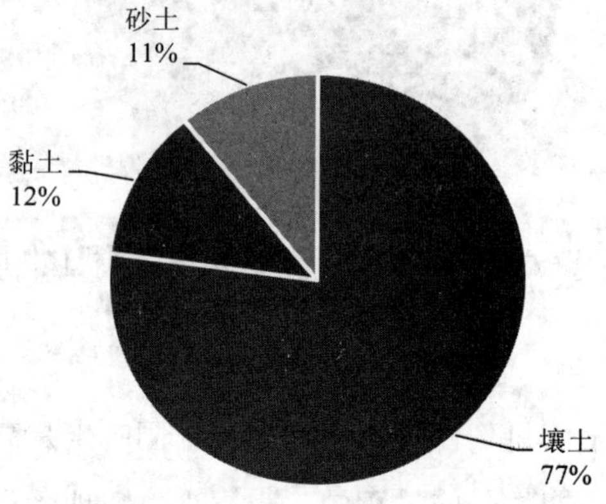

图 6-8 卢龙县基本农田表层土壤质地面积比例图

6.2.2.4 土壤有机质含量

有机质是土壤质量的重要组成部分，虽然土壤有机质含量占土壤总量的很小部分，但是对提供植物所需养分、改善土壤物理性状有着十分重要的影响，因此土壤有机质含量与土壤肥力水平密切相关，是高标准基本农田建设的重要因子指标。根据卢龙县农用地分等成果可知，土壤有机质含量分为 3 个等级，其中 I 级土壤有机质含量范围为 1.0%～1.5%，分值为 50 分；II 级土壤有机质含量范围为 0.6%～1.0%，分值为 40 分；III级土壤有机质含量为＜0.6%，分值为 20 分（表 6-11）。

表 6-11 卢龙县基本农田土壤有机质含量等级分布表

土壤有机质含量/%	分值	面积/hm^2	比例/%
1.0～1.5	50	411.43	1.10
0.6～1.0	40	26 338.03	70.62
＜0.6	20	10 547.58	28.28

卢龙县基本农田土壤有机质含量较低，分布较为集中，其中分值最大的分布仅占基本农田总面积的 1.10%，其主要分布在刘家营乡北部和燕河营镇中部地区；卢龙县除北部

地区外大部分地区土壤有机质含量为 0.6%～1.0%，占基本农田总面积的 70.62%；土壤有机质含量最小的地区主要分布在县域的北部，该地区土壤中土壤有机质含量最小，面积为 10 547.58 hm^2（图 6-9）。

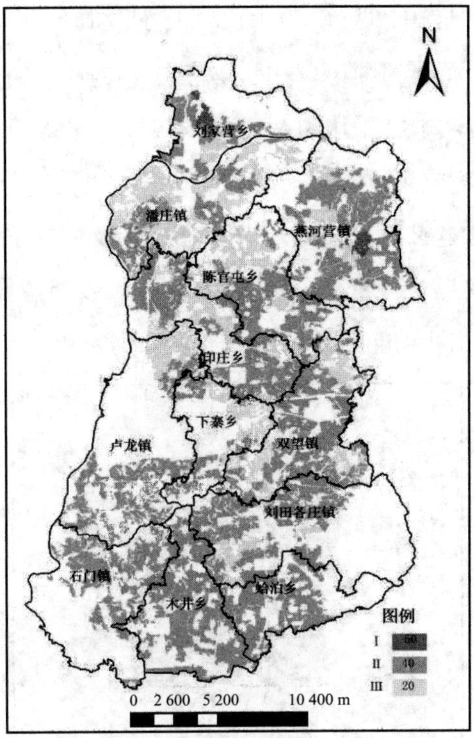

图 6-9　卢龙县基本农田土壤有机质含量空间分布图

6.2.3　基本农田基础设施与施工条件分析

高标准基本农田基础设施与施工条件评价，主要从农业生产的非自然限制因素和高标准基本农田建设改造投资方向进行评价。基本农田内基础设施与施工条件分值越低，距离高标准基本农田标准差距越大，投资越高，建设难度越大；相反，评价指标与建设标准差距越小则说明建设难度越小，优先进行建设，建设投资规模越小。结合高标准基本农田建设工程类型及卢龙县基本农田实际情况，选取基本农田的田块坡度、灌溉保证率、排水条件、路网密度、农田防护林比例 5 个方面进行评价，寻求卢龙县高标准基本农田建设的限制性因子。

6.2.3.1　田块坡度

田块坡度是田块单元陡缓的程度，通常采用坡面的垂直高度与水平宽度的比值来表示。基本农田田块坡度与灌溉条件、排水条件、耕作条件等密切相关，是区分高标准基本农田质量高低的重要因素。卢龙县地处燕山南部低山丘陵区，地势南低北高，根据我国退耕还林的政策规定，坡度>25°的耕地不应该划为基本农田，在土地利用总体规划中已将坡度>25°的基本农田调出，坡度<2°的视为平地，其他坡度级应修筑为梯田和坡地。由于每一块基本农田都是面状的图斑，田块坡度并不是唯一的，每块基本农田的坡度值都是在一定坡度范围内的，本书采用每块基本农田坡度平均值来定义田块坡度。根据卢龙县 DEM 图及农用地分等成果，将卢龙县基本农田田块坡度分为 4 个类型，其中Ⅰ级为坡度大部分在 2°以下的基本农田，分值为 100 分；Ⅱ级类型坡度范围为 2°～5°，分值为 90 分；Ⅲ级类型坡度范围为 5°～8°，分值为 80 分；Ⅳ级类型坡度范围为 8°～15°，分值为 60 分。基本农田坡度空间分布见图 6-10。

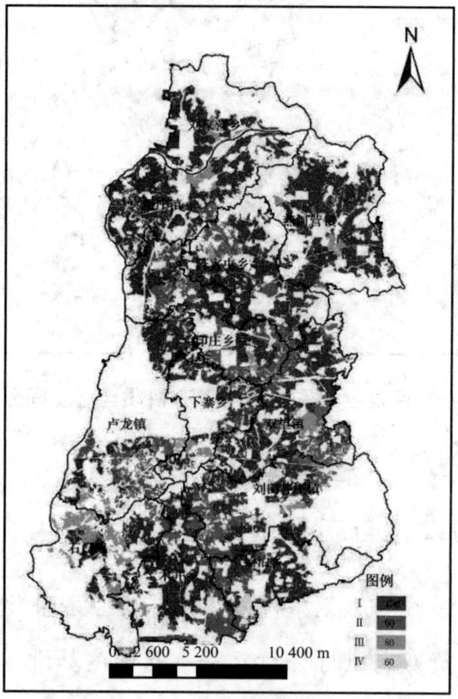

图 6-10 卢龙县基本农田坡度空间分布图

卢龙县基本农田坡度大部分在 2°以下，有利于基本农田的高产稳产，这与基本农田划定标准一致。卢龙县基本农田面积为 24 341.20 hm^2，占基本农田总面积的 65.26%，主要分布在卢龙县地势较为平坦的地区，坡度在 8°～15°的基本农田面积为 1 845.66 hm^2，占基本农田总面积的比例最小，仅占基本农田总面积的 4.95%，主要分布在卢龙县的西南和北部的丘陵地区。卢龙县不同坡度的基本农田面积比例见图 6-11。

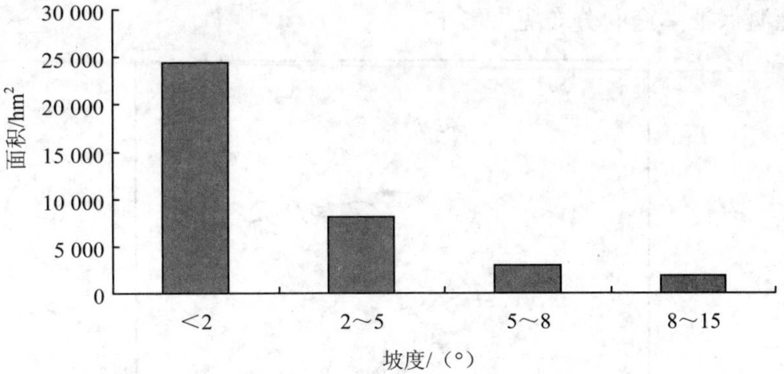

图 6-11 卢龙县不同坡度的基本农田面积比例图

6.2.3.2 灌溉保证率

灌溉保证率既体现了能浇灌的高标准基本农田基本要求，也反映了当地灌溉水利设施的完备程度。完善的水利基础设施能够保证基本农田具有良好的灌溉条件，灌溉条件的优劣直接影响高标准基本农田粮食产量的高低。卢龙县基本农田灌溉一般采用地表河流水和地下水进行灌溉。根据农用地分等成果将卢龙县基本农田灌溉保证率分为 4 级，其中 I 级为充分灌溉，分值为 100 分；II 级灌溉保证率为基本满足，分值为 90 分；III级灌溉保证率为一般满足，分值为 70 分；Ⅳ级为无灌溉条件，分值为 40 分（表 6-12）。

表 6-12 卢龙县基本农田灌溉保证率类型比例表

灌溉保证率类型	分值	面积/hm^2	比例/%
充分灌溉	100	8 990.71	24.11
基本满足	90	157.11	0.42
一般满足	70	9 010.12	24.16
无灌溉条件	40	19 139.09	51.32

卢龙县属于暖温带亚湿润的大陆性季风气候，春季干燥少雨，夏季雨量充沛；秋季降水量较小；冬季气候干燥，降水量稀少。全年平均降水量 725 mm，四季降水分布不均匀，主要依靠地表河流水和农用井灌溉。卢龙县基本农田灌溉条件较差，无灌溉地区分布较多，面积为 19 139.09 hm^2，该地区主要依靠降水满足农作物的需水，是高标准基本农田建设的重点区域；充分灌溉区域主要是近年来实施基本农田整理项目区域，该地区基本农田灌溉设施完好，完全能够保证基本农田在干旱年份的需水量；一般满足的基本农田类型区面积为 9 010.12 hm^2，该地区主要依靠灌溉设施不健全或者年久失修的农用井、输水设施对农作物进行灌溉，在干旱年份并不能保证该地区农作物的需水量。卢龙

县基本农田灌溉保证率空间分布见图 6-12。

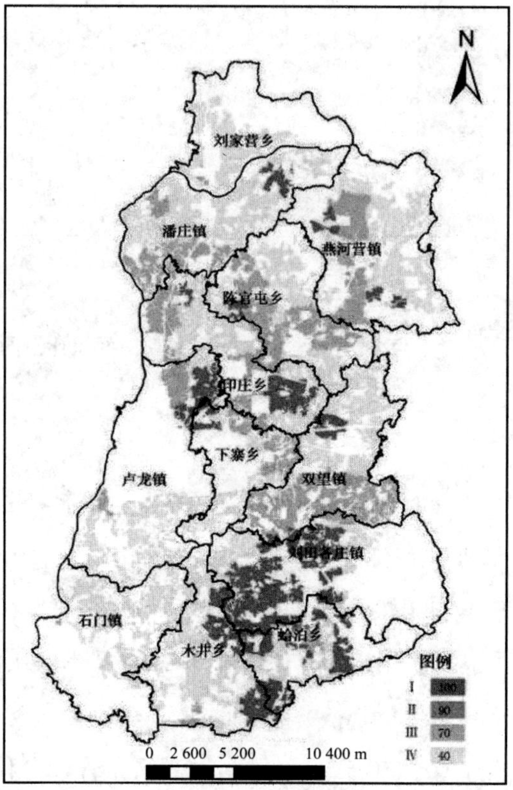

图 6-12 卢龙县基本农田灌溉保证率空间分布图

6.2.3.3 排水条件

排水条件主要是指高标准基本农田的防御洪涝灾害的能力，以减轻灾害对农作物的影响，排水条件的分值确定主要依靠沟渠、河流等排涝设施密度指数来确定。参考卢龙县农用地分等成果将基本农田排水条件分为 4 级，其中Ⅰ级排水体系健全，分值为 100 分；Ⅱ级排水体系基本健全，分值为 90 分；Ⅲ级排水体系一般，分值为 70 分；Ⅳ级为无排水条件，分值为 40 分。

卢龙县夏季雨量充沛，且分布较为集中，需要完善的排水条件进行雨水的排出。卢龙县基本农田排水条件较好，排水设施健全的基本农田分布最多，该地区排水设施良好主要依靠基本农田内的沟渠、河流以及坑塘等，面积为 19 863.60 hm^2，占基本农田总面积的 53.25%，无排水条件的基本农田规模最少，仅为 2 046.89 hm^2，主要分布在丘陵易发生洪涝的地区，是基本农田建设排水工程的重点区域。卢龙县基本农田排水条件面积比例见图 6-13，排水条件空间分布见图 6-14。

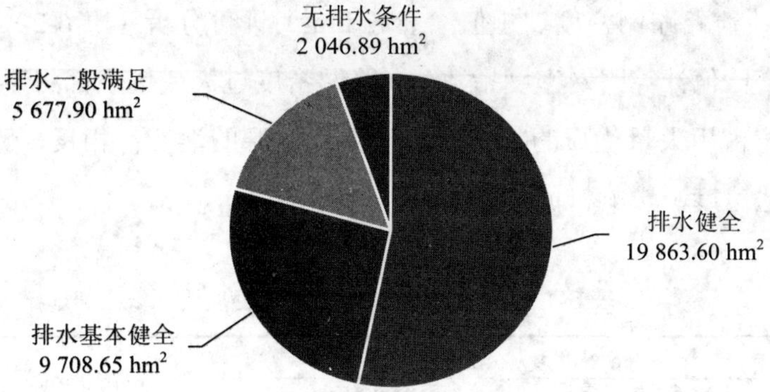

图 6-13　卢龙县基本农田排水条件面积比例图

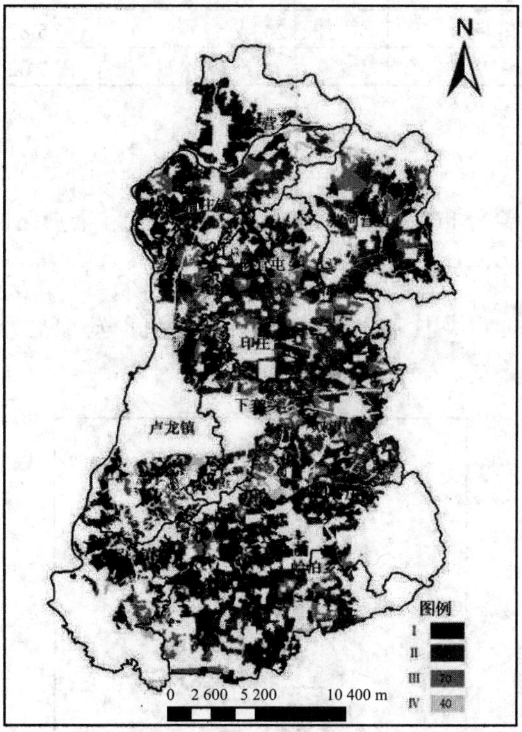

图 6-14　卢龙县基本农田排水条件空间分布图

6.2.3.4　路网密度

路网密度反映道路的通达水平，基本农田内道路以农村道路为主，是连接各类地块间或地块与村庄间的基础设施。基本农田内道路主要分为 4 m 硬化田间道路与 2 m 生产路。田间道路条件直接影响耕作便利条件、机械化水平等，是高标准基本农田建设投资较多的领域。参考高标准基本农田建设技术要求，按照田间路路网密度的理想值

（19 m/hm^2）和生产路路网密度理想值（38 m/hm^2）评价分析（表 6-2），按照评价单元内每公顷道路长度比值计算路网密度指数值。路网密度过大或过小都将影响基本农田质量，路网密度过大将占用大量优质的基本农田，造成资源的浪费；相反，路网密度过小将减少基本农田的通达度，影响机械化水平。

表 6-13 卢龙县基本农田路网密度面积表

分值	路网密度/（m/hm^2）		面积/hm^2	比例/%
	田间路路网密度	生产路路网密度		
100	18～20	36～40	9 797.04	26.27
80	15～18 或 20～23	30～36 或 40～46	5 686.78	15.25
60	12～15 或 23～26	24～30 或 46～52	8 961.49	24.03
40	9～12 或 26～29	18～24 或 52～58	5 826.16	15.62
20	≤9 或>29	≤18 或>58	7 025.57	18.84

根据表 6-13，卢龙县基本农田路网密度条件分值最大面积为 9 797.04 hm^2，占基本农田总面积的 26.27%，主要分布在已验收的项目区范围内；全县路网密度分值为 20 分的基本农田为 7 025.57 hm^2，分散集中在卢龙镇、石门镇等区域，该区域是基本农田建设田间道路限制性最高的地区。卢龙县基本农田路网密度空间分布见图 6-15。

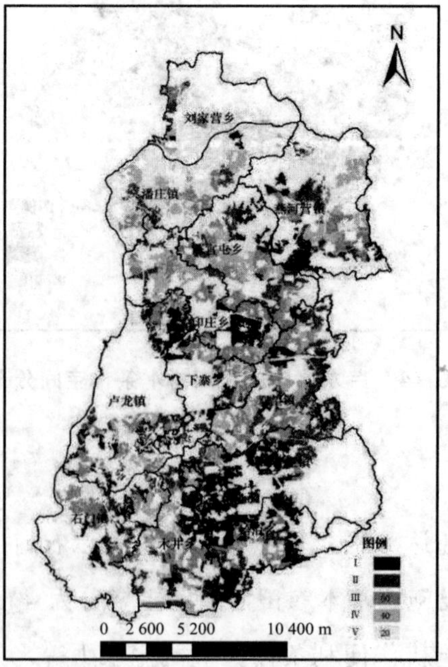

图 6-15 卢龙县基本农田路网密度空间分布图

6.2.3.5　农田防护林比例

农田防护林是为了保护与改善脆弱的基本农田生态系统的结构与功能而建立的人工森林生态系统，能改善局部的气候、土壤、水文条件，有效防御自然灾害，促进生态平衡，创造有利于农作物的生长环境，以保证基本农田的高产稳产，实现基本农田的经济和生态双向效益。农田防护林一般依附于田间路、排水沟等基础设施的两侧，林网密度采用以田间路两侧防护林的长度占基本农田面积的比例来进行表征。将卢龙县农田防护林的比例分为 5 个等级，其中Ⅰ级为农田防护林密度为≥800 m/100 hm^2，分值为 100 分；Ⅱ级农田防护林密度范围为 600～800 m/100 hm^2，分值为 80 分；Ⅲ级农田防护林密度范围为 400～600 m/100 hm^2，分值为 60 分；Ⅳ级农田防护林密度范围为 200～400 m/100 hm^2，分值为 40 分；Ⅴ级农田防护林密度范围为≤200 m/100 hm^2，分值为 20 分。卢龙县基本农田防护林比例见图 6-16。

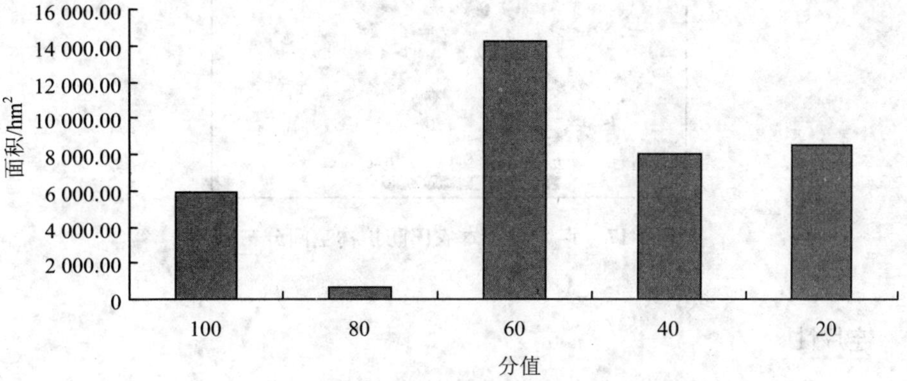

图 6-16　卢龙县农田防护林比例图

卢龙县基本农田防护林建设较为落后，大部分地区分值低于 60 分，不利于高标准基本农田的建设，其中分值为 60 分的基本农田分布最多，面积为 14 220.05 hm^2，占基本农田总面积的 38.13%；分值为 20 分的基本农田面积为 8 522.66 hm^2，分布在东北和中部的平原地区，政府部门应加强该地区的农田防护林建设。卢龙县基本农田防护林空间分布见图 6-17。

6.2.4　基本农田立地条件分析

高标准基本农田建设不仅要求基本农田具有良好的自然质量条件与完善的基础设施，同样强调基本农田与外界环境的协调稳定性，为永久的高标准基本农田提供保障，因此本书所选取基本农田的立地条件主要包括基本农田的连片性、区位条件和空间格局

3 个方面。

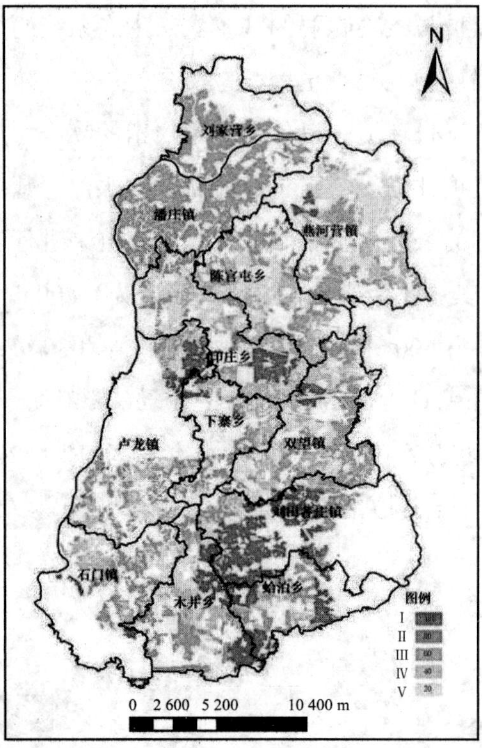

图 6-17 卢龙县基本农田防护林空间分布图

6.2.4.1 连片性

基本农田集中连片是高标准农田建设的基本要求，也是对基本农田进行集中建设、保护和管理，实现农业规模化的基础，消除基本农田破碎零散的分布格局，提高田块归并程度与田块规模，实现零星闲散耕地与基本农田田块相对集中，为推进实现农业产业化、机械化、标准化、规模化奠定基础，更有利于基本农田建设项目选址和施工。

本书连片度的计算采用 ArcGIS 分析中的空间相连性计算法，采用以下公式：

$$C_i = \frac{C_i - C_{\min}}{C_{\max} - C_{\min}} \times 100 \qquad (6\text{-}9)$$

式中：C_i —— 评价单元中连片基本农田的面积值，为数值型评价因子；

$C_{\min}$ —— 研究区域评价单元中连片基本农田面积的最小值；

$C_{\max}$ —— 研究区域评价单元中连片基本农田面积的最大值。

连片度指标取值范围为[0，1]，各连片区内评价单元都为该区片的值。

基本农田连片性属于数值型评价因子，采用[0，1]的标准化处理进行赋值，其中连片性空间分布平原地区的连片性较强，主要是平原地区基本农田分布较为集中，且连片地块分割物宽度较小，有利于基本农田的连片规模建设；丘陵地区的连片性较差，主要是该地区基本农田受地形的限制较大，不利于规模化作业（图 6-18）。

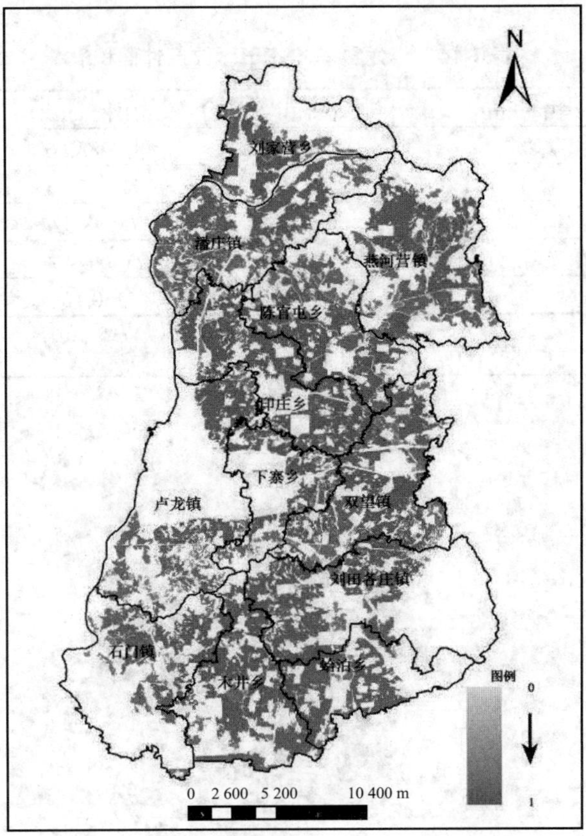

图 6-18　卢龙县基本农田连片性空间分布图

6.2.4.2　区位条件

基本农田的区位条件反映了基本农田的利用价值，由于土地位置的固定性以及机械化程度的有限性，区位条件成为农产品由生产地到销售地便利程度的重要依赖条件，影响了基本农田利用方式，区位条件越优，对基本农田的利用程度越高、土地投入的资金越高。本书研究中以基本农田到交通主干道的距离指标表征区位条件。运用 ArcGIS 软件对交通主干线进行缓冲区分析，按照表 6-2 的评价指标要素分级标准，然后利用等间隔赋值法确定评价单元分值，依据确定的分值绘制研究区基本农田到交通主干线的距离分值图。

根据表 6-14，卢龙县基本农田区位条件处在≤0.5 km 与 0.5～1 km 范围内的所占比例较多，说明基本农田大多距离交通主干线较近，区位分布较合理，有利于基本农田的长远发展；>2 km 的基本农田分布较少，面积为 560.75 hm^2，仅占基本农田总面积的1.50%，主要分布在距离交通主干线较为偏远的地区，应加强该部分基本农田田间道路的建设，加强基本农田的区位优势。卢龙县基本农田区位条件空间分布见图 6-19。

表 6-14 卢龙县基本农田区位条件面积表

距离交通主干线距离/km	分值	面积/hm^2	比例/%
≤0.5	100	14 783.56	39.64
0.5～1	80	11 727.76	31.44
1～1.5	60	6 598.52	17.69
1.5～2	40	3 626.45	9.72
>2	20	560.75	1.50

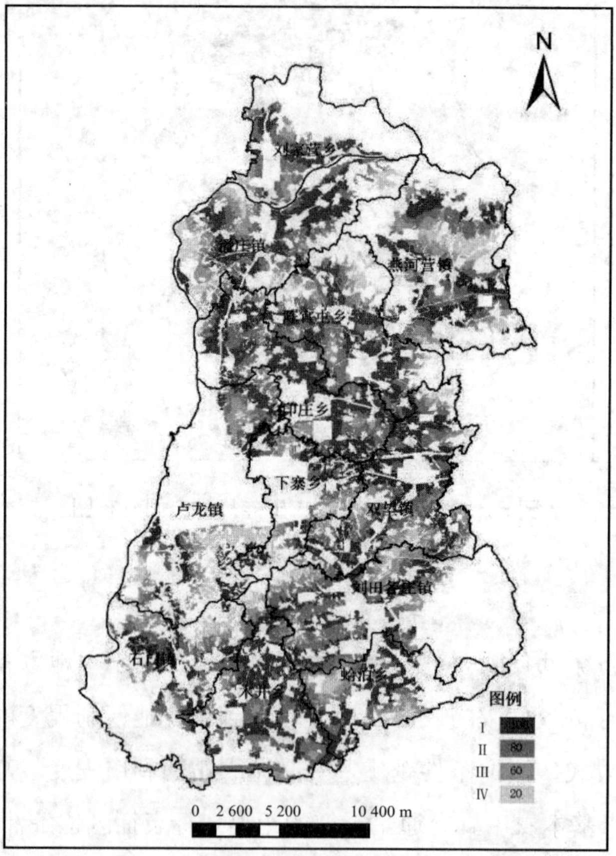

图 6-19 卢龙县基本农田区位条件空间分布图

6.2.4.3 空间格局

基本农田空间格局是指大小和形状不一的基本农田在空间上的配置，其反映评价单元内基本农田的分布情况，因此运用景观格局原理中田块形状指数表征基本农田空间格局特征。在实际的耕作中方形的地块更适宜农业机械的耕作，因此在高标准基本农田建设评价中，用方度指数值进行空间格局的评价：

$$D_i = \frac{4\sqrt{S_i}}{L_i} \tag{6-10}$$

式中：D_i—— 第 i 块评价单元的方度指数，为数值型评价因子；

L_i—— 第 i 块评价单元的周长；

S_i—— 第 i 块评价单元的面积，将方度指数进行标准化处理进行计算。

当 D_i=1 时，斑块为欧几里得正方形，D_i 值越小，田块形状越复杂，越不利于机械化作业，高标准基本农田建设难度越高。空间格局属于数值型评价因子，采用[0，1]的标准化处理进行赋值。空间分布见图 6-20。

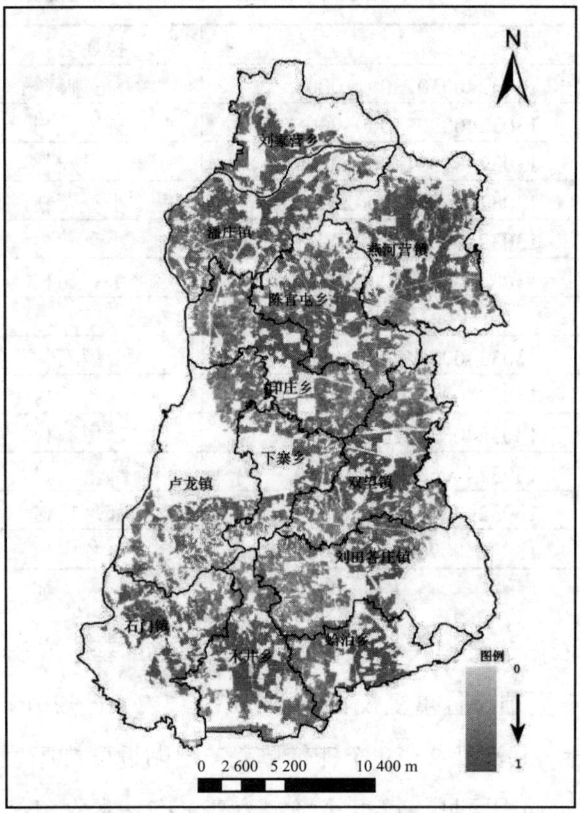

图 6-20　卢龙县基本农田空间格局空间分布图

6.3 高标准基本农田建设时序与模式研究

6.3.1 高标准基本农田建设时序结果与分析

卢龙县高标准基本农田建设综合评价选择了自然禀赋条件、基础设施与施工条件和立地条件三大目标层12个评价指标，运用层次分析法计算评价指标的权重，综合评价结果以逼近理想点法计算得到的贴近度的大小来衡量。采用逼近理想点法对卢龙县基本农田14 402个评价单元进行了综合评价，并根据贴近度的大小对基本农田的综合质量进行了排序（表6-15）。

表6-15 卢龙县高标准基本农田建设综合评价贴近度排序表

序号	图斑编号	权属名称	贴近度
1	130324005073000010001	大王柳河村	0.297 020
2	130324003031000030005	杨家坨村	0.292 781
3	130324010014000010019	一街村	0.281 352
4	130324006008000020001	小莫营村	0.274 681
5	130324006008000010001	小莫营村	0.274 680
6	130324006021000020003	半壁山村	0.268 141
…	…	…	…
14397	130324007041000010001	金黑石村	0.007 484
14398	130324006017000020001	部落岭村	0.007 479
14399	130324007041000030002	金黑石村	0.007 457
14400	130324006017000010014	部落岭村	0.007 329
14401	130324006017000010002	部落岭村	0.007 121
14402	130324009011000010006	廖各庄村	0.006 743

根据高标准基本农田建设相关要求，近年来已验收的基本农田整理项目，可直接划定为高标准基本农田，无须进行重复投资建设。卢龙县2001—2010年的基本农田整理项目规模为8 474.80 hm^2，共涉及2 689个评价单元，由贴近度排序表得出基本农田整理项目范围内贴近度均高于周围区域，可直接确定为高标准基本农田。卢龙县全县基本农田规模为37 297.04 hm^2，在未来时间内需要建设高标准基本农田的规模为28 822.24 hm^2。通过上文对建设影响因素的分析得出的卢龙县高标准基本农田建设中评价指标的贴近度大小进行排序，将未来年份需要建设的28 822.24 hm^2基本农田根据贴近度大小的集聚状

况，同时兼顾基本农田建设的连片性和规模性，确定建设时序的分界点，分别为[0.006 743，0.180 000]、[0.230 001，0.180 001]、[0.297 020，0.230 001]，将卢龙县高标准基本农田建设时序分为近期、中期和远期 3 个阶段（表 6-16），即按照高标准基本农田投入水平的基本具备、稍加改造和需要全面整治 3 种不同的基本农田分期进行建设。

表 6-16　卢龙县高标准基本农田建设时序安排表

建设时序	贴近度	建设面积/hm^2	比例/%
已验收	—	8 474.80	22.72
近期（基本具备）	0.230 001～0.297 020	11 306.24	30.31
中期（稍加改造）	0.180 001～0.230 001	6 468.57	17.34
远期（全面整治）	0.180 000～0.006 743	11 047.43	29.62
合计	—	37 297.04	100

由表 6-16 可以看出，贴近度越大的基本农田建设时期越早，近期建设时序贴近度范围为 0.230 001～0.297 020，面积为 11 306.24 hm^2，占县域基本农田总面积的 30.31%，该区域属于基本具备高标准基本农田的地区，主要分布在卢龙县南部的平原地区，靠近已验收的基本农田整理项目区范围，有利于该地区的高标准基本农田的连片进行，使之达到高标准基本农田的规模化经营，同时其分布在县域北部潘庄镇、刘家营乡、燕河营镇和陈官屯乡的平原地区。近期建设的区域面积较大，该地区的基础条件较好，建设的迫切性和可行性都较高，只需进行较少的投入即可取得很好的效果。

中期建设时序贴近度范围为 0.180 001～0.230 001，面积为 6 468.57 hm^2，占区域基本农田总面积的 17.34%，主要分布在下寨乡、双望镇、印庄乡和潘庄镇，分布与近期建设区相邻，反映其建设具有明显的过渡性以及连片推进性，该地区为高标准基本农田的稍加改造区域，区域内灌溉排水设施、道路年久失修，基本农田质量有待提高，有关部门应针对该地区基本农田的不足，按照缺什么补什么的原则进行项目设计与施工。

远期建设时序贴近度范围为 0.180 000～0.006 743，面积为 11 047.43 hm^2，占区域基本农田总面积的 29.62%，主要分布在北部、西南部和东部的半丘陵地区，是高标准基本农田全面整治的地区。该地区基本农田坡度影响较大，同时基本农田的自然禀赋较差，基础设施存在灌溉不足、道路缺损等严重的情况，由于分布受地形因素的限制连片性以及区位条件都较差，施工难度较大且所需资金较多，因此为高标准基本农田远期建设区域。该区域的基本农田生态环境脆弱，建设工程应注重保护生态环境安全，同时加强基本农田的质量。卢龙县高标准基本农田建设时序分布见图 6-21。

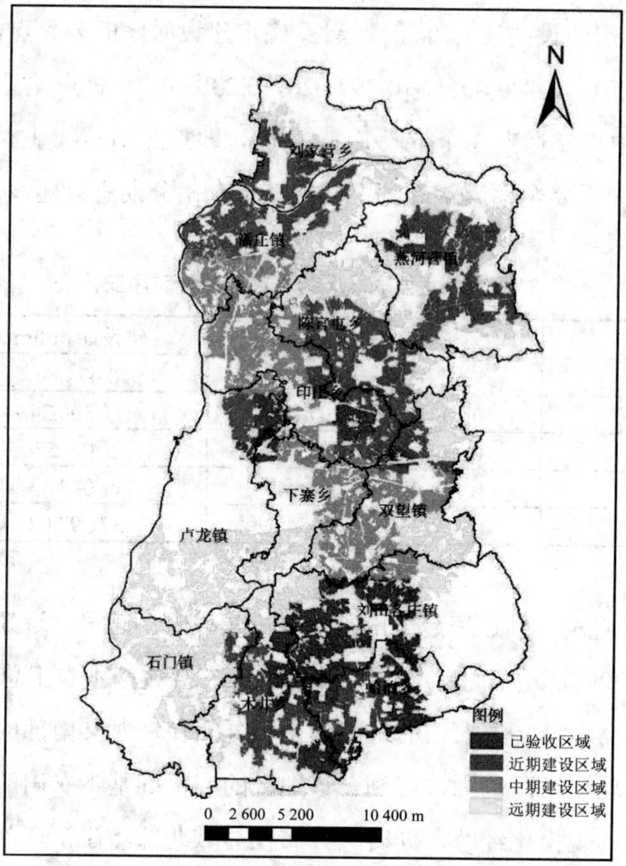

图 6-21 卢龙县高标准基本农田建设时序分布图

根据《秦皇岛市土地整治规划（2011—2015 年）》确定卢龙县旱涝保收高标准基本农田 2011—2015 年目标规模为 11 252 hm^2，2016—2020 年目标规模为 61 148 hm^2。本书确定的近期建设规模为 11 306.24 hm^2，中期建设规模为 17 774.81 hm^2，在规划期内能够完成上级下达的高标准基本农田建设任务。

6.3.2 高标准基本农田建设模式结果与分析

根据高标准基本农田建设模式的因素组合规则，将影响高标准基本农田建设模式的田块坡度、灌溉保证率、排水条件、路网密度和农田防护林影响因素，按照“高、中、低”进行因素组合，将卢龙县待需建设面积为 28 822.24 hm^2 的基本农田进行因素组合，结果为 54 种组合类型，按照因素组合类型的分区规则分 3 个建设模式类型区：以土地平整为主的建设模式Ⅰ、以灌溉和排水基础设施为主的建设模式Ⅱ、以田间道路和农田防护林为主的建设模式Ⅲ，具体分区见表 6-17。

表 6-17　卢龙县高标准基本农田建设模式因素组合类型表

建设模式类型区	因素组合类型	面积/hm^2	比例/%
已验收	—	8 474.80	22.72
模式 I	高高高低中、高高中中高、高高中中中、高高低中高、高高低中中、高高低低高、高高低低中、高低高低中、高低中中中、高低低中中、中中中中中、中中中低中、中中中低低、中中低中中、中中低低中、中中低低低、中低中中中、中低中低中、中低低中中	5 960.49	15.98
模式 II	中高高中中、中高高低中、低高高低低、低高高低高、低高高低中、低高高低低、中高中低高、中高中低中、中高中低低、中高低低高、中高低低中、中高低低低、低高中低高、低高中低中、低高中低低、低高低低高、低高低低中、低高低低低、低中高中中、低低高中高、低低高中中、低低高低高、低低高低中	14 483.84	38.83
模式III	中中低中高、中低中中高、中低低中高、中低低低高、低中低中高、低低中中高、低低中低高、低低低中高、低低低低高、低低低低中、低低低中中、低低低低中	8 377.91	22.46

模式区 I 是以基本农田坡度主导的建设模式区，即土地平整工程为主要内容的建设模式，该模式区内基本农田面积为 5 960.49 hm^2，占区域基本农田总面积的 15.98%，分布在卢龙县北部、西南部的大部分丘陵地区，这与卢龙县基本农田分布在丘陵地区的实际相符。这些地区由于基本农田坡度较大，水土流失严重，因此建设工程措施以土地平整工程为主，按照建设的标准对土地进行土方填挖和调配的过程，包括梯田建设、土地平整等，同时兼顾土壤有效土层厚度，注重客土培肥和土壤改良，加强对土壤侵蚀和水土流失的防护与治理工作，特别要注意保护该区域的生态环境。因此本区域以采用土地平整工程建设模式为主，加强基本农田建设与生态环境建设相结合的综合整治模式，提高粮食生产能力。

模式区 II 主要采用以完善灌溉和排水基础设施为主的建设模式，该建设模式区域内基本农田面积最大为 14 483.84 hm^2，占区域基本农田总面积的 38.83%。其大部分分布在卢龙县北部和南部的平原地区，该地区坡度限制较小，主要是这些地区农田水利设施不健全且年久失修，但其是卢龙县高标准农田建设的重点地区，也是提高基本农田旱涝保收的重点区域。该区域的高标准基本农田建设主要是针对农作物生产需要建设的灌溉工程和排水工程两大方面，包括农用井工程、输水工程、排水沟工程、高低压线工程等，充分发挥基础设施的蓄水和排水功能，为当地农业生产的旱涝保收创造有利条件。

模式区III是以田间道路和农田防护林为主的建设模式，该区域基本农田面积为

8 377.91 hm^2，占区域基本农田总面积的22.46%。其主要分布在卢龙县中部地区，与模式区Ⅱ分布紧密相连，该地区基本农田受地形条件限制较小，排灌设施基本较好，高标准基本农田建设的主要任务是通过完善田间道路以及农田防护林，使之达到高标准要求，田间道路为农业现代化尤其是农业机械化提供便利，同时农田防护林可防止水土流失，提高土壤肥力，减少风害等，为基本农田提供安全保障。卢龙县高标准基本农田建设模式分区见图6-22。

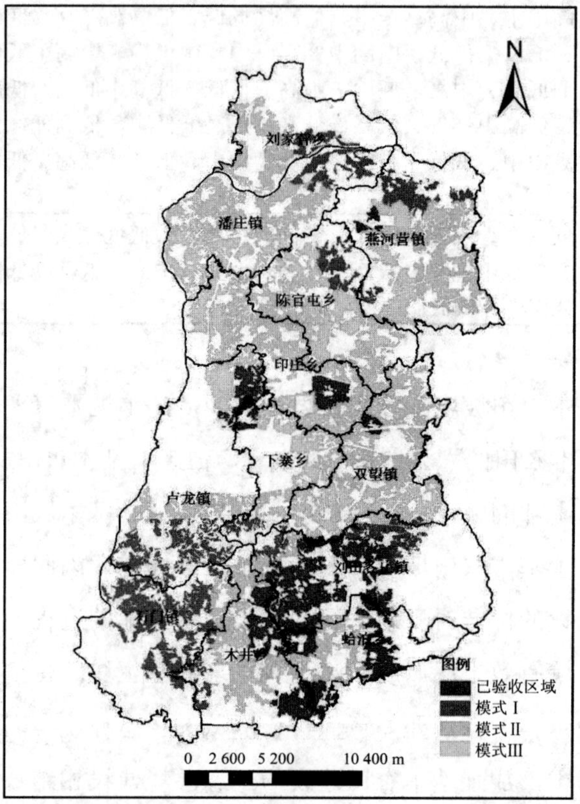

图6-22 卢龙县高标准基本农田建设模式分区图

6.3.3 高标准基本农田建设时序和模式组合结果与分析

高标准基本农田建设中既要考虑时序的安排，又要考虑建设模式的限制，通过基本农田时序的研究可以科学掌握基本农田建设在时空上的配置，而通过建设评价可以科学地分析影响高标准基本农田建设的限制性工程因素，因此开展高标准基本农田建设时序和模式评价综合研究，既可以了解和掌握基本农田建设的时序，又可以明确基本农田建设的主要建设方向，为高标准基本农田建设保质保量完成提供保障。

根据前文分别确定的卢龙县高标准基本农田时序和模式研究结果，通过 ArcGIS 将上述两个研究结果进行叠加分析，得出卢龙县不同时序安排上的建设模式，见图 6-23、表 6-18。

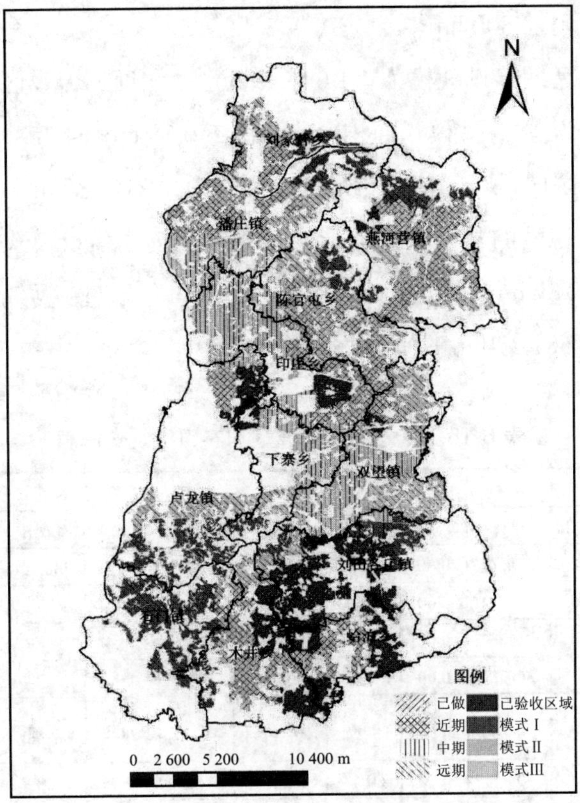

图 6-23　卢龙县高标准基本农田建设时空和模式配置图

高标准基本农田近期建设规模为 11 306.24 hm^2，在近期建设区域内，模式 I 类型区面积为 484.65 hm^2，模式 II 类型区面积为 7 773.55 hm^2，模式III类型区面积为 3 048.04 hm^2，近期建设区域内主要以模式 II 类型区为主，符合高标准基本农田建设时序安排的原则。其中在近期建设模式 I 类型区内，潘庄镇面积最大，为 211.99 hm^2，其他乡镇分布较少或者没有该建设类型；在近期建设模式 II 类型区内潘庄镇、燕河营镇、木井乡面积均超过 1 000 hm^2；近期建设模式III类型区内陈官屯乡与燕河营镇面积较大，分别为 1 260.79 hm^2 和 1 039.04 hm^2，其他乡镇分布较少。

高标准基本农田中期建设规模为 6 468.57 hm^2，在中期建设区域内模式 I 类型区面积较少，仅为 219.66 hm^2，模式 II 类型区面积为 2 451.85 hm^2，模式III类型区面积为 3 797.06 hm^2，中期建设区域内主要以模式 II 类型区和模式III类型区为主。其中在中期建设模式Ⅰ类型区内，仅有刘田各庄镇与双望镇分布该模式类型；中期建设模式Ⅱ类型区在双望镇、印庄乡、陈官屯乡分布较多，下寨乡、潘庄镇、卢龙镇分布较少，且面积均小于 100 hm^2；中期建设模式Ⅲ类型区内潘庄镇面积最大，为 1 151.83 hm^2，其次为印庄乡和双望镇，面积均超过 800 hm^2。

高标准基本农田远期建设规模为 11 047.43 hm^2，在远期建设区域内主要以模式Ⅰ类型区和模式Ⅱ类型区为主，3 种模式面积分别为 5 256.18 hm^2、4 258.44 hm^2、1 532.81 hm^2。远期建设模式Ⅰ类型区内，石门镇分布最多，面积为 1 904.48 hm^2，其次为卢龙镇，面积为 878.48 hm^2，与该地区的基本农田地形实际相符；远期建设模式Ⅱ类型区在双望镇分布较多，面积达 1 089.87 hm^2，除印庄乡外其他乡镇均有分布；远期建设模式Ⅲ类型区在双望镇面积最大，为 681.37 hm^2，其他乡镇分布较少。

表 6-18 卢龙县高标准基本农田建设安排表

乡镇名称	近期（基本具备）				中期（稍加改造）				远期（全面整治）				合计
	模式Ⅰ	模式Ⅱ	模式Ⅲ	小计	模式Ⅰ	模式Ⅱ	模式Ⅲ	小计	模式Ⅰ	模式Ⅱ	模式Ⅲ	小计	
卢龙镇	0.00	0.00	354.40	354.40	0.00	28.42	173.03	201.45	878.48	705.15	0.00	1 583.63	2 139.48
石门镇	16.86	223.53	0.00	240.39	0.00	0.00	0.00	0.00	1 904.48	97.16	0.00	2 001.64	2 242.03
木井乡	0.00	1 262.39	0.00	1 262.39	0.00	0.00	0.00	0.00	289.44	399.76	0.00	689.20	1 951.59
蛤泊乡	0.00	800.28	0.00	800.28	0.00	0.00	0.00	0.00	0.00	52.74	0.00	52.74	853.02
刘田各庄镇	0.00	50.84	0.00	50.84	206.53	0.00	126.06	332.59	242.24	124.25	14.24	380.73	764.16
下寨乡	0.00	0.00	0.00	0.00	0.00	60.43	515.41	575.84	84.55	113.88	46.89	245.32	821.16
双望镇	0.00	482.09	0.00	482.09	13.13	921.10	858.31	1 792.54	61.18	1 089.87	681.37	1 832.42	4 107.05
印庄乡	0.00	640.58	281.87	922.45	0.00	899.88	966.06	1 865.94	0.00	0.00	0.00	0.00	2 788.39
陈官屯乡	14.34	732.22	1 260.79	2 007.35	0.00	508.13	6.36	514.49	526.52	162.60	425.70	1 114.82	3 636.66
燕河营镇	179.95	1 223.66	1 039.04	2 442.65	0.00	0.00	0.00	0.00	701.63	646.26	290.66	1 638.55	4 081.20
潘庄镇	211.99	1 501.55	111.94	1 825.48	0.00	33.89	1 151.83	1 185.72	316.64	467.23	73.95	857.82	3 869.02
刘家营乡	61.51	856.41	0.00	917.92	0.00	0.00	0.00	0.00	251.02	399.54	0.00	650.56	1 568.48
合计	484.65	7 773.55	3 048.04	11 306.24	219.66	2 451.85	3 797.06	6 468.57	5 256.18	4 258.44	1 532.81	11 047.43	28 822.24

6.3.4 高标准基本农田建设实施的对策建议

高标准基本农田建设是保障粮食等农产品供给的基本要求。保障 18 亿亩耕地资源不能只注重耕地数量的保护，更应立足在现有耕地资源的基础上，加强高标准农田建设，完善基本农田区域内排水灌溉基础设施，提高抵御干旱、洪涝等自然灾害的能力；改良土壤肥力，提高基本农田质量；改善田间道路等生产条件，推进农业机械化，提高单位面积的耕地生产能力，稳定提高粮食单产，推进高效农业的规模化。目前，随着高标准基本农田建设的逐步推进，作为全国基本农田保护示范区，卢龙县已经开展了基本农田整理项目，在实际工作中积累了许多宝贵的经验，但同时在基本农田建设过程中也仍然存在不少问题。

6.3.4.1 因地制宜统筹规划

开展高标准基本农田建设工作，必须强调规划的龙头地位，以规划引领建设。按照“统一规划、统一标准、集中投入、共同建设”的要求，科学编制高标准基本农田建设专项规划。项目规划编制由自然资源部门统筹协调，县级政府组织，并与土地利用总体规划、土地整治规划、生态建设与保护规划、水利和交通等规划相衔接，从资源禀赋和发展实际出发，科学合理地确定高标准基本农田建设目标和任务，量力而行，讲求实效，突出农业区域特点，使得基本农田既具有生产功能，又具有生态景观功能。根据不同的区域特点，优先选择自然禀赋条件较好、基础设施齐全、群众基础好的地区，分期分模式连片推进建设高标准基本农田工程，以点带面，发挥辐射带动作用，积极稳妥地推进高标准基本农田建设。

6.3.4.2 整合资源集中投入

面对“十二五”期间高标准基本农田建设任务，亩均投资标准偏低，建设资金问题较为短缺，单靠政府财政出资无法满足项目所需全部资金，这在一定程度上制约了项目的实效，因此在土地整治规划引导下，有目标、有计划、有顺序地整合相关资金，集中投入高标准基本农田建设，努力实现资金的供需平衡。以新增建设用地土地有偿使用费为主体，按照“资金性质不变、管理渠道不变”的要求，引导和整合农业、水利相关部门农业投入资金，共同建设高标准基本农田。探索建立高标准基本农田建设基金、信贷资金、民间资本等社会资金，同时高标准基本农田建设与农民利益息息相关，引导农村闲散资金投入，试行农民先行投资，后期根据投资比例免收使用税费等优惠政策。通过市场运作参与高标准基本农田建设的模式和途径，建立多元化投资渠道，为高标准基本农田建设提供稳定的资金保障，确保高标准基本农田建设的有序进行。

6.3.4.3 尊重民意维护权益

在高标准基本农田建设中权属调整涉及农民的自身利益，产权问题不容忽视，尊重农民意愿，切实维护农民权益的要求，认真做好地籍调查和权属管理工作，确保农民的土地财产权利得到保障。在高标准基本农田建设项目规划设计的实地踏勘阶段，将权属作为调查的一项重要内容，设计的初步方案需要到当地征求村民的意见，以确认项目是否可以落实，在此基础上对方案进行调整和完善。对土地调整互换使用、土地平整、田间道路建设等涉及农民财产权益的问题进行公告和公示等，充分听取实地农民的意见。项目施工中带动农民群众自觉参与，充分调动农民群众的积极性，保证高标准基本农田建设项目的顺利实施，确保农民的权益不受损害，做到建设前农民同意，建设中农民参与，建设后农民满意。

6.3.4.4 加强后期管护机制

提高监管质量是完成高标准基本农田建设任务的根本保障，不仅是实现高标准基本农田建设连片推进、规模效益目标的重点和难点所在，也是确保建设的基本农田可以长效地发挥生产功能。具体措施如下：一是完善管护制度规范，健全集中统一、分级负责的监管制度，进一步落实监管的责任、程序、标准和内容，重点着力解决技术标准执行不力和工程施工进度缓慢、建设质量不高等问题。二是创新监管模式，在健全和完善监管手段的同时，进一步完善农村土地整治监管系统，加强建设基本农田质量监测网络，及时、全面掌握高标准基本农田建设动态。三是建立信息公开与情况通报制度，对于高标准基本农田建设项目立项情况、项目实施进度和项目竣工验收等基础信息，做到透明公开、定期通报。四是重视绩效评估，制定科学合理的高标准基本农田建设考核评价方法，建立考核结果与高标准基本农田建设资金分配和绩效考核挂钩机制，加快建设步伐，保证建设质量。五是积极拓宽后期管护资金渠道，在充分利用项目预算资金用于工程管护的同时，对工程受益人员按照受益农田面积适当缴纳部分资金，用于工程管护，加大对群众的宣传力度，号召当地村民投工投劳，参与工程设施的修复。

6.4 本章小结

本章从高标准基本农田建设的内涵和特征出发，提出高标准基本农田建设集数量、质量、生态为一体的评价体系，评价县域基础上高标准基本农田建设的时序与模式。通过实证研究对该评价框架体系进行验证，得出以下结论：

①探讨了高标准基本农田的科学内涵，分析其基本特性和功能，在此基础上探究高标准基本农田建设特征，揭示了其表征要素，为高标准基本农田建设的理论体系的构建提供借鉴参考。

②从基本农田的自然禀赋条件、基础设施与施工条件、立地条件三大方面12个评价因子构建了高标准基本农田建设评价的指标体系，并分别采用逼近理想点法和因素组合法确定高标准基本农田建设的时序和模式，为高标准基本农田建设实际工作提供科学依据。

③通过层次分析法确定评价指标的权重，采用逼近理想点法将卢龙县基本农田贴近度大小进行排序，将待需建设的高标准基本农田划分为近期（基本具备）、中期（稍加改造）和远期（全面整治），建设规模分别为11 306.24 hm^2、6 468.57 hm^2和11 047.43 hm^2，本书确定的建设时序规模科学合理，有助于提高高标准基本农田建设的效率。

④以基本农田基础设施与施工条件为基础，采用因素组合法分析卢龙县高标准基本农田建设的限制因素，划分出以土地平整工程为主的模式Ⅰ、以灌溉和排水基础设施为主的模式Ⅱ、以田间道路和农田防护林为主的模式Ⅲ的3种建设模式，3种建设模式面积分别为 5 960.49 hm^2、14 483.84 hm^2、8 377.91 hm^2，明确了不同建设模式区高标准基本农田建设的方向和重点，提高了建设的针对性。

⑤根据卢龙县高标准基本农田建设的时序和模式分布结果，通过空间分析叠加得出卢龙县不同时序安排上的建设模式，结合不同建设时序内基本农田建设限制因子，分类推进。其中高标准基本农田近期建设区域内以模式Ⅱ为主，模式Ⅰ、模式Ⅱ和模式Ⅲ建设模式面积分别为 484.65 hm^2、7 773.55 hm^2 和 3 048.04 hm^2；高标准基本农田中期建设区域内模式Ⅰ类型区面积较少，仅为219.66 hm^2，模式Ⅱ类型区面积为2 451.85 hm^2，模式Ⅲ类型区面积为3 797.06 hm^2；高标准基本农田远期建设区域内主要以模式Ⅰ和模式Ⅱ为主，模式Ⅰ、模式Ⅱ和模式Ⅲ建设模式面积分别为 5 256.18 hm^2、4 258.44 hm^2 和 1 532.81 hm^2。

第 7 章

基于空间适宜性评价分区的土地利用调控技术研究

7.1 空间适宜性评价与土地利用变化相关理论

7.1.1 基础概念

7.1.1.1 土地适宜性评价概念

土地适宜性评价就是依据土地对于农、林、牧各业的适宜性和自然生产潜力水平的异同性，予以适宜性分类，为特定条件下的土地用途预估土地的潜力。通过对土地的经济、自然属性等方面的综合判定，阐明土地属性所具有的生产方面的潜力及其对农、林、牧、渔等各业的适宜性状况、限制性程度与差异的评定。

土地适宜性评价是以土地的自然和社会经济属性为基础条件，对土地预定用途的适宜与否、适宜程度及其限制状况进行研究。根据评价特定的用途不同，适宜性评价可分为土地的城市适宜性评价和农业适宜性评价，通过评价研究区域土地对于农、果、林、水产养殖等各业生产的适宜程度、城市建设是否适宜的土地资源及利用不合理的土地资源的质量、数量及其分布状况，从而为区域土地利用结构和布局的调控、区域分区等提供科学依据。因此，土地适宜性评价是土地利用的基础性评价。

7.1.1.2 主体功能区相关概念

“主体功能区”一词的提出是在 2005 年 10 月党的第十六届五中全会通过的《中共中央关于制定国民经济和社会发展“十一五”规划纲要的意见》中，其初始含义为“各地区要根据资源环境承载能力和发展潜力，按照优化开发、重点开发、限制开发和禁止开发的不同要求，逐步形成各具特色的区域发展格局”。在《中华人民共和国国民经济和社会发展“十一五”规划纲要》中正式提出了推进形成区域主体功能区发展战略任务。

主体功能区是指根据不同研究区域的资源环境的承载能力、开发的密度和发展的潜力，以区域分工和协调发展为原则而划定的具有某种主体功能的研究区域，包括优化开发区、重点开发区、限制开发区和禁止开发区。其可作为国家区域调控的地域单元，作用主要是解决人与环境的统筹和谐发展问题。主体功能区是由主体功能区划演变得来的。

7.1.1.3　建设用地优化配置

土地资源的优化配置是一种现有用途转换或对土地做实体性演进的社会性过程，其实质是一个包含社会、经济、生态等综合因素在内的全面问题，土地资源配置是否合理，取决于研究的土地利用的方式与土地的自然特征是否相匹配，并且要实现社会经济和自然生态目标的统一。

西方学者 Benabdallah 等提出，土地资源优化配置是根据土地的特性及土地系统的原理来确定的，为了实现一定的生态环境最佳的目标，达到土地生态系统的相对平衡的状态，按照一定的科学技术手段和管理措施，对区域有限的土地利用状况，在不同的空间尺度上，进行多层次安排、设计、组合和布局以达到提高土地利用综合效益和效率的目标，以求土地资源的可持续利用。

根据土地资源优化配置的含义，建设用地优化配置的内涵可以概括为：在一定区域范围内，为了达到既定的社会、经济和生态目标，依据土地资源利用现状、土地自然特性和经济特性，利用科学的管理手段和先进的技术方法，对该区域内建设用地的数量、结构和布局进行时空尺度上的调控和安排，协调人地关系，促进经济建设与环境保护的协调发展，实现土地资源朝着可持续利用的状态演进。该表述概括了土地利用优化配置的 5 个要素，即时间、空间、用途、数量和效益，分别表明土地资源优化配置具有动态性、地域性、目的性、定量性和系统整体最优性。

就优化配置的过程而言，实际上是一整套为达到一定目标而进行的有计划的用地方式的选择及布局活动，是一个渐进的、动态的过程。作为土地资源的重要组成部分，建设用地是经济发展中非常重要的基础性资源，其优化配置效率的高低直接影响到对土地资源利用的效率。

综上所述，建设用地优化配置是对建设用地定量、定位、定序配置的统一，是根据地域分异，对区域建设用地数量、结构、空间分布的调控和安排，实现土地资源的可持续发展。

7.1.1.4 基本农田优化布局

从某种程度上说，基本农田的合理空间布局比其规模和指标更加重要。基本农田划定以“划优不划劣、划多不划少、划整不划零”为基本原则，依据这个原则，结合县域总体规划规定的指标，划定一定数量的基本农田。

由于规划期间重要基础设施建设、城镇发展将不可避免地占用一些基本农田，而且基于原基本农田划定工作本身存在一些不合理的情况，故把一些坡度大、质量差的耕地错误地划为基本农田，因此需要对这些与基本农田划定原则不符的耕地进行必要的调整。规划执行期间，部分一般农田经过低中产田改造，耕地质量已经大大提高，加上其集中连片性、良好的水利和水土保持设施的提升，需要对基本农田进行优化布局。

综上所述，基本农田优化布局就是对基本农田划定中存在的如“划优不划劣、划多不划少、划整不划零”等不合理的空间布局重新调整和安排，使其布局更加符合基本农田划定的原则，有利于实现基本农田的保护。

7.1.2 相关理论

7.1.2.1 区域空间结构理论

区域空间结构理论是一种动态的、总体的区位理论，是在古典区位理论的基础上衍生而来的。它是一定地区内社会经济因素各组成部分及其组合类型的空间位置关系和空间相互作用，以及反映这种关系的集聚规模和空间聚集程度的学说。这一理论研究的主要内容为：以城镇居民点为中心的土地利用结构；最佳企业的规模、居民点的规模、城市的规模和中心地的等级体系；经济社会发展各个阶段上的空间构型特点及其发展；社会经济体空间集聚的合理程度；空间相互作用，包括地区间的人流、物流、资金流，各级中心城市的吸附半径，改革、信息、技术知识的散播过程等。

区域空间结构是建立在不同区块差异性的基础上的，无论区域的初始“自然状态”如何，最终都要在这个基础上形成不同层次的功能区域。一个功能区的出现，不是独立的个别现象，而是一个整体分异现象。区域空间结构的整体性是以区域内部不同区块的分异为前提的。区域经济发展的一个重要标志是对“均质性”的突破程度，只有突破区域空间结构的均质性，区域才会有较高程度的专业化分工，才会有产业、居住的集聚和相应的区域功能分区。一个区域的功能区是区域整体的一个组成部分，并服务于区域整体，区域又以一个“整体”为区域外提供产品与服务。

7.1.2.2　地域分异规律理论

地域分异规律理论是最基本的区划工作理论。空间分布上的不均一性是地表环境最显著的特点之一。生态自然环境是人类生存与发展的重要条件，各组成成分及其相互作用所形成的自然综合体之间由于相互分化而产生的差别，形成了大自然的地域分异规律。自然地域分异探究强调综合性观点，这是由于每一个地域都是一个复杂的自然综合体，它的形成都由非地带性因素和地带性因素、历史因素和现代因素、外在因素和内在因素所控制，这些因素综合在一起造成区域结构和特点上的地域差异。另外，人类的生产生活方式、方向和程度及其对自然环境的影响也各不相同，以及衍生的经济和环境的矛盾与调节系统稳定性的手段、措施和途径都各不相同。区域复合系统的生态经济特征与功能的差异性是进行主体功能区划的前提。

地域主体功能区划的基础是地域分异，主体功能区划揭示了区域诸多因素客观存在的地域分异规律，地域分异因素为主体功能区划依据的选择提供了理论基础，同时也决定了主体功能区的空间布局及其分布结构。对地域分异规律的研究以往多重视自然地理环境，现在则注重整体研究与交叉研究，研究地球表面既涉及生态过程又包括社会过程的综合地域分异规律，这对从自然过程、社会过程的整体化以及综合化角度揭示地理环境的整体分异格局极为有利。资源环境承载力、生态功能现状开发强度和可持续发展能力，以及经济社会化发展方向和发展潜力等诸多方面的地区差异是划分主体功能区的重要因素，地域分异的因素既为研究区主体功能区划的选择提供理论基础，也决定了研究区的空间布局。

7.1.2.3　生态经济学理论

生态经济学理论是研究经济系统与生态系统协调发展以及共生发展规律的理论，是由生态、社会、人口、经济等子系统相互影响、相互制约而形成的具有特定结构功能的复杂系统。

生态经济系统作为生态经济学研究对象，其内涵具有以下特点：①生态经济是遵循生态规律和经济客观规律，依据生态经济系统的功能和结构，在先进适用的技术支持下，合理开发和高效、持续、循环利用各种物质资源和能量，以求经济社会又好又快发展与生态环境持续改善相互促进、有序循环的区域发展模式。它是妥善解决经济增长与生态环境恶化矛盾的必然选择。②生态经济是生态系统与经济系统保持动态平衡的经济。生态经济理论认为，在加快经济建设的同时也要重视生态建设，二者应同步建设、同步推进，既要防止“重经济建设轻生态建设”，又要防止“重生态建设轻经济建设”。强调经济发展和生态保护的统一，在满足当代人对生态环境和生活质量需要的前提下，确保社会经济又好又快发展，又不危及后代人满足其需要的条件和能力。③生态经济强调生态环境不仅为经济发展提供必要的空间，更重要的是其自身也是重要的经济资源和经济要素，强调经济发展必须重视生态保护和投入产出效益。从根源上讲，保护生态环境同样是发展生产力，要把生态环境建设作为区域生态系统可持续发展的重要内容和基本支撑点。

进行主体功能区区划是把生态经济理论应用在区域发展上的表现，主体功能区划分的主要原则之一是以资源环境承载力为前提，尊重客观自然规律，在空间格局上使人口分布、经济布局与自然资源环境相适应，使社会系统与自然经济系统协调发展，这是解决区域经济发展模式与生态环境进化的关键。通过划定限制开发区以及禁止开发区，对生态脆弱的地区进行特殊的环境保护，并建立相适应的生态补偿制度和财政转移支付制度，从而达到转变经济发展模式，促进经济活动与生态系统的良性循环、协调发展的目的。

7.1.2.4 土地利用配置理论

土地利用方式的优化配置是实现土地可持续利用、促进区域经济快速发展和经济与环境逐渐和谐的重要方法。

土地资源优化配置旨在有效地保护土地资源和科学合理地利用土地资源，其主要是针对土地资源的经济供给稀缺性以及土地利用中存在的不合理情况而提出来的。配置是一种手段和过程，目的在于把一定的土地利用方式与社会经济性、土地的适宜性进行合理比配。

土地资源优化配置以全面认识区域土地资源现状构成及存在问题为前提，根据土地资源的特性，利用一定的管理方式、空间布局和综合收益等的优化，达到一定的社会目标、经济目标和生态目标的最优化，保证人地系统的协调运转和发展的可持续，不断增强土地生态经济系统的功能。

7.1.3 主体功能区划下土地利用特点分析

传统区域发展理论中，划分区域多依据空间关系或行政区范围等，没有充分考虑到区域本身的资源特性、经济基础和社会条件，即未充分考虑各区域的自然资源承载能力和发展潜力，仅仅笼统地把各地区划分到其所属的行政区中，让它们接受相同的措施和行政政策，然后笼统地用经济指标去衡量各个地区，如此一来，就会致使各行政区域都想发展经济，盲目地攀比经济。最终导致国土资源开发无序混乱，对生态环境和自然资源的破坏越来越严重。

7.1.3.1 优化开发区内的土地利用

优化开发区是指提升区域竞争力的重要地区及人口和经济密集的区域，也是国土开发强度已经很高、资源环境承载能力已经开始减小的区域。由于该区域人地关系较为紧张，因此应加快转变经济增长方式，把提高效益和增长质量放在第一位，实现经济增长与环境改善协调发展。

在土地利用中应做到以下几点：积极盘活建设用地存量，严格控制建设用地增量，鼓励土地利用方式和模式创新以促进优化开发区内经济发展方式转变和产业结构升级，以提升国家竞争力。

7.1.3.2 重点开发区内的土地利用

重点开发区的提出，既落实了区域发展总体战略，拓展了发展空间，促进了区域的协调发展，也避免了经济发展过于依赖少数区域，减轻了其资源、人口、环境的压力。重点开发区域是指自然资源承载能力较强、人口集聚和经济条件较好的区域，是支援该地区经济发展的重要增长极。此类区域要构建基础设施，改善投资创业环境，鼓励产业集群发展，扩大经济规模，加速工业化和城市化，承接限制开发区域、禁止开发区域的人口转移和优化开发区的产业转移，逐步成为人口集聚和支撑地区经济发展的重要载体。

根据重点开发区的地位，将会有大量的用地需求。在土地利用过程中，应该做到：有效保障该区域聚集人口及经济的用地需求，适当加大建设用地供给量，提高存量建设用地利用效率，开拓建设用地新空间，促进重点开发区支柱产业的培养和经济总量的提高，促进经济和人口集聚能力的进一步提高。

7.1.3.3 限制开发区内的土地利用

限制开发区域是指资源承载能力较弱、生态环境恶化问题较严峻、较大区域范围生态安全受到威胁以及具有重要生态服务功能较弱的区域。该类区域要坚持保护优先、适度开发、点状发展，因地制宜地发展特色经济和生态经济，重视环境保护和生态修复，实现超载人口有序转移，逐步建成全国性或区域性的重要生态功能区。

在限制开发区内，应严格管理土地用途，强化耕地保护政策，坚持贯彻土地资源保护性开发，统筹管理土地资源开发与土地生态建设，促进限制开发区生态功能的恢复和提高，切实保护国家生态安全。严禁可能威胁到生态系统稳定的各类土地利用行为，严禁改变生态用地的土地利用用途；大力支持区域内各类生态建设工程，促进区域生态环境的修复与功能的提高。

7.1.3.4 禁止开发区内的土地利用

禁止开发区域是指依规程设立的各类保护区域。“十一五”规划纲要中明确禁止开发区包括风景名胜区、自然保护区、世界自然和文化遗产、国家地质公园和国家森林公园，还包括重要水源地和国家重点文物保护单位等。该类区域要依据法律法规的规定和相关的规划实行强制性的保护，严禁不符合主体功能定位的开发活动，控制人为因素对自然生态的干扰和对文化遗迹的破坏。

7.2 土地利用变化分析

7.2.1 研究区 PRED 现状分析

7.2.1.1 人口

卢龙县现辖 12 个乡镇、548 个行政村。其中 12 个乡镇分别为卢龙镇、石门镇、刘田各庄镇、潘庄镇、燕河营镇、双望镇、下寨乡、刘家营乡、陈官屯乡、木井乡、蛤泊乡、印庄乡，县域总面积为 955.82 km^2。据 2008 年年末统计，县域内总人口为 421 992 人，其中男性为 216 692 人，占 51.35%；女性为 205 300 人，占 48.65%。全县总人口中，非农业人口为 90 965 人，占全县人口总数的 21.56%；农业人口为 331 027 人，占全县人口总数的 78.44%。人口密度平均为 441.5 人/km^2。辽阔的行政区域、众多的人口资源为卢龙县的加速发展提供了有利条件。

7.2.1.2 资源

（1）土地资源

卢龙县土壤共分棕壤、褐土两个土类、4 个亚类、15 个土属、57 个土种。其中棕壤主要分布在县境北部沿长城一线海拔 350 m 以上的燕山低山区，西起刘家口北部，中经桃林口北部向东经重峪口北部与抚宁县境内的棕壤相连接，棕壤在境内呈东西长、南北窄的不规则带状分布。从海拔 350 m 等高线以下向南的大面积丘陵区、平原区，均为褐土分布区。低山丘陵区以坡耕地为主，普遍存在土地零散、干旱缺水、土壤肥力低下、耕层浅、土壤理化性状差、保水保肥能力低和水土流失严重等现象。山麓平原区耕地相对集中连片，基础条件较好，增产潜力大，但由于长期粗放经营，耕地质量逐年下降，农业生产条件较差，综合生产能力相对脆弱，水源不足、水肥不够协调等是影响该区潜力发挥的主要原因。

（2）动物资源及其栖息地

卢龙县的动物区系属温带森林—草原农田动物群，该县林地资源丰富，河道附近有大量滩涂，为野生动物提供了栖息地，也为迁徙动物提供了停留地。卢龙县动物资源较为丰富，其中白鹳、白鹤、丹顶鹤等被列为国家一级保护鸟类。

（3）矿产资源

卢龙县的矿产资源丰富。已初步探明金属和非金属各类矿产共34种，矿产产地137处，以砂石为主。碳酸钙含量80%以上的石灰石储量1.2亿t，建筑砂储量3.4亿t，花岗岩储量30万m^3，白云石、硅石、重晶石等储量也很丰富。铁、金、油母页岩等也有一定储量。主要矿产资源具有很好的开发条件。

7.2.1.3　植被

植被类型、种类和生长量等是土地生产力大小的重要体现，其本身也是土地景观特征的重要代表。同时，植被在水分等物质的地质大循环基础上起着重要的生物小循环作用，是构成土地资源环境的重要生态要素，影响土地利用的综合效益，尤其是生态效益、社会效益。卢龙县内没有天然林，森林覆盖率为31.5%，主要分布在燕河营镇、刘田各庄镇、潘庄镇和卢龙镇。该县植被种类主要为人工栽培植物种，主要植被类型为人工针叶林、阔叶林、灌木林、经济林和农作物。其中乔木用材林主要有油松、刺槐、杨树、柳树等；经济林主要有葡萄、核桃、苹果、桃、梨等；灌木林主要有紫穗槐、酸枣、荆条等。

7.2.1.4　发展

卢龙县作为农业大县，自改革开放以来，经济取得了快速发展，人均GDP呈现持续上升趋势。2008年全县实现生产总值56.2亿元，同比增长8.5%；人均生产总值13 221元，同比增长8.2%；卢龙县对农业经济结构进一步调整，农林牧渔业全面发展，重点发展甘薯、酒葡萄、畜牧养殖3条主线，培育蔬菜、油料、果品3条辅线，取得了较高收益；同时该县工业生产稳步发展，成为推动全县经济增长的主要支柱，形成了以建材、机械制造、化工、干红葡萄酒、甘薯加工为主的工业体系。

当今卢龙县仍处于城市化和工业化的初级阶段，在未来较长一段时期内，卢龙县将坚持以科学发展观统领经济社会发展全局，着力发展环境友好型县域工业、环保型装备制造业和现代制造业，形成产业聚集，使其成为环渤海经济圈内具有示范效应的清洁制造中心和县域工业基地，保障国民经济和各项社会事业持续、全面、可协调发展。

（1）经济发展

卢龙县实现经济健康快速发展，结构进一步优化。截至 2008 年年末，全县实现国内生产总值 562 110 万元，其中第一产业增加值为 146 559 万元，第二产业增加值为 154 209 万元，第三产业增加值为 261 342 万元；人均生产总值为 13 221 元；财政收入为 34 251 万元（不含基金收入）。产业结构进一步优化，三次产业比例调整到 26.1∶27.4∶46.5，区域特色产业格局已基本形成。如图 7-1 所示。

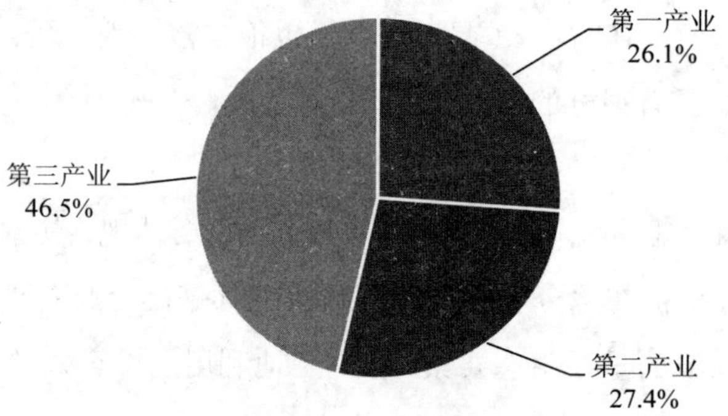

图 7-1　卢龙县三次产业结构比例

（2）农业发展

卢龙县农产品竞争力不断提高，农村基础设施条件进一步改善。全县 2008 年农林牧副渔总产值 187 241 万元，2004 年种植业生产获得丰收，粮食总产量 22.9 万 t。卢龙县主要以种植甘薯、玉米等农作物为主，甘薯产业已具有相当规模，有中国“甘薯之乡”之称。畜牧业生产发展较快，已成为农业发展和农民增收的一个重要支撑点和增长点。2008 年年末，农业产业化经营率达到 53.5%。

（3）工业发展

卢龙县工业生产稳步发展，成为推动全县经济增长的主要支柱。形成了以建材、机械制造、化工、干红葡萄酒、甘薯加工为主的工业体系。2008 年全年，工业完成增加值 15.30 亿元，其中规模以上工业实现增加值 7.37 亿元。农副食品加工业、医疗制造业、非金属矿物制品业、黑色金属冶炼及压延加工业分别实现增加值 4 015 万元、5 895 万元、10 485 万元、32 868 万元。

（4）交通运输和邮电通信业发展

卢龙县交通运输和邮电通信业保持稳步增长，2004 年全年完成增加值 4.53 亿元。2004 年年末全县公路通车里程达到 1 586.34 km，其中国家级公路 53.45 km，省级公路 31.1 km，县级公路 131.82 km，乡级公路 317.86 km，村级公路 1 038.49 km。有路面里程达到 1 044.22 km。邮电通信业迅速发展，2004 年完成邮电业务总量 1 563 万元，年末交换机总容量 6.32 万门，移动电话用户 199 575 户。

7.2.1.5　土地利用结构与分布

（1）土地利用结构现状

根据 2008 年全国第二次土地调查，卢龙县全县土地总面积为 95 582.55 hm^2，其中农用地、建设用地和未利用地面积依次为 66 288.38 hm^2、11 829.72 hm^2、17 464.45 hm^2，占土地总面积比例分别为 69.35%、12.38%、18.27%，如图 7-2 所示。

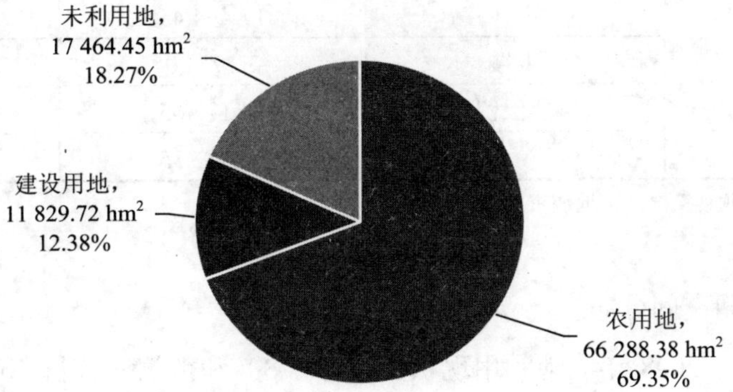

图 7-2　卢龙县 2008 年土地利用结构图

从表 7-1 的统计结果中可以看出，卢龙县农用地、建设用地和未利用地三大类用地中，农用地的比重最高，未利用地次之，建设用地的面积最少。而农用地中耕地、林地所占的比重最大，这与当地自然地貌、农业产业结构有较大关系；建设用地中农村居民点占的比重较大，交通运输用地次之；其他土地中自然保留地占的比例较大，面积达到 14 172.65 hm^2。

表 7-1 2008 年卢龙县土地利用现状

土地利用类型		面积/hm^2	比重/%
农用地	小计	66 288.38	69.35
	耕地	44 026.77	46.06
	园地	6 983.65	7.31
	林地	9 493.86	9.93
	其他农用地	5 784.10	6.05
建设用地	小计	11 829.72	12.38
	城镇用地	972.54	1.02
	农村居民点	8 833.87	9.24
	独立工矿用地	736.78	0.77
	特殊用地	73.29	0.08
	交通运输用地	1 087.46	1.14
	水利设施用地	125.78	0.13
其他土地	小计	17 464.45	18.27
	水域	3 291.80	3.44
	自然保留地	14 172.65	14.83
合计		95 582.55	100.00

数据来源：2008 年卢龙县第二次土地调查数据。

（2）土地利用空间分布

通过对卢龙县 2008 年土地利用现状图（图 7-3）和数据库分析，可知卢龙县土地分布具有以下特点：

①耕地。卢龙县耕地主要分布在地貌类型较好的中部和南部地区，北部的低山丘陵地区分布相对较少。根据退耕还林政策的要求，卢龙县对坡度较大的耕地实施了生态退耕，根据第二次土地调查结果，卢龙县坡度大于 25°的耕地仅有 1 hm^2，坡度为 15°～25°的耕地为 457.76 hm^2。

②林地。林地分布受地貌和人类活动影响较大，卢龙县林地主要分布在燕河营镇、刘田各庄镇、潘庄镇和卢龙镇等乡镇，西南部平原地区的林地面积很少。近年来，由于某些自然经济因素的影响，部分林地变为葡萄园地或河流水面用地，导致该县林地呈现减少的趋势。

③建设用地。卢龙县城镇及工矿用地面积较大的乡镇有卢龙镇、石门镇、木井乡和刘田各庄镇，该县居民点分布较为分散。

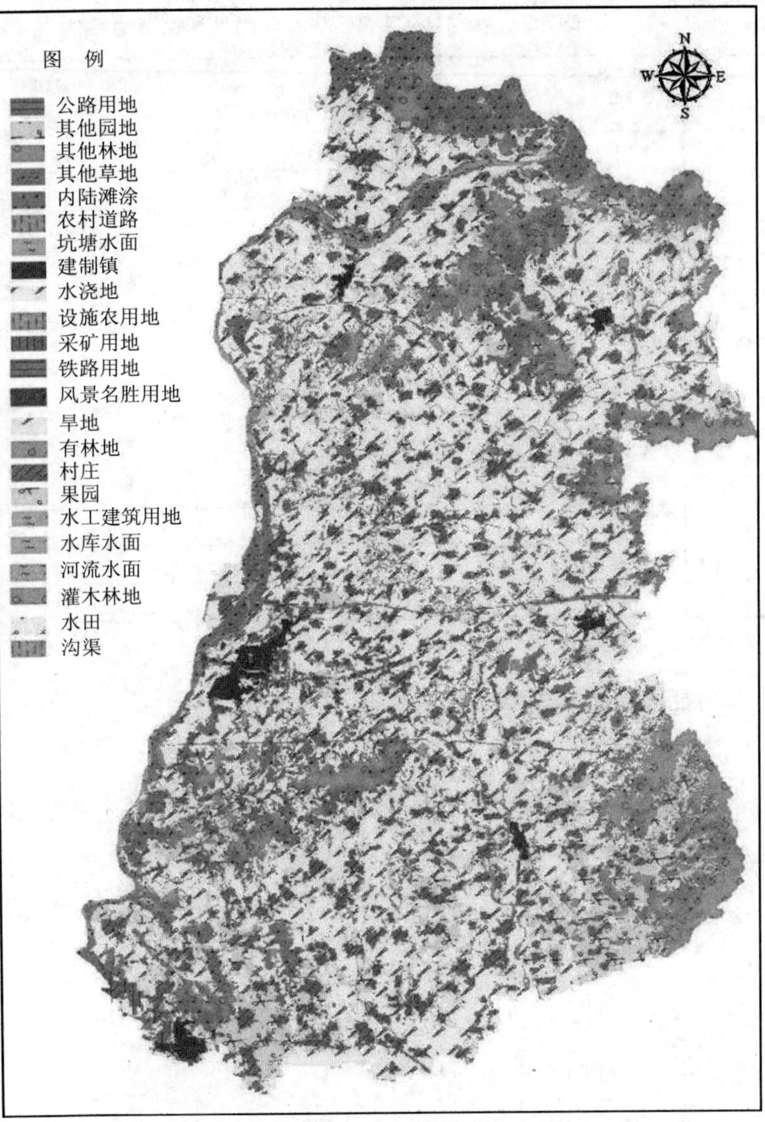

图 7-3　2008 年卢龙县土地利用现状图

7.2.2　土地利用计量经济学分析

某区域内各种地类及其面积比例构成关系是土地利用数量空间结构的重要方面，一定的经济结构和产业结构都将通过相应的用地结构得到反映，土地利用特征能反映区域内各个土地利用类型的数量组合规律和各地类的区位意义。从数量结构总体组合类型、土地利用综合程度以及各地类区位意义 3 个方面，选取具有明确社会经济意义的相关定量指标，能够准确地反映土地利用的社会经济属性和数量结构特征。

表 7-2 卢龙县各乡镇 2008 年土地利用数量结构 单位：hm^2

乡镇名称	耕地	园地	林地	其他农用地	城镇居民点及工矿用地	交通用地	水利设施用地	水域	未利用地
卢龙县	46.06	7.31	9.93	6.05	11.03	1.14	0.13	3.44	14.83
卢龙镇	43.53	3.34	8.87	6.58	14.29	1.82	0.04	8.51	12.98
石门镇	33.69	13.73	6.70	5.67	15.31	0.96	0.09	3.24	20.56
木井乡	57.38	8.36	1.02	5.78	16.30	0.83	0.00	2.46	7.80
蛤泊乡	42.39	22.77	7.89	4.10	14.75	0.87	0.01	2.35	4.80
刘田各庄镇	36.76	13.74	17.62	5.94	10.27	0.69	0.09	1.30	13.53
下寨乡	56.25	2.67	7.14	7.91	12.20	1.85	0.50	1.51	9.90
双望镇	58.02	2.18	4.27	8.35	9.67	1.66	0.91	1.49	13.41
印庄乡	62.50	2.82	3.68	6.66	10.10	1.82	0.02	2.74	9.55
陈官屯乡	51.98	4.22	10.22	5.69	9.17	0.72	0.01	2.06	15.75
燕河营镇	43.06	5.12	18.67	5.12	7.55	0.82	0.00	2.08	17.55
潘庄镇	46.10	6.38	12.12	6.86	7.14	1.22	0.04	6.09	14.00
刘家营乡	31.85	3.60	12.40	3.70	6.82	0.47	0.03	5.61	35.38

7.2.2.1 各主体功能区土地利用结构总体分析

（1）土地利用结构多样化分析

土地利用结构多样化分析的目的是分析区域内各种类型土地资源的多样化状况或齐全的程度，普遍运用吉布斯-马丁（Gibbs-Mirtin）多样化指数来确定，其模型为

$$GM = 1 - \sum f_i^2 / \left(\sum f_i\right)^2 \quad (7\text{-}1)$$

式中：GM —— 多样化指数；

f_i —— 第 i 种土地利用类型的面积。

多样化指数越小，说明该区域的土地利用类型越少，齐全程度越低（图 7-4）。若土地均匀地分布在各种类型中，则多样化指数为 1；若某一地区只有一种土地类型，则多样化指数为 0；但 GM 的值会受土地利用类型数的干扰，一般地，当有 N 种土地利用类型时，其最大值为（N−1）/N。

从表 7-3 中可以看出，全县各主体功能区内土地利用多样化指数平均值为 0.733，土地利用类型数量结构多样化特征明显，各乡镇的多样化指数为 0.582～0.793，其中石门镇的多样化指数最大，为 0.793，印庄乡的多样化指数最小，为 0.582。

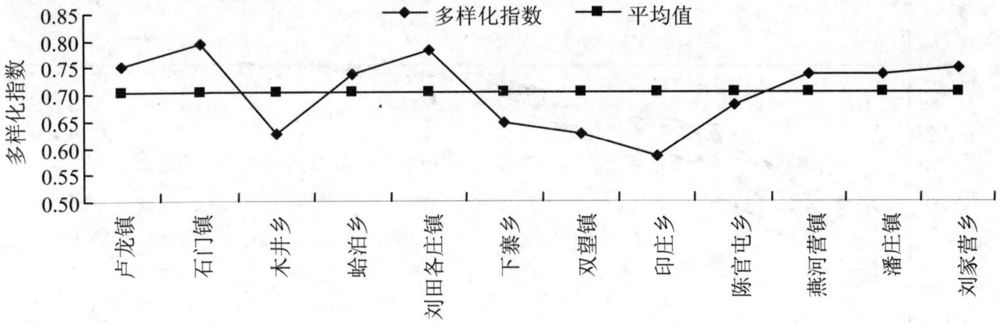

图 7-4 各乡镇多样化指数比较图

表 7-3 卢龙县各乡镇多样化指数、集中化指数及组合类型表

乡镇名称	多样化指数	集中化指数	组合系数	组合类型数	组合类型
卢龙县	0.733	0.000	134.086	2	耕地，未利用地
卢龙镇	0.752	−0.126	84.181	2	耕地，未利用地
石门镇	0.793	−0.140	284.087	2	耕地，未利用地
木井乡	0.627	0.232	284.893	2	耕地，未利用地
蛤泊乡	0.736	−0.178	65.781	2	耕地，未利用地
刘田各庄镇	0.782	−0.156	175.308	2	耕地，未利用地
下寨乡	0.646	0.181	299.869	2	耕地，未利用地
双望镇	0.626	0.260	523.430	2	耕地，未利用地
印庄乡	0.582	0.352	642.011	2	耕地，未利用地
陈官屯乡	0.681	0.212	318.227	2	耕地，未利用地
燕河营镇	0.737	0.021	160.637	2	耕地，未利用地
潘庄镇	0.736	−0.081	117.140	2	耕地，未利用地
刘家营乡	0.748	−0.007	626.140	2	耕地，未利用地

（2）土地利用结构集中化分析

为了测量土地利用类型的集中化程度，本书采用洛伦兹（Lorenz）曲线和集中化指数（I）。

①洛伦兹曲线。地理现象在区域上的集中程度主要通过洛伦兹曲线度量。美国学者 Lorenz M 首先提出洛伦兹曲线，是经济学上研究地区之间财富不平等或收入差距的一种分析手段，它利用频率累计数绘制成的曲线来刻画其集中或分散的程度。利用这一原理可以分析土地利用类型分布的均衡性。首先根据土地调查数据分别计算出某一区域内不同的土地利用类型占土地总面积的百分比，将它们由大到小排列起来，然后计算累计百分比并据此绘出曲线，最后对曲线进行比较，得出结论（图 7-5）。

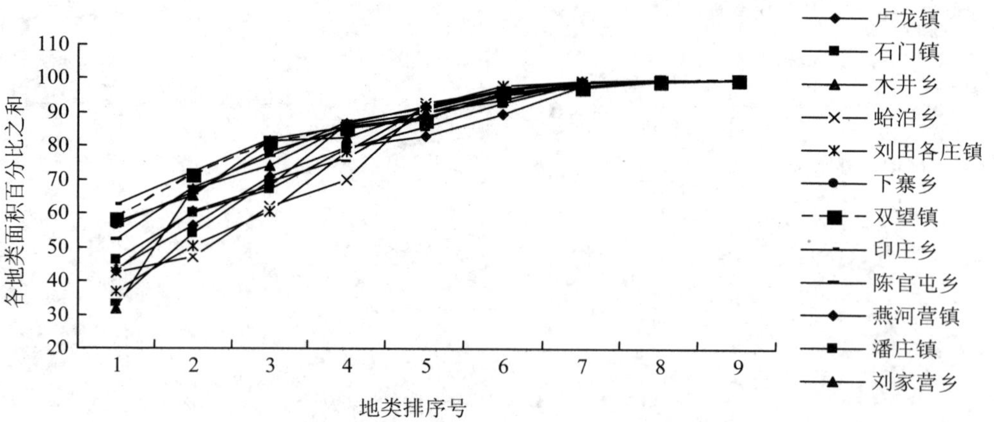

图 7-5　各主体功能区土地利用洛伦兹曲线

地类排序号 1 为耕地，2 为未利用地，3 为居民点及工矿用地，4 为林地，5 为园地，6 为其他农用地，7 为水域，8 为交通用地，9 为水利设施用地。由图 7-5 可知，蛤泊乡洛伦兹曲线在前两个地类发生明显的转折，其余各主体功能区洛伦兹曲线增长平稳。其中蛤泊乡和刘田各庄镇的集中化程度较低。

②集中化指数。集中化指数的优点在于能精确地度量区域土地利用类型的集中化程度，其计算模型为

$$I_i = (A_i - R)/(M - R) \tag{7-2}$$

式中：I_i —— 第 i 个区域的土地集中化指数；

A_i —— 第 i 个区域各种土地类型累计百分比之和；

R —— 更高一层次区域各种土地类型的累计百分比之和；

M —— 土地集中分布时的累计百分比之和。

由图 7-6 可知，全县土地利用集中化程度偏低，平均值为 0.047 5。蛤泊乡、刘田各庄镇、卢龙镇、石门镇等乡镇集中化程度较低，木井乡、下寨乡、双望镇、印庄乡及陈官屯乡的集中化程度较高，多样化指数与集中化指数呈负相关关系。

（3）土地利用组合类型分析

为了确定区域土地利用组合类型，本书采用威弗-托马斯（Weaver-Thomas）组合系数法。该方法原理是利用土地假设分布（假设相对面积百分比）逐步逼近实际分布（实际相对面积百分比），得到最接近实际分布的土地利用组合类型。

全县各乡镇土地利用组合类型基本相同，且较为完备，均包含耕地、未利用地，卢龙县土地利用整体功能相对较强。

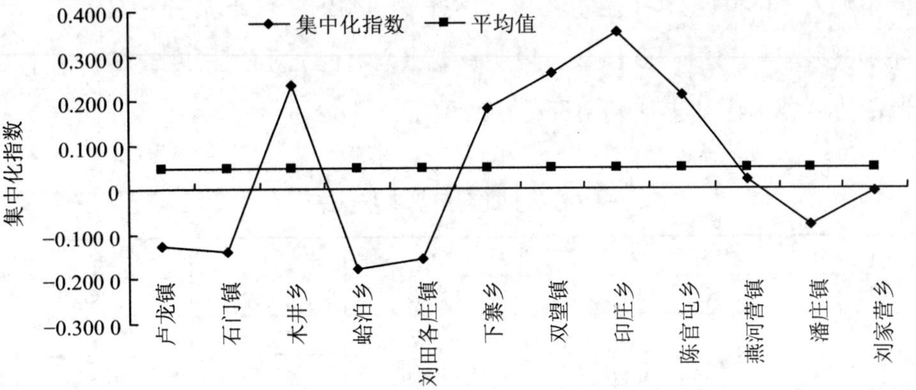

图 7-6　集中化指数比较图

7.2.2.2　土地利用程度综合分析

土地利用程度不仅反映了土地利用中土地自身的自然特征，也反映了人类因素与自然环境因素的综合效应，主要反映土地利用的广度和深度。刘纪远等在《西藏土地利用》一书中，从生态学的角度出发，提出了土地利用程度的综合分析方法，即将土地利用程度按照土地自然综合体在社会因素影响下的自然平衡状态分为 4 级，并赋予分级指数，从而给出土地利用程度的定量表达式（表 7-4）。

表 7-4　土地利用类型及分级表

土地利用类型		分级指数
未利用地级	未利用地或难利用地级	1
林、草、水用地级	林地、草地、水域	2
农业用地级	耕地、园地、人工草地	3
城镇聚落用地级	城镇、居民点、工矿用地、交通用地	4

$$L_j = 100 \times \sum_{i=1}^{n} A_i \times C_i \tag{7-3}$$

式中：L_j—— 某研究区域土地利用程度综合指数；

A_i—— 研究区域内第 i 级土地利用程度分级指数；

n—— 土地利用程度分级数；

C_i—— 研究区域第 i 级土地利用程度分级面积百分比。

由表 7-5 可知，全县各地类中，分级指数为 3 的土地利用类型比重较大，为 39%～72%，即全县耕地面积较大。全县各乡镇土地利用程度指数为 218.14～297.84，县级土地利用程度指数为 269.04，其中有卢龙镇、木井乡、蛤泊乡、下寨乡、双望镇、印庄乡 6 个乡镇高于县级土地利用程度指数，说明卢龙县总体土地利用程度较高。由于刘家营乡未利用地占比例较大，其土地利用程度指数偏小。

表 7-5 土地利用类型指数表

单位：%

乡镇名称	1	2	3	4	L
卢龙县	14.83	13.38	59.42	12.30	269.04
卢龙镇	12.98	17.37	53.44	16.15	272.64
石门镇	20.56	9.94	53.09	16.35	265.10
木井乡	7.80	3.48	71.52	17.13	297.84
蛤泊乡	4.80	10.24	69.27	15.63	295.60
刘田各庄镇	13.53	18.92	56.45	11.05	264.92
下寨乡	9.90	8.65	66.84	14.55	285.91
双望镇	13.41	5.75	68.55	12.24	279.53
印庄乡	9.55	6.42	71.97	11.94	286.06
陈官屯乡	15.75	12.28	61.89	9.90	265.58
燕河营镇	17.55	20.75	53.30	8.37	252.42
潘庄镇	14.00	18.20	59.34	8.40	262.02
刘家营乡	35.38	18.01	39.15	7.32	218.14

7.2.2.3 各地类区位意义分析

土地结构的组合类型是从区域内部结构来对土地的整体性进行分析，但它不能充分反映该区域土地的综合区位意义。利用区位指数分析区域土地的意义在于其可以反映某一地区各种土地相对于高层次区域空间的相对聚集程度。如果 $Q_i>1$，说明该种土地利用类型相对于高层次区域空间是集聚的，是主要的土地利用类型且分布较广，则该种土地利用类型具有区位意义；反之则不具有区位意义。

$$Q_i=\left(f_i/\sum f_i\right)/\left(F_i/\sum F_i\right) \tag{7-4}$$

式中：Q_i—— 区位指数；

f_i—— 区域内第 i 种土地的面积；

F_i—— 高层区域内第 i 种土地的面积；

$\sum f_i$ —— 该区域内各种土地类型的面积之和；

$\sum F_i$ —— 高层次区域内的各种土地利用类型的面积之和。

若 $Q_i>1$，则该种土地具有区位意义。

由表 7-6 可知，耕地在木井乡、下寨乡、双望镇、印庄乡、陈官屯乡和潘庄镇 6 个乡镇均有区位意义。园地在石门镇、木井乡、蛤泊乡和刘田各庄镇有区位意义；林地在刘田各庄镇、陈官屯乡、燕河营镇、潘庄镇、刘家营乡有区位意义。对于其他农用地，卢龙镇、下寨乡、双望镇、印庄乡和潘庄镇有区位意义。对于未利用地，由于刘家营乡比例较大，所以对刘家营乡有很大的区位意义。

表7-6 卢龙县各乡镇土地利用区位指数表

乡镇名称	耕地	园地	林地	其他农用地	城镇、居民点及工矿用地	交通用地	水利设施	水域	未利用地
卢龙县	1.000 0	1.000 0	1.000 0	1.000 0	1.000 0	1.000 0	1.000 0	1.000 0	1.000 0
卢龙镇	0.945 0	0.456 7	0.892 6	1.087 0	1.295 3	1.598 4	0.322 3	2.470 5	0.875 1
石门镇	0.731 4	1.879 6	0.674 3	0.936 8	1.387 6	0.840 7	0.657 7	0.940 4	1.386 4
木井乡	1.245 8	1.144 6	0.102 5	0.955 1	1.477 4	0.730 4	0.006 6	0.714 2	0.525 9
蛤泊乡	0.920 3	3.116 4	0.794 1	0.678 1	1.336 9	0.765 8	0.101 2	0.683 0	0.323 6
刘田各庄镇	0.798 1	1.880 7	1.773 5	0.981 8	0.930 6	0.610 2	0.720 5	0.378 1	0.912 7
下寨乡	1.221 2	0.365 8	0.718 5	1.307 4	1.106 4	1.624 9	3.798 4	0.438 2	0.667 4
双望镇	1.259 5	0.299 0	0.429 5	1.379 9	0.876 8	1.459 8	6.900 0	0.431 2	0.904 5
印庄乡	1.356 8	0.385 3	0.370 5	1.100 5	0.915 8	1.599 2	0.141 2	0.795 1	0.643 8
陈官屯乡	1.128 5	0.577 3	1.028 6	0.940 8	0.831 2	0.635 5	0.057 4	0.599 1	1.061 9
燕河营镇	0.934 8	0.700 9	1.880 1	0.846 1	0.684 3	0.718 7	0.016 2	0.603 4	1.183 3
潘庄镇	1.000 8	0.873 1	1.220 0	1.133 9	0.647 1	1.074 6	0.292 3	1.767 0	0.944 0
刘家营乡	0.691 4	0.493 1	1.248 3	0.611 9	0.618 5	0.414 5	0.208 6	1.628 9	2.385 8

7.2.3 土地利用存在的问题

7.2.3.1 土地利用结构不合理

卢龙县在土地利用结构上，土地利用率为81.73%，农用地比例较大，为69.35%，其中生态效益较高的林地占总面积的9.93%。居民点用地的比重高于秦皇岛市平均水平，工业用地布局松散，用地粗放，难以体现土地的级差经济效益。同时，由于与居住区等其他用地交错布局，在一定程度上影响了整体的经济效益、环境效益和社会效益，直接影响企业产业结构的优化升级和改造，不利于基础设施的配套建设，难以发挥集聚效应。

7.2.3.2 土地利用供需矛盾加剧

耕地面积逐年减少，耕地与建设用地的矛盾日益增加。由于经济建设发展的需要，非农建设用地占用耕地速度较快，主要表现为国有建设及乡镇企业占地较快，耕地锐减。近年来，卢龙县社会、经济、环境各方面情况发生了很大变化，致使城区和镇区空间扩张的压力不断增大，耕地保护与其他用地，特别是建设用地的矛盾日益增加。

7.2.3.3 土地利用效益不高

统计数据表明，卢龙县的第二产业比重一直较低，经济结构还是以农业为主，工业化、城镇化水平低，服务业发展层次低。单位土地面积国内生产总值也远低于滦县、昌黎县等邻近县；单位土地面积工业产值也低于秦皇岛市的平均水平，说明卢龙县的土地利用经济效益仍然处于偏低水平。

7.2.3.4 建设用地利用程度不高

2008 年全县农村人口人均村庄用地高达 209.65 m^2，超过《村镇规划标准》（GB 50188—93）规定的人均 150 m^2 的上限指标，农村居民点由于建新房不拆旧房、低层建筑容积率低、建设用地利用效率普遍较低，造成农村居民点的面积不断扩大，部分已形成空心村，建设用地浪费严重；国营工矿建设和生产造成的废弃地仍得不到有效利用；城镇内部利用结构不合理，功能混乱、布局分散，造成各类建设用地混杂、土地集约利用率低。建设用地内涵开发潜力很大，但整理任务艰巨。

7.2.3.5 生态环境需要加大重视力度

近年来，卢龙县的经济发展迅速，小型乡镇企业和私营厂矿大量出现，给周边环境带来了一定的影响。部分荒山没有绿化，导致了严重的水土流失，降低了生态质量，影响了农业的高产稳产。人为因素造成的水土流失也日益严重，局部地区甚至出现边治理边破坏的现象，造成森林的生态功能不强，全县生态环境局部有所改善，但整体恶化的趋势尚未根本扭转。

因此，协调耕地保护与建设用地之间的矛盾，合理安排建设用地规模已经成为卢龙县亟待解决的问题。

7.3 空间适宜性评价分区

空间适宜性评价是根据空间合理布局的目标，针对某种或某几种特定空间布局方式，评价所设定的空间布局方式的适宜程度。空间结构是区域发展状态的重要方面，最优的空间结构才能达到最佳功能。通过空间适宜性评价，改善和优化空间结构，提高空间经济效益是加快经济社会发展的重要途径。空间适宜性评价本着优化空间的主旨，以人口、资源、环境和发展（Population，Resource，Environment and Development，PRED）协调为理念，量化评价单元的适应性分值。

7.3.1　空间适宜性评价

7.3.1.1　空间适宜性评价模型选择

空间适宜性评价单元对资源环境的要求通常可以分为3类：第1类评价单元必须满足最低要求，而且越丰富越好；第2类是在评价单元需要的资源可供给的范围内存在一个适宜区间（既不能高于某个值，也不能低于一定值），资源供给过少及过多均将成为限制因素。第3类即评价单元的现状资源状况越低越好。

对第1种情形，有

$$X_i = \begin{cases} 0, & S_i < D_{i\min} \\ \dfrac{S_i}{D_{i\,\mathrm{opt}}} & D_{i\min} < S_i < D_{i\,\mathrm{opt}} \end{cases} \tag{7-5}$$

式中：X_i——第i种资源的适宜度指数；

S_i——第i种资源现状的测度；

D_i——对第i种资源要求测度；

$D_{i\min}$——第i种资源要求的低限；

$D_{i\,\mathrm{opt}}$——第i种资源理想要求值。

对于第2种资源要求情形，有

$$X_i = \begin{cases} 0, & S_i \leqslant D_{i\min} \text{与} S_i \geqslant D_{i\max} \\ \dfrac{S_i - D_{i\min}}{D_{i\,\mathrm{opt}} - D_{i\min}} & D_{i\min} < S_i \leqslant D_{i\,\mathrm{opt}} \\ \dfrac{D_{i\max} - S_i}{D_{i\max} - D_{i\,\mathrm{opt}}} & D_{i\,\mathrm{opt}} < S_i < D_{i\max} \end{cases} \tag{7-6}$$

式中：$D_{i\max}$——资源要求的上限；

其他符号与式（7-5）意义相同。

对于第3种资源要求情形，有

$$X_i = \begin{cases} 1, & \\ 1 - \dfrac{S_i - D_{i\max}}{D_{i\min} - D_{i\max}} & D_{i\min} < S_i \leqslant D_{i\max} \\ 0 & S_i > D_{i\min} \end{cases} \tag{7-7}$$

式（7-7）中的符号意义与式（7-5）、式（7-6）相同。

采用指数和法与 Shefold 限制性定律相结合的方法构建空间适宜性评价模型，具体公式如下：

$$F=\left(\prod_{i=1}^{n}f_i\right)^{\frac{1}{n}}\sum_{i=1}^{n}w_i\cdot f_i \tag{7-8}$$

式中：F—— 土地利用适宜性综合分值；

n—— 环境空间维数；

f_i—— 第 i 个因子的土地利用适宜度值；

w_i—— 第 i 个因子的权重。

7.3.1.2 评价指标选取原则

合理地选取评价因子是进行空间适宜性评价的前提。由于自然资源、生态环境、社会经济等众多因素都将影响适宜性评价结果，因此应选取多领域的评价因子进行全面、系统的分析。从研究模型的可操作性出发，要选取适宜个数的评价因子，因为对于评价体系来说，若选取过多的评价因子，既增加了工作量，也会使评价结果发生误差。在具体选择评价因子时应遵循如下原则：

①持续性原则。持续性的含义是指持续的土地利用，土地资源可持续利用是指在满足自身发展条件的同时不损害其他区域的发展能力，而且在考虑当代人发展需要的同时，不危及后代人的发展。在评价中应考虑土地用途改变引起的土地质量的变化，考虑土地退化和土地污染的危险。

②可度量性、可比性、可操作性原则。可度量性是指选取的指标可以用数学算法将其量化，以达到书中使用的要求；可比性是指在时间和空间角度上选取的指标具有可度量的依据；可操作性要求指标体系最终能被采纳，反映某一因素的现状和变化趋势。

③代表性、综合性原则。选定的各个因子应该具有某个方面的典型代表性，避免选取意义相近或重复的指标。选取的因子应覆盖自然、社会、生态等多方面的指标，从多个角度综合考虑。

④相对稳定性原则。所选取的评价指标应该具有相对稳定性，短期内不会发生较大的变化，避免影响评价结果的合理性。

7.3.1.3 评价指标体系构建

空间开发适宜性评价关系到未来空间布局的合理性。因此在设置评价指标体系时，以人口、资源、环境和发展协调为理念，从农业发展适宜度、城镇建设适宜度、生态环境适宜度 3 个方面筛选评价因子。而每个因子又不是由单一的指标来体现的。因此，为了保证评价指标体系的层次性、科学性，建立以下指标体系：

①目标层：空间适宜性评价分值。

②准则层：影响空间适宜性分值的因子。

③指标层：反映准则层各个因子的指标。

7.3.1.4　指标权重的确定

区域空间适宜性评价采用层次分析法确定各指标的权重值。计算过程及结果如下：

①建立递阶层次结构。

②构造两两比较判断矩阵。

在建立递阶层次结构以后，上下层次之间元素的隶属关系就被确定，对它们两两进行评比，构建判断矩阵。在这一步骤中，决策要反复回答问题，针对指标 Ch 两个元素 A_i 和 A_j 哪一个更重要些，重要多少，需要对重要多少赋予一定数值。这里使用 1～9 的比例标度，其含义见表 7-7。

表 7-7　标度的含义

代码	含义
1	表示两个元素相比，具有同样重要性
3	表示两个元素相比，一个元素比另一个元素稍微重要
5	表示两个元素相比，一个元素比另一个元素明显重要
7	表示两个元素相比，一个元素比另一个元素强烈重要
9	表示两个元素相比，一个元素比另一个元素极端重要
2、4、6、8	为上述相邻判断中的中值

③计算单一指标下元素的相对权重。这一步骤解决在指标 Ch 下，n 个元素 A_1，…，A_n 排序权重的计算问题，并进行一致性检验，对 A_1，…，A_n 通过两两比较得到判断 A，解特征根问题。

$$AW=\lambda_{\max}W \tag{7-9}$$

所得到的 W 经正规化后作为元素 A_1，…，A_n 在指标 Ch 下排序权生，这种方法被称为排序权向量计算的特征根方法。

④计算一致性比例 CR。

$$CR=CI/RI \tag{7-10}$$

当 CR＜0.1 时，一般认为判断矩阵的一致性是可以接受的。

为了得到递阶层次结构中每一个层次中的所有元素相对于总目标的相对权重，需要对第三步的计算结果进行适当的组合，并进行总的判断一致性检验。这一步骤是由上而下逐层进行的。最终计算结果得出最低层次元素，即方案优先顺序的相对权重和整个递阶层次模型的判断一致性检验，在此基础上咨询专家对结果进行微调。

⑤空间适宜性评价指标权重见表 7-8。

表 7-8 土地利用功能分区适宜度评价指标体系

目标层	准则层	指标层	因子权重
空间适宜性评价分值	农业发展适宜度（A）	坡度（x_1）	0.2
		农用地质量等级（x_2）	0.3
		耕地连片程度指数（x_3）	0.2
		耕地综合生产力优势指数（x_4）	0.3
	城镇建设适宜度（B）	交通便捷度（x_5）	0.3
		人口密度（x_6）	0.2
		人均居民点面积（x_7）	0.2
		城镇工矿用地比例（x_8）	0.3
	生态环境适宜度（C）	林地连片程度（x_9）	0.2
		水源涵养（x_{10}）	0.3
		地质灾害（x_{11}）	0.3
		植被覆盖（x_{12}）	0.2

7.3.1.5 评价指标量化分析

由于各项评价指标之间相互独立，且不具有可比性，所以使用之前要对其采取标准化处理，使其成为一些具有统一量纲的可比数据，本书指标的量化是在对区域社会条件、自然条件调查研究以及查阅相关文献资料并与专家交流和反复论证的基础上得出的，具体过程如下。

（1）坡度

地面坡度不仅影响农林牧用地的分布、水土流失状况，还对工业、交通和城乡建设用地的布局有一定的影响。通常情况下，地表起伏越大，坡度越陡，则土地的侵蚀程度越强，这也会在一定程度上加剧水土流失，农田基本建设、农业水利化、机械化的难度加大（图 7-7）。可采用分段函数对其进行量化处理。

$$Y_1 = \begin{cases} 0, & x_{1i} > 26 \\ \dfrac{25 - x_{1i}}{25 - x_{1\min}}, & x_{1i} \leqslant 25 \end{cases} \tag{7-11}$$

式中：Y_1 —— 坡度的适宜度值；

x_{1i} —— 现实坡度值；

$x_{1\min}$ —— 现实坡度最低值；

25 —— 坡度限制临界值。

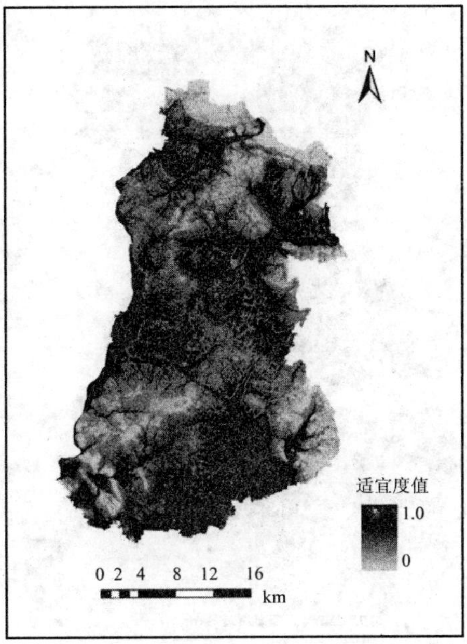

图 7-7　坡度适宜性评价指标量化分析

（2）农用地质量等级

农用地等级是对影响土地质量的自然条件和经济条件进行的农用地质量综合评定，反映了农用地潜在的、现实的区域自然质量、平均利用水平和平均效益水平。不同等级的农业用地应采取相应的土地利用方式，也将产生不同的生产、生活效果。农用地质量等级是通过农用地质量分评价得到，选取的参评因子包括有效土层厚度、表层土壤质地、剖面构型、坡度、灌溉保证率、土壤有机质含量等，依据《农用地分等规程》，进行量化处理。农用地质量等级评价因子及权重见表 7-9，耕地质量等级适宜性评价指标量化分析见图 7-8。

表 7-9 农用地质量等级评价因子及权重

评价因子	权重	评价因子	权重
表层土壤质地	10	有效土层厚度	25
灌溉保证率	26	土壤有机质含量	6
坡度	25	剖面构型	

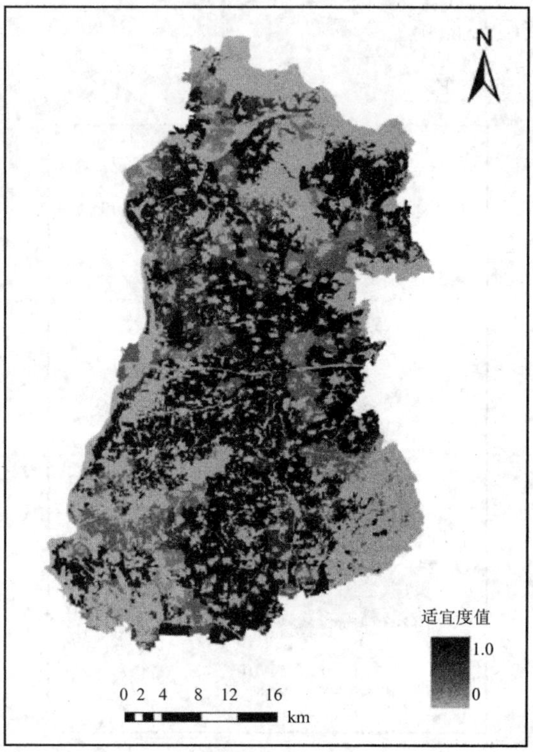

图 7-8 耕地质量等级适宜性评价指标量化分析

$$C_{\mathrm{L}i} = \sum_{k=1}^{m} \left[W_k \cdot f_{ik} \right] / 100 \tag{7-12}$$

$$R_i = \alpha \cdot C_{\mathrm{L}i} \cdot \beta \tag{7-13}$$

$$Y_i = R_i \cdot K_{\mathrm{L}} \tag{7-14}$$

式中：$C_{\mathrm{L}i}$ —— 第 i 个分等单元指定作物的自然质量分；

W_k —— 第 k 个分等因素的权重；

f_{ik} —— 第 i 个分等单元内第 k 个分等因素的指标分值；

R_i —— 第 i 个分等单元的自然质量等指数；

α —— 指定作物的光温或气候生产潜力指数；

β—— 指定作物的产量比系数；

Y_i—— 第 i 个分等单元指定作物利用等指数；

R_i—— 第 i 个分等单元指定作物的自然质量等指数；

K_L—— 分等单元所在等值区的指定作物。

（3）交通便捷度

交通便捷度与土地利用之间具有一种相互影响、相互联系的复杂关系，此时交通发展与土地利用是相互促进的，反之交通与土地利用不协调时，将导致两者的相互制约（图 7-9）。采用 ArcGIS 空间分析功能进行道路的全县域缓冲，之后参考《城镇土地定规程》对道路通达度进行量化分析。

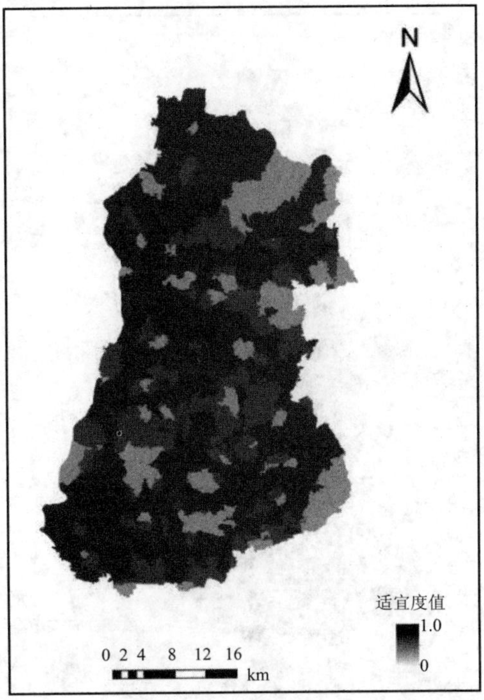

图 7-9　交通便捷度适宜性评价指标量化分析

$$F = \left[100 - 100^{(1-r_i)}\right]/100 \tag{7-15}$$

$$d_i = s/2l \tag{7-16}$$

式中：F—— 道路作用指数；

r_i—— 道路相对影响半径，计算公式为 $r_i = d_i/d$；

d_i—— 缓冲距离；

d—— 影响距离；

s—— 全县总面积；

l—— 全县骨干道路总长度。

（4）人口密度

人口数量的增长、分布、结构、素质以及人口的迁徙等均与土地利用和变化有着密切关系。人口密度是某一特定时间内特定地理空间内人口数量集散程度的体现。区域不平衡性是人口分布的主要特征。人口增加使得人口密度增加，这在一定程度上导致了土地利用程度的变化，当人口密度达到某一阈值时，土地利用类型将表现为城镇和聚落用地，土地利用程度将达到最大值（图 7-10）。

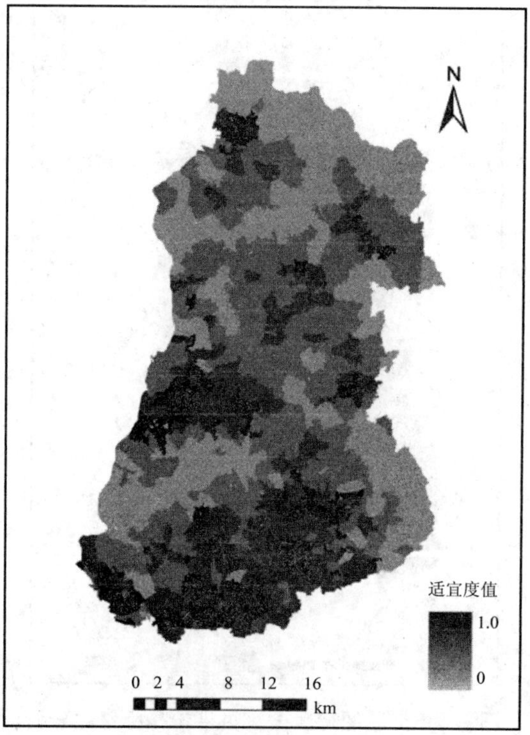

图 7-10 人口密度适宜性评价指标量化分析

$$Y_4=\begin{cases}0, & x_{4i}\leqslant 5 或 x_{4i}\geqslant 50\\ \dfrac{x_{4\max}-x_{4i}}{x_{4\max}-x_{4\min}}, & 5<x_{4i}<50\end{cases} \tag{7-17}$$

式中：Y_4—— 人口密度的适宜度值；

x_{4i} —— 人口密度现实值；

$x_{4\max}$、$x_{4\min}$ —— 人口密度现实值的最大值与最小值；

5、50 —— 人口密度的临界值。

（5）水源涵养

水是土地利用的基本自然条件与基础，是人们利用改造土地的重要条件，水与热量、光照等条件相互组合，决定了一个区域内土地的气候生产潜力。在水资源状况良好的情况下，土地利用率和生产率就会相应地提高（图 7-11）。

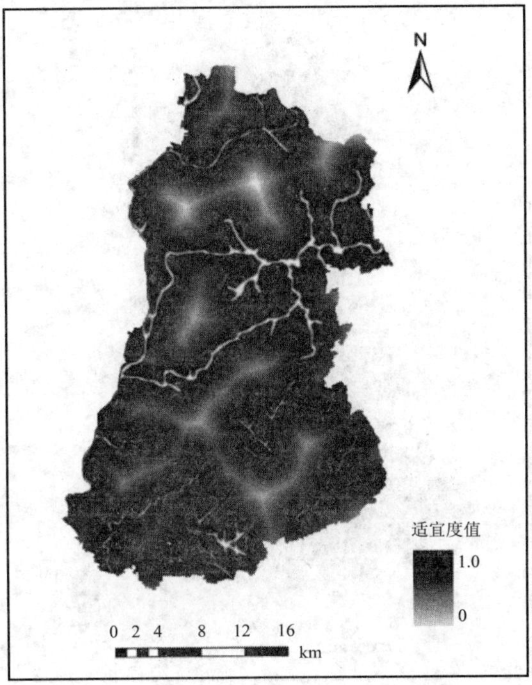

图 7-11　水源涵养适宜性评价指标量化分析

$$Y_5=\begin{cases}0, & x_{5i}\leqslant 200\text{或 } x_{5i}\leqslant 50\\ \dfrac{x_{5\max}-x_{5i}}{x_{5\max}-x_{5\min}}, & x_{5i}>200\text{或 } x_{5i}>50\end{cases} \tag{7-18}$$

式中：Y_5 —— 水资源影响的适宜度值；

x_{5i} —— 水资源现实值；

$x_{5\max}$、$x_{5\min}$ —— 水源现实值的最大值与最小值；

200、50 —— 主干河流和支流的临界值。

（6）植被覆盖

在土地生态系统中，植被生长繁殖的过程同自然界或土地的其他构成因素发生作用，不断地产生着物质的交换和能量的交流。因而在该系统中，植被覆盖是最活跃的因素之一，其对生态平衡的影响十分重大，制约着土地演替发展的方向和土地利用格局的变化（图 7-12）。植被覆盖情况由植被第一性生产力（Net Primary Productivity，NPP，即绿色植物在单位时间、单位面积上由光合作用所产生的有机质总量中扣除自养呼吸后的剩余部分）来表示。

图 7-12　植被覆盖适宜性评价指标量化分析

$$Y_6=\begin{cases}0, & x_{6i}\leqslant 100\text{或}\ x_{6i}\geqslant 500\\ \dfrac{x_{6\max}-x_{6i}}{x_{6\max}-x_{6\min}}, & 100<x_{6i}<500\end{cases}\tag{7-19}$$

式中：Y_6 —— 植被覆盖的适宜度值；

x_{6i} —— 植被覆盖现实值；

$x_{6\max}$、$x_{6\min}$ —— 植被覆盖现实值的最大值与最小值；

100、500 —— NPP 的临界值。

7.3.1.6　评价结果分析

根据上述指标体系，可使用栅格数据模型规则网格表达地理空间。每个像元值都可以用来表达空间现象的属性，其符合功能分区要求，打破行政界限，并可划分25 m×25 m的栅格单元。分别计算每个栅格单元对3个指标层的适宜度值。在ArcGIS中，运用空间分析功能对每个因子的单项分值依权重进行叠加，权重确定时按照层次分析法与德尔菲法结合确定，得到农业发展适宜度分值、城镇建设适宜度分值、生态环境适宜度分值，其为适宜度模型的3个同等侧面，故指标层按照等权重叠加，得到研究区评价单元的综合分值，在频率直方图中找到频率突变的点为0.8、1.2、1.8，依据定性与定量相结合，既要尊重自然规律又要考虑经济发展的实际需要，在此基础上划分优化开发区、重点开发区、限制开发区、禁止开发区。

由表7-10分析结果可以得出，卢龙县农业生产适宜性较高的区域主要集中在县域中部区域，地势坡度较为平坦，现有环境条件适宜农业耕作，耕地集中连片，农用地质量等级明显高于其他区域。生态环境适宜性较低的区域主要分布于东北部区域，该区域地势起伏较大，属于地质灾害重点防治区域，因此不适于农业生产与城镇建设。城镇发展适宜性较高的区域集中在县域西南部，该区域交通便捷，具备现有城镇发展体系，但区域内部因现有发展程度不同在土地利用功能分区应进行区别对待。

表7-10　不同适宜度标准下土地利用空间布局

评价因子	适宜性分级标准	图斑面积/hm^2	占总面积的比例/%	评价因子	适宜性分级标准	图斑面积/hm^2	占总面积的比例/%
坡度	<6	40 608.86	42.49	农用地质量等级	6～7	11 667.75	12.21
	6～15	43 047.24	45.04		8～9	32 218.77	33.71
	15～25	7 628.85	7.98		9～10	24 911.17	26.06
	>25	4 297.60	4.50		11～12	26 784.85	28.02
耕地连片程度指数	0～0.21	42 362.64	44.32	耕地综合生产力优势指数	0～0.23	46 277.85	48.42
	0.22～0.50	42 367.48	44.33		0.24～0.42	35 045.66	36.67
	0.51～0.77	5 511.39	5.77		0.43～0.65	8 223.40	8.60
	0.78～1.00	5 341.04	5.59		0.66～1.00	6 035.64	6.31
交通便捷度	<300	11 469.91	12.00	中心城镇影响度	<1 000	60 467.33	63.26
	300～500	35 365.54	37.00		1 000～2 000	14 887.37	15.58
	500～800	39 188.85	41.00		2 000～3 000	4 987.44	5.22
	>800	9 558.26	10.00		>3 000	15 240.41	15.94
人均居民点面积	<240	16 950.35	17.73	城镇工矿用地比例	<0.5	4 013.45	4.20
	240～250	22 804.42	23.86		0.5～1.0	9 972.08	10.43
	250～270	31 074.08	32.51		1.0～1.7	43 028.75	45.02
	>270	24 753.70	25.90		>1.7	38 568.27	40.35

评价因子	适宜性分级标准	图斑面积/hm^2	占总面积的比例/%	评价因子	适宜性分级标准	图斑面积/hm^2	占总面积的比例/%
林地连片程度指数	0～0.08	48 930.89	51.19	水源涵养	50～80	18 160.68	19.00
	0.09～0.21	21 048.83	22.02		80～200	10 514.08	11.00
	0.21～0.50	17 540.58	18.35		200～400	43 012.15	45.00
	0.51～1.00	8 062.25	8.43		400～1 000	23 895.64	25.00
地质灾害	极低防治区	19 116.51	20.00	植被覆盖	＜100	16 008.65	16.75
	低防治区	31 542.24	33.00		100～300	30 236.02	31.63
	一般防治区	14 337.38	15.00		300～500	27 486.69	28.76
	重点防治区	30 586.42	32.00		＞500	21 851.19	22.86

7.3.2 空间适宜性评价分区

7.3.2.1 分区模型选择

采用三维魔方法对空间开发适宜性分区进行划分。三维魔方是指建立一个三维坐标系，分别为 x 轴、y 轴和 z 轴，然后在 x 轴、y 轴和 z 轴上从原点开始向外等间距选择 3 个点，分为低、中、高 3 种级别，然后从这 3 个点引出对应于 x 轴、y 轴和 z 轴的 3 条垂线，形成一个 3×3×3 的三维魔方图，共计 27 个魔方单元，每一单元（x，y，z）代表一个特征组合类型。对城镇建设适宜度、农业发展适宜度和生态保护适宜度这 3 个维度，根据高、中、低 3 种级别进行组合，生成 27 种不同的特征组合类型，每种组合类型代表的地区具有不同的主体功能区类型（表 7-11、图 7-13）。

表 7-11 各个类型主体功能区的三维魔方单元

主体功能区	组合单元
优化开发区	L-H-H、H-H-M、M-H-M、M-H-L、L-H-L
重点开发区	H-H-H、M-H-H、H-M-H、H-L-H、H-M-L、M-M-L、M-L-H、L-M-H、L-M-M、L-L-H、M-L-M
限制开发区	H-H-L、M-M-L、M-L-L、M-M-M、H-M-M、H-L-M、L-H-M、L-M-L、L-L-L、L-L-M
禁止开发区	H-L-L

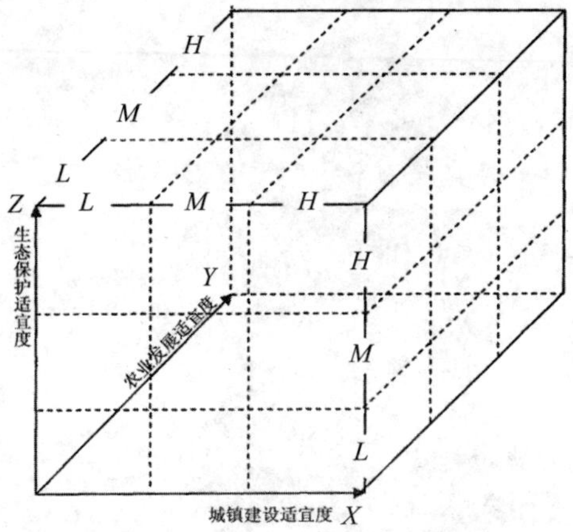

图 7-13　三维魔方分区方法示例

7.3.2.2　空间适宜性评价分区

根据上述适宜度评价结果，划分土地利用功能分区。根据每一栅格单元对农业发展、城镇建设、生态环境适宜性的不同，确定对不同土地利用方式的适宜度空间分布。并将主体功能区理念贯穿于土地利用功能分区中，划分出优化开发区、重点开发区、限制开发区、禁止开发区（表 7-12、图 7-14）。

表 7-12　卢龙县各乡镇主体功能区空间分布结构表　单位：hm^2

行政区	优化开发区	重点开发区	限制开发区	禁止开发区
卢龙镇	3 141.62	2 036.23	5 817.81	276.35
石门镇	3 391.71	1 364.63	3 948.17	145.74
木井乡	511.00	975.54	418.09	4 970.62
蛤泊乡	21.78	87.11	457.33	4 616.90
刘田各庄镇	395.70	4 626.69	3 941.82	2 130.71
下寨乡	344.89	985.41	197.08	3 104.05
双望镇	0.00	396.04	475.25	7 049.49
印庄乡	48.81	268.45	1 805.91	4 978.46
陈官屯乡	0.00	0.00	5 609.10	1 799.80
燕河营镇	0.00	0.00	3 375.40	7 380.86
潘庄镇	0.00	0.00	1 587.35	6 706.55
刘家营乡	0.00	0.00	4 455.40	1 738.69
合计	7 855.51	10 740.10	32 088.71	44 898.22

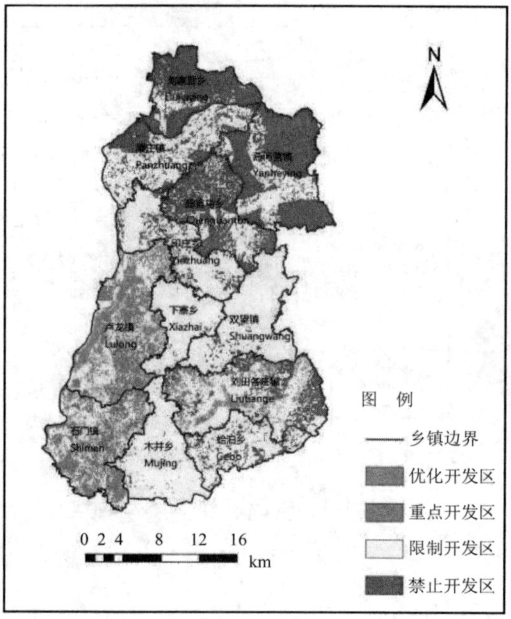

图 7-14 主体功能区空间布局图

7.3.2.3 分区调控措施研究

①优化开发区。该区域主要包括西南部的卢龙镇、石门镇。该区域面积为 20 122.26 hm^2，占全县总面积的 21.05%。人口密度大，产业聚集度高，单位工业产值处于较高水平，土地开发强度高，现有开发密度高，因其自身的区位优势、科技潜力和以往较高经济水平的积累，使得其区域发展水平较高。该地区对占地多和耗能高的工业用地进行限制，对高新技术、现代服务业和循环经济的发展予以大力支持。严格保护耕地，保留开敞的绿色空间，保护好各项生态用地，以求促进区域生态环境的改善。

②重点开发区。该区域主要包括刘田各庄镇，面积为 11 094.93 hm^2，占全县总面积的 11.61%。该地区的自然资源环境承载力较高，当下开发程度较低，未来发展前景一片光明。在今后的发展中应优先保障承接优化开发区产业转移和人口转移的用地需求，努力引导产业集群布局和集中发展。鼓励加大存量建设用地开发深度，统筹安排基础设施建设用地，加快推动基础设施建设。严格保护生态用地，切实发挥好耕地，特别是基本农田在优化产业用地结构、城镇中的生态支撑作用。

③限制开发区。该区域主要包括中部的下寨乡、双望镇、木井乡、蛤泊乡、潘庄镇、印庄乡，面积为 40 006.11 hm^2，占全县总面积的 41.86%。该区资源环境约束中等，现有开发强度较低，未来发展潜力中等。在未来开发过程中，应坚持保护优先、适度开发、

点状发展的原则，严格控制开发强度，逐步减少城镇用地和农村居民点用地空间，严格控制增加建设用地，引导有序向区外转移与主体功能定位相悖的产业。

④禁止开发区。该区域主要包括北部的刘家营乡、燕河营镇、陈官屯乡，面积为 24 359.25 hm^2，占全县总面积的 25.49%。该区主要为坡度大于 25°的山地区，具有较为强大的生态功能，在维护区域环境中发挥重要的作用。未来应实行强制性保护，严禁任何不符合主体功能定位的各类土地利用活动，确保生态功能的稳定发挥。

7.3.3　空间适宜性评价分区与土地利用调控关联分析

7.3.3.1　DUHP 组合与地类变化驱动分析

土地利用变化的 4 个侧面，包括土地开发［Land Development（D）］、利用［Land Use（U）］、整治［Land Harness（H）］、保护［Land Protection（P）］。其为土地利用的变现形式，在一定程度上体现了土地利用结构的变化。土地利用结构的变化往往由一定的驱动力变化产生。其是社会经济因素和自然环境因素共同作用的结果，而本质上土地利用结构变化的驱动力是社会经济因素，由于市场的不完善，政策、制度等政府行为也起着重要的激励或约束作用。因此，人口增长、经济发展以及土地政策等对土地利用结构变化都有一定的驱动力。而上述各种社会经济驱动力大多通过土地利用规划得以体现，因此土地利用变化的驱动力可概括为规划因素与经济因素。在主体功能区战略下，分异化的区域政策将对驱动力产生巨大影响（表 7-13）。

表 7-13　土地利用变化与 DUHP 的主导方式说明

调整形式	DUHP 主导方式	驱动因素	地类变化	所属地类系统流转
生态退耕	保护（P）	生态服务价值阈限、生态退耕规划	耕地→林地、草地、水域	农用地→生态用地
农业结构调整	开发（D）	粮食安全下耕地缺口、耕地占补平衡	剩余农用地（园地、养殖水面）→耕地	农用地→农用地
			林地→耕地	生态用地→农用地
经济效益驱动农业结构调整	开发（D）	农业比较效益	耕地→剩余农用地（园地、养殖水面）	农用地→农用地
耕地开发	开发（D）	耕地占补平衡，储备	耕地→林地	农用地→生态用地
			自然保留地→耕地、剩余农用地（园地）	生态用地→农用地
			自然保留地→林地	生态用地

调整形式	DUHP 主导方式	驱动因素	地类变化	所属地类系统流转
建设用地复垦	整治（H）	耕地占补平衡，城乡建设用地增减双挂钩	城乡建设用地（农村居民点、剩余建设用地）→耕地	建设用地→农用地
农地整理	整治（H）	耕地占补平衡、财政转移激励	剩余农用地→耕地	农用地→农用地
建设占用	开发（D）	人口增长、经济发展	耕地、剩余农用地→城乡建设用地、剩余建设用地	农用地→建设用地
			林地、自然保留地→城乡建设用地、剩余建设用地	生态用地→建设用地
集约利用	利用（U）	人地矛盾、优化	无变化	无变化

7.3.3.2 DUHP 组合优先度分析

区域土地利用存在理论上的多重适宜性和现实中的单一用途选择。在主体功能区框架下，设定不同的土地开发、利用、整治、保护优先次序将产生不同的土地利用模式，从而产生不同的土地利用结构和布局。若以开发为先，在区域内将大量布置新增建设用地，从而占用耕地、生态用地的数量将随之增加，同时为保证占补平衡，将进行对应的土地整理、建设用地复垦等项目；若以利用为先，区域内注重土地的集约节约利用，注重内部挖潜；若以整治为先，则会给予较多的农村宅基地等建设用地复垦指标，强调水土流失、荒漠化的治理，以提升土地质量；若以保护为先，则应注意生态环境的保护，尽量不进行建设项目，控制土地流转。

DUHP 优先度的不同组合作为土地利用的一种表现方式，在不同的城镇化阶段，不同的政策引导下都将有不同的组合方式。倘若政策引导的土地利用方式与实际的 DUHP 优先度组合模式不相匹配，那么该政策的实施就是没有效果的，可将 DUHP 优先度组合方式作为土地利用方式与政策匹配性的参考依据。

7.3.3.3 DUHP 优先度组合模式

不同的主体功能区战略引导下的 DUHP 优先组合方式不相同。已有的研究虽然在不同主体功能区战略下土地利用的具体方式上还存在分歧，但在土地利用优先上则给出了较一致的建议。

在优化开发区下土地利用需要提高用地标准，加强内部挖潜，改变以往大量占用土地的方式，还应以开发为先。重点开发区因资源环境承载能力较强分配更多的建设占用耕地指标，适当调出基本农田，不实施耕地总量动态平衡，增加建设用地和耕地的供应潜力，其实质就是以开发优先。限制开发区内，除重点点状项目外应控制建设用地指标的分配，以 0 增加或保持基本农田保护面积，实施耕地总量动态平衡，提高耕地质量，以整治优先。

在已有文献分析的基础上，经过逻辑分析，按照优先顺序排列，4 种主体功能区战略下 DUHP 的组合如表 7-14 所示。

表 7-14　主体功能区战略下 DUHP 可能的组合类型

主体功能区类型	DUHP 可能组合
优化开发区	U-D-H-P、U-D-P-H、U-H-D-P、U-H-P-D、U-P-D-H、U-P-H-D
重点开发区	D-U-H-P、D-U-P-H、D-H-U-P、D-H-P-U、D-P-U-H、D-P-H-U
限制开发区	H-P-D-U、H-P-U-D、H-U-P-D、H-U-D-P、H-D-U-P、H-D-P-U
禁止开发区	P-H-D-U、P-H-U-D、P-U-H-D、P-U-D-H、P-D-U-H、P-D-H-U

整理结果表明，大部分专家认为优化开发战略下土地利用优先组合模式应该为 U-H-D-P，以利用优先，辅之以适当的整治，以实现经济结构的调整，强化区域合作；而在重点开发战略下则为 D-U-H-P，以开发优先，辅之以一定的集约利用，加快经济发展，提供适当的基本公共服务，吸纳迁移人口就业与居住；在限制开发战略下为 H-P-U-D，以整治优先，辅之以适当的保护，提高耕地质量，优化环境；而在禁止开发战略下为 P-H-U-D，以保护优先，整治为次，以提供较好的生态环境。

7.4　空间适宜性评价分区下建设用地扩展配置研究

建设用地的空间扩展已经逐渐成为中国土地利用变化的重要特征。随着社会经济的快速发展以及城市化进程的不断推进，建设用地的需求不断增大，引发了一系列问题，如粮食安全、生态安全等。建设合理配置是解决这一问题的重要途径。建设合理配置的目的在于如何将建设用地扩展和土地适宜性、经济性进行合理的搭配，形成相对合理的空间结构，以最大限度地实现综合效益。目前将空间适宜性分区与建设用地扩展相结合的研究较少，本书尝试根据空间适宜性分区结果，建立不同功能区下的土地利用优先度组合模式，引导建设用地合理配置（图 7-15）。

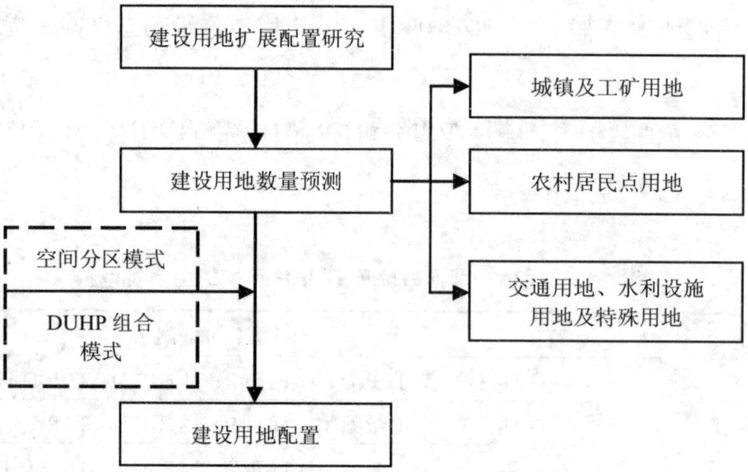

图 7-15 建设用地调控路线图

7.4.1 建设用地数量预测

7.4.1.1 预测方法选择

（1）建设用地需求分析

建设用地需求量预测是建立在经济预测基本理论和方法基础上的一种实际应用，而在建设用地需求量预测研究中更加注重的是根据建设用地自身运动规律和与外部事物关联性对预测模型的选择。准确预测社会经济发展对建设用地的需求显得尤为关键。土地利用变化是自然、经济、社会等多种因素共同作用的结果，而这些因素的变化一般都具有不同程度的不确定性。这些基本因子的不确定性是土地利用变化预测模型建立的主要障碍，基于以上分析本书将对建设用地进行合理剥离并分别进行预测。

（2）城镇及工矿用地规模预测

城镇及工矿用地预测需先确定城镇及工矿用地的若干驱动力，在合理范围内得到各驱动力的集约控制值，并将各集约控制值进行汇总。确保预测模型在因地制宜的前提下考虑社会经济的发展趋势。

第一步，建立驱动力回归模型：

$$\begin{cases} N_1 = f_1(X_1) \\ N_2 = f_2(X_2) \\ \cdots \\ N_k = f_k(X_k) \end{cases} \tag{7-20}$$

式中：N_1、N_2、N_k—— 第一、第二、第 k 个驱动力驱动下的城镇及工矿用地预测值；

X_1、X_2、X_k—— 第一、第二、第 k 个驱动力回归模型的自变量；

X—— 一个变量或多个变量；

f—— 回归方程。

第二步，进行集约控制。不同驱动力回归模型下的集约控制方法不同。通过该步骤得到各驱动力集约控制用地规模 J_1、J_2、J_k。

第三步，根据驱动力贡献度的不同赋予权重，然后求和。模型如下：

$$\begin{cases} J = \alpha J_1 + \beta J_2 + \cdots + \lambda J_k \\ \alpha + \beta + \cdots + \lambda = 1 \end{cases} \tag{7-21}$$

式中：J—— 最终城镇及工矿用地预测值；

α、β、γ—— J_1、J_2、J_k 的权重。

（3）农村居民点用地规模预测

根据对未来农村居民点中人口预测，参照人均建设用地指标来计算未来居民点建设用地规模。这是目前土地利用规划和城市规划中确定居民点用地规模最常使用的方法。

$$Z = N \cdot J \tag{7-22}$$

式中：Z—— 规划目标年农村居民点占地面积；

N—— 规划目标年农村人口；

J—— 人均建设用地指标。

（4）交通用地、水利设施用地及特殊用地规模预测

交通用地、水利设施用地及特殊用地的分配布局主要受政策影响，在发展过程中具有很强的不确定性，这类地的变化属于集结式发展，不具有规律性。因此，本书将受政策因素影响较大的特殊用地、交通用地、水利设施用地进行单独预测，其用地规模根据交通、水利等相关部门规划确定。

7.4.1.2　建设用地需求预测

建设用地需求分析

①城镇及工矿用地需求分析。城镇及工矿用地扩展是多因素共同驱动的结果，通过实地调查，确定推动其扩展的因素为 GDP、工业总产值、固定资产投资、城镇化人口、总人口。通过聚类分析确定城镇及工矿用地扩展的两大驱动力：人口增长和经济发展（图 7-16 和图 7-17）。

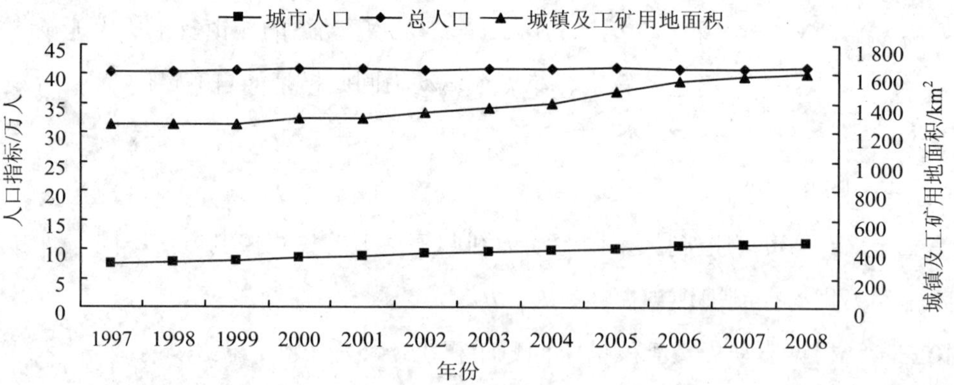

图 7-16 卢龙县城镇及工矿用地总量与人口变化

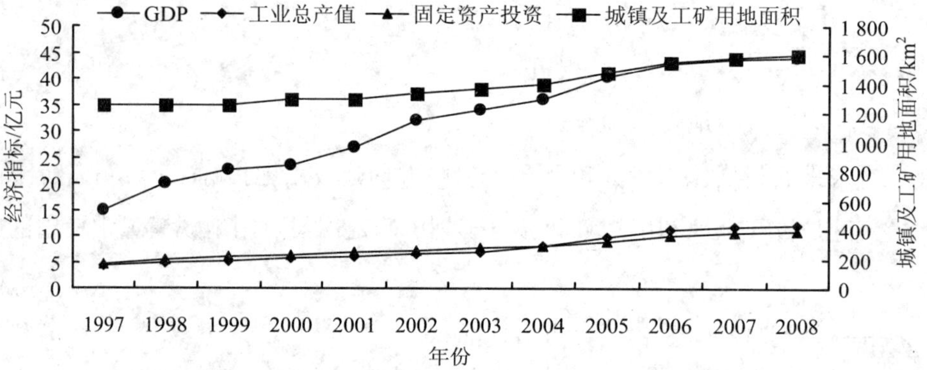

图 7-17 卢龙县城镇及工矿用地总量与经济变化

经济增长对城镇及工矿用地的需求突出表现为产业规模（第二、第三产业）的扩大带来的用地规模扩张。因此，可以通过产业用地比重来表示经济因素的权重β，通过计算可以得出工业用地占城镇及工矿用地的比例为25%～30%，以第二、第三产业比例为2∶1计算，确定第三产业与城镇及工矿用地比例为37.5%～45%，取平均值为40%。而随着经济水平的不断提高，产业发展区域成熟，人口规模的权重将有所提升，2020 年α和β的取值为0.7和0.3。将α、β、J_1、J_2代入公式求得2020年城镇及工矿用地面积为4 114.36 hm^2。

②农村居民点用地需求分析。2006年卢龙县人均居民点面积为242.00 m^2，卢龙县受社会经济等条件的制约，短期内不可能对居民点用地进行大规模挖潜整理，结合国家标准并考虑卢龙县实际情况确定卢龙县人均居民点用地面积为180 m^2。

2020 年卢龙县预测总人口为42.52 万人，城镇化率为43.86%，可以预测 2020 年卢龙县农村人口为23.87万人，则2020年久居农村的农村人口所需农村居民点用地为

$$23.87\times10\ 000\times180=4\ 296.60\ (hm^2)$$

在城市化过程中，大量农村人口迁往城镇，其中部分人口在城镇拥有住房的同时并没有放弃农村住房，根据卢龙县实际情况，取迁移人口的 50%作为不放弃农村住房的人口。以此计算 2020 年城乡两栖人口仍保留的农村居民点用地规模为

$$(33.22-23.87)\times 10\,000\times 50\%\times 180=841.50\ (\text{hm}^2)$$

为全面推进新农村建设和农业农村现代化进程，以及开展农村居民点整理过程中仍需新占部分土地，预留 950 hm^2 作为居民点新增建设所用，预测到 2020 年农村居民点用地新增建设用地 950 hm^2。

由此可知，2020 年农村居民点总规模为 4 296.60+841.50+950 =6 088.10（hm^2）。

③交通用地、水利设施用地及特殊用地需求分析。交通用地、水利设施用地及特殊用地需求上参考旅游用地规划、秦皇岛市交通规划、水利部门防洪工程体系，最终确定卢龙县 2020 年特殊用地（主要为旅游用地）面积为 285.16 hm^2，交通水利用地面积为 1 344.71 hm^2，水利设施用地面积为 929.27 hm^2。

7.4.2　调控模式研究

7.4.2.1　分区结果调控

不同的主体功能区内需要适宜的 DUHP 优先度组合模式与其匹配，而不同的 DUHP 优先度组合模式下其建设用地扩展调控机制有明显的区别。应用层次分析法确定不同主体功能区中土地开发对分配建设用地的贡献大小，U-H-D-P、D-U-H-P、H-P-U-D 和 P-H-U-D 组合中体现出 D 的重要程度依次为 0.256 5、0.491 3、0.148 0 和 0.104 2，CR 值为 0.013 2，并通过一致性检验。卢龙县全县建设用地合理配置到各行政区时依据 4 类主体功能区的不同开发战略，并且考虑各乡镇不同主体功能区的面积比例，具体计算公式为

$$S_{mcj}=S_c\times \text{MFOZ}_j \tag{7-23}$$

$$S_{zci}=\sum_{i=1}^{n}\frac{S_{mzij}}{\sum_{i=1}^{n}S_{mzij}}\times S_{mcj} \tag{7-24}$$

式中：S_{mcj} —— 不同主体功能区所分配的建设用地面积；

S_c —— 全县预测建设用地总指标；

j —— 4 类主体功能区；

MFOZ_j —— 4 类主体功能区中 D 的权重；

S_{mzij} —— 第 i 个乡镇第 j 个主体功能区面积；

S_{zci} —— 第 i 个行政区所分配的建设用地数量；

n —— 主体功能区分区数目。

7.4.2.2 配置过程分析

根据不同空间开发区内不同的土地利用管制措施，确定其 DUHP 优先度组合模式，建设用地配置主要对应土地开发，将预测的建设用地总规模按行政区进行分配，分配结果如表 7-15、图 7-18、图 7-19 所示。

表 7-15 卢龙县目标年建设用地分配量

行政区名称	2008 年		2015 年		2020 年	
	建设用地总量/km^2	占县域比重/%	建设用地总量/km^2	占县域比重/%	建设用地总量/km^2	占县域比重/%
卢龙镇	1 927.00	16.29	2 279.48	18.91	2 392.60	19.76
石门镇	1 552.88	13.13	1 467.01	12.17	1 470.54	12.14
木井乡	1 182.63	10.00	1 126.09	9.34	1 111.96	9.18
蛤泊乡	813.62	6.88	815.88	6.77	816.45	6.74
刘田各庄镇	1 031.93	8.72	1 183.88	9.82	1 331.87	11.00
下寨乡	677.17	5.72	747.75	6.20	765.40	6.32
双望镇	973.13	8.23	903.18	7.49	885.69	7.31
印庄乡	856.77	7.24	839.96	6.97	835.76	6.90
陈官屯乡	746.85	6.31	697.14	5.78	784.71	6.48
燕河营镇	903.74	7.64	860.65	7.14	809.88	6.69
潘庄镇	701.73	5.93	676.27	5.61	669.90	5.53
刘家营乡	462.27	3.91	455.87	3.78	434.27	3.59

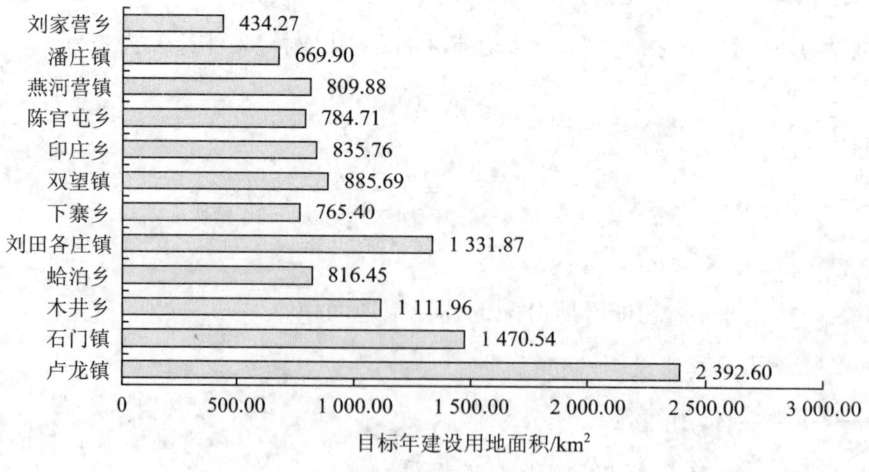

图 7-18 卢龙县 2020 年各乡镇建设用地配置结果

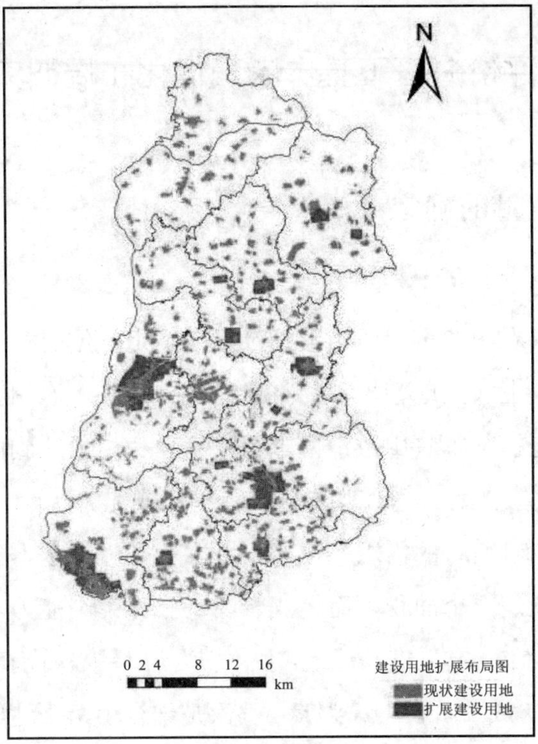

图 7-19　卢龙县各乡镇建设用地布局

依据空间适宜性评价结果，得到各乡镇 4 类主体功能区面积与位置，对预测的建设用地总规模进行数量分配与空间布局。西南部的卢龙镇、石门镇优化开发区面积较大，2008 年该区域建设用地面积占全县总面积的 29.42%，2020 年占全县总面积的 31.90%，主要通过产业结构调整、提升促进城镇土地利用结构优化，避免破坏自然环境特点的连绵式建设。东南部的刘田各庄镇重点开发区面积较大，2008 年该区域建设用地面积占全县总面积的 8.72%，2020 年占全县总面积的 11.00%，该区域建设用地扩展主要为产业发展集聚区，促进区域内一些具有比较优势的产业集群的形成与发展，与优化开发区中的产业发展空间形成良好的分工合作。中部的下寨乡、双望镇、木井乡、蛤泊乡、潘庄镇、印庄乡限制建设区面积较大，2008 年该区域建设用地面积占全县总面积的 44.00%，2020 年占全县总面积的 41.98%，该区域以农田和部分水源为基底，城镇发展基础条件一般，或其建设发展与粮食安全发展冲突，选择部分城镇适度点状开发。北部的刘家营乡、燕河营镇、陈官屯乡禁止建设区面积较大，2008 年该区域建设用地面积占全县总面积的 17.86%，2020 年占全县总面积的 16.76%，该区域为水源涵养地、自然保护区，对区域生态可持续发展具有重要意义，严禁建设活动的开展。

7.5 空间适宜性评价分区下基本农田优化布局研究

7.5.1 基本农田数量的确定

7.5.1.1 数量确定思路

现如今，县级基本农田数量一般由县级上报来确定，结合社会经济状况、辖区内各县自然条件综合平衡，上级土地管理部门将最终确定的基本农田指标下达给县级土地管理部门。由此方法确定的基本农田数量便于行政领导和便于达到面积指标的要求，但是不能确保基本农田的生产能力，致使基本农田保护形式化。

满足一定数量人口对粮食的需求，保障粮食安全是进行基本农田保护的首要目的，基本农田的数量不仅仅是一个面积，而是代表区域农田生产能力。因此，本书确定基本农田保护数量（S）时，在一定生产条件下，生产满足区域人口尚存所需粮食的耕地数量，即基本农田需求量（S_1）成为首要考虑因素；其次是结合上级下达给本地区的基本农田保护指标（S_0），最终确定的数量要既能满足本地区的自身需求，又能完成上级下达的任务。

$$S=\begin{cases}S_1 & 当S_1>S_0\\ S_0 & 当S_1\leqslant S_0\end{cases} \tag{7-25}$$

即当预测面积小于下达指标时，实际基本农田保护数量等于下达指标；反之，当基本农田预测面积大于下达指标时，实际基本农田保护数量等于预测面积，这样才能满足基本农田保护数量确定的要求。

7.5.1.2 数量确定方法

基本农田需求量预测，根据区域人口数量及人均粮食需求量，以耕地的生产功能为基础，确定粮食总需求量，然后根据农作物复种指数和粮食作物单产水平、粮作比的预测结果，计算得到研究区目标年基本农田需求量。其计算公式如下：

$$\mathrm{DAC}=\frac{\mathrm{DTG}\times\mathrm{SUP}}{\mathrm{IMC}\times\mathrm{OPG}\times\mathrm{GPAP}} \tag{7-26}$$

$$\mathrm{DTG}=\mathrm{PEO}\times\mathrm{PER} \tag{7-27}$$

式中：DAC —— 耕地面积需求量；

DTG —— 粮食需求量；

SUP —— 粮食自给率；

IMC —— 复种指数；

OPG —— 粮食作物播种面积占农作物总播种面积的比例；

GPAP —— 粮食播种面积单产；

PEO —— 人口总量；

PER —— 人均粮食需求量。

（1）人口预测

确定一个地区基本农田数量必须首先确定该地区的人口数量。目前，预测人口的方法有很多，使用不同的方法预测同一区域的人口，得到的预测结果往往是不同的，有时差别还会比较大。为了使预测结果更加合理、可靠，本书采用人口发展方程、回归分析法和灰色系统模型法分别进行预测，并取其结果的平均值作为最终预测结果，如表 7-16 所示。

表 7-16　不同方法预测人口数据对照表

	回归分析法	人口发展方程	GM（1，1）	平均值
2020 年人口/万人	42.65	42.89	42.62	42.52

（2）人均用粮标准的确定

关于人均用粮标准，根据国家食物与营养咨询委员会提出的我国人民食物消费和营养的基本目标：2000 年，人均粮食消费量为 213 kg（城、乡分别为 230 kg、150 kg），加上肉、蛋、奶等，人均每年约需要粮食 400 kg（其中饲料粮为 1/3 左右）。到 2010 年，城乡全面接近小康水平，人均粮食消费量应达到 420 kg 左右；截至 2020 年，城乡全面达到小康，人均全年口粮约 450 kg。

（3）确定粮食单产

粮食单产能力是衡量耕地生产能力的主要标志。图 7-20 为 1997—2008 年的粮食单产曲线。

由图 7-20 可知，近 12 年来卢龙县的粮食作物单产水平变化趋势并不一致，其变动区间为 4 725～7 290 kg/hm^2，在 2002 年前粮食单产呈现不规则变化，其中 1998 年由于降水量充足，单产水平在 1997—2002 年最高，之后单产略有降低；2002 年之后粮食单产水平呈现逐年提高的趋势，2008 年达到最高，为 7 290 kg/hm^2。粮食产量总体仍是以增长为主，平均每公顷每年增产 95.4 kg。随着农田基本配套设施的改善、农业科技进步，尤其是高标准农田的建设，地力稳步提高，在农业科技进步、农业扶持政策、资金投入等比较顺畅的情况下，特别是生态农业发展的推动下，粮食单产水平仍然具有增加潜力。

因此，最后确定2020年的粮食单产水平达到8 000 kg/hm^2。

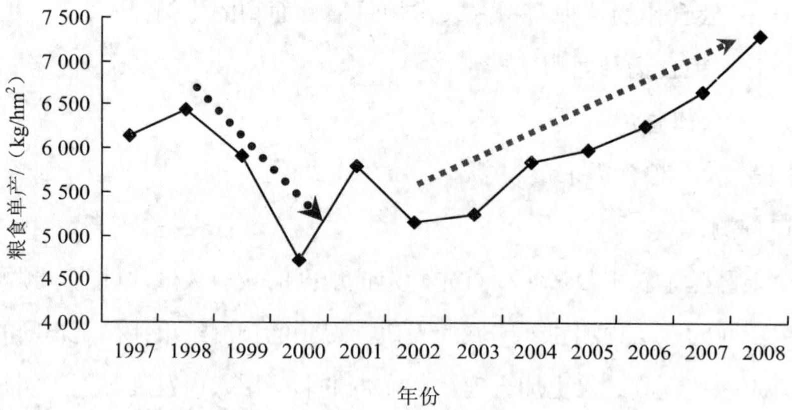

图7-20 1997—2008年卢龙县粮食单产变化曲线

（4）复种指数预测

根据近年来卢龙县的耕地面积和农作物播种面积可以得到近年来农作物复种指数。公式如下：

$$农作物复种指数=农作物播种面积\div 耕地面积 \tag{7-28}$$

12年来卢龙县农作物的平均复种指数为1.11。在1997—2001年波动较小，基本在1.20左右持平；2001年之后，复种指数呈下降趋势，2007年的复种指数为0.93，达到近年来的最低水平（图7-21）。由于卢龙县旱地比例较高的特点且复种指数本身具有刚性，所以提高起来较为缓慢，但今后依靠政府和涉农部门的指导，普及良种种植面积和广大种粮农民大力推行科学种粮技术以提高单位面积产量，努力提高复种指数等措施，复种指数仍有望在一定范围内得到增长，鉴于此，2020年全县复种指数为1.1。

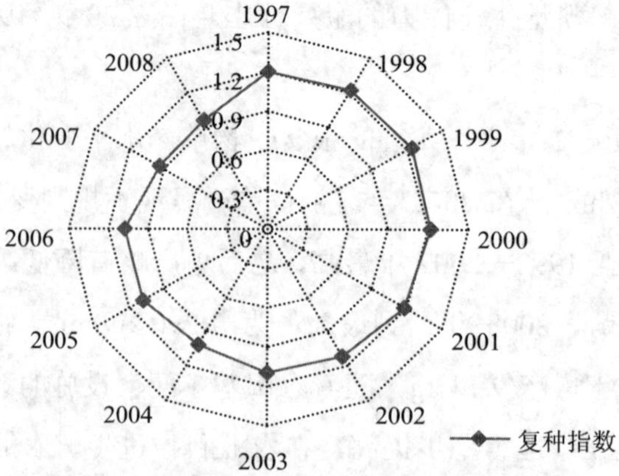

图7-21 1997—2008年卢龙县复种指数变化

（5）粮作比预测

根据历史统计数据，可以得到卢龙县粮食播种面积占总播种面积比例的变化趋势（图 7-22）。卢龙县的粮作比在 1997—2008 年（除 2004 年外）呈逐年下降趋势，1997—2008 年的粮作比平均为 84.44%，2008 年的粮作比（77.16%）为最低值。预计今后随着调整和优化农业种植结构，卢龙县经济作物种植面积会有所增加，相对应的粮食作物播种面积及其比重呈下降趋势，预测 2020 年卢龙县粮作比将会下降到 65%。

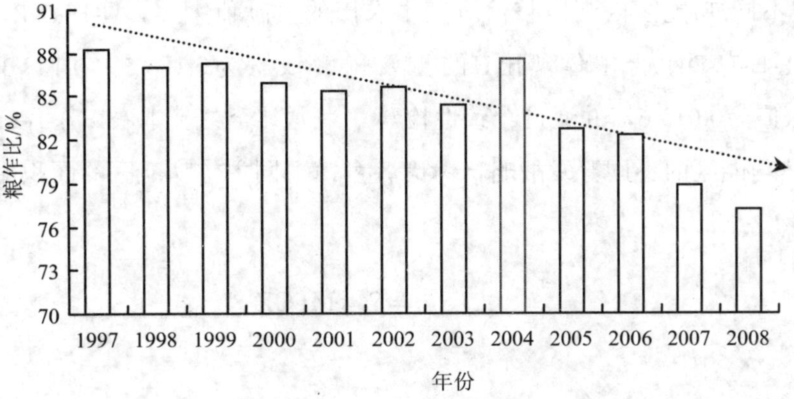

图 7-22　1997—2008 年卢龙县粮食播种面积占总播种面积的比例变化图

（6）耕地需求量的确定

以上述各因子为测算基础，再根据式（7-25），测算卢龙县 2020 年粮食自给率为 100% 时基本农田需求量为 33 608.39 hm^2（表 7-17）。

表 7-17　基本农田需求量测算表

粮食自给率	2020 年总人口/万人	粮食单产/（kg/hm^2）	复种指数	粮作比	基本农田需求量/hm^2
100%	42.72	8 000	1.1	65%	33 608.39

7.5.1.3　基本农田数量的确定

新一轮土地利用总体规划中，秦皇岛市下达给卢龙县的基本农田保护指标为 3.68 万 hm^2，此值大于基本农田预测值，因此，根据前面介绍的最终确定卢龙县基本农田数量为 3.68 万 hm^2，这个数值作为基本农田保护空间规划时的约束值。

7.5.2 调控模式研究

7.5.2.1 分区结果调控

DUHP视角下的土地整治是在土地利用过程中为了更好地满足土地特定用途的要求，克服土地退化或土地具有特性中的某些重要缺陷而进行的集中治理和改造活动，包括治理和改造两个方面。不同的主体功能区内对基本农田布局有显著的区别，运用层次分析法确定不同i功能区内土地整治对基本农田的贡献值大小，U-H-D-P、D-U-H-P、H-P-U-D和P-H-U-D组合中体现出H的重要程度依次为0.185 5、0.138 3、0.432 5和0.243 7，CR值为0.013 6，并通过一致性检验。卢龙县全县基本农田在各行政区布局时依据4类主体功能区的不同开发战略，考虑各乡镇不同主体功能区的面积比例，具体计算公式为

$$S_{\mathrm{mf}j} = S_{\mathrm{f}} \times \mathrm{MFOZ}_j \tag{7-29}$$

$$S_{\mathrm{zf}i} = \sum_{i=1}^{n} \frac{S_{\mathrm{mz}ij}}{\sum_{i=1}^{n} S_{\mathrm{mz}ij}} \times S_{\mathrm{mf}j} \tag{7-30}$$

式中：$S_{\mathrm{mf}j}$ —— 不同主体功能区所分配的基本农田面积；

S_{f} —— 全县预测基本农田总指标；

MFOZ_j —— 4 类主体功能区中 D 的权重；

j —— 4 类主体功能区；

$S_{\mathrm{zf}i}$ —— 第 i 个行政区所的基本农田数量；

$S_{\mathrm{mz}ij}$ —— 第 i 个乡镇第 j 个主体功能区面积；

n —— 主体功能区分区数目。

7.5.2.2 配置过程分析

卢龙县目标年基本农田分配量见表7-18，各乡镇基本农田配置结果和农田布局见图7-23、图7-24。

表 7-18　卢龙县目标年基本农田分配量

行政区名称	2008 年		2020 年	
	基本农田总量/km^2	占县域比重/%	基本农田总量/km^2	占县域比重/%
卢龙镇	3 220.52	8.65	3 042.4	8.27
石门镇	1 579.53	4.24	1 379.6	3.75
木井乡	3 143.93	8.45	3 548.42	9.64
蛤泊乡	2 390.27	6.42	2 726.47	7.41
刘田各庄镇	4 055.45	10.9	3 149.87	8.56
下寨乡	1 652.16	4.44	2 693.45	7.32
双望镇	4 270.19	11.47	3 119.32	8.48
印庄乡	3 944.88	10.6	3 940.86	10.71
陈官屯乡	3 625.56	9.74	3 400.02	9.24
燕河营镇	4 154.05	11.16	4 186.46	11.38
潘庄镇	3 641.27	9.78	3 700.73	10.06
刘家营乡	1 541.05	4.14	1 912.66	5.20

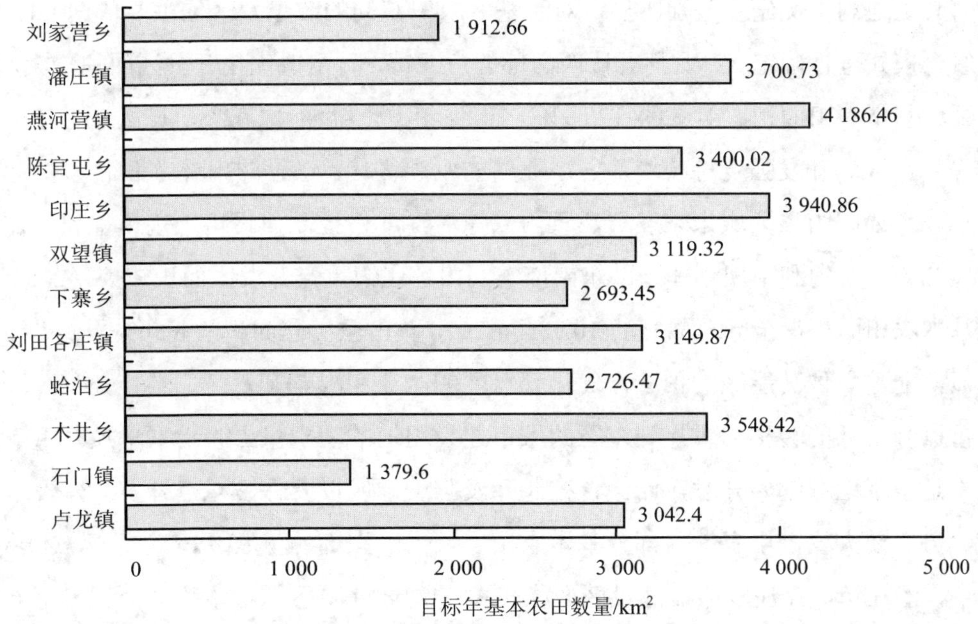

图 7-23　卢龙县 2020 年各乡镇基本农田配置结果

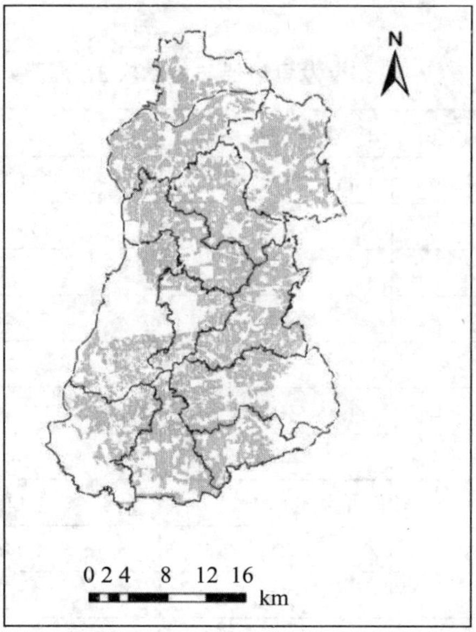

图 7-24 卢龙县各乡镇基本农田布局

根据空间适宜性评价结果，对卢龙县基本农田布局进行优化研究。在不同的主体功能区内其土地利用优先度差别明显，对于基本农田布局的数量及区位主要依据 DUHP 优先度组合模式进行确定。卢龙县县域西南部的卢龙镇、石门镇优化开发区面积较大，2008 年该区域基本农田面积占全县的 12.89%，2020 年占全县的 12.02%，该区域近年来土地开发程度良好，开发强度持续增加，产业结构亟须优化。该区域基本农田占全县比重变化较小，主要因为该区域未来发展注重内部挖潜，严格控制建设用地规模增长，需要构建土地节约、集约利用规划体系。东南部的刘田各庄镇重点开发区面积较大，2008 年该区域基本农田面积占全县总面积的 10.90%，2020 年占全县总面积的 8.56%，规模缩减较为明显，随着主体功能区的推进，优化开发区的产业和限制开发区、禁止开发区域的人口向重点开发区的转移，重点开发区的城市建设用地的需求量必将迅猛增加。重点开发区域不是全部地域都要开发，而应该控制开发强度，所以要保证重点开发区建设用地的供应，势必要大量占用农地，部分基本农田需调出。中部的下寨乡、双望镇、木井乡、蛤泊乡、潘庄镇、印庄乡限制建设区面积较大，2008 年该区域建设用地面积占全县总面积的 51.16%，2020 年占全县总面积的 53.62%，由于农用地转用前后利益差别较大，各级利益主体趋势大量农用地转非，而限制开发区的首要任务就是保护耕地，在国家规划的总体控制下，全面修编和实施地方各级土地利用总体规划、充分运用规划手段，统筹安排各业各类用地，同时加强规划的执行力度，可以使土地用途管制制度落在实处。事实上，任何一类主体功能区都涉及耕地保护问题，但限制开发区内的耕地保护力度需要大得多，划定永久基本农田，建立保护补偿机制，确保基本农田总量不减少、用途不改变、质量有提高。亟须突进土地整理复垦开发，建设占用耕地要实行先补后占。北部的刘家营乡、燕河营镇、陈官屯乡禁止建设区面积较大，2008 年该区域建设用地面积占全县总面积的 25.04%，2020 年占全县总面积的 25.82%，该区域为水源涵养地、自然保护区，对区域生态可持续发展具有重要意义，严禁建设活动的开展。该区域农业生产条件差，基础设施条件差，并且该区域还拥有相当多的人口数量，这使得保护与发展之间面临尖锐矛盾。该区域应加强农业生产空间布局结构的调整，建立各种类型的绿色生态基地。加强以水利设施为重点的农业基础设施建设，努力改善农业生产条件，建设稳产、高产的基本农田。

7.6　本章小结

本章从空间适宜性角度出发，对土地资源空间利用适宜性进行了评价，根据评价结果研究了在主体功能区框架下土地资源的合理利用问题。利用空间适宜性评价分区结果，建立与区域土地利用变化的关联，贯彻主体功能区对区域土地合理有序利用的指导作用。通过研究得到了以下结论：

①以冀东山地丘陵区典型县域卢龙县为研究对象，以栅格数据为基本书单元，将空间适宜性评价模型纳入分区方法中，从农业发展适宜度、城镇建设适宜度、生态保护适宜度 3 个方面建立适宜性评价指标体系。并考虑到不同因子的量化标准，借助 ArcGIS 空间分析，评价了划分的栅格单元对 3 类土地利用方式的适宜程度。

②根据空间适宜性评价结果，运用三维空间分区方法，贯彻主体功能区思想，共划分优化开发区、重点开发区、限制开发区、禁止开发区 4 类主体功能区。分区结果显示优化开发区集中在西南部中心城区所在区域，此处城镇发展适宜度较为适中，但单项因子中人口密度、城镇及工矿用地比例过高，不适于继续高强度的产业投入。重点开发区的城镇发展适宜性评价结果高于优化开发区，虽然也有较高的农业生产适宜性，但综合其交通便捷度、中心城镇影响程度等单项因子优势明显。禁止开发区划分结果与生态保护适宜性评价结果匹配程度较高，生态保护适宜性较低的区域不易于进行其他生产建设，应划为禁止开发区。农业发展适宜性较高的区域对应划分为限制建设区，主要集中在卢龙县中部区域。

③研究空间适宜性评价分区内的土地利用模式的分异性。视 DUHP——土地开发［Land Development（D）］、利用［Land Use（U）］、整治［Land Harness（H）］、保护［Land Protection（P）］为土地利用的4个不同侧面。优化开发战略下适宜的组合模式为U-H-D-P，重点开发战略下为 D-U-H-P，限制开发战略下为 H-P-U-D，而在禁止开发战略下为P-H-U-D，根据不同的优先度组合模式建立分配模型，将建设用地、基本农田的预测量进行分配。

④运用回归预测法、标准法、部门预测法相结合的方法分城镇及工矿用地，农村居民点用地，交通用地、水利设施及特殊用地对目标年建设用地需求总量进行预测。然后依据空间适宜性评价结果对建设用地总量进行数量与空间位置的布局。开发潜力较高、开发约束适中的地区主要集中在县域西南部，2020 年建设用地面积为 3 863.14 hm^2。开发潜力较高、开发约束较低的区域集中在县域东南部，2020 年建设用地面积为 1 331.87 hm^2。开发潜力适中、开发约束适中的区域主要集中在县域中部，2020 年建设用地面积为 5 085.16 hm^2。开发潜力较低、开发约束较高的区域集中在县域东北部，2020 年建设用地面积为 2 028.86 hm^2。

⑤根据卢龙县一定数量人口对粮食的需求，计算县域内基本农田需求量，结合上级下达的基本农田约束性指标，确定基本农田面积为 36 800.26 hm^2；根据空间适宜性评价结果，对卢龙县基本农田布局进行优化研究。县域西南部的卢龙镇、石门镇优化开发区面积较大，2020 年基本农田面积为 4 422.00 hm^2。东南部的刘田各庄镇重点开发区面积较大，2020 年基本农田面积为 3 149.87 hm^2。中部的下寨乡、双望镇、木井乡、蛤泊乡、潘庄镇、印庄乡限制建设区面积较大，2020 年基本农田面积为 18 382.38 hm^2。北部的刘家营乡、燕河营镇、陈官屯乡禁止建设区面积较大，2020 年基本农田面积为 9 499.14 hm^2。

第 8 章 城镇化进程中耕地保护问题研究

8.1 城镇化水平与耕地资源状况分析

8.1.1 研究区概况

黄骅市处于“环渤海、环京津”的“双环”枢纽地带和东北亚经济圈的中心位置，是国家跨世纪工程——神华工程的龙头项目黄骅港所在地。其中，渤海新区作为河北举全省之力打造的沿海重大增长极和京津冀新的经济增长极，渤海新区承担着引领全省率先发展、服务京津冀协同发展的重任，被形象地称为“增长极上的皇冠”。渤海新区自成立以来，紧抓河北沿海开发上升国家战略的重大机遇，深入实施港产城互动发展战略，全力推进开发建设，加快构建“一港、一城、三组团、九园区”的发展格局，继续保持了持续较快发展的良好势头。2013 年，全区完成地区生产总值 492 亿元，同比增长 9.3%；完成固定资产投资 631 亿元，同比增长 24%；全部财政收入突破百亿元，完成 102 亿元，同比增长 15.5%。

8.1.1.1 自然概况

（1）地理位置

黄骅市地处河北省东南部，位于东经 117.08°～117.82°，北纬 38.15°～38.65°；同时，黄骅市处于“环渤海”及“环京津”的枢纽地带，是我国工程项目中捷、南大港、黄骅港的所在地，总面积为 2 391.46 km^2（图 8-1）。

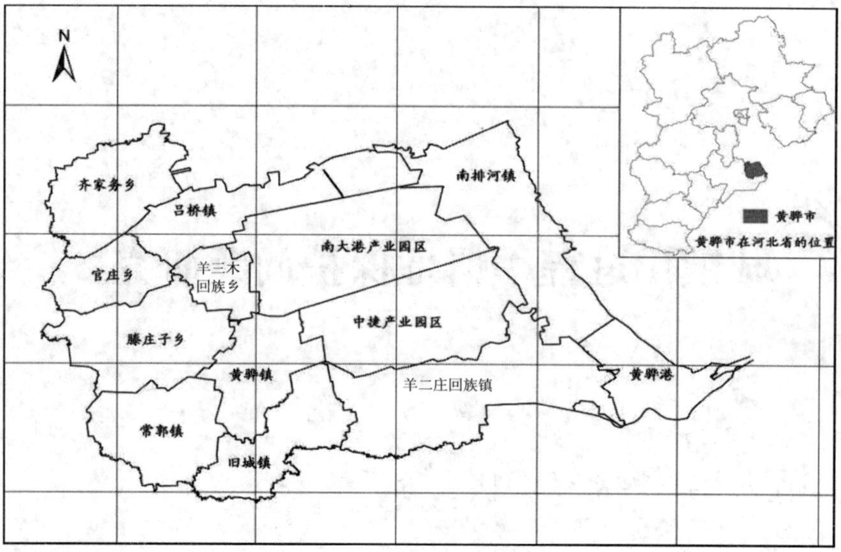

图 8-1 黄骅市地理位置图

地理区位上，黄骅市处于环京津冀都市圈的出海口，对周边地区，乃至整个河北省甚至相邻省份的发展有着至关重要的作用。其中，带动整个冀中平原的交通要道就是石家庄—沧州—黄骅港的石黄高速。因此黄骅市优势的战略地位是连接南北、东西、京津冀，带动其发展的重要保证。

（2）地形地貌

黄骅市是黄骅凹陷区的一部分，它的西部是黑龙港，为滨海平原的一部分，西南方向海拔较高，东北方向海拔较低，地貌类型大多为海岸地貌。黄骅市是一个典型的平原区，相对平坦。海边有著名的贝壳堤，属于较为典型的淤积型泥质海岸。黄骅市处在华北冲积平原黑龙港流域的最东端，地势低洼平坦，海拔高程一般为 3～5 m，最高点 7.4 m，最低点 1 m，自西南向东北缓缓倾斜，坡降为 1/15 000 左右。海潮大潮位可达海拔 3.3 m。

（3）气候

黄骅市紧邻渤海，有相对明显的海洋性气候，又因为纬度、海拔决定了其处于暖温带半湿润季风气候区，因此黄骅市总体表现是季风显著，四季分明，夏天湿润，雨量较多，冬季空气干燥，温度较低。历年平均日照时数为 2 700 h。年均蒸发量 1 908.7 mm，年均降水量 627 mm，降水年际变化大，时空分布不均，7 月、8 月降水量平均达 395.9 mm，占全年总降水量的 63.1%。年均风速 3.4 m/s，全年盛行西南风。历年平均气温为 12.5℃，无霜期约为 210 天。

（4）土壤

黄骅市土壤受地形、冲积母质类型和土体构型的影响较大，受地下水的作用，土体中水盐分运行及土壤肥力状况的差异性可形成不同的土壤类型，并且呈现有规律的分布。

黄骅市土壤共分为潮土、盐土和沼泽土三类，潮土面积最大。因该市地处滨海平原，所以地势低洼平坦，地下水位较高，一般为 2 m 左右，土壤母质为近代河流沉积物，土体层次排列明显，由于受地下水的强烈影响，土壤物质发生溶解、移动和淀积，铁锰氧化还原在心土、底土层出现锈纹锈斑、铁锰结核和石灰结核，底土有潜育层。长期耕作改良的旱作土壤，均化为潮土。一部分荒地尚未耕种熟化，并且含有大量的可溶性盐类的土壤为盐土。一般地下水位在旱季临近地表或在 0.5～1 m，土质黏重，水分过多，通气不良，有机质积累较多，潜育化作用强烈，剖面表层为有机物丰富的腐泥层，以下有灰蓝色的潜育层，生长喜湿性植物的土壤均为沼泽土。

黄骅市土壤共分 7 个亚类，分别为：滨海潮土、滨海盐化潮土、滨海沼泽化潮土、滨海草甸盐土、滨海盐土、滨海盐化草甸沼泽土、滨海潮土沼泽土。市域内土壤贫瘠板结，共分 15 个土属、79 个土种，其中轻壤质硫酸盐-氯化物中度滨海盐化潮土面积最大。

黄骅市地势低洼平坦，自西南向东北逐渐降低，土壤质地也自西南向东北由沙壤、轻壤逐步过渡到中壤。

（5）水资源

黄骅市地处滨海，淡水资源奇缺，咸水资源丰富。黄骅市地上淡水资源以降水为主，多年平均降水量为 626.6 mm。平均年径流量为 1.28 亿 m^3，地表淡水匮乏。地下淡水资源贫乏，浅层淡水储藏面积小，储量少。浅层淡水储量少，开采难度大，成本高。

①地表水。黄骅市多年平均降水量为 626.6 mm，年降水总量为 9.012 亿 m^3。平水年降水量为 584.3 mm，年降水量为 8.499 亿 m^3，中等枯水年降水量为 446.4 mm，年降水量为 6.493 亿 m^3。黄骅市年降水量分配不均，汛期降水量占全年年降水量的 82%；降水量年际变化很大，年降水最大的年份是 1964 年，年降水量为 1 343.5 mm；年降水量最小的年份是 1968 年，年降水量为 247 mm，两者相差 5.48 倍。降水强度最大为 40.2 mm/h（1971 年 7 月 26 日）。该市降水量在境内分配也不均，由中部、东部向南、西部逐渐减少。

黄骅市年平均径流为 88 mm，年平均径流量为 1.28 亿 m^3。中等丰水年径流深为 143.14 mm，年径流量为 2.082 亿 m^3；平水年径流量为 1.049 亿 m^3。径流在全市分配也有差异，南部、西部较小，北部、东部偏大。多年平均径流系数为 0.317～0.144。该市春季、冬季降水量少，不能形成径流，径流主要产生在汛期的 6—9 月。

②地下水。黄骅市浅层地下水主要受大气降水、河渠渗透补给。年水位变幅为 2～4 m，水位埋深 0～6 m，单位出水量 1～5 t。由于降水补给少、蒸发大和受海潮咸水的影响，黄骅市大部分地区浅层水的矿化度大于 3 g/L，据河北省地质七队资料得知，该区浅水层最高矿化度达到 40 g/L；深水储藏面积只有 357.5 km^2，净储量仅有 787.7 万 m^3。这些淡水分布河渠两侧、滨海古沙丘区、古河道分布区，以及村庄附近的长期积存淡水的坑塘周围。

8.1.1.2 社会经济概况

（1）人口状况

根据黄骅市统计年鉴，自改革开放以来黄骅市全市总人口不断增加，2010 年全市总人口为 45.4 万人，黄骅市各乡镇人口分布数据见表 8-1。由表 8-1 分析可知，黄骅市各乡镇人口分布差异较大，人口密度空间分布不一致。黄骅镇人口总数最多，为 99 420 人，约占黄骅市总人口的 21.90%；南排河镇、羊二庄回族镇分别是 51 691 人、51 615 人，分别占总人口的 11.39%、11.37%；人口最少的乡镇是羊三木回族乡，约为 11 457 人，仅占黄骅市总人口的 2.52%。

表 8-1 黄骅市人口状况统计表（2010 年）

乡镇	总人口/人	面积/hm^2	人口密度/人	占总人口比例/%
黄骅镇	99 420	13 329.43	7.46	21.90
南排河镇	51 691	26 375.3	1.96	11.39
吕桥镇	41 563	17 808.73	2.33	9.15
旧城镇	39 341	14 563.81	2.70	8.67
羊二庄回族镇	51 615	31 136.14	1.66	11.37
常郭镇	44 041	16 412.39	2.68	9.70
滕庄子乡	41 767	19 794.1	2.11	9.20
官庄乡	30 773	9 517.49	3.23	6.78
齐家务乡	42 332	16 551.47	2.56	9.32
羊三木回族乡	11 457	6 261.48	1.83	2.52
合计	454 000	171 750.34	—	100.00

（2）经济状况

近年来，黄骅市坚持以科学发展观为指导思想，以建设现代化滨海中心城市为目标，积极推进新型工业化、农业产业化和城镇化，紧抓“三大任务”（建设大港口、培育大产业、发展大城市），大力发展临港经济、园区经济、民营经济和特色经济，综合经济实力不断增强，呈现速度加快、结构改善、效益提升、活力增强的良好态势。

2012 年，全市地区生产总值完成 237 亿元，比 2010 年增长 47.93%；全部财政收入完成

20.3 亿元，其中地方一般预算收入完成 6.2 亿元，分别比 2010 年增长 41.2%和 76.6%（同口径比）。第一产业增加值为 26.77 亿元，占总增加值的 10.61%；第二产业增加值为 11.50 亿元，占总增加值的 44.21%；第三产业增加值为 113.96 亿元，占总增加值的 45.18%，见图 8-2。

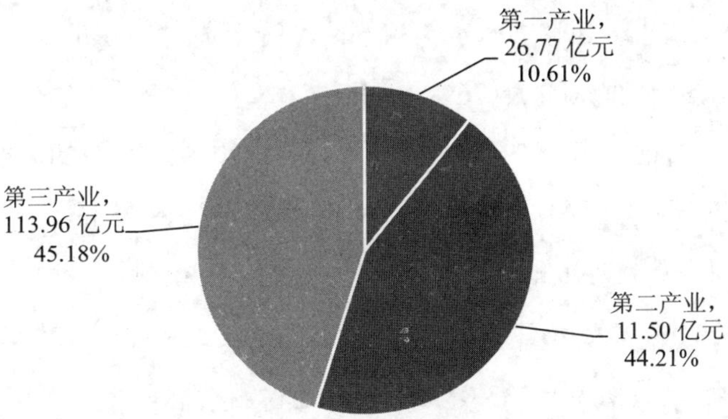

图 8-2　黄骅市产业增加值结构图

黄骅市积极引导项目发展，既抓工业项目、农业项目，又抓民生项目、“三产”项目，以项目建设统领经济工作全局，新建、改建和技术改造项目不断增加。2010 年全市竣工和在建超千万元项目有 168 个，比上年同期增加 4 个，总投资 110 亿元，同比增长 61.27%，实际完成投资 59.945 4 亿元，同比增长 43.8%。全年建设和运作超千万元项目有 168 个，昌骅专汽二期、国华风电一期、京华化工、宏达五金等 79 个项目竣工投产，京海物流、成润物流、鹏盛贤印务、沧兴预应力管桩、宏泰专汽三期、朝日光电等 62 个项目开工建设，5 个项目被列为省重点项目。

农业产业结构进一步优化。以项目和农业科技进步支撑，以培育冬枣、设施蔬菜、远洋捕捞与养殖为重点，实施“产业带动、开放推进、品牌驱动”三大战略，彻底改变了以往传统粗放单一的农业生产模式，形成了以传统农业为基础、特色农业为龙头的农业发展格局。本市成功培育了官庄设施蔬菜、孔店冬枣、常郭食用菌等一批特色农产品基地，使农业生产水平、效益得到极大提高。目前，全市冬枣种植面积已达 30 万亩[①]，2011 年产量达 1.9 亿 kg，随着无公害标准化生产技术和贮藏加工技术的大力推广及应用，冬枣产业已成为全市农村经济发展的支柱产业和农民致富的重要途径；全市各式蔬菜大棚 1 300 个，占地 5 000 亩，拥有一个现代有机蔬菜种植基地和 12 个设施蔬菜生产园区及 22 个村的露地蔬菜；食用菌种植面积达到 8.1 万 m^2；渔业主要以海洋捕捞、海水养殖、

① 1 亩≈0.066 7 hm^2。

水产育苗、水产品加工以及制盐业为主；钢壳船总量突破 300 艘，工厂化养殖面积达到 2.3 万 m^3 水体，完成水产品总量 8 万 t，共有渔业人口 4.5 万人。

8.1.1.3 土地资源概况

2012 年，黄骅市土地总面积为 239 136.18 hm^2，其中农用地为 85 014.07 hm^2，占土地总面积的 35.56%；建设用地 116 445.34 hm^2，占土地总面积的 48.69%；其他土地为 37 676.77 hm^2，占土地总面积的 15.76%。

全市农用地中，耕地面积为 76 905.86 hm^2，占农用地总面积的 89.74%；园地面积为 5 150.02 hm^2，占农用地总面积的 6.70%；林地面积为 248.25 hm^2，占农用地总面积的 0.32%；牧草地面积为 2 711.96 hm^2，占农用地总面积的 3.53%。

在全市建设用地中，城乡建设用地面积为 42 634.35 hm^2，占建设用地总面积的 36.61%；交通运输用地面积为 9 233.08 hm^2，占建设用地总面积的 7.93%；水利设施用地面积为 64 577.91 hm^2，占建设用地总面积的 55.46%。

全市其他用地面积为 37 676.77 hm^2，其中，设施农用地面积为 3 703.76 hm^2，占其他用地总面积的 9.83%；其他未利用地面积为 33 973.01 hm^2，占其他用地的 90.17%。自然保留地面积为 11 903.72 hm^2。黄骅市 2012 年土地利用现状见图 8-3。

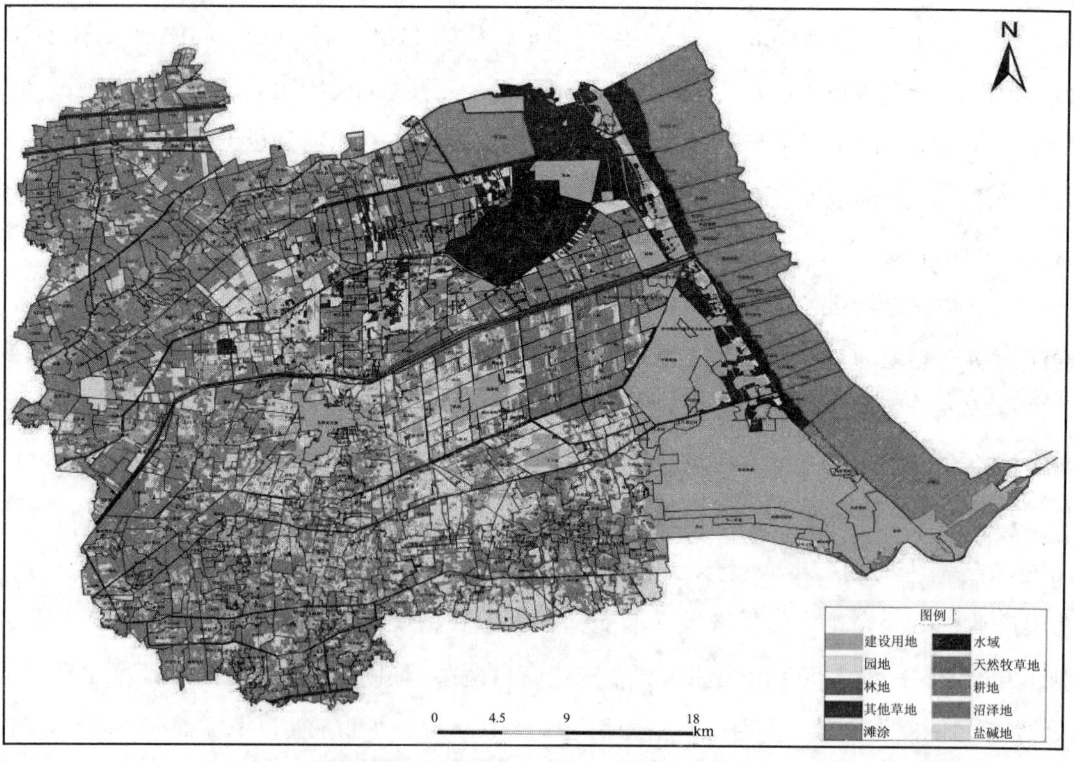

图 8-3 黄骅市 2012 年土地利用现状图

8.1.2　城镇化水平及趋势分析

8.1.2.1　城镇化水平现状

一个地区的城镇化水平会受到社会、经济、自然等诸多因素的影响，其中包括人均GDP 比重、非农业人口比重、人口密度、建成区绿化覆盖率、城市面积及城市之间的距离等。在经济发展、城镇化水平、耕地资源彼此相互关联、相互影响、相互制约的状况下如何使彼此达到平衡状态是关键问题。近年来黄骅市在占补平衡的基础上，城镇化水平保持快速发展态势。通过研究文献得出影响黄骅市城镇化水平的主要影响因素并且考虑数据的可得性等问题，确定出两个主要指标：

①非农业人口占总人口的比重 c_1；

②非农业 GDP 占总 GDP 的比重 c_2。

c_1 是根据户籍统计口径得到，据此指标测算，黄骅市 2005 年的城镇化水平为35.65%。实际上，改革开放以来，农民进城务工、经商并且在城市居住的人数大大增加，但按户籍标准的城镇化水平没有将正在或已经城镇化的农村人口考虑进去，所以算出来的城镇化水平比实际偏低。

根据 1990—2003 年城镇化率和人口、GDP 比例关系分析，运用德尔菲法分别赋予 c_1 为 0.8 和 c_2 为 0.2 的权重，进行加权平均得到综合指标 c：

$$c = c_1 \times 0.8 + c_2 \times 0.2 \tag{8-1}$$

再通过对结果进行修正，来衡量黄骅市城镇化水平，如表 8-2 所示。

表 8-2　黄骅市城镇化率表

年份	总人口数/万人	农业人口数	非农业人口数/万人	c_1/%	GDP/万元	非农 GDP/万元	c_2/%	城镇化率/%
2004	41.7	34.3	7.4	17.75	689 990	619 802	89.83	32.17
2005	41.7	34.0	7.7	18.47	715 999	638 677	89.20	32.62
2006	42.1	34.7	7.4	17.58	978 998	888 286	90.73	32.21
2007	42.6	35.0	7.6	17.84	1 107 768	1 001 083	90.37	32.35
2008	43.3	35.6	7.7	17.78	1 245 211	1 106 593	88.87	32.00
2009	43.8	36.1	7.7	17.58	1 353 086	1 207 481	89.24	31.91
2010	45.4	37.1	8.3	18.28	1 602 238	1 420 946	88.69	32.36
2011	46.1	37.6	8.5	18.44	2 000 418	1 791 614	89.56	32.66
2012	46.3	37.7	8.6	18.57	2 370 150	2 124 294	89.63	32.78

数据来源：《河北省经济年鉴》。

从表 8-2 中可以看出，随着非农人口比重的增加，非农 GDP 也在增加，近 10 年来黄骅市的城镇化率总体呈增加趋势。

8.1.2.2 城镇化水平预测

常用的城镇化率的预测方法较多，有时间序列回归预测、Logistic 曲线预测、灰色系统 GM（1，1）预测、综合增长法预测等。本书采用综合增长法预测黄骅市的城镇化率，其预测公式为

$$y = x_0 \times (1+r)^t \tag{8-2}$$

式中：y—— 城镇化水平；

x_0—— 初始年的城镇化水平；

r—— 城镇化增长速度，根据黄骅市 2004—2012 年城镇化率数据，进行平均化后得出平均增长速度作为未来黄骅市的城镇化增长速度；

t—— 规划年限，2013 年为 1，2014 年为 2，以此类推。

根据公式和以上参数进行预测，得出 2015 年和 2020 年的城镇化率为 46.73%和 52.36%，如图 8-4 所示。

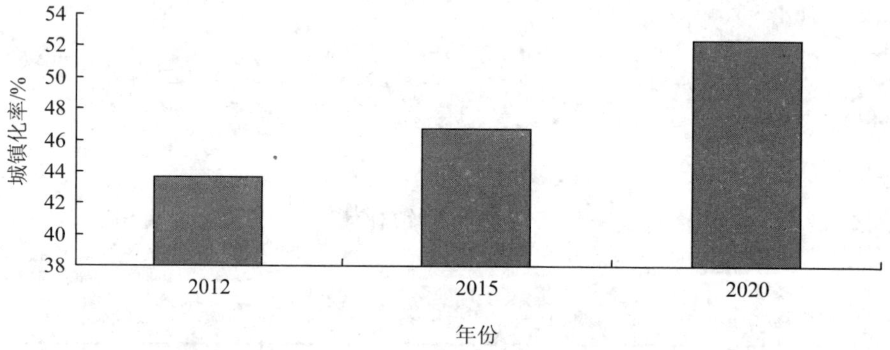

图 8-4 2012—2020 年黄骅市城镇化率预测图

8.1.3 耕地资源变化状况分析

8.1.3.1 耕地资源数量变化分析

（1）耕地资源数量变化分析

随着黄骅市经济的快速发展，总体来看，黄骅市耕地数量呈递减趋势，2000—2012 年黄骅市耕地数量变化以及人均耕地面积变化如表 8-3 所示。

表 8-3　2000—2012 年黄骅市耕地面积与人均水平变化表

年份	耕地面积/hm^2	总人口/万人	人均耕地面积/（hm^2/人）
2000	82 150	39.5	0.208 0
2001	82 121	40.7	0.201 8
2002	81 006	40.7	0.199 0
2003	79 965	41.0	0.195 0
2004	79 502	41.7	0.190 7
2005	78 860	41.7	0.189 1
2006	78 298	42.1	0.186 0
2007	78 126	42.6	0.183 4
2008	77 950	43.3	0.180 0
2009	76 875	43.8	0.175 5
2010	76 825	45.4	0.169 2
2011	76 967	46.1	0.167 0
2012	76 905	46.3	0.166 1

从黄骅市 2004—2012 年耕地面积变化（图 8-5）和人均耕地面积变化（图 8-6）中可以看出，除 2011 年耕地面积略有上升外，2000—2012 年黄骅市耕地面积和人均耕地面积总体趋势是不断下降的。2000—2012 年黄骅市耕地面积共减少 5 245 hm^2，年平均减少面积为 403.46 hm^2。其中人均耕地面积逐年呈下降趋势，年均减少面积为 0.003 2 hm^2。

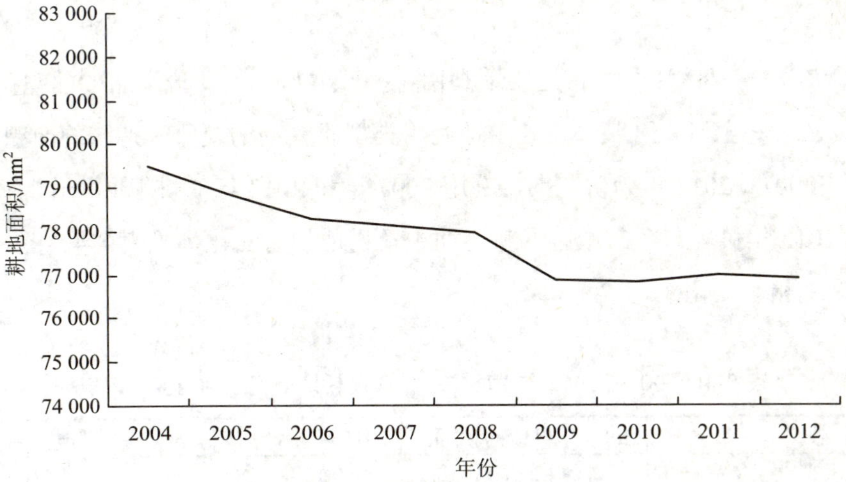

图 8-5　2004—2012 年黄骅市耕地面积变化图

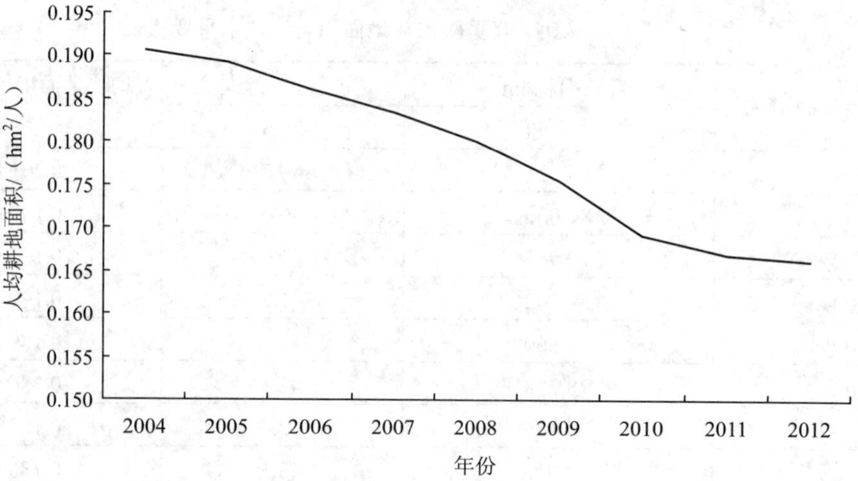

图 8-6 2004—2012 年黄骅市人均耕地面积变化图

（2）耕地资源空间分布变化分析

黄骅市处于沿海地区，由于自然条件区域差异显著，经济发展与人口增长的速度不同，市域范围内各地域耕地变化也表现出很大的差异。对耕地变化的区域差异，可用相对变化率的概念进行定量分析。相对变化率可以充分地表达土地利用变化的区域差异，若区域某种土地利用类型的相对变化率 $L>1$，则表示该区域这种土地利用类型变化较全区域大。某区域某一特定土地利用类型相对变化率用公式表示为

$$L=\frac{|K_b-K_a|\times C_a}{K_a\times|C_b-C_a|} \tag{8-3}$$

式中：K_a、K_b——某区域某一特定土地利用类型研究期初及研究期末的面积；

C_a、C_b——全研究区某一特定土地利用类型研究期初及研究期末的面积。

本书以 2007—2012 年为研究期，选用 2007 年和 2012 年的耕地面积作为研究对象，2007 年与 2012 年黄骅市各行政区的耕地面积及耕地相对变化率见表 8-4。图 8-7 更清晰地展现出耕地相对变化率。

表 8-4 2007—2012 年黄骅市各行政区耕地面积及相对变化率表

行政区划	2007 年耕地面积/hm²	2012 年耕地面积/hm²	耕地面积变化率
黄骅市	78 126.00	76 905.00	−1.57
黄骅港	0.00	0.00	0.00
中捷产业园区	6 317.99	6 383.99	1.04
南大港产业园区	9 580.48	9 758.48	1.86
黄骅镇	4 052.21	3 817.73	−1.35

行政区划	2007 年耕地面积/hm^2	2012 年耕地面积/hm^2	耕地面积变化率
南排河镇	0.00	0.00	0.00
吕桥镇	7 487.26	7 558.71	0.95
旧城镇	7 865.46	7 343.69	−1.21
羊二庄回族镇	6 489.39	6 373.67	−1.56
常郭镇	9 954.23	9 908.44	−3.02
滕庄子乡	8 995.24	8 774.09	−1.59
官庄乡	6 541.16	6 367.51	−1.15
齐家务乡	9 449.86	9 208.81	−2.04
羊三木回族乡	1 322.74	1 408.74	6.50

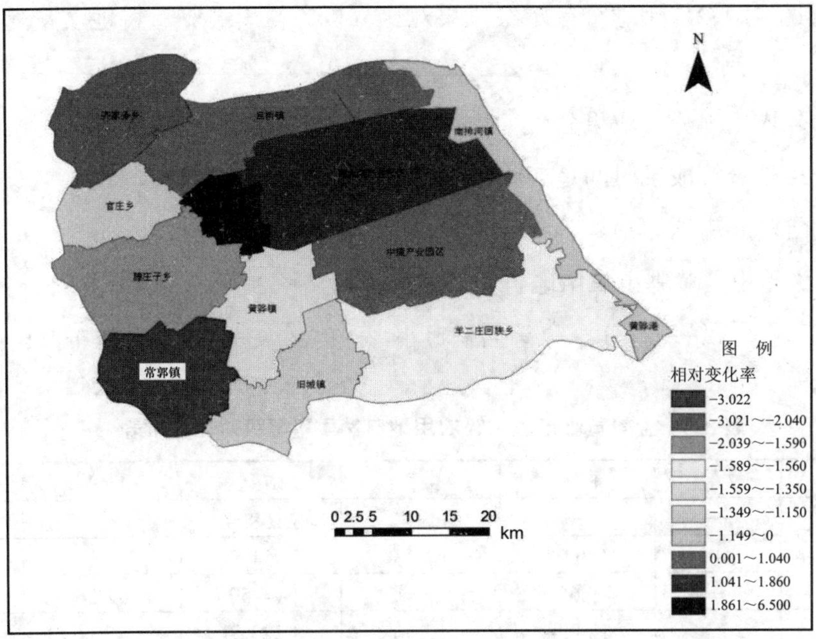

图 8-7　黄骅市各行政区相对变化率图

耕地面积变化率为正，则代表耕地面积相对增加；耕地面积变化率为负，则代表耕地面积相对减少；为 0 则代表面积没有变化。

从各乡镇耕地面积的相对变化率可以看出，黄骅市各区域耕地相对变化率分布的大致空间格局为：

①羊三木回族乡的耕地变化率最大，为 6.5，居全市之首。其主要原因是土地开发项目较大。

②其次耕地变化率较大的地区为常郭镇。主要原因是该区存在南大港盐碱荒地开发整理项目、南大港二分场盐碱荒地开发整理项目及南大港农场盐碱荒地开发项目。

③耕地变化率最小的是黄骅港和南排河镇，仅为 0。主要原因为海域附近不方便耕作，没有可利用的耕地资源。

④虽然部分地区耕地增加量较大，但耕地总面积总体趋势还是逐年减少。

8.1.3.2 耕地资源质量变化分析

耕地质量下滑的主要原因是人们只重视数量上的平衡，对质量平衡重视不够，建设占用的多为城镇周边、交通便利、基础设施较好的优质农田，而新开垦的耕地多位于偏远、贫瘠之地，补充耕地的质量低于被占用的耕地质量，造成耕地数量的隐性减少，从而使得粮食总生产能力下降。

本书通过对两轮农用地分等定级成果对比分析，得出黄骅市耕地质量随时间的变化情况。

（1）上轮农用地分等成果分析

上轮农用地分等成果时间是 2002 年，上轮农用地分等成果中，等别有农用地自然等、农用地利用等和农用地等别。

由表 8-5 得出，黄骅市农用地自然质量等涉及 7～11 等，共 5 个等别，其中 10 等面积最大，并且在各乡镇均有分布，7 等面积最小，只在羊二庄回族镇有分布，仅有 110.1 hm^2。

表 8-5 上轮黄骅市国家级农用地自然质量等级对比分析表 单位：hm^2

乡镇名称	7 等	8 等	9 等	10 等	11 等	总面积
黄骅镇	—	—	361.42	8 108.56	—	8 469.98
羊二庄回族镇	110.10	116.98	41.43	7 951.80	—	8 220.31
旧城镇	—	9.65	—	804.59	52.26	866.50
常郭镇	—	124.24	13.66	8 223.51	1 476.69	9 838.10
滕庄子镇	—	311.16	492.60	10 978.35	—	11 782.11
吕桥镇	—	—	110.96	6 205.44	—	6 316.40
齐家务乡	—	—	50.51	11 281.4	—	11 331.91
官庄乡	—	0.04	306.66	5 446.91	—	5 753.61
中捷农场	—	—	—	6 541.33	148.07	6 689.40
南大港产业园	—	—	—	8 302.33	1 309.26	9 611.59
合计	110.10	562.06	1 377.23	73 844.23	2 986.28	78 879.90

表 8-6 中，黄骅市农用地利用等涉及 8～14 等，共 7 个等别，其中 13 等面积最大，8 等和 9 等面积最小，只在羊二庄回族镇有分布。

表 8-6 上轮黄骅市国家级农用地利用等级对比分析表　　单位：hm²

乡镇名称	8 等	9 等	10 等	11 等	12 等	13 等	14 等	总面积
黄骅镇	—	—	—	191.06	—	7 928.32	350.61	8 469.99
羊二庄回族镇	62.82	61.49	11.17	17.60	4 155.58	2 906.71	1 004.93	8 220.30
旧城镇	—	—	—	10.23	64.66	694.87	96.73	866.49
常郭镇	—	—	72.36	75.06	—	9 644.22	46.46	9 838.10
滕庄子镇	—	—	—	946.30	—	10 835.80	—	11 782.10
吕桥镇	—	—	—	10.40	1 290.79	4 206.27	808.93	6 316.39
齐家务乡	—	—	307.45	—	3 526.63	7 497.82	—	11 331.90
官庄乡	—	—	—	407.37	—	5 346.22	—	5 753.59
中捷农场	—	—	453.75	753.75	1 594.10	3 887.80	—	6 689.40
南大港产业园	—	—	—	—	2 955.47	3 663.87	2 992.26	9 611.60
合计	62.82	61.49	844.71	2 411.79	13 587.23	56 611.92	5 299.93	78 879.89

表 8-7 中，黄骅市农用地经济等别涉及 9～14 等，共 6 个等别，其中 13 等面积最大，9～11 等面积相对较小。

表 8-7 上轮黄骅市国家级农用地经济等级对比分析表　　单位：hm²

乡镇名称	9 等	10 等	11 等	12 等	13 等	14 等	总面积
黄骅镇	—	—	—	191.06	5 093.25	3 185.69	8 470.00
羊二庄回族镇	92.54	—	11.21	17.67	6 901.32	1 197.57	8 220.31
旧城镇	—	—	—	14.38	608.99	243.13	866.50
常郭镇	—	—	72.36	75.06	4 250.34	5 440.34	9 838.10
滕庄子镇	—	—	—	1 146.31	4 122.30	6 513.49	11 782.10
吕桥镇	—	417.12	—	838.98	4 610.77	449.53	6 316.40
齐家务乡	—	—	—	3 952.16	7 379.74	—	11 331.90
官庄乡	—	—	—	184.09	3 480.41	2 089.09	5 753.59
中捷农场	—	—	—	2 423.87	4 265.53	—	6 689.40
南大港产业园	—	—	—	2 974.72	2 201.08	4 435.80	9 611.60
合计	92.54	417.12	83.57	11 818.31	42 913.74	23 554.63	78 879.91

（2）本轮农用地成果分析

本轮成果为 2011 年农用地质量分等成果，根据《农用地质量分等规程》，黄骅市标准制度分区属“Ⅰ402 运东滨海平原冬小麦夏玉米一年两熟区”，指定作物为冬小麦、夏玉米。黄骅市耕地质量等级成果补充完善采用因素法进行，运用等间距法划分耕地各等别。此次分等结果分为国家级等。

国家级等别耕地自然质量等指数按 400 分进行划分，黄骅市共涉及 7～11 共 5 个自然等；耕地利用等指数按 200 分进行划分，共涉及 10～14 共 5 个利用等；耕地经济等指数按 100 分进行划分，共涉及 10～14 共 5 个等别。等别序数越低，质量越好。黄骅市的国家级耕地等别分类结果见表 8-8～表 8-10。

表 8-8 黄骅市国家级耕地自然质量等别面积统计表 单位：hm^2

乡镇名称	7 等	8 等	9 等	10 等	11 等	合 计
黄骅镇	194.22	26.45	885.40	2 578.49	105.06	3 789.61
旧城镇	85.03	31.60	63.63	6 897.07	266.31	7 343.64
吕桥镇	395.07	6.14	4 231.66	2 745.95	179.88	7 558.70
齐家务乡	111.10	388.12	14.37	6 530.50	2 164.77	9 208.87
滕庄子乡	143.79	111.90	3 156.17	5 362.23	0.00	8 774.09
羊三木回族乡	96.22	5.71	1 169.25	137.57	0.00	1 408.75
羊二庄回族镇	469.54	27.21	895.60	4 981.30	0.00	6 373.65
官庄乡	309.03	117.89	5 263.11	677.52	0.00	6 367.54
常郭镇	101.46	33.70	82.45	8 221.36	1 469.43	9 908.40
中捷农场	—	2.11	17.53	6 291.04	73.29	6 383.97
南大港产业园	—	—	—	7 955.11	1 803.38	9 758.49
合计	1 905.45	750.83	15 779.18	52 378.14	6 062.13	76 875.73

表 8-9 黄骅市国家级耕地利用等别面积统计表 单位：hm^2

乡镇名称	10 等	11 等	12 等	13 等	14 等	合 计
黄骅镇	0.00	0.00	229.05	3 191.18	369.38	3 789.61
旧城镇	0.00	25.80	1 528.01	4 385.56	1 404.28	7 343.64
吕桥镇	0.00	1 720.01	959.30	4 667.99	211.40	7 558.70
齐家务乡	5.62	856.06	3 417.68	4 929.51	0.00	9 208.87
滕庄子乡	42.80	2 090.94	1 261.63	5 378.73	0.00	8 774.09
羊三木回族乡	0.00	0.00	101.93	1 306.82	0.00	1 408.75
羊二庄回族镇	690.00	208.34	1 818.84	2 811.20	845.27	6 373.65
官庄乡	48.15	456.25	373.70	5 489.44	0.00	6 367.54
常郭镇	8.20	822.16	282.07	8 613.30	182.67	9 908.40
中捷农场	0.00	17.23	2 123.97	2 917.01	1 325.76	0.00
南大港产业园	0.00	0.00	3 472.29	3 596.28	2 689.92	0.00
合计	794.76	6 196.80	15 568.48	47 287.01	7 028.68	76 875.73

表 8-10 黄骅市国家级耕地经济等别面积统计表 单位：hm^2

乡镇名称	10 等	11 等	12 等	13 等	14 等	合 计
黄骅镇	0.00	0.00	194.22	3 595.40	0.00	3 789.61
旧城镇	0.00	0.00	2 155.59	5 188.05	0.00	7 343.64
吕桥镇	906.80	767.65	1 058.70	4 693.67	131.87	7 558.70
齐家务乡	0.00	154.15	3 862.01	5 192.71	0.00	9 208.87
滕庄子乡	0.00	1 380.99	445.59	6 947.51	0.00	8 774.09
羊三木回族乡	0.00	0.00	93.82	1 314.93	0.00	1 408.75
羊二庄回族镇	0.00	0.00	2 315.49	3 217.10	841.06	6 373.65
官庄乡	0.00	0.00	504.40	5 863.14	0.00	6 367.54
常郭镇	0.00	34.39	1 484.73	8 374.75	14.53	9 908.40
中捷农场	0.00	0.00	2 964.71	3 043.97	375.29	6 383.97
南大港产业园	0.00	0.00	3 472.29	3 658.56	2 627.64	9 758.49
合计	906.80	2 337.18	18 551.56	51 089.81	3 990.39	76 875.74

（3）本轮与上轮成果对比分析

本次分等的国家级等别与上轮相比有一定变化，但均在合理范围内。国家耕地自然质量等别分 7～11 共 5 个等，与上轮一致；国家级耕地利用等别分 10～14 共 5 个利用等，与上轮相比，少了 8 等和 9 等地；国家级耕地经济等别划分 10～14 共 5 个等，与上轮相比少了 9 等地。

（4）两轮耕地质量变化分析

通过比较黄骅市耕地的两轮利用等别可以看出，上一轮中有 8 等地 62.82 hm^2，9 等地 61.49 hm^2，且大部分集中在 12 等和 13 等，分别为 844.71 hm^2 和 2 411.79 hm^2。而本轮中没有了 8 等、9 等地，都集中在了 12 等、13 等地，分别为 47 287.01 hm^2、7 028.68 hm^2。比较两轮耕地经济等别，上轮中有 9 等地 92.54 hm^2，而本轮中没有了 9 等地，且 12 等、13 等明显增加，12 等地从 11 818.31 hm^2 增加到 18 551.56 hm^2，13 等地从 42 913.74 hm^2 增加到 51 089.81 hm^2。

通过国家级耕地利用等别和国家级耕地经济等别两轮成果的变化可以看出，黄骅市耕地质量在自然质量方面有所下滑，并且变化明显。黄骅市的耕地质量问题已经上升到很严峻的地步，如果政府部门仍然不采取相应行动，后果将会不堪设想。对此，政府要给予极大的关注，采取积极措施，避免耕地质量下降，以保护耕地安全及粮食安全。

8.2 城镇化水平与耕地变化关系分析

8.2.1 城镇化水平与耕地面积变化的相关性分析

运用已知数据（表 8-2、表 8-3），对 2004—2012 年黄骅市的耕地面积（Y）和城镇化水平（X）进行相关分析，可以得到两者的相关系数为−0.955，并得出以下散点图。这表明黄骅市耕地面积与城镇化水平之间呈负相关，且两者关系比较密切，未来进一步厘清它们之间的关系，可利用回归模型对其进行进一步的分析（图 8-8）。

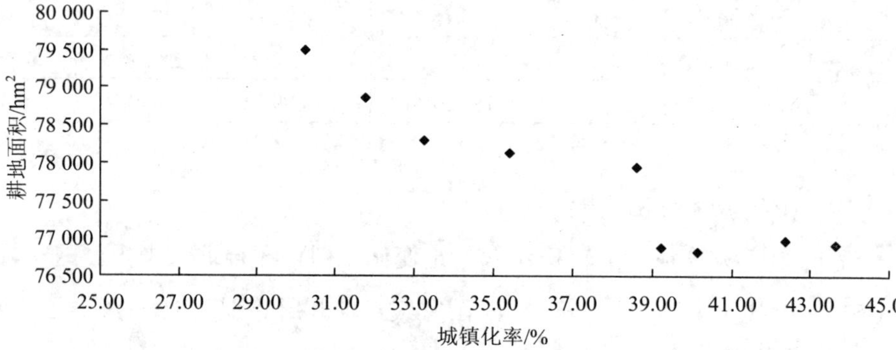

图 8-8 黄骅市耕地面积与城镇化水平相关性分析图

8.2.2 城镇化水平与耕地面积变化的回归分析

通过运用 SPSS 对耕地面积（Y）和城镇化水平（X）进行回归分析，得出了城镇化水平与耕地面积拟合曲线（图 8-9），并且拟合度较高，r^2 为 0.910 6，大于 0.9，这表明，2004 年以来，黄骅市耕地资源数量变化与城镇化率有很大关系，社会经济发展尤其是城镇化的快速推进，已经成为黄骅市耕地资源数量减少的最主要因素。

通过对上述回归分析的分析研究，得出的原因是：我国目前对耕地保护和城镇化的研究大部分还是集中在东南部地区，因为此区域临近海洋，有较为发达的产业框架和雄厚的经济基础。在研究初期，人地关系非常紧张，因此，要想继续发展经济，占用耕地是必然的选择。而黄骅地区虽然处于环渤海地区，但是城市发展近几年刚刚起步，因发展占用耕地不可避免。

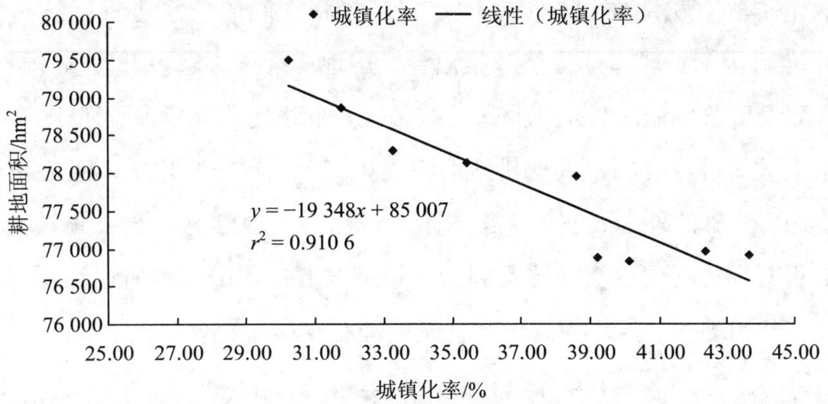

图 8-9　城镇化水平与耕地面积变化的回归分析图

8.2.3　城镇化水平对耕地的负面影响

8.2.3.1　经济发展对耕地的影响

人均 GDP 与耕地面积变化的相关系数为−0.946，这表明人均 GDP 增加与耕地减少之间存在很大的负相关关系。如图 8-10 所示，自 2004 年以来，黄骅市经济状况和人均 GDP 都在飞速增长，而耕地面积却在日益减少。分析其原因，主要有两个方面，一是经济发展必须占用更多的耕地；二是城镇化水平的提高增加了的城镇人口数量占用了大量的耕地，致使耕地面积大量减少。

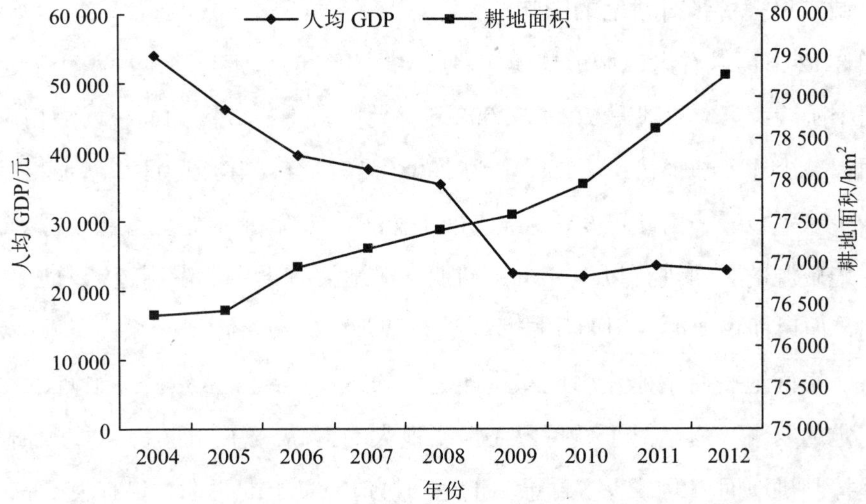

图 8-10　2004—2012 年黄骅市人均 GDP 与耕地面积变化图

通过两个阶段对耕地面积与城镇固定资产投资之间的关系进行阐述。第一阶段：2004—2009年，因为黄骅市新经济政策出台，房地产行业兴起，开发区先后被开发，城镇固定资产数量日益增加，新兴产业和一些民营企业迅速崛起，占领了一定的经济市场，并且占用了大量的耕地资源，致使耕地面积逐年减少。这一阶段的主要发展方式是以消耗大量的耕地为基础的外延式发展。第二阶段：2009—2012年，随着城镇固定资产的增加，耕地面积减少的幅度放缓，这是因为在经济发展过程中，政府已经认识到了耕地问题的严峻性，开始进行一定规模的土地开发整理和复垦（图8-11）。

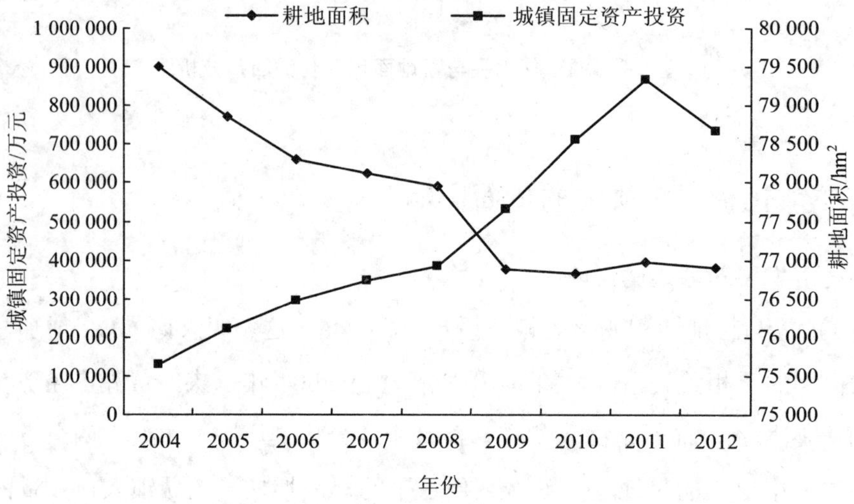

图8-11 2004—2012年黄骅市城镇固定资产投资与耕地面积变化图

8.2.3.2 城市规模扩张对耕地的影响

从图8-12中可以看出，城镇规模（建成区面积）的扩张与耕地面积变化之间的关系可分为两个阶段：第一阶段是2004—2008年，此阶段中建成区的面积增加相对较缓，然而耕地面积减少速度却很快；第二阶段为2008—2012年，建成区面积增加相对加快，耕地面积减少速率减缓，由此可知，在此期间，耕地保护和土地整治效果明显。

从耕地资源的去向进行以下分析，初期，耕地被建设用地占用逐渐增加，并且比重日益提高，但后期耕地被占用明显减少。这是因为黄骅市进行了一系列土地开发、整理、复垦项目，很好地平衡了建设用地和耕地之间的占补关系。虽然占补平衡在数量上已经达到了一定的要求，但是对于质量，还需要很大的提高。总体而言，通过土地整治往往更多的是抑制耕地面积的减少，要想真正达到耕地质量上的平衡，仍有大量的工作要做。

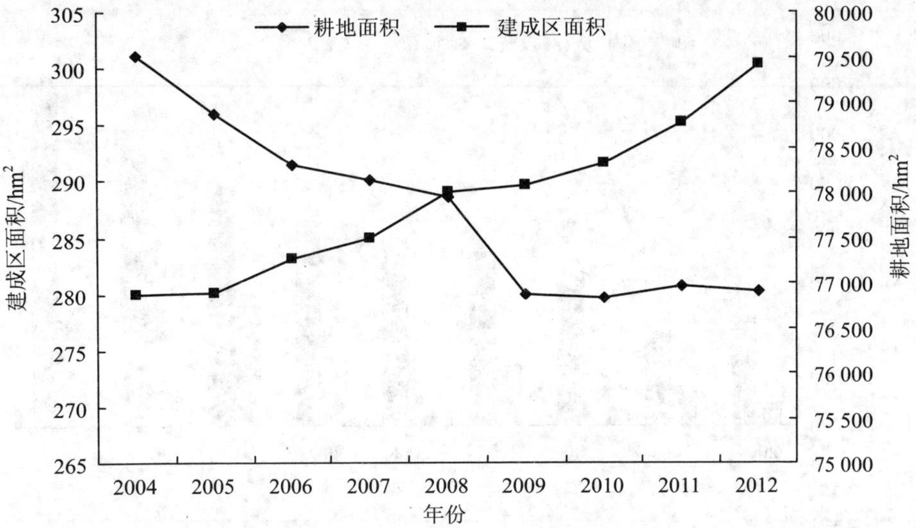

图 8-12　2004—2012 年黄骅市建成区面积与耕地面积变化图

8.2.4　城镇化水平对耕地的积极作用

通过以上线性图分析可得出，城镇化进程的加快导致耕地资源大量减少，同时伴随着耕地质量的降低。但是由于在后期耕地面积减少率开始降低，并维持在一个稳定水平下，间接地反映出在某种程度上耕地保护也起到了一定的积极效果。

8.2.4.1　有利于降低耕地压力

根据某些国家的实践经验可知，人们往往认为城镇化的发展会导致耕地面积大量减少的观点是不完全正确的，相反，在一定程度上城镇化会促使耕地资源的增加。首要是选择一条正确合理的发展道路，通过对土地利用方式的转变，对未利用地的开发、对废弃工矿用地的复垦等途径达到城镇化和耕地保护的相互平衡。

由图 8-13 可知，随着时间的推移，城镇化率逐年增加，城镇单位面积的固定资产投资额和城镇单位 GDP 基本都呈增加趋势，城镇固定资产从 2004 年的 500 多万元/km^2 增加到 2011 年的将近 3 000 万元/km^2。城镇单位面积 GDP 从 2004 年的 2 280 万元/km^2 增加到 2012 年的 7 075 万元/km^2。随着建成区面积的增加，土地集约程度也在稳步上升。

城镇土地的集约度提高，耕地的压力就会相应减少。城镇化的加快从某种程度上间接地减缓了耕地面积减少的趋势，促使耕地面积的稳定。

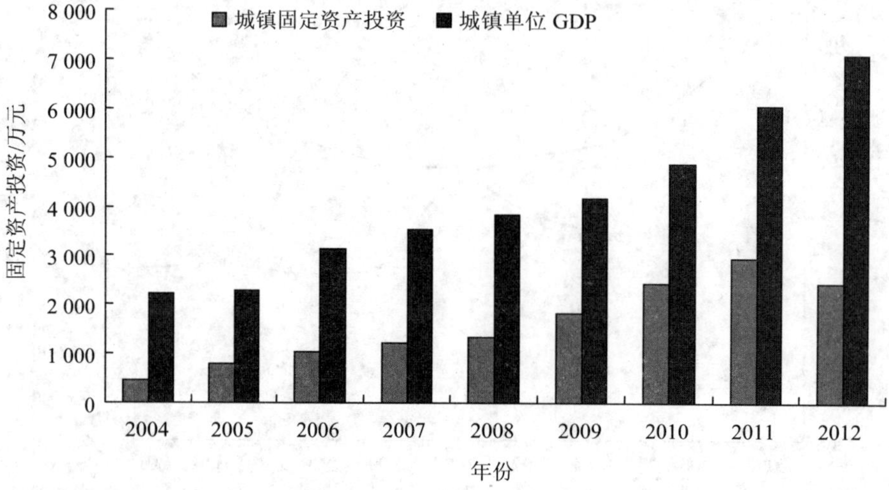

图 8-13　2004—2012 年黄骅市城镇固定资产投资与城镇单位面积 GDP 变化图

8.2.4.2　有利于降低人口对土地的压力

影响人口出生率的因素有很多，主要有经济发展水平、文化教育程度、地区政策制度、民族习惯等。随着城镇经济发展水平的提高，百姓的文化程度相应会得到提高，文化素质的提高使居民的思想发生根本性改变，一些不利于计划生育的思想、行为也被抑制。城镇的独生子女数量明显高于农村，但人口出生率却低于农村，城市人口数量的减少会减轻对土地的压力，同样也会减少对耕地的占用，对于缓解人地矛盾问题具有重要作用。

8.2.4.3　有利于促进农地规模化经营

通过分析其他国家的耕地保护经验，得出农地规模化经营同样是非常重要的。农村规模化经营能够促使土地的集约利用，可以在较大范围内实现农业专业化、机械化、组织化，为利用先进的管理技术、生产技术提供了可能。因为我国人均耕地面积较小，随着城镇化的加快，大量农村人口涌入城市，占用了大量的建设用地，而从事农业的人口减少，为农地的规模化经营提供了有利条件。农地规模经营的实现，有利于农业技术的推广与农业机械的应用，从而提高土地的集约利用水平和农业收益。

8.3　城镇化进程中耕地保护问题研究

8.3.1　城镇化进程中耕地利用程度分析

耕地利用程度主要反映耕地利用的广度和深度，它不仅能反映耕地本身的自然属性，还可以反映人类因素与自然环境因素的综合效应。本书采用土地垦殖率、耕地复种指数来反映黄骅市耕地利用的程度。

（1）土地垦殖率

土地垦殖率是指一定区域内耕地面积占土地总面积的比例。土地垦殖率表示一个国家或地区耕地资源开发利用的程度，反映了耕地利用的广度。其计算公式为

$$T_K = \frac{S}{Q} \times 100\% \tag{8-4}$$

式中：T_K —— 垦殖率；

S —— 耕地面积；

Q —— 土地总面积。

（2）耕地复种指数

耕地复种指数，是指一年内耕地上农作物播种面积与耕地面积之比，该值表明一年内单位耕地面积上的平均种植次数，反映耕地复种程度的高低，即耕地利用的深度。其计算公式为

$$P = \frac{S_b}{S} \tag{8-5}$$

式中：P —— 复种指数；

S_b —— 农作物播种面积。

其中，播种面积是指播种季节结束时实际播种或移植有农作物的面积，是反映农作物生产规模的重要指标。

通过计算，黄骅市 2004—2012 年耕地利用程度见表 8-11。垦殖率与城镇化率、复种指数与城镇化率关系见图 8-14、图 8-15。

表 8-11 2004—2012 年黄骅市耕地利用程度

年份	耕地面积/hm^2	土地总面积/hm^2	播种面积/hm^2	垦殖率/%	复种指数/%
2004	79 502	180 300	77 052	44.09	96.92
2005	78 860	180 300	77 001	43.74	97.64
2006	78 298	154 500	80 426	50.68	102.72
2007	78 126	154 500	77 718	50.57	99.48
2008	77 950	154 470	82 608	50.46	105.98
2009	76 875	154 470	83 311	49.77	108.37
2010	76 825	154 470	87 830	49.73	114.32
2011	76 967	154 470	88 322	49.83	114.75
2012	76 905	154 470	89 562	49.79	116.46

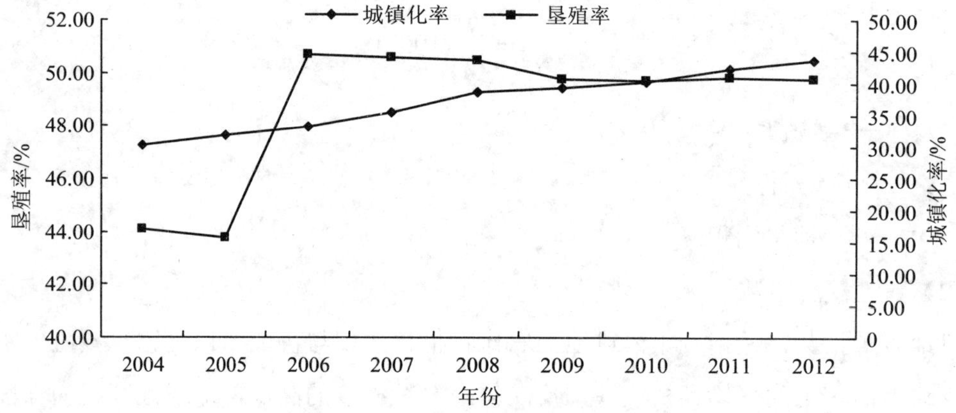

图 8-14 垦殖率与城镇化率关系图

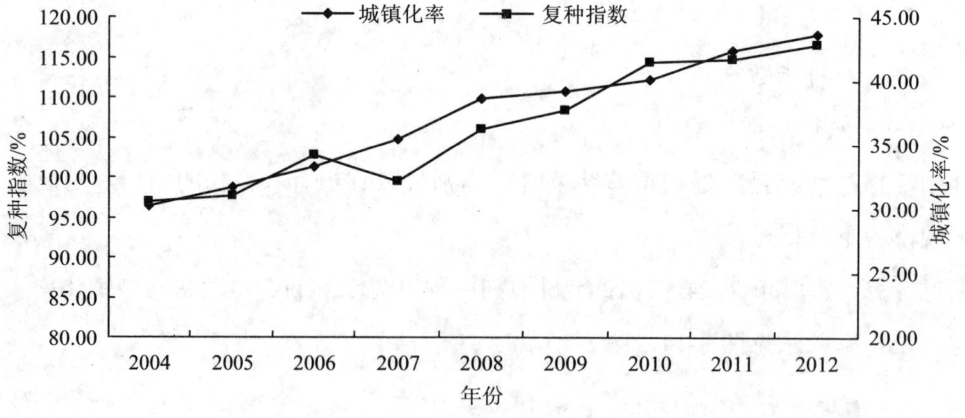

图 8-15 复种指数与城镇化率关系图

由表 8-11、图 8-14、图 8-15 可知，随着城镇化率的增加，前两年垦殖率大体上呈现增加趋势，2005—2006 年变化幅度较大，后几年开始下滑，虽然幅度较小，但很明显，耕地面积日益减少导致了垦殖率的下滑。复种指数逐年变化较缓，2004—2007 年变化幅度不稳定，但基本小于 100%，2007 年以后逐渐增加，并稳定在 100%以上。复种指数的增加表明农作物的播种面积逐渐增大，耕地的利用率明显增加。

8.3.2　城镇化进程中耕地保护压力分析

8.3.2.1　耕地压力指数

蔡运龙等在中国耕地供需变化规律研究中提出“最小人均耕地面积”和“耕地压力指数”的概念，这两个概念分别反映满足粮食安全的耕地需求及其与实际供给之间的对比关系，耕地压力指数反映出最小人均耕地面积和实际值的对比关系，可以衡量某一区域耕地资源的紧张程度。耕地压力指数是最小人均耕地面积与实际人均耕地面积之比，计算公式如下：

$$K = \frac{S_{\min}}{\overline{S}} \tag{8-6}$$

式中：K—— 耕地压力指数；

$S_{\min}$—— 最小人均耕地面积；

$\overline{S}$ —— 实际人均耕地面积。

由于最小人均耕地面积与实际人均耕地面积都是一个动态变化的过程，所以不同区域或不同时期的耕地压力指数也会呈现不同的动态变化趋势。当耕地压力指数 $K<1$ 时，人均耕地实际值大于最小人均耕地面积值，耕地无明显压力，尚有一定供给空间来满足城镇化用地需求；当 $K=1$ 时，两者相同，粮食安全处于临界状态，仍需加紧保护耕地，以保证人们正常生活需求；当 $K>1$ 时，压力明显，粮食的生产不能保证正常需求，从而导致粮食危机，可能会危及粮食安全，应立即采取严格措施保护耕地，同时，某一特定的 K 值与 1 的偏离程度代表最小人均耕地面积值和实际值的离合度，偏离越大，安全或压力的程度越强。

在实际人均耕地面积已知的情况下，最小人均耕地面积就是计算耕地压力指数的关键，一般而言，最小人均耕地面积采用如下公式进行计算：

$$S_{\min} = \beta \frac{G_{\mathrm{r}}}{P \cdot q \cdot k} \tag{8-7}$$

式中：S_{min} —— 最小人均耕地面积；

G_r —— 人均粮食需求量；

β —— 粮食自给率；

P —— 粮食单产；

q —— 粮食播种面积占总播种面积的比重；

k —— 复种指数。

8.3.2.2 耕地压力指数分析

由式（8-7）可知，最小人均耕地面积计算时需要用到人均粮食需求量、粮食自给率、粮食单产、粮食播种面积占总面积的比重和复种指数的数据。中国粮食安全领域的主流观点认为，人均粮食 400 kg 必不可少，因此此处设定人均食物需求量为 400 kg。通过黄骅市 2004—2012 年粮食自给率，β 以平均粮食自给率为 82.28%计算，通过查阅统计年鉴并计算得出表 8-12。

表 8-12 黄骅市耕地压力指数数据表

年份	粮食单产 P/（t/hm^2）	复种指数 k/%	粮食播种面积占总播种面积的比重 q/%
2004	2.13	96.92	30.40
2005	2.09	97.64	34.86
2006	2.14	102.72	41.30
2007	2.15	99.48	42.23
2008	3.62	105.98	44.81
2009	3.78	108.37	45.24
2010	3.98	114.32	46.82
2011	4.56	114.75	47.55
2012	4.19	116.46	47.81

通过式（8-7）计算得出最小人均耕地面积 S_{min}，最终得出耕地压力指数 K，见表 8-13。

表 8-13 黄骅市耕地压力指数变化表

年份	最小人均耕地面积 S_{min}/hm^2	实际人均耕地面积 $\overline{S}$ /hm^2	耕地压力指数 K
2004	0.382 231 922	0.190 7	2.004 9
2005	0.337 96 816	0.189 1	1.787 1
2006	0.263 983 011	0.186 0	1.419 4
2007	0.265 704 742	0.183 4	1.448 8
2008	0.139 604 193	0.180 0	0.775 5
2009	0.129 469 331	0.175 5	0.737 7

年份	最小人均耕地面积 S_{min}/hm²	实际人均耕地面积 $\overline{S}$ /hm²	耕地压力指数 K
2010	0.112 580 518	0.169 2	0.665 3
2011	0.096 416 478	0.167 0	0.577 5
2012	0.094 865 069	0.166 1	0.571 1

由图 8-16 可知，随着黄骅市城镇化率的提高，黄骅市耕地压力指数逐渐降低。2010 年之前 K 值大于 1，压力明显，粮食的生产不能保证正常需求，可能导致粮食危机；2010 年之后 K 值小于 1，耕地无明显压力，尚有一定供给空间来满足城镇化用地需求。虽然城镇化的发展占用了部分耕地，影响了耕地的数量，但是随着农村改革的逐步推进，农民种粮积极性得到极大的提高，同时农业生产投入不断增加，农业科技水平不断提升，耕地生产力也不断提高，粮食总产和单产持续增加，复种指数不断升高。总体来说，随着复种指数和粮食单位产量的增加，最小人均耕地面积减少，耕地压力指数也相应减小。

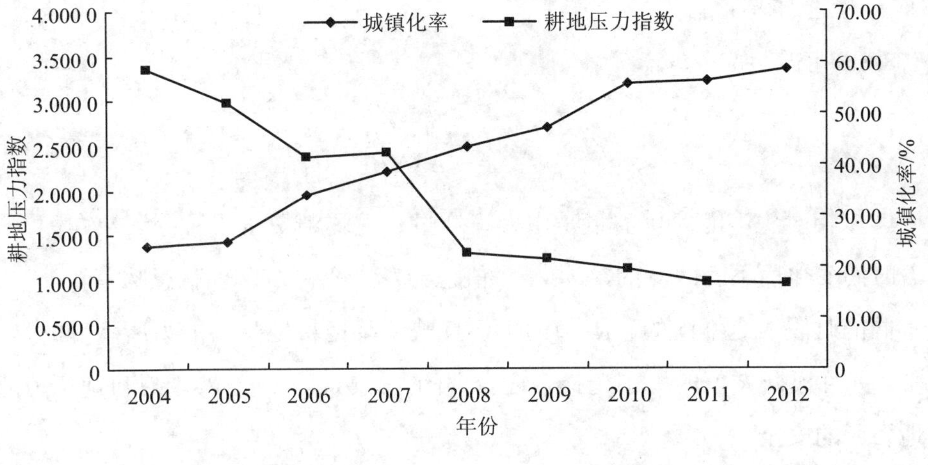

图 8-16　黄骅市耕地压力指数与城镇化率关系变化图

8.3.2.3　耕地资源预警警度分析

（1）相对生产能力供需系数模型

相对生产能力供需系数是目标年相对基准年生产能力增量之比，包括目标年生产能力需求增量和目标年生产能力供给增量，其可以衡量一个地区耕地资源增量（包含数量增加及质量提高两部分）供需紧张程度和生产能力进步或后退。其计算公式为

$$R = \frac{\Delta S}{\Delta D} - 1 \qquad (8\text{-}8)$$

$$\Delta S = S_i - S_j \tag{8-9}$$

$$\Delta D = \Delta X N \beta \tag{8-10}$$

式中：R—— 相对生产能力供需系数；

ΔS—— 区域粮食生产能力实际贡献总量的实际增量，即粮食产量增加量；

S_i—— 预警年粮食生产能力；

S_j—— 基准年粮食生产能力；

i、j—— 预警年份和基准年，根据耕地总量动态平衡战略的实施要求，以 2010 年为基准年；

ΔD—— 该指标的计划增量；

ΔX—— 与基准年相比人口增加数（$\Delta X>0$）；

N—— 基准年人均实际产能产量（本书通过计算得出基准年 2010 年人均产量为 0.674 t）；

β—— 目标年粮食自给率。

式（8-8）可改写成

$$R = \frac{S_i - S_j}{\Delta X N \beta} - 1 \tag{8-11}$$

由于区域相对生产能力供需量是由人口增量、人均消费水平等因素决定的，而它们都是随着时间变化而不断改变的，因此 R 值也会发生变化，这也就意味着耕地资源预警警度在不同的时段内是不同的。R 值的大小反映了某地耕地生产能力所承受的需求增量压力水平，并且根据 R 值的大小选择合适合理的方式方法，最终实现对耕地压力的调节，达到耕地资源的安全。

（2）耕地资源预警警度判定划分

根据耕地资源目标预警系数模型可以得出耕地资源预警系统判定系统警度（表 8-14）。

表 8-14 耕地资源预警系统警度判定表

K 值	R 值	耕地资源预警系统警度
$K<0$	$R\geqslant0$	无警
	$-1\leqslant R<0$	轻警
	$R<-1$	中警
$K\geqslant0$	$R\geqslant0$	重警
	$-1\leqslant R<0$	巨警
	$R<-1$	严重巨警

（3）目标年粮食生产能力预测

通过查阅统计年鉴得出近 10 年来黄骅市粮食产量并绘制成图（图 8-17），再通过回归分析法，利用趋势线公式和实际情况推算得出目标年的粮食产量预测表（表 8-17）。

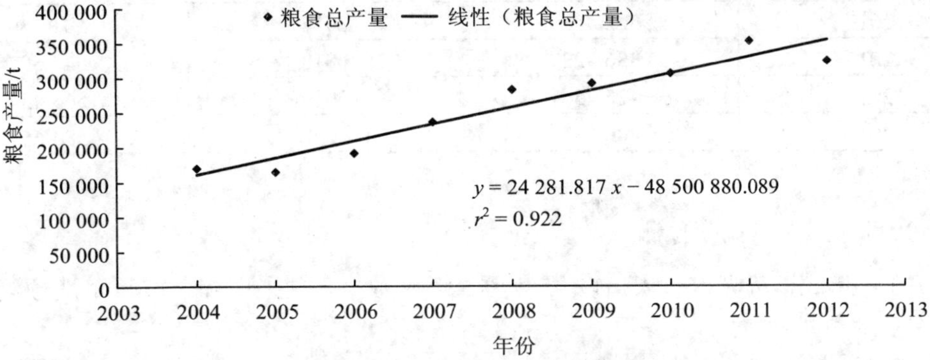

图 8-17　2003—2013 年黄骅市粮食产量变化趋势图

由图 8-17 得到回归模型：

$$y = 24\,281.817x - 48\,500\,880.089$$

下面对回归模型进行检验，表 8-15、表 8-16 是数据的回归统计和方差分析。

表 8-15　回归统计表

Multiple *R*	0.960 45 077
R Square	0.922 465 682
Adjusted *R* Square	0.911 389 351
标准误差	20 610.079 08
观测值	9

表 8-16　方差分析表

项目	d*f*	SS	MS	*F*	Significance *F*
回归分析	1	3.54×10^{10}	3.54×10^{10}	83.282 6	$3.896\,74\times10^{-5}$
残差	7	2.97×10^{9}	4.25×10^{8}		
总计	8	3.83×10^{10}			

经分析，r^2=0.922，F=83.282 6，t=9.09，回归模型的置信度取 95%。其中，r^2 表示样本可决系数；F 表示 F 检验值，F 检验值大于相应的 F 临界值 5.12；t 检验值的绝对值大于相应的 t 临界值 $t_{0.025}$（9）=2.262，表明方程是显著的。

根据回归模型和实际情况推算估计未来10年的粮食产量，见表8-17。

表8-17 黄骅市粮食产量预测表

年份	粮食产量/t	年份	粮食产量/t
2011	351 108	2016	486 235
2012	322 453	2017	501 359
2013	386 322	2018	543 652
2014	426 256	2019	565 454
2015	446 559	2020	584 651

（4）目标年人口规模预测

2010年年底，黄骅市总人口以45.4万人为基数，规划采用综合增长率法预测未来人口数。

综合增长率法是人口预测时最常用的一种方法，是通过对规划范围内未来的人口自然增长率来推算未来规划期某一年人口数，具体预测公式如下：

$$P = P_0(1+K)^n \tag{8-12}$$

式中：P —— 规划期总人口，人；

P_0 —— 基期人口，人；

K —— 规划期间人口自然增长率，%；

n —— 规划年限。

根据一些人口预测资料数据，本书的综合增长率由人口增长周期性来计算得出。根据人口增长过程的周期性和连贯性，将1990年作为基年，以1990—2020年的11年看作一个人口变动周期。借鉴黄骅市1990—2010年11年期的人口增长率，计算出黄骅市2010—2020年的综合增长率，得出2011—2015年，黄骅市综合增长率为4.30‰，2016—2020年，黄骅市综合增长率为3.90‰。预测结果如表8-18所示。

表8-18 黄骅市规划年人口预测表

年份	综合增长率/‰	预测人口/万人	年份	综合增长率/‰	预测人口/万人
2011	4.3	47.35	2016	3.9	57.11
2012	4.3	49.39	2017	3.9	59.34
2013	4.3	51.51	2018	3.9	61.66
2014	4.3	53.73	2019	3.9	64.06
2015	4.3	56.04	2020	3.9	66.56

（5）粮食自给率预测

粮食自给率是指一个国家或者地区的粮食自我供给程度。这项指标是用来客观地衡量一个国家或者地区已有的粮食（包括食品）满足需求的程度。2004—2009 年黄骅市粮食自给率分别为 92.1%、90.4%、90.1%、89.5%、88.7%、86.3%，现在黄骅市已经有很好的产业框架、经济结构，经济发展步入了新的阶段，发展速度加快，发展方向从一元向多元过渡，形成了外向型经济体系。预计规划期内耕地资源仍然会被大量占用并用来进行建设。黄骅市将来确定过高的粮食自给率并不现实，因此采用该区间的平均下滑率 1.16%进行预测。确定黄骅市 2010—2020 年粮食自给率分别为 85.14%、83.98%、82.82%、81.66%、80.50%、79.34%、78.18%、77.02%、75.86%、74.70%、73.54%。

（6）耕地压力指数预测

通过 2004—2012 年耕地压力指数（表 8-13），利用回归分析得出图 8-18 近 10 年来的耕地压力指数。

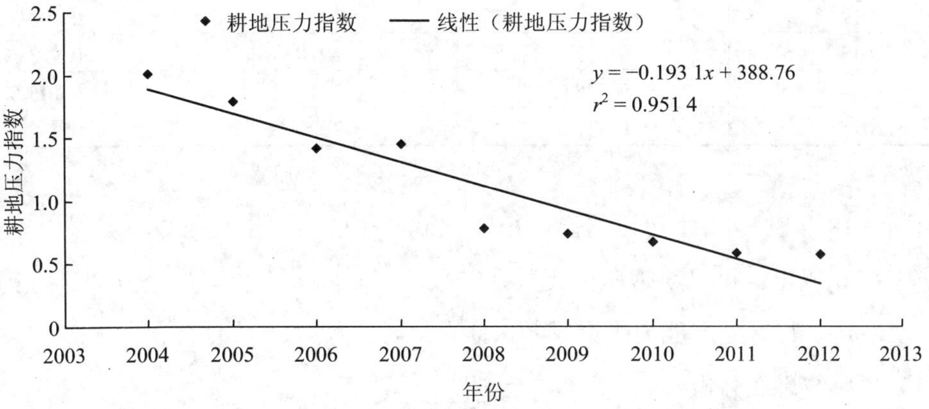

图 8-18　2003—2013 年黄骅市耕地压力指数趋势图

根据图 8-18 得到回归模型为

$$y = -0.1931x + 388.76$$

进行模型检验分析得出表 8-19 和表 8-20。

表 8-19　回归统计表

Multiple *R*	0.947 280 144
R Square	0.951 439 671
Adjusted *R* Square	0.882 67 391
标准误差	0.191 174 759
观测值	9

表 8-20 方差分析表

项目	df	SS	MS	F	Significance F
回归分析	1	2.236 213 982	2.236 213 982	61.186 02 745	0.000 10 519
残差	7	0.255 834 519	0.036 547 788		
总计	8	2.492 0485			

经分析，r^2=0.951，F=61.186，t =11.32，回归模型的置信度取 95%。其中，r^2 表示样本可决系数；F 表示 F 检验值，F 检验值大于相应的 F 临界值 5.12；t 检验值的绝对值大于相应的 t 临界值 $t_{0.025}$（9）=2.262，表明方程是显著的。

根据回归模型推算估计 2011—2020 年的耕地压力指数 K，如表 8-21 所示。

表 8-21 耕地压力指数预测表

年份	K 值	年份	K 值
2011	0.577 5	2016	0.399 8
2012	0.571 1	2017	0.400 3
2013	0.553 2	2018	0.412 1
2014	0.540 2	2019	0.405 6
2015	0.420 3	2020	0.435 6

从图 8-18 和表 8-21 中可以得出，2011—2020 年的耕地压力指数将会保持相对稳定，并且稳定在 0 以上；可见耕地压力指数在未来一段时间内不会下降至 0 以下。因此预警警度主要决定于相对生产能力供需系数 R 值的大小正负。

（7）预警结果及分析

通过上述数据分析，并利用式（8-11）计算得出 2011—2020 年相对生产能力供需系数 R 值（表 8-22）。

表 8-22 黄骅市相对生产能力供需系数表

年份	R	年份	R
2011	0.21	2016	−0.11
2012	0.19	2017	−0.28
2013	0.13	2018	−0.56
2014	0.09	2019	−0.62
2015	0.02	2020	−0.86

2011—2015 年 $K \geqslant 0$ 且 $R \geqslant 0$，系统警度判定为重警，即目标年耕地总供给量不能满

足当时生产力水平和消费水平情况下耕地需求量；虽然在目标年耕地资源质量得到一定程度的改善，政府对耕地保护项目给予极大关注，但是耕地生产能力的提高仍然无法满足对生产能力的需求。此阶段为重警状态，在粮食自给率较低的情况下，通过对农业的加大投入、对耕地后备资源的合理开发、通过控制人口等措施即可排除重警警情。

2015—2020 年 $K \geqslant 0$ 且 $-1 \leqslant R \leqslant 0$，系统警度判定为巨警，即目标年耕地总供给量不能满足当时生产力水平和消费水平情况下耕地的需求量；虽然在目标年耕地资源质量得到一定程度的改善，政府对耕地保护项目给予极大关注，但是耕地生产能力的提高仍然无法满足对生产能力的需求。此阶段处于巨警状态，危险程度较高，必须对黄骅市的耕地保护工作进行整体研究分析，从多个角度、多个层次全方位思考，最终制定一个合理有效的措施。

8.3.3 城镇化进程中耕地增加可能性分析

随着全区城镇化、工业化进程的加快推进，黄骅新城的建设，必然造成强劲的新增建设用地需求，各项非农建设占用耕地速度加快，耕地保护和经济社会发展的矛盾日益突出，耕地保护压力增大。随着土地整治工作的进行，黄骅市耕地后备资源逐渐减少，土地开发整理难度不断加大。规划期内确保耕地总量动态平衡，质量不降低，保障粮食安全任务会更加艰巨。

参考《黄骅市土地整治规划（2011—2020 年）》，从农用地整治潜力、农村建设用地整理复垦潜力、宜耕后备土地开发潜力、废弃土地复垦潜力 4 个方面分析黄骅市城镇化进程中耕地增加的可能性。

8.3.3.1 农用地整治潜力

通过对黄骅市农用地利用现状及新增耕地来源分析，将规模园地、林地、自然保留地以及土地利用总体规划确定的允许建设用地区、有条件建设用地区、禁止建设用地区等不适宜农用地整理的区域去除，得到分村可整理农用地规模；根据当地土地开发整理试点和一些土地整理项目经验数值，推算分村新增耕地系数及新增耕地潜力测算结果。

根据分村新增耕地系数及新增耕地潜力测算结果，黄骅市待整理农用地规模为 18 940.5 hm^2，可通过土地整理补充耕地面积为 378.8 hm^2。

8.3.3.2 农村建设用地整理复垦潜力

随着城镇化的推进，大量农村人口转移到城镇居住，荒宅和废弃地随之大量出现，在充分考虑农民实际承受能力的基础上，可以通过合理开发利用腾退宅基地、村内废弃地和闲置地来补充耕地。通过农村建设用地整理复垦，一方面提高了农村建设用地利用效率，另一方面补充了耕地。

根据新增耕地系数及新增耕地潜力测算结果，黄骅市待整理复垦农村建设用地规模为 619.6 hm^2，可补充耕地面积为 446.1 hm^2。

8.3.3.3 宜耕后备土地开发潜力

对于黄骅市而言，宜耕后备土地资源开发潜力主要是指对集中连片的盐碱地和其他草地开发补充耕地潜力。

根据 2010 年土地变更调查成果，采用地块法，逐一分析待开发地块主要限制因素、可开发利用条件、环境风险分析，充分考虑土地利用方向对土地质量的要求，按照综合性与主导性相结合的原则，在外业调查的基础上，选择影响土地开发工作的地形坡度、有效土层厚度、表层土壤质地、土壤有机质含量、灌溉保证率、排水条件 6 个制约因子，采用最小限制性因素进行开发适宜性评价。

根据适宜性评价测算结果，黄骅市宜耕后备资源开发规模为 2 850.84 hm^2，可补充耕地面积为 2 138.1 hm^2。

8.3.3.4 废弃土地复垦潜力

根据黄骅市实际情况分析，土地复垦潜力对象主要为历史遗留的取土挖损地（砖瓦窑用地）。

依据黄骅市 2010 年土地变更调查成果，结合最新遥感影像资料，采用室内判读和实地走访调查相结合的方法，对全市待复垦土地进行补充调查。采用地块法，逐一分析土地损毁前特征和损毁类型、程度和复垦可行性，遵循自然规律，立足合理利用、农业发展、生态改善、经济可行的原则，综合评价各待复垦地块的土地利用方向和规模。

根据废弃土地复垦适宜性评价及新增耕地潜力分析结果如下：待复垦废弃土地规模合计为 366.31 hm^2，新增耕地潜力为 100 hm^2。

8.3.3.5 城镇化进程与耕地增加可能性分析

黄骅市的土地整治从农用地整治潜力、农村建设用地整理复垦潜力、宜耕后备土地开发潜力、废弃土地复垦潜力 4 个方面分析，得出表 8-23。由表 8-23 可以看出，黄骅市可补充耕地达 3 063.03 hm^2，虽然占待开发土地比例很小，但潜力较大，对耕地数量的补充有一定积极意义。

表 8-23　黄骅市耕地补充状况表

	未开发土地/hm²	可补充耕地/hm²
农用地整治	18 940.50	378.81
农村建设用地整理复垦	619.58	446.09
宜耕后备土地开发	2 850.84	2 138.13
废弃土地复垦	366.31	100.00
总面积	22 777.23	3 063.03

黄骅市土地整治潜力较大，土地整治工程在一定程度上可增加耕地，缓解用地矛盾。但由于经济、社会建设等方面因素的客观存在，加之新增建设用地需求不断增加，各项非农建设占用耕地速度加快，耕地保护压力仍较大。

2010 年黄骅市城镇人口占全市总人口的 53.3%，与 2000 年相比，上升了 21.03%。根据《黄骅市城市总体规划（2011—2020 年）》，预计 2020 年全市城镇人口将达到 34.68 万人，采用人均用地估算法，预测各城镇规划期末城镇用地规模合计 3 974.75 hm^2，远大于现状 2 815.84 hm^2 的用地面积，尽管土地总体规划安排新增建设用地仅为 953.65 hm^2，但仍然有新增城镇用地缺口 291.95 hm^2，数量巨大，如图 8-19 所示。随着城镇化进程的不断加快，若不加强耕地保护力度，耕地将面临严峻的威胁。

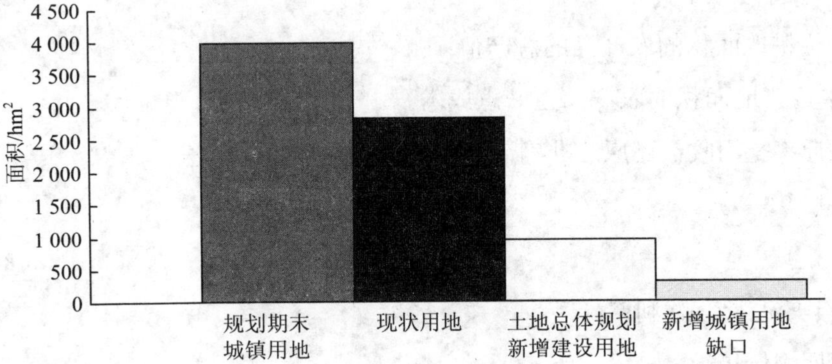

图 8-19　黄骅市城镇用地状况

8.3.4　城镇化过程中耕地保护价值分析

人们普遍认为，随着城镇化进程的加快，耕地和建设用地之间的矛盾会越来越突出，耕地会大量被用来建设。耕地资源不仅有生产这一基本功能，还有很多潜在的经济、社会、生态方面的特殊功能。所以本书通过耕地资源经济产出价值、耕地资源社会保障价值、耕地资源生态服务价值 3 个方面来研究城镇化进程中耕地保护价值。

8.3.4.1 耕地经济产出价值分析

（1）数据的获取

耕地经济产出价值的计算方法主要采用收益还原法来完成，计算公式如下：

$$Vc = (a/r)\times[1-(1+r)^n] \tag{8-13}$$

式中：Vc —— 耕地的经济产出价值；

a —— 耕地年均纯收益；

r —— 耕地收益还原率；

n —— 耕地使用权年限。

当 $n\to\infty$ 时，式（8-13）可改写为

$$Vc = a/r \tag{8-14}$$

从上式中可以看到，收益还原法中，需要确定两个主要要素，一个是耕地年均纯收益，另一个是耕地收益还原率。

耕地年均纯收益的确定。耕地年均纯收益是指单位面积的耕地年总产值与单位面积的耕地生产总成本的差值。计算公式为

$$a = v - c_0 \tag{8-15}$$

式中：v —— 单位耕地面积的农产品的总产值；

c_0 —— 单位耕地面积的农产品生产总成本。

耕地收益还原率是用收益还原法准确计算耕地价值的关键要素之一。借鉴王芳的计算公式：

$$r = b/c\times(1-d) \tag{8-16}$$

式中：b —— 1 年期银行存款利率；

c —— 同期物价指数；

d —— 农业税率（即农业税）与农业产值的比值，d 值为 0。

单位耕地面积的农业总产值为农业总产值与耕地面积的比值，其中，农业总产值的数据来源于 2004—2012 年黄骅市统计年鉴。单位面积粮食生产成本是一项比较难获得的数据。本书参考邓大才对全国 1978—2006 年的粮食生产成本研究，并结合沧州市的农业生产成本特点，计算得到黄骅市 2004—2012 年的粮食生产成本。根据式（8-16）可得到表 8-24 的数据。

表 8-24　黄骅市经济产出价值原始数据表

年份	耕地面积/hm^2	粮食产值/万元	单位耕地面积产值/（元/hm^2）	粮食生产总成本/（元/hm^2）	1 年期银行存款利率/%	同期物价指数	r/%
2004	79 502	56 612.82	7 120.93	1 245.45	1.99	115.2	1.73
2005	78 860	57 216.95	7 255.51	1 365.25	1.99	105.5	1.89
2006	78 298	62 285.59	7 954.94	1 643.76	2.27	106.9	2.12
2007	78 126	72 144.75	9 234.41	1 677.89	2.27	106.8	2.13
2008	77 950	80 854.81	10 372.65	1 823.56	2.68	107.2	2.50
2009	76 875	81 820.60	10 643.33	2 020.42	3.26	106.9	3.05
2010	76 825	108 893.45	14 174.22	2 412.26	3.31	107.4	3.08
2011	76 967	117 337.96	15 245.23	2 678.32	3.74	107.6	3.48
2012	76 905	126 372.30	16 432.26	2 813.06	3.98	107.9	3.69

（2）经济产出价值核算

通过经济产出价值计算公式(8-14)和表 8-24 的数据计算得出表 8-25，即 2004—2012 年黄骅市耕地经济产出价值核算结果。

表 8-25　2004—2012 年黄骅市耕地经济产出价值核算结果　　单位：元/hm^2

年份	经济产出价值	年份	经济产出价值
2004	304 698.26	2009	318 766.74
2005	318 192.44	2010	374 873.88
2006	301 918.56	2011	361 550.67
2007	339 239.51	2012	369 224.04
2008	341 963.60		

从表 8-25 中可以看出，黄骅市耕地的单位面积经济产出价值由 2004 年的 304 698.26 元/hm^2 增加到 2012 年的 369 224.04 元/hm^2，增长了 1.21 倍。单位耕地面积的经济价值如图 8-20 所示。通过变化图可知，单位耕地面积经济产出价值的提升弥补了耕地减少带来的损失。

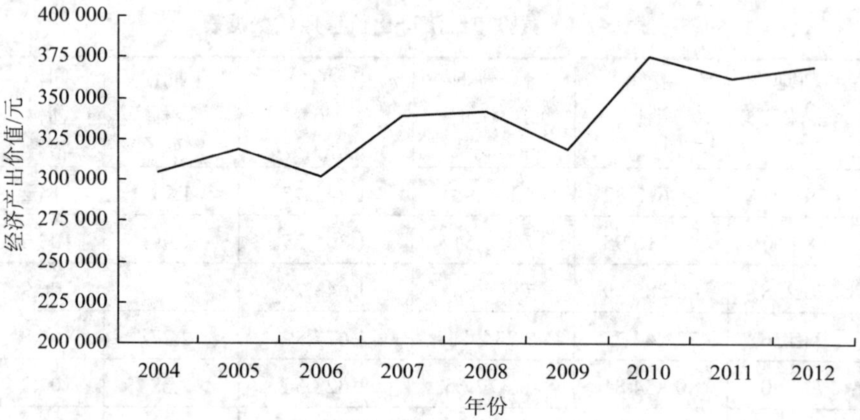

图 8-20 2004—2012 年黄骅市耕地经济产出价值变化图

8.3.4.2 耕地社会保障价值分析

（1）数据的获取及计算依据

耕地的社会属性决定了耕地具有社会功能，进而具有了社会保障的价值。耕地的社会保障价值主要采用分解求和的方法进行计算，本书在借鉴已有研究成果的基础上，使用的计算模型如下：

$$V_S = V_b + V_e + V_w / r \tag{8-17}$$

式中：V_S——社会保障价值；

V_b——养老保障价值；

V_e——就业保障价值；

V_w——社会稳定价值；

r——收益还原率。

①养老保障价值。由于土地为我国农民提供了基本的生活保障（即养老保障），因此耕地的社会保障价值的作用大小与农民的人均耕地面积和耕地的生产力水平有关，即人均耕地面积越小，耕地的生产力水平越高，意味着单位面积耕地对农民的保障作用越大。在这里，以研究区域的养老保险金为基础来进行核算。

$$V_a = Y_a / A_a \tag{8-18}$$

式中：V_a——养老保障价值；

Y_a——人均年养老保险价值；

A_a——被评价地区人均耕地面积。

②就业保障价值。

$$V_e = E_c \cdot A_n \tag{8-19}$$

式中：A_n——耕地资源总面积；

E_c——单位耕地资源的年均失业保障价值，其计算公式为

$$E_c = m \cdot A \tag{8-20}$$

式中：m——单位面积的耕地资源承载人口数；

A——人均每年培训费。

③社会稳定价值。本书主要采用粮食安全保障价值来进行社会稳定价值的核算，粮食的安全价值用粮食在依赖进口情况下的成本支出来衡量。

$$V_w = P_k \cdot Q \tag{8-21}$$

式中：V_w——粮食安全成本；

P_k——粮食总产量；

Q——国际粮食平均价格。

养老保障价值的计算依据，根据式（8-18）计算黄骅市耕地资源的养老保障价值；失业保障价值计算依据，根据式（8-19）和历年黄骅市国土资源局统计数据计算，得出单位面积耕地资源承载人口数为 15 人/hm^2，并计算出人均耕地资源数；年人均培训费根据姚建华的研究推算。

（2）粮食安全价值核算

2004—2012 年单位面积产量来源于黄骅市历年的统计年鉴数据，国际粮食平均价格依据有关研究的资料整理。

（3）社会保障价值核算

根据式（8-17），国土局数据和统计年鉴统计得出 2004—2012 年黄骅市耕地社会保障价值核算基础数据，如表 8-26 所示。

表 8-26　2004—2012 年黄骅市耕地社会保障价值核算基础数据表

年份	人均耕地面积/（hm^2/人）	养老保险金/元	人均培训费/元	粮食单产/（t/hm^2）	粮食进口价格/美元	当年汇率
2004	0.190 7	1 662	140	2.13	255	8.227
2005	0.189 1	1 662	158	2.09	218	8.192
2006	0.186 0	1 740	169	2.14	245	7.97
2007	0.183 4	1 753	182	2.15	355	7.6
2008	0.180 0	1 850	198	3.62	372	6.95

年份	人均耕地面积/（hm^2/人）	养老保险金/元	人均培训费/元	粮食单产/（t/hm^2）	粮食进口价格/美元	当年汇率
2009	0.175 5	1 885	221	3.78	386	6.83
2010	0.169 2	1 920	258	3.98	401	6.77
2011	0.167 0	1 989	298	4.56	423	6.61
2012	0.166 1	2 026	312	4.19	445	6.43

根据以上原始数据及公式，可得到2004—2012年黄骅市各年耕地单位面积的社会保障价值。具体数据见表8-27，变化见图8-21。

表8-27　2004—2012年黄骅市各年耕地单位面积的社会保障价值表

年份	年均养老保障价值/元	年均就业保障价值/元	年均粮食安全价值/元	单位面积社会价值/元
2004	8 717.44	2 100	6 000.72	16 818.16
2005	8 788.41	2 370	5 947.84	17 106.25
2006	9 355.79	2 535	6 476.20	18 367.00
2007	9 558.64	2 730	6 291.10	18 579.73
2008	10 276.46	2 970	6 688.02	19 934.48
2009	10 739.90	3 315	7 558.05	21 612.95
2010	11 346.31	3 870	9 835.24	25 051.54
2011	11 913.27	4 470	10 243.21	26 626.48
2012	12 197.36	4 680	10 740.64	27 618.00

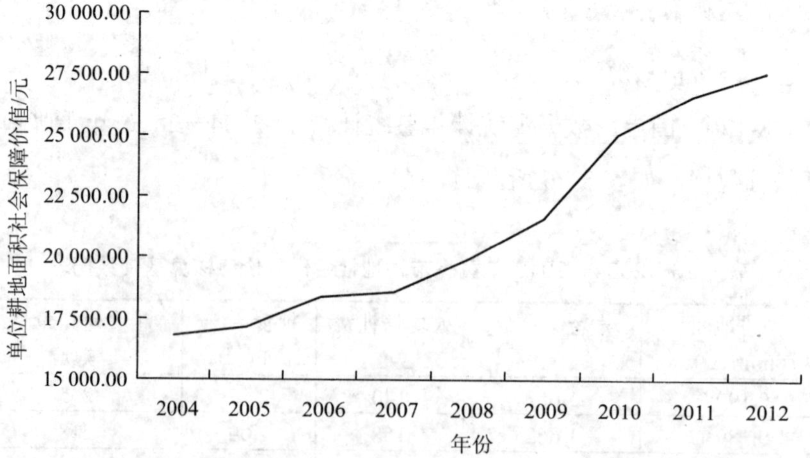

图8-21　2004—2012年黄骅市单位耕地面积社会保障价值变化图

（4）耕地社会保障价值结构分析

黄骅市耕地社会保障价值的结构分析如表 8-28 所示。

表 8-28　2004—2012 年黄骅市耕地社会保障价值结构分析

年份	养老保障价值份额/%	就业保障价值份额/%	粮食安全保障价值/%
2004	51.83	12.49	35.68
2005	51.38	13.85	34.77
2006	50.94	13.80	35.26
2007	51.45	14.69	33.86
2008	51.55	14.90	33.55
2009	49.69	15.34	34.97
2010	45.29	15.45	39.26
2011	44.74	16.79	38.47
2012	44.16	16.95	38.89

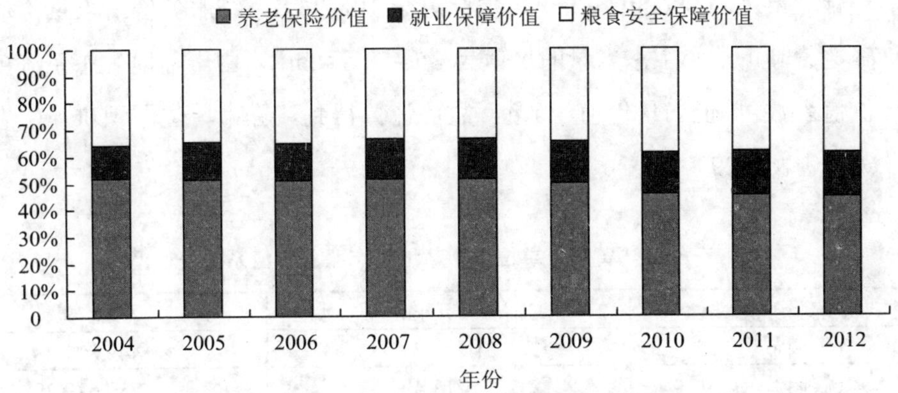

图 8-22　2004—2012 年黄骅市耕地社会保障价值结构图

从表 8-28、图 8-22 中可以看出，社会保障价值中养老保障价值相对较高，基本到达 50%左右，是社会保障价值的主要部分，但是由于黄骅市人均耕地面积较大，因此 50%的养老保障价值比起其他一些城市还是相对较低的。随着国家养老保障体系的不断完善，政府同时加大力度来建设农村最低生活保障制度，促使养老保障价值所占的份额在不断降低，黄骅市对养老保险和失业保险进行了全覆盖，耕地社会保障价值开始逐渐降低。

8.3.4.3　耕地生态服务价值分析

本书以县为研究单元，结合黄骅市地区耕地利用特点，对研究区的耕地进行生态服务价值分析，引用谢高地的当量对应表中的农田生态系统，并参考谢高地等制定的不同省份的农田生态系统生物量因子表，对黄骅市的生态系统服务价值当量系数进行区域修正（河北省的修正系数为 1.02）；利用 Costanza 等的生态服务价值分析模型可计算出黄骅市各时期的生态系统服务价值。计算公式为

$$\mathrm{ESV}=\sum\left(\mathrm{VC}_k\cdot A_k\right) \tag{8-22}$$

式中：ESV —— 土地生态服务价值，元；

VC_k —— 第 k 类土地的生态服务价值系数，元/hm^2；

A_k —— 第 k 类土地的面积，hm^2。

本书只对黄骅市的耕地进行评价，因此 k 值唯一。

依据谢高地等的研究成果可知，1 个当量因子的经济量为全国平均粮食单产的市场价格的 1/7，我国 2005 年单个生态系统价值当量的经济价值为 449.1 元/hm^2，结合 2006 年《河北省经济年鉴》的相关数据，计算得出 2005 年河北省平均粮食产量为 4 683.35 kg/hm^2。全国地均粮食产量为 5 896.50 kg/hm^2，据此对全国的生态系统服务价值当量价值进行系数修正，确定黄骅市单个生态当量的价值为 356.70 元/hm^2，由于陆地生态系统单位面积生态服务价值系数=单位当量价值×当量，故可计算得到黄骅市单位面积耕地生态服务价值系数（VC）（表 8-29）。

表 8-29 黄骅市单位面积耕地生态服务价值系数表

生态系统服务类型	当量/（元/hm^2）	VC/元
气体调节	1.244 4	443.877 48
气候调节	2.213 4	789.519 78
水源涵养	1.489 2	531.197 64
土壤形成与保护	3.631 2	1 295.249
废物处理	4.080 0	1 455.336
生物多样性保护	1.764 6	629.432 82
食物生产	2.488 8	887.754 96
原材料	0.244 8	87.320 16
娱乐文化	0.020 4	7.276 68
合计	17.176 8	6 134.241 2

根据 2004—2012 年黄骅市耕地面积和式（8-22），计算得出黄骅市 2004—2012 年耕地生态系统服务价值，见表 8-30。

表 8-30　黄骅市耕地生态服务功能价值量表　单位：万元

生态系统服务类型	2004 年	2005 年	2006 年	2007 年	2008 年	2009 年	2010 年	2011 年	2012 年
气体调节	3 528.91	3 500.42	3 475.47	3 467.84	3 460.02	3 412.31	3 410.09	3 416.39	3 413.64
气候调节	6 276.84	6 226.15	6 181.78	6 168.20	6 154.31	6 069.43	6 065.49	6 076.70	6 071.80
水源涵养	4 223.13	4 189.02	4 159.17	4 150.03	4 140.69	4 083.58	4 080.93	4 088.47	4 085.18
土壤形成与保护	10 297.49	10 214.33	10 141.54	10 119.26	10 096.47	9 957.23	9 950.75	9 969.14	9 961.11
废物处理	11 570.21	11 476.78	11 394.99	11 369.96	11 344.34	11 187.90	11 180.62	11 201.28	11 192.26
生物多样性保护	5 004.12	4 963.71	4 928.33	4 917.51	4 906.43	4 838.76	4 835.62	4 844.56	4 840.65
食物生产	7 057.83	7 000.84	6 950.94	6 935.67	6 920.05	6 824.62	6 820.18	6 832.78	6 827.28
原材料	694.21	688.61	683.70	682.20	680.66	671.27	670.84	672.08	671.54
娱乐文化	57.85	57.38	56.97	56.85	56.72	55.94	55.90	56.01	55.96
合计	48 710.59	48 317.24	47 972.91	47 867.52	47 759.69	47 101.04	47 070.40	47 157.41	47 119.42

从表 8-30 中可以看出，黄骅市 2004—2012 年的总耕地生态服务价值逐渐下滑，2004 年价值最高，为 48 710.59 万元；2010 年最低，为 47 070.40 万元。在各项价值中，“废物处理”价值最高，“娱乐文化”价值最低，“土壤形成与保护”“废物处理”价值变化率较大，其余各项变化相对较小。

随着黄骅市耕地面积的逐渐减少，该地区耕地生态服务价值也随之减少。因此要保障生态服务价值，必须进一步加大土地整治等工程力度，合理有效开发复垦未利用地，采取有效手段遏制耕地生态价值恶化的趋势，切实保障耕地生态安全。

8.4　城镇化进程中耕地保护策略分析

通过上述分析可知，随着城镇化进程的加快，耕地面积大幅减少，两者呈负相关，系数为−0.955；同样耕地质量也相应有所下降。虽然耕地利用程度有所增加，耕地保护压力下降，但是耕地预警警度较为严重，2011—2015 年 $K \geqslant 0$ 且 $R \geqslant 0$，系统警度判定为重警，2015—2020 年 $K \geqslant 0$ 且 $-1 \leqslant R \leqslant 0$，系统警度判定为巨警。经济产出价值、社会保障价值逐渐增加，生态服务价值下降，因此保护耕地刻不容缓。虽然客观存在耕地增加的可能性，但由于土地整治存在开发难度大、数量有限等限制条件，故无法有效消除城镇化过程对耕地保护的影响。

在社会经济发展的过程中，城镇化水平对耕地保护的影响既有积极的正效应，也有消极的副作用，因此只能辩证统一地看待它们之间的关系。努力做到两者的相互协调，其一，要对人们进行一些耕地保护教育来增加其保护意识，减少耕地乱占用、粗放利用、不合理开发等现象；其二，政府通过对制度政策的改革，充分利用土地规划、城镇规划，建立耕地占用补偿机制，用强有力的法律措施来制止破坏耕地的一切行为；在经济、社会、城镇化发展的过程中切实保护耕地资源。由此提出以下几点建议。

（1）增强耕地保护意识，提高公众参与度

根据国外许多国家的实践经验，人们已经不再局限于需求耕地最原始的种植生产功能，对耕地所带来的经济价值、社会价值、生态价值要求也在逐渐提高。根据需求的改变，耕地保护意识也开始改变。第一，人们对健康的要求提高，饮食结构发生了转变，促使农业生产从以前的谷物逐渐过渡到生态绿色农业。第二，重视耕地保护与城镇化发展相结合、协调发展，使耕地资源支持城镇化发展，而城镇化发展又不会导致耕地面积减少。提高公众的参与度，让百姓对耕地保护有新的认识，加强对公众的保护教育，提高公众耕地保护意识，刺激、鼓励、调动百姓的保护热情。要让农民意识到，保护耕地与自己息息相关，耕地产量的增加直接关系到农民自身利益，农民作为耕地资源的直接使用者，较高的经济效益会促使他们提高耕地保护力度。因此，为了鼓励农民保护耕地，要建立耕地资源保护激励机制，主要从两个方面入手：一是宏观调控，政府出台政策、法规来直接支持补贴农村经济发展；二是市场调节，发展大量的农副产品产业，大力推广本地区的特色农业，提高外部农业收入的比重，通过调动农民的积极性来实现耕地资源的保护。

（2）建立耕地保护经济补偿机制

坚持“在保护中发展，以发展促保护”的原则，使社会经济发展和耕地保护保持相互促进、相互协调、平衡稳定的状态。一方面，我们不能放弃经济社会的发展，一味地、单纯地保护耕地资源；另一方面，不能为了经济的快速发展，随意破坏耕地、占用耕地、降低耕地的生产力，坚决不能以牺牲耕地资源为代价。由于耕地保护的开展，建设用地会相应减少，这会降低一定数量的财政收入，同时也会排斥一定的外来资金投入，使当地政府减少大量的经济来源。因此，在某种程度上当地政府对保护耕地持消极态度。为了落实国家的政策、制度，需要地方政府按照中央的指令去保护耕地，通过一些经济补偿来提高地方政府保护耕地的积极性和主动性。建立耕地保护的经济激励机制，可以借鉴美国的经验：由中央给地方政府一定数量的资金用于耕地保护项目的落实，在此期间要不定期地对该区域的耕地数量、质量进行抽样检查，对工作落实较好的给予一部分经济奖励，对于工作完成较差甚至乱占用耕地、破坏耕地的地区，当地官员都会受到一定的惩罚。同时，对于农民也要有相应的经济补偿措施，通过经济补偿鼓励、调动、刺激农民进行耕地保护，充分发挥自身的能动性、积极性。通过从政府和农民个人两个方面来建立补偿机制需要注意的是，不同的地区有着不同的经济特点，耕地资源的特点也各不相同，要根据各自特点因地制宜。

（3）严格土地用途管制制度，强化耕地占补平衡管理

土地用途管制制度是我国防止征收权滥用、控制土地流失、保护耕地的基本法律制度，也是在“征地热”不断升温的背景下所采取的一项旨在保护耕地不受侵犯的新型法律制度。这一制度的出台主要是为了限制建设用地占用耕地资源，保护耕地资源，控制耕地资源数量的稳定。制度规定单位、个人在利用土地过程中必须遵守土地利用总体规划，不能私自违背规划意图、规划方案，否则将受到法律的严惩。当然，国家规定的重点建设项目不包括其中。首先，实行耕地占补平衡制度是耕地保护中必不可少的一项措施，在城镇化进程中，经济社会的发展必定会占用一些耕地进行建设，因此如何达到耕地资源的后备补充，如何填补被占用的耕地资源是我们需要思考的问题。按照《耕地占补平衡考核办法》要求，要大力推广实行建设占用耕地与补充耕地的项目挂钩制度，实现真正的“占一补一”，在进行耕地转化建设用地过程中要做到先补充再占用，合理有效地实现耕地资源的稳定平衡。其次，要进行大量的耕地后备资源开发，通过土地复垦、土地整理等项目增加耕地面积。

（4）建立建设用地节约、集约利用的激励约束机制

通过近几年的调查研究，笔者分析了耕地面积减少的主要原因，其中建设用地占用耕地是最大的影响。随着城镇化水平的提高，占用大量耕地用来建设是不可避免的，然而，土地资源的有限性和粮食的供给率反映出不能再随意占用耕地，建设用地的利用必须从粗放型向集约型过渡。我国建设用地面积较大，但是利用率很低，有大量的空间都没有被利用，没有形成空间立体框架。因此，在后期的建设过程中，要充分利用好空间格局，提高区域的容积率、建筑密度等指标来提高土地的利用率。政府应鼓励开发商对建设用地实行集约利用，同时给予其一定的奖励措施，如增加土地使用年限，减少土地使用费等。建设用地的立体空间利用是提高土地利用率的最好途径，减少了对耕地资源的占用。在进行土地利用规划时，应尽量避免建设用地占用耕地，尤其是优质良田，严格控制规划方向。此外，还应该对旧城区重新改造，将过去粗放的用地状况改为集约利

用，提高土地利用率。

8.5 本章小结

本章以城镇化进程中的耕地资源保护为切入点，以黄骅市为例，深入探析了城镇发展和耕地保护二者之间的关系，重点研究了城镇化对耕地保护的影响和耕地保护价值。在借鉴了世界发达国家及地区的有关耕地保护的实践经验的基础上，提出了促进城镇化与耕地保护协调发展的对策建议。本章通过研究得出了以下结论：

①通过运用德尔菲法对黄骅市人口和GDP进行分析研究，得出随着非农人口比重的增加，非农GDP呈上升趋势，近10年黄骅市的城镇化率逐步增加，由2004年的30.24%上升到2012年的43.65%，上升的幅度逐渐加大，尤其是2008年，从35.43%增加到38.60%，上升了约3个百分点；采用综合增长法预测黄骅市的城镇化率，得出2015年和2020年的城镇化率分别为46.73%和52.36%。通过对耕地质量和数量变化情况进行分析，得出黄骅市面临着严峻的耕地问题。

②运用相关性分析法和回归分析法，分析了黄骅市2004—2012年城镇化水平与耕地面积变化之间的关系，其呈现一定的负相关性，并且相关系数为−0.955。通过垦殖率和复种指数和对黄骅市耕地保护压力分析与耕地资源预警警度分析，得出2011—2015年$K \geqslant 0$且$R \geqslant 0$，系统警度判定为重警，2015—2020年$K \geqslant 0$且$-1 \leqslant R \leqslant 0$，系统警度判定为巨警，因此保护耕地刻不容缓。

③采用收益还原法，对黄骅市的耕地经济产出价值做出了分析，得出黄骅市耕地的单位面积经济产出价值由2004年的304 698.26元增加到2012年的369 224.04元，增长了1.21倍。采用分解求和的方法得出耕地社会保障价值呈现上升趋势，又利用Costanza生态服务价值分析模型分析生态服务价值呈现下降趋势。

第 9 章

土地生态安全格局构建研究

9.1 黄骅市土地生态安全格局构建

9.1.1 ESP-CA-Markov 模型模拟步骤

（1）转换数据格式

在 ArcGIS 中将两期不同年份土地利用现状图转为栅格格式，然后再转换为 ASCII 码格式，最后利用 IDRISI 15.0 软件导入后，在 IDRISI 中转回到栅格格式，用于模拟。

（2）创建 Markov 转移概率矩阵

将两期土地利用类型图叠加，利用 Markov 模型得到一种土地利用类型的元胞转移到其他土地利用类型的概率。

（3）创建转变适宜性图像集

利用多标准评价（Multi-Criteria Evaluation，MCE）方法确定适宜性图集。适宜性图集是指由某种土地利用类型的若干适宜性图像组成的不同图像集，该图像集包括限制因素图集与影响因素图集。本书确定限制因素图集为生态源地图和中高等基本农田分布图，研究期间任何地类不得扩展占用；确定影响因素图集包括到生态源地距离、ESP 分级图、到城市中心距离、到交通干线距离、到农村居民点距离，各距离图在 ArcGIS 10.0 中利用 Eucdistance 工具生成，随着距离的增加，扩展适宜性降低。

影响因素在模拟时需标准化到 0～255（0 代表不适宜，255 代表最适宜），标准化方法选用“S”形单调增（减）函数和“J”形单调增（减）函数。IDRISI 15.0 软件中提供了用于标准化数据的函数样式，通过设置不同的 *a*、*b*、*c*、*d* 的数值来达到要求的结果，从左到右依次为“S”形单调增函数、“S”形单调减函数、“J”形单调增函数和“J”形单调减函数。如在建设用地的适宜性图集中，到交通干线距离采用“S”形单调减函数，到河流距离采用“S”形单调增函数进行标准化（图 9-1）。

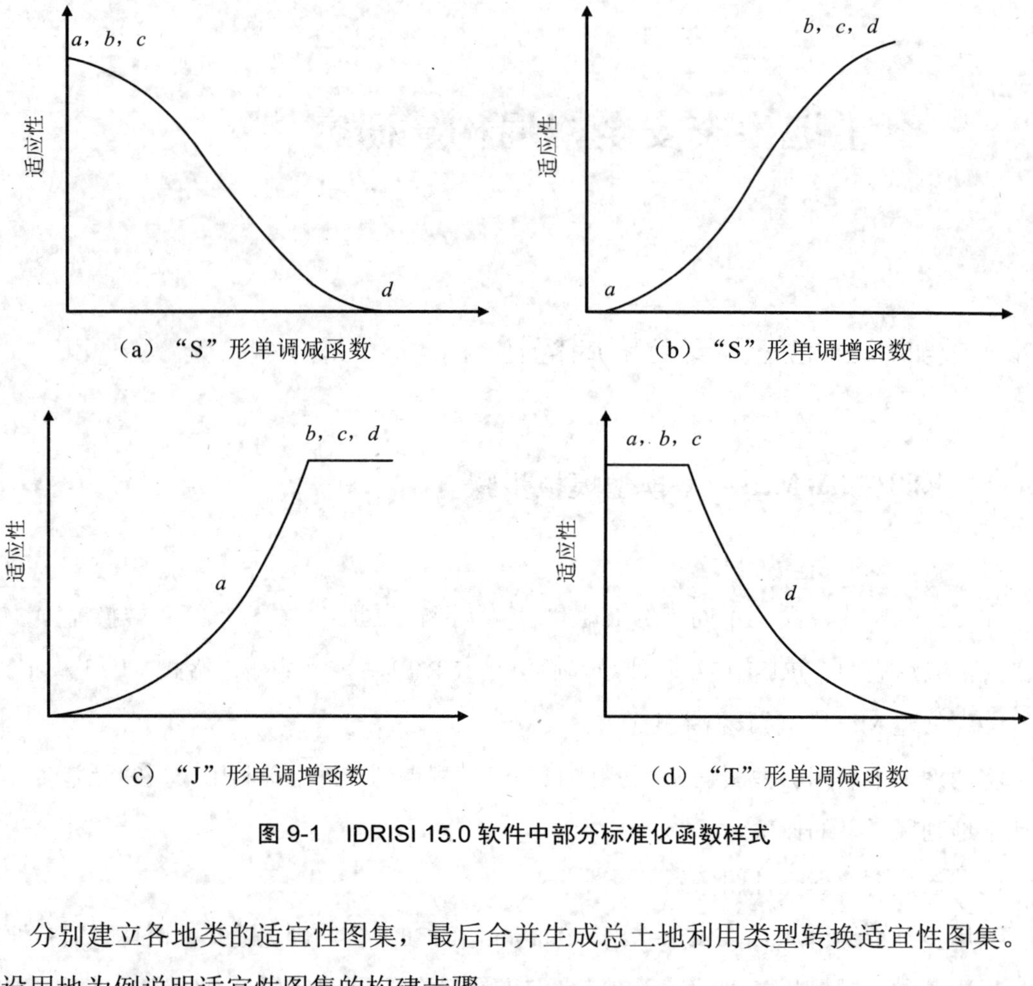

（a）“S”形单调减函数 （b）“S”形单调增函数

（c）“J”形单调增函数 （d）“T”形单调减函数

图 9-1 IDRISI 15.0 软件中部分标准化函数样式

分别建立各地类的适宜性图集，最后合并生成总土地利用类型转换适宜性图集。以建设用地为例说明适宜性图集的构建步骤：

①各单因素图主要包括生态源地图、中高等基本农田分布图、ESP 分级图、到城市中心距离、到农村居民点距离、到交通干线距离、到生态源地距离及 Markov 建设用地转换条件图，各距离图利用 ArcGIS Eucdistance 工具按不同权重（选用德尔菲法）加权生成，在创建 Markov 转移概率矩阵时自动生成 Markov 建设用地条件转换图，后进行标准化处理。

②利用 MCE 模型，选择加权线性合并法创建建设用地适宜性图集。其中生态源地图和中高等基本农田分布图为限制因素图集，类型为布尔型，设为 0，其他设为 1；到城市中心距离、到农村居民点距离、到交通干线距离、到生态源地距离、ESP 分级图以及 Markov

建设用地条件转换图为影响因素图集，经合并获得建设用地转移适宜性图。

③利用 IDRISI 中 collection editor 功能将不同地类适宜性合并为一个图集。

（4）确定迭代次数

CA-Markov 模型模拟的时间跨度相等，模拟时前两期土地利用格局的时间差值为预测模型中的迭代次数。

（5）构造 CA 滤波器

CA 滤波器产生具有重要空间意义的权重因子，采用 IDRISI 中标准 5×5 滤波器作为元胞状态的邻域。

（6）情景模拟

本书设置了两种情景：无生态保护情景和 ESP 保护情景。无生态保护情景按照目前的经济社会发展趋势，不设立区域限制，土地地类按照原先的方式自有转换。ESP 保护情景，严格保护和限制生态核心保护区，主要包括水源地和湿地。ESP 保护情景在模拟时加入了对 ESP、距生态源地等因素的影响。

（7）模拟精度验证

利用 IDRISI 软件中 VALIDATE 模块对现状图和模拟图进行 Kappa 空间相关统计分析，逐像元对比，当 Kappa 系数超过 0.75 时，模拟符合研究要求。

Kappa 系数计算公式为

$$\text{Kappa} = \frac{P_{\mathrm{o}} - P_{\mathrm{c}}}{P_{\mathrm{p}} - P_{\mathrm{c}}} \tag{9-1}$$

式中：$P_{\mathrm{o}} = P_{11} + P_{22} + \cdots + P_{jj}$，为两期图件上地类保持不变部分的百分比。

$$P_{\mathrm{c}} = R_1 \cdot S_1 + R_2 \cdot S_2 + \cdots + R_j \cdot S_j \tag{9-2}$$

$$P_{\mathrm{p}} = R_1 + R_2 + \cdots + R_j \tag{9-3}$$

9.1.2　不同情景下土地利用格局模拟结果

以 2011 年土地利用类型图为初始状态，分别对无生态保护情景和生态安全格局保护情景下黄骅市 2022 年土地利用格局进行模拟。

将模拟无生态保护情景与 ESP 保护情景相比可知，生态安全格局保护情况下耕地面积由 749.37 km^2 增加到 768.94 km^2；水域面积由 141.05 km^2 增加到 143.22 km^2；湿地面积由 81.20 km^2 增加到 92.14 km^2。其他地类面积均减少，其中，建设用地面积由 439.29 km^2 减少到 429.13 km^2，新增建设用地面积由 19.06 km^2 减少到 8.90 km^2，新增建设用地面积得到有效控制。园地、草地、盐碱地、盐田和其他土地面积分别减少 5.75 km^2、2.47 km^2、10.76 km^2、2.00 km^2 和 1.54 km^2（表 9-1）。

表 9-1 土地利用类型模拟面积 单位：km^2

项目	耕地	园地	草地	建设用地	水域	盐碱地	湿地	盐田	其他土地
无生态保护情景	749.37	68.74	69.51	439.29	141.05	321.26	81.20	165.27	142.14
生态安全格局保护情景	768.94	62.99	67.04	429.13	143.22	310.50	92.14	163.27	140.60
差值	19.57	−5.75	−2.47	−10.16	2.17	−10.76	10.94	−2.00	−1.54

无生态保护情景下，11.20%的新增建设用地分布在生态核心保护区内，ESP 保护情景下新增建设用地全部分布在生态核心保护区之外，生态核心保护区在 ESP 保护情景下得到了完全保护。但在生态缓冲区、生态恢复区和人类活动核心区内，ESP 保护情景下新增建设用地较无生态保护情景均略有增加，分别增加 2.08%、2.75%和 6.37%。其原因为部分原来在生态核心保护区内的新增建设用地向其他区域转移的结果（表 9-2 和图 9-2）。

表 9-2 2022 年黄骅市各生态安全格局范围内的新增建设用地面积及比例

项目	生态核心保护区新增建设用地		生态缓冲区新增建设用地		生态恢复区新增建设用地		人类活动核心区新增建设用地		总新增建设用地	
	面积/km^2	比例/%	面积/km^2	比例/%	面积/km^2	比例/%	面积/km^2	比例/%	面积/km^2	比例/%
无生态保护情景	2.13	11.20	3.45	18.08	3.73	19.56	9.75	51.16	19.06	100
生态安全格局保护情景	0	0	1.79	20.16	1.99	22.31	5.12	57.53	8.90	100

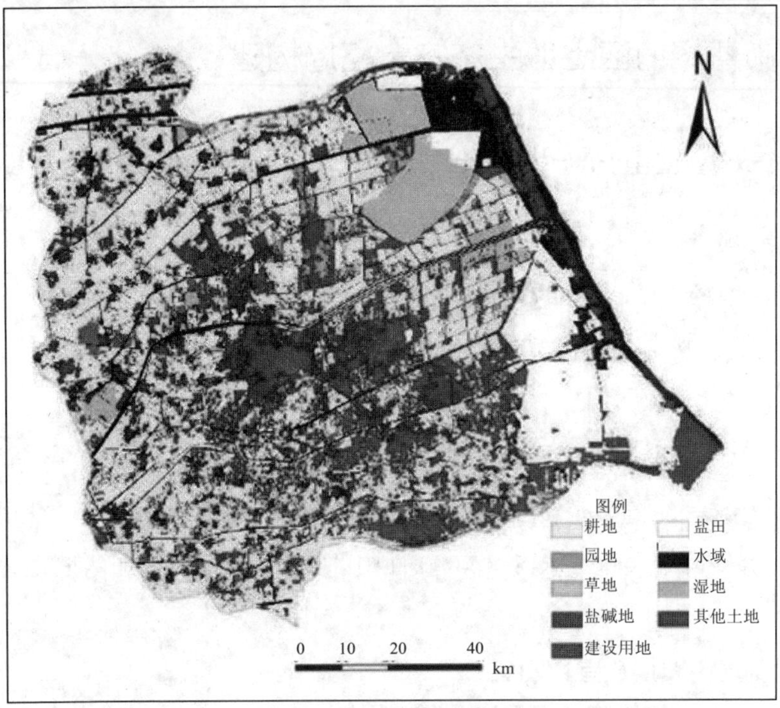

（a）无生态保护情景

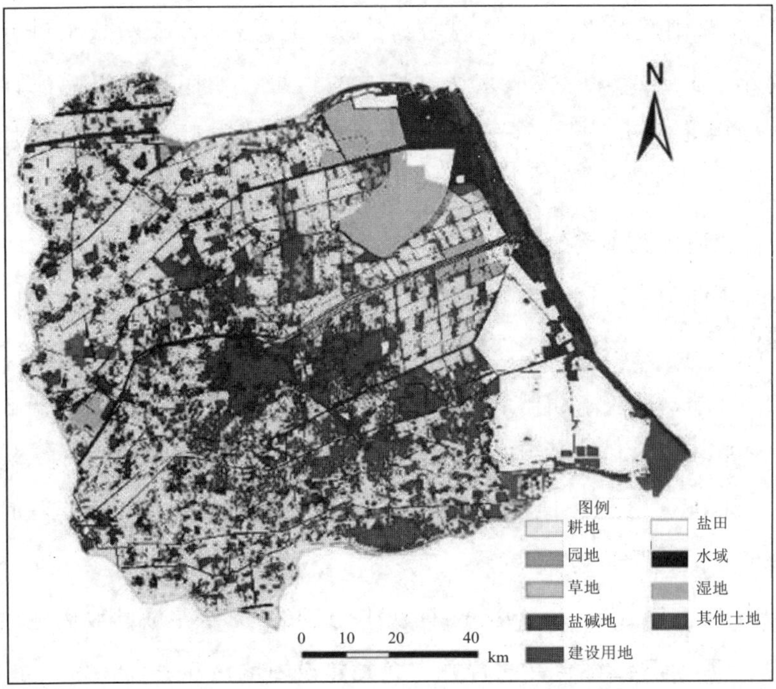

（b）生态安全格局保护情景

图 9-2　不同情景下 2022 年黄骅市土地利用模拟结果

9.2 唐山市曹妃甸区土地生态安全格局构建

9.2.1 ESP-CA-Markov 模型模拟步骤

9.2.1.1 数据转换

在 ArcGIS 9.3 软件中将两期 GRID 格式的土地利用现状图转换为 IDRISI 15.0 软件默认的 RST 格式。转换时先将 GRID 格式的栅格图转为 ArcRASTER 形式，然后利用 DIRISI 15.0 软件导入。

9.2.1.2 创建 Markov 转移概率矩阵

Markov 转移概率矩阵确定在模拟期间不同土地利用类型之间相互转化的概率。初始 Markov 概率转移矩阵可通过 IDRISI 15.0 软件中的 Markov 模块叠加两期土地利用现状图获得。

9.2.1.3 创建各地类转换适宜性图集

根据不同因素对用地适宜性的影响，分别采用 IDRISI 15.0 中的“S”形单调增函数或“S”形单调减函数及“J”形单调增函数或“J”形单调减函数来进行标准化，通过设置不同的 a、b、c、d 的数值来达到要求的结果。如在建设用地适宜性图集中，到道路的距离采用非线性“J”形单调减函数进行标准化（随着距离的增加，适宜性不断降低）。

（1）建设用地适宜性图构建

建设用地适宜性图集的构建步骤如下：

分别计算各像元距铁路的最短距离和距公路的最短距离，然后分别按 0.6 和 0.4 的权重（特尔斐法，下同）加权求和得到，标准化后如图 9-3（a）所示；距商业中心的距离由距城市中心和距乡镇中心的最短距离图按 0.65 和 0.35 的权重加权生成，标准化后如图 9-3（b）所示；Markov 建设用地条件转换图在创建 Markov 转移概率矩阵时一并生成，标准化后如图 9-3（c）所示。

利用 IDRISI 15.0 中 decision wizard 模块中的 MCE 方法生成建设用地适宜性图集，如图 9-4 所示；利用加权线性合并法合并，得到建设用地转移适宜性图，如图 9-5 所示。

（2）耕地适宜性图构建

耕地适宜性图各影响因素的空间分异见图 9-6。

在 IDRISI 15.0 软件中利用 decision wizard 模块生成耕地适宜性图。

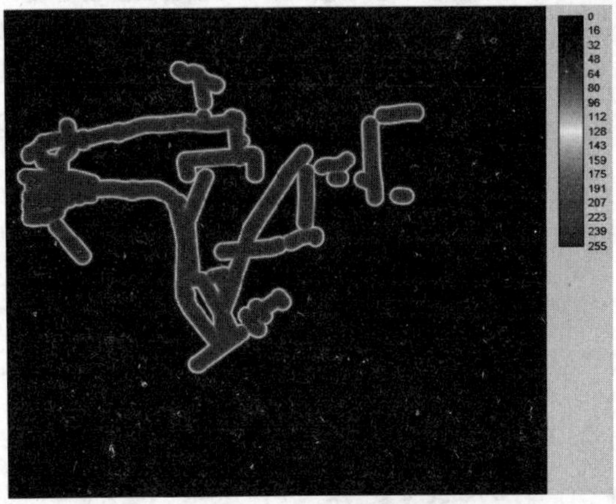

（a）到交通干线的距离

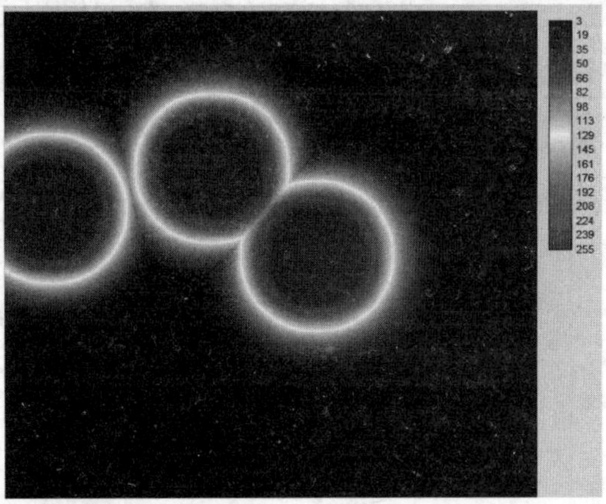

（b）到城市中心的距离

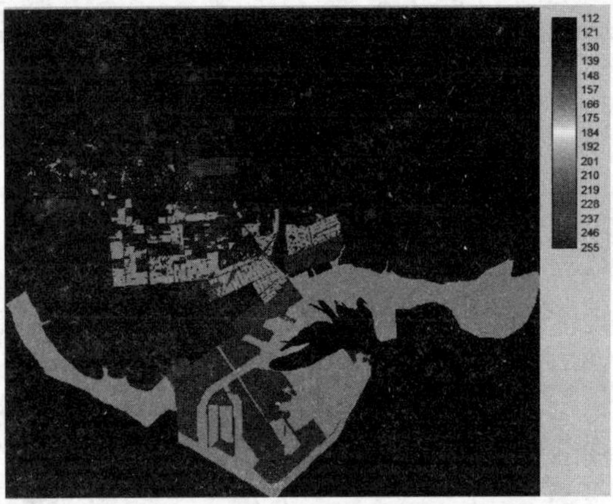

（c）Markov 条件转移图

图 9-3　标准化后的影响因素图

图 9-4　建设用地转移底线 ESP 限制图

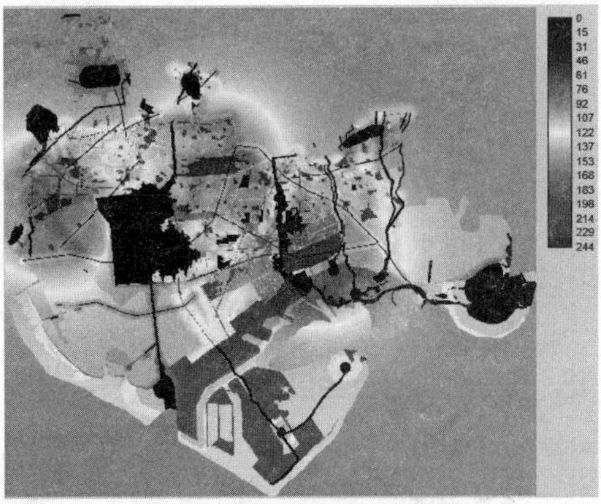

图 9-5　ESP 保护情景下建设用地转移适宜性图

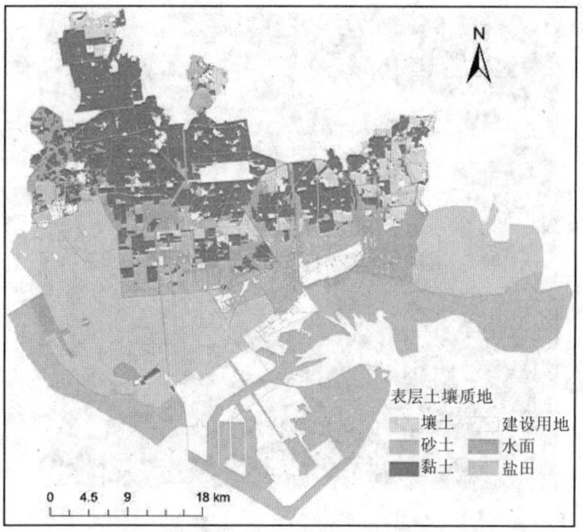

（a）表层土壤质地

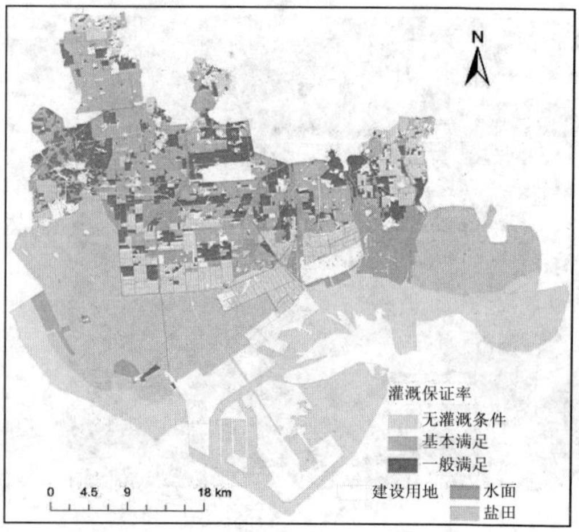

（b）灌溉保证率

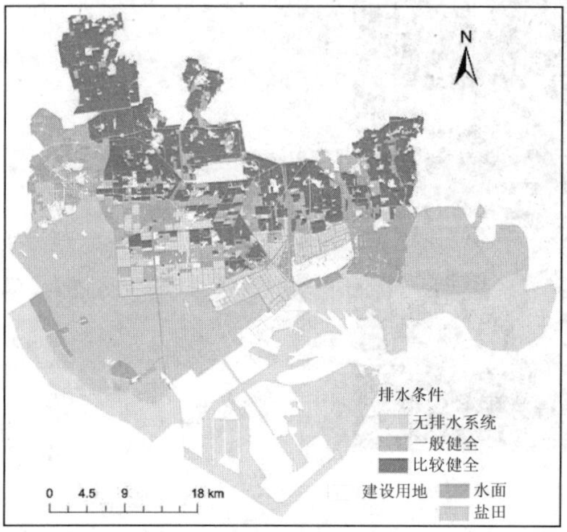

（c）排水条件

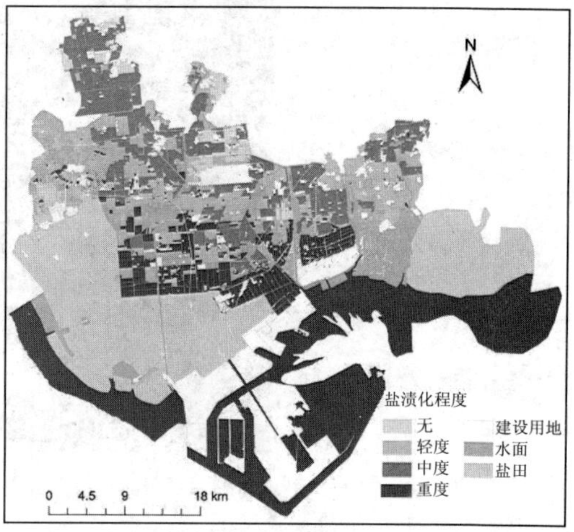

（d）盐渍化程度

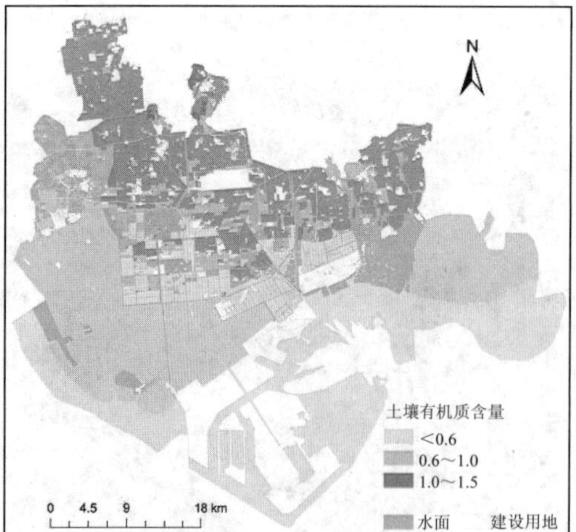

（e）土壤有机质含量

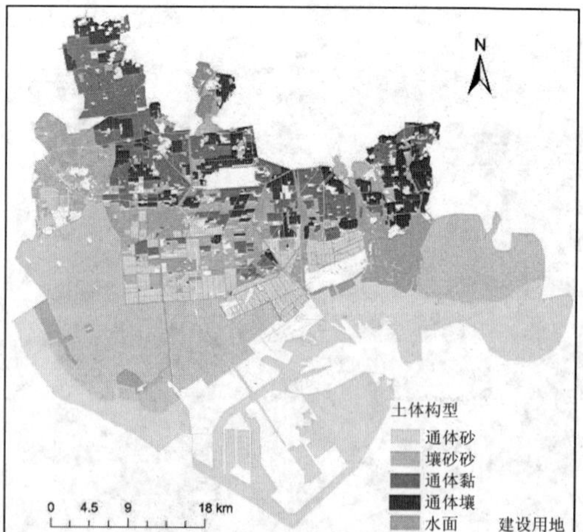

（f）剖面构型

图 9-6 曹妃甸新区耕地适宜性影响因素空间分异图

表 9-3　曹妃甸新区耕地适宜性图各影响因素分值

影响因素	对应分值									权重
	255	225	200	175	150	125	100	75	50	
表层土壤质地	壤土	黏土	—	砂土	—	—	—	—	—	0.14
排水条件	一级健全	基本健全[a]	—	一般健全[b]	—	—	无排水系统	—	—	0.14
盐渍化程度	无盐化	—	轻度	—	中度	—	重度	—	—	0.14
灌溉保证率	充分满足	基本满足	—	一般满足	—	—	—	无灌溉条件	—	0.32
土壤有机质含量	—	—	>2.0	—	1.5～2.0	1.0～1.5	0.6～1.0	—	<0.6	0.10
土体构型	通体壤 壤-黏-壤	壤-黏-黏 壤-砂-壤 砂-黏-黏	黏-砂-黏 通体黏	砂-黏-砂	壤-砂-砂，浅位姜	黏-砂-砂	通体砂，通体砾	—	—	0.16

注：a 表示丰水年短涝 1～2 天；b 表示丰水年积水 2～3 天。

（3）其他地类适宜性图构建

滩涂、水域及盐田的适宜性图直接用 Markov 命令生成的适宜性图。

9.2.1.4　确定迭代次数

本书中迭代次数设置为 8，即模拟 2021 年土地利用状况。

9.2.1.5　构造 CA 滤波器

采用 IDRISI 中 CA 标准 5×5 滤波器作为元胞邻域，即认为每个中心元胞周围 5×5 元胞空间对该元胞状态的改变具有显著的影响。

9.2.1.6　情景模拟

本书设置了两个情景：无生态保护情景和 ESP 保护情景。无生态保护情景在城市扩展模拟时只考虑了距交通干线距离、距城市中心距离等少数几个影响因素，没有考虑生态安全格局的保护；而 ESP 保护情景则在无生态保护情景的基础上加入了生态安全格局保护的限制。无生态保护情境下建设用地转移适宜性图如图 9-7 所示，图中数值越大表示越适宜。

9.2.1.7　模型确认

使用 IDRISI 15.0 软件中的 VALIDATE 模块的 Kappa 空间相关统计对 2013 年模拟情景与实际情景的符合程度进行评价，评价时采用逐像元对比分析。

图 9-7 无生态保护情景下建设用地转移适宜性图

9.2.2 不同情景下土地利用格局模拟结果

9.2.2.1 Markov 转移概率矩阵

在本书中，采用 CA-Markov 模型对 2021 年曹妃甸新区土地利用变化结果进行了预测。根据 2005 年及 2013 年土地利用情况，利用 IDRISI 软件中的 Markov 模型得到初始转移概率矩阵，见表 9-4。

表 9-4 2005—2013 年曹妃甸新区土地利用结构转移概率矩阵

		2013 年				
		耕地	建设用地	水域	滩涂	盐田
2005 年	耕地	0.894 5	0.105 5	0	0	0
	建设用地	0	0.995 7	0	0.004 3	0
	水域	0.025 0	0.025 0	0.900 0	0.025 0	0.025 0
	滩涂	0.022 3	0.315 8	0.005 4	0.656 5	0
	盐田	0	0.101 8	0	0	0.898 2

由表 9-4 可知，曹妃甸新区耕地有 10.55%的概率转变为建设用地，建设用地基本不变，仅有 0.43%的概率转变为滩涂；水域转换为耕地、建设用地、滩涂和盐田的概率均为

2.5%。曹妃甸新区滩涂资源转移较为活跃，其中转换为建设用地的概率最大，为 31.58%，这与曹妃甸新城的港口城市及工业区选址区域的主要用地类型相一致，曹妃甸工业区和曹妃甸新城主要占用曹妃甸新区南部滩涂资源；滩涂资源转换为耕地的概率为 2.23%，主要与唐海湿地附近滩涂资源开发有关；盐田有 10.18%的概率转换为建设用地，分析原因主要与南堡工业区及曹妃甸工业区的发展有关。

9.2.2.2　模型验证

将 2005 年土地利用图作为初始土地利用状态，运用 CA-Markov 模型对 2013 年土地利用状况进行了模拟，并将模拟结果与 2013 年土地利用图进行了逐像素对比验证，同时对 5 种地类总的 Kappa 系数进行了计算，结果表明，预测的 5 种地类总的 Kappa 系数为 0.8，说明两幅图一致性较高，逐像素比较分析可知，5 种地类空间预测正确率为 92.5%。

9.2.2.3　情景模拟

以 2013 年土地利用图为初始状态，分别对无生态保护情景和生态安全格局保护情景下曹妃甸新区 2021 年土地利用状况进行模拟，结果如图 9-8 所示。

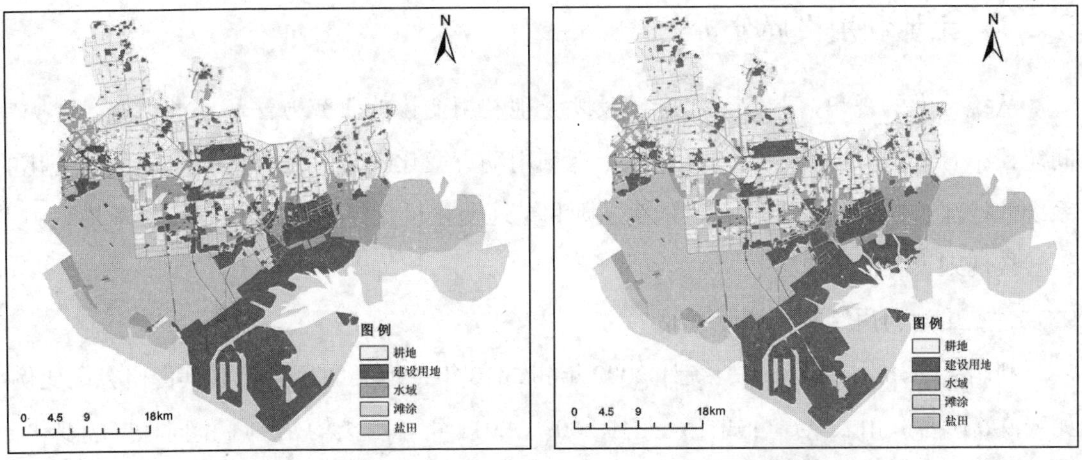

（a）无生态保护情景　　（b）生态安全格局保护情景

图 9-8　不同情景下 2021 年曹妃甸新区土地利用模拟结果

两种情景下的建设用地面积均为 420.66 km^2，占区域总面积的 21.27%。两种情景下建设用地在各级 ESP 区域内面积统计情况如表 9-5 所示。由表 9-5 可知，ESP 保护情景与无生态保护情景相比，在总 ESP 范围内，新增建设用地由 91.54 km^2 减少为 74.07 km^2，减少了 17.47 km^2，区域生态安全格局得到了有效保护，尤其是底线生态安全格局在 ESP

保护情景下得到了完全保护，新增建设用地为 0。而在满意生态安全格局范围及理想生态安全格局范围内，ESP 保护情景下新增建设用地较无生态保护情景略有增加，主要原因为在到城市中心及到交通干线等驱动力的影响下，部分原来在底线生态安全格局范围内的新增建设用地向满意生态安全格局和理想生态安全格局范围转移的结果。

表 9-5 各级生态安全格局范围内的新增建设用地面积

	底线生态安全格局/km^2	满意生态安全格局/km^2	理想生态安全格局/km^2	总生态安全格局/km^2
无生态保护情景	31.07	33.36	27.11	91.54
生态安全格局保护情景	0.00	37.18	36.90	74.07

9.3 卢龙县土地生态安全格局构建

9.3.1 土地利用格局分析

从统计学的视角，选取一组能够反映土地利用变化的研究方法和模型组合。此类空间统计组合方法可以从不同角度获取土地利用动态变化信息，辨识区域土地利用变化的系统性特征、挖掘区域土地利用转换规则和土地变化机制等信息，为 CLUE-S 模型中土地转换规则设置提供参考。

9.3.1.1 土地利用结构及变化分析

利用 ArcGIS 中统计工具，统计 2009 年和 2013 年各地类面积并计算其占研究区比例，如表 9-6 所示。由表 9-6 可知，卢龙县 2009—2013 年各地类均发生了不同程度的变化，耕地、园地、建设用地、水域用地均有不同程度的增加，其中，建设用地面积由 2009 年的 114.25 km^2 增加到 157.52 km^2，占比增加了 4.53%。林地、其他用地呈下降趋势，其中，其他用地面积由 2009 年的 156.76 km^2 减少到 86.25 km^2，比例下降 7.38%，土地转移变化剧烈。

2009 年和 2013 年，卢龙县土地利用结构变化如图 9-9、图 9-10 所示。从图中可以看出，2009 年卢龙县土地类型以耕地为主，占比为 50.90%，2013 年耕地比例略为上升。2009 年建设用地占比较小，占 11.96%，而到了 2013 年建设用地面积增加明显，上升到 16.49%，这与近年来卢龙县大力发展工业经济有关。研究期内，土地利用变化较为剧烈，主要体现在建设用地和其他用地比例变化较大，建设用地比例增加了 4.53%，而其他用地比例则减少了 7.38%。很明显，建设用地面积的增加没有导致耕地面积的大量减少，反而使耕地数量有所上升，这说明卢龙县建设用地面积的增加主要来源于其他用地（包括自然保留地、设施农用地、农村道路、坑塘水面、农田水利、水库水面、水工建筑及特殊用地），不仅加强了对耕地的保护，还为地区粮食安全奠定了基础。

表 9-6　卢龙县两期土地利用结构表

地类	2009 年		2013 年	
	面积/km^2	比例/%	面积/km^2	比例/%
耕地	486.31	50.90	509.67	53.35
园地	72.77	7.62	78.89	8.26
林地	96.43	10.09	89.75	9.39
建设用地	114.25	11.96	157.52	16.49
水域用地	28.82	3.02	33.26	3.48
其他用地	156.76	16.41	86.25	9.03
总计	955.34	100.00	955.34	100.00

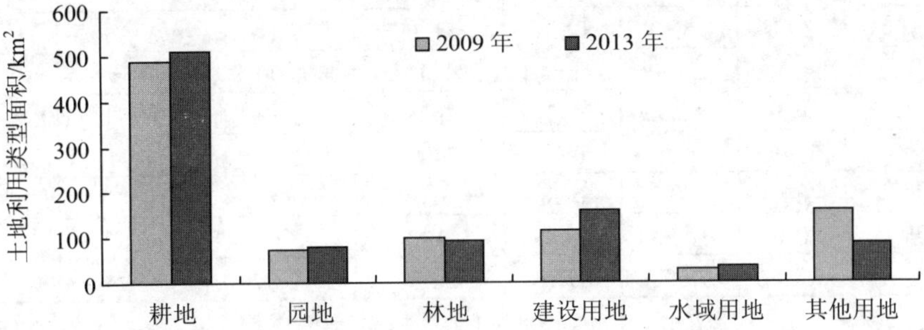

图 9-9　卢龙县 2009 年和 2013 年土地利用数量变化图

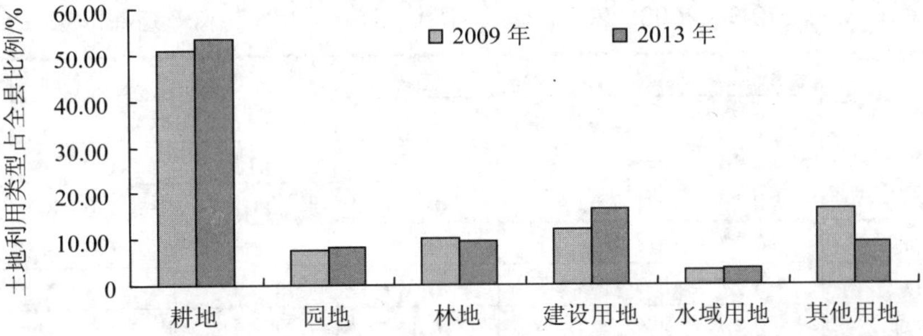

图 9-10　卢龙县 2009 年和 2013 年土地利用结构变化图

9.3.1.2 土地利用类型转变

土地利用类型转变是指人类在开发利用土地过程中，由于土地空间位置具有固定性和不可移动性，而为了充分发挥土地价值，将某一种土地用途改变为另一种用途的过程。土地利用转移矩阵可以全面、详细地分析土地利用变化数量结构特征及各地类变化流向。本书在 ArcGIS 支持下，利用 ArcToolbox 中 Intersect 工具将两期土地利用图进行空间叠置分析，然后通过加字段和重新计算几何体面积，将属性表导出。通过利用 Excel 中数据透视表功能制作土地利用转移矩阵，并且按照如下公式将 2009 年和 2013 年土地利用类型转移矩阵转化为土地利用类型转移概率矩阵：

$$P_{ij} = X_{ij} / \sum_{j=1}^{n} X_{ij} \tag{9-4}$$

通过以上处理和计算得到土地利用类型转移矩阵和转移概率矩阵，如表 9-7 和表 9-8 所示。

表 9-7 2009—2013 年卢龙县土地利用类型转移矩阵 单位：km^2

2009 年	2013 年						总计（2009 年）
	耕地	园地	林地	建设用地	水域用地	其他用地	
耕地	359.19	35.63	12.01	51.35	7.41	20.71	486.30
园地	32.18	20.00	4.64	9.41	1.00	5.55	72.78
林地	19.36	6.59	45.31	6.28	2.59	16.31	96.44
建设用地	31.02	4.62	0.67	74.84	1.17	1.94	114.26
水域用地	7.81	1.07	0.28	3.79	14.96	0.92	28.83
其他用地	60.10	10.99	26.85	11.86	6.14	40.82	156.76
总计（2013 年）	509.66	78.90	89.76	157.53	33.27	86.25	955.37

注：行表示 t 时刻各土地地类；列表示 k+1 时刻的各种土地地类；表中第 i 行第 j 列数据表示 k 时刻的 i 种地类转化为 k+1 时刻 j 种地类的面积；行总计表示 k～k+1 时期内该土地利用转换为其他地类总面积（包括不变的地类）；列总计表示 k～k+1 时期内其他地类转变为该地类的总面积。

表 9-8 2009—2013 年卢龙县土地利用类型转移概率矩阵

地类	耕地	园地	林地	建设用地	水域用地	其他用地
耕地	0.74	0.07	0.02	0.11	0.02	0.04
园地	0.44	0.27	0.06	0.13	0.01	0.08
林地	0.20	0.07	0.47	0.07	0.03	0.17
建设用地	0.27	0.04	0.01	0.66	0.01	0.02
水域用地	0.27	0.04	0.01	0.13	0.52	0.03
其他用地	0.38	0.07	0.17	0.08	0.04	0.26

从土地利用类型转移矩阵可以看出土地流出和流入两个土地转移方向。从表 9-7 各行可以看出各土地地类转出去向和面积。2009—2013 年，耕地流出面积为 127.11 km^2，其主要流向园地、其他用地和建设用地，转换面积分别为 35.63 km^2、20.71 km^2、51.35 km^2，共占流出总面积的 84.73%。园地流出面积为 52.77 km^2，主要流向耕地，转换面积为 32.18 km^2，占流出面积的 60.98%。林地流出面积为 51.12 km^2，主要流向耕地和其他用地，转换面积分别为 19.36 km^2 和 16.31 km^2，共占流出总面积的 69.77%。建设用地流出面积为 39.42 km^2，主要流向耕地，面积为 31.02 km^2，占流出面积的 78.69%。水域用地流出面积为 13.86 km^2，主要流向耕地和建设用地，转换面积分别为 7.81 km^2 和 3.79 km^2，共占流出总面积的 83.71%。其他用地流出 115.94 km^2，主要流向耕地和林地，面积分别减少 60.10 km^2 和 26.85 km^2。

从表 9-7 的纵向可以看出各土地地类的补充来源，耕地补充了 150.47 km^2，主要来自农用地结构调整和农村居民点整理，其他用地、园地和建设用地补充面积分别为 60.10 km^2、32.18 km^2 和 31.02 km^2，共占耕地总补充面积的 81.94%。园地面积补充了 58.90 km^2，主要来自耕地，面积为 35.63 km^2，占园地总补充面积的 60.50%。林地面积补充了 44.44 km^2，主要来自其他用地和耕地，面积分别为 26.85 km^2 和 12.01 km^2，两者共占林地总补充面积的 87.43%。建设用地面积补充了 82.68 km^2，主要是耕地补充，这与卢龙县发展工业经济占用了大量耕地有关，占用耕地面积为 51.35 km^2，占建设用地总补充量的 62.11%。水域用地面积补充了 18.30 km^2，主要是耕地和其他用地，面积分别为 7.41 km^2 和 6.14 km^2，两者共占总补充水域用地的 74.04%。其他用地面积补充了 45.43 km^2，主要来自耕地和林地，面积分别为 20.71 km^2 和 16.31 km^2，两者共占补充其他用地面积的 81.50%，主要是耕地、林地退化成农用地和一些水库水面和坑塘水面等地。

9.3.1.3　土地利用动态度分析

土地利用动态度可以定量描述和分析区域土地利用变化的速度，动态度可以反映区域土地利用变化的剧烈程度，也可以用来比较土地利用变化的区域差异和预测未来土地利用变化趋势。土地利用动态度分为单一土地利用动态度和综合土地利用类型动态度。

（1）单一土地利用动态度

单一土地利用动态度是用来描述某地区某一种地类在一定时间内的变化速率，其计算公式为

$$K = \frac{U_b - U_a}{U_a} \times \frac{1}{T} \times 100\% \tag{9-5}$$

式中：U_a、U_b—— 地区内某一种地类在研究初期和末期的数量；

T—— 研究步长，一般以年为单位，本书取值为 4。

（2）综合土地利用类型动态度

综合土地利用类型动态度是为了表征整个研究区土地利用变化速率，综合转换速率有效综合了研究区各种地类变化速度信息，其公式为

$$V = \frac{1}{T}\sqrt{\sum_{i=1}^{m}\left[\left(\frac{A_i^{j+1} - A_i^j}{A_i^j}\right)^2 \times \frac{A_i^j}{S}\right]} \tag{9-6}$$

式中：A_i^j —— 研究初期第 i 种地类的面积；

A_i^{j+1} —— 研究末期第 i 种地类的面积；

S—— 研究区面积；

m—— 土地利用类型数，本书为 6；

T—— 研究步长，本书取值为 4。

根据上述公式测算得到 2009—2013 年土地利用类型动态度如表 9-9 所示。

表 9-9 2009—2013 年土地利用类型动态度

地类	面积变化/km^2	单一土地利用动态度/%
耕地	23.28	1.20
园地	6.10	2.09
林地	−6.71	−1.74
建设用地	43.31	9.47
水域用地	4.83	4.18
其他用地	−70.63	−11.25
综合土地利用类型动态度	—	5.78

由表 9-9 可知，2009—2013 年各地类动态度变化较大，其中建设用地和其他用地动态度尤为突出，分别为 9.47%和−11.25%，建设用地动态度呈增长趋势，而其他用地动态度呈减少趋势。水域用地动态度为 4.18%，也发生了较为明显的变化。而耕地、园地、林地变化动态度相对较小，说明变化不明显。耕地由于基础较大，即占全县土地面积比例较大，虽然面积增长了 23.28 km^2，但动态度较小，为 1.20%。而水域用地由于占全县面

积比例较低，虽然面积增加了 4.83 km^2，但动态度仍然相对较大。

2009—2013 年卢龙县综合土地利用类型转换速率为 5.78%，这种相对较高的综合土地利用类型转换速率主要来源于建设用地和其他用地的单一土地利用动态度的大小，说明卢龙县建设用地的增加和其他用地的减少深刻地影响着卢龙县土地利用变化。

9.3.2 基于 Logistic 土地利用变化驱动力分析

9.3.2.1 驱动力因子的选取

由于土地系统是一个复杂的巨型系统，影响土地利用变化的因素多且杂，其包括自然、社会、经济及政策。因此，在选择时需要考虑以下几个原则，并结合研究区实际情况选取驱动因子。

（1）数据可获取性

在驱动因子选择之前，需要考虑已有的数据资料，包括自然经济资料。为了使模拟更加精确，需要辅助一定的实地勘察。

（2）驱动因子能定量化和空间化

土地利用变化影响因子众多，国家政策、市场经济导向及人为行为都会在一定程度上影响土地变化。鉴于模型模拟自身的不足，无法将这些因子纳入模拟汇中。所以，剔除此类无法量化的因子。

（3）在研究区存在地域分异性

驱动因子在研究区土地利用变化的影响应该是不尽相同的，需要存在地域分异性，也就是空间差异性。如高程在平原地区对研究区的影响相同就可以不选作研究区模拟因子。

（4）与研究区 LUCC 有相对较大关联性

通过数理统计分析方法剔除较小甚至没有关联性的影响因子，驱动因子能够对研究区土地利用类型变化产生较大的影响。

（5）数据资料一致性

模拟需要在空间上对各地类进行重新分配，因此坐标、时间是一个重要的参数。所以，在空间和时间上，数据资料都要保持一致性。特别是高程和坡度等自然数据，来源于国际空间数据平台，其栅格大小和坐标系统与已有的数据可能不一致，需要重新定义坐标系统。

（6）因子的全面性

自然、社会经济和距离因素对土地利用地类都存在很大的影响，在选择驱动因子时，必须兼而有之。社会经济因子需要在 ArcGIS 等软件中空间化，这样才能更加准确地模拟研究区土地利用格局变化。

按照上述因子选取原则，结合卢龙县的现有数据，共选择了 10 个土地利用变化驱动因子，包括各乡镇人均 GDP、到一级道路的距离、到二级道路的距离、到城镇的距离、到农村居民点的距离、到河流的距离、人口密度、高程、坡度和坡向。其中，一级道路包括县域内铁路和高速公路，二级道路为国道和省道。

由于所选取的驱动因子与土地利用变化本身非常密切，而且是相对稳定的状态，因此能够对土地产生一种持续的影响。比如，高程和坡度短时间内不会发生很大的变化，其影响也呈现稳定状态。而交通道路虽然可能在短时间内会发生跳跃式变化，从无到有，但是一旦建成就会对土地利用类型变化产生持续性影响。当然，人均 GDP 和人口密度会在一定时期内发生渐进性的变化，但是为了简化模型，本书中将会选取现状的经济数据作为参数。驱动因子的名称及简要说明见表 9-10。

表 9-10 卢龙县土地利用变化驱动力因子描述

驱动因子	因子描述
人均 GDP（X_1）	人均 GDP 的栅格
到一级道路的距离（X_2）	每个栅格的中心到一级道路的距离
到二级道路的距离（X_3）	每个栅格的中心到二级道路的距离
到城镇的距离（X_4）	每个栅格的中心到城镇的距离
到农村居民点的距离（X_5）	每个栅格的中心到农村居民点的距离
到河流的距离（X_6）	每个栅格的中心到河流的距离
人口密度（X_7）	每个栅格的中心人口密度
高程（X_8）	每个栅格的中心点的高程值
坡度（X_9）	每个栅格的中心点的坡度值
坡向（X_{10}）	每个栅格的中心点的坡向值

利用 ArcGIS 9.3 中距离工具制作距离图，人口密度和人均 GDP 是在行政区输入属性值以后栅格化后得到的，高程和坡度是在国际科学数据平台下载的 DEM 数据中提取的，最终得到 10 个因子的栅格图（图 9-11）。

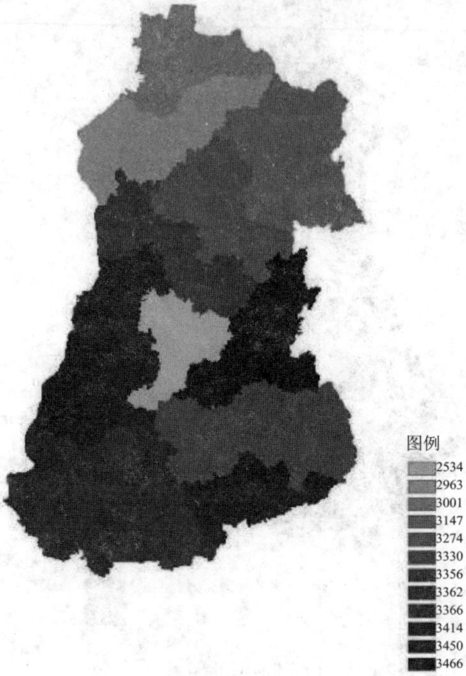

（a）人均 GDP

（b）到一级道路的距离

（c）到二级道路的距离

（d）到城镇的距离

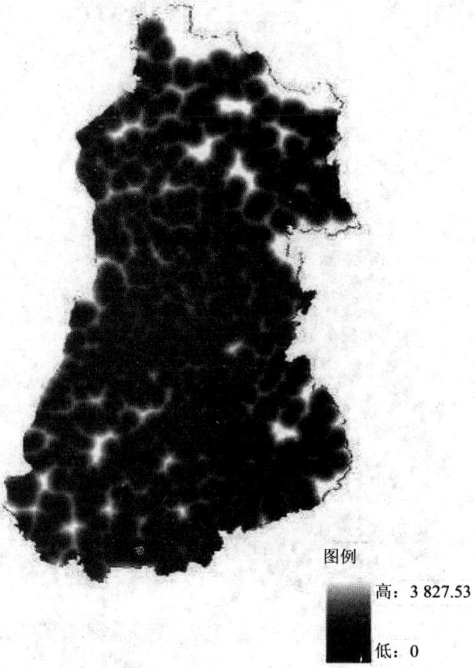

（e）到农村居民点的距离

（f）到河流的距离

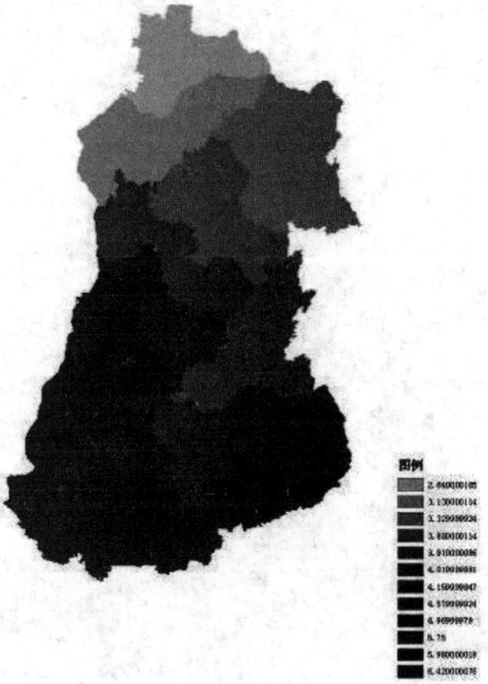

（g）人口密度

（h）高程

（i）坡度　　（j）坡向

图 9-11　驱动因子栅格化图

9.3.2.2　Logistic 回归分析

Logistic 回归分析需要计量数据，而收集的资料皆为矢量数据和栅格大小不统一的栅格数据。如何把此类数据转换成 ASCⅡ格式是本书需要解决的问题之一。首先，在 ArcGIS 中利用空间分析工具，将 2009 年土地利用现状图通过 feature to raster 功能转换成栅格图，然后通过栅格重分类将土地类型合并为耕地、园地、林地、建设用地、水域用地和其他用地 6 类，并形成单独的栅格文件，该地类的属性值为 1，其他区域赋值为 0。每个文件以行政区范围为研究区域，并保证栅格大小为 100 m×100 m，最后将这些栅格图通过 Arctoolbox 转换成 ASCⅡ格式。

由于数据来源有所不同及软件本身的缺陷，数据可能会有所不同。比如，土地利用地类栅格图的行列数和驱动因素的行列数不一致。在生成栅格图之前，需要将相应数据定义为同一投影坐标系（图 9-12）。

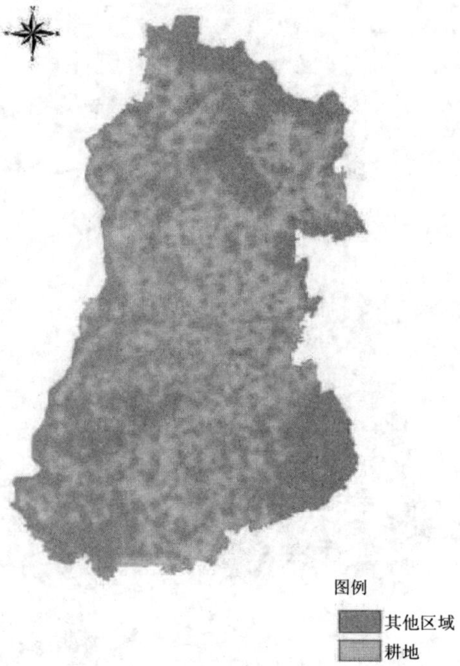

（a）耕地

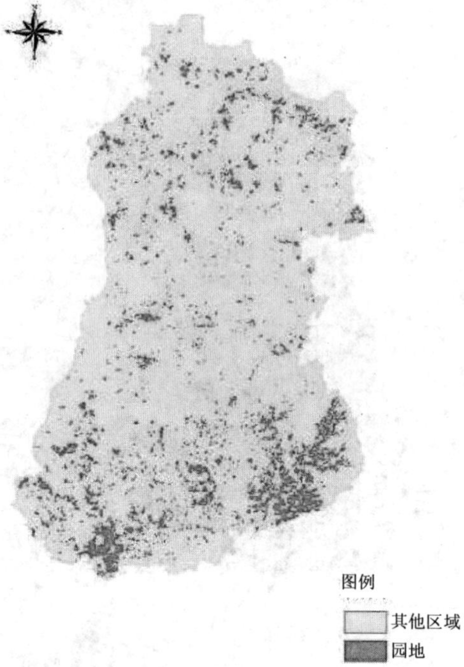

（b）园地

（c）林地

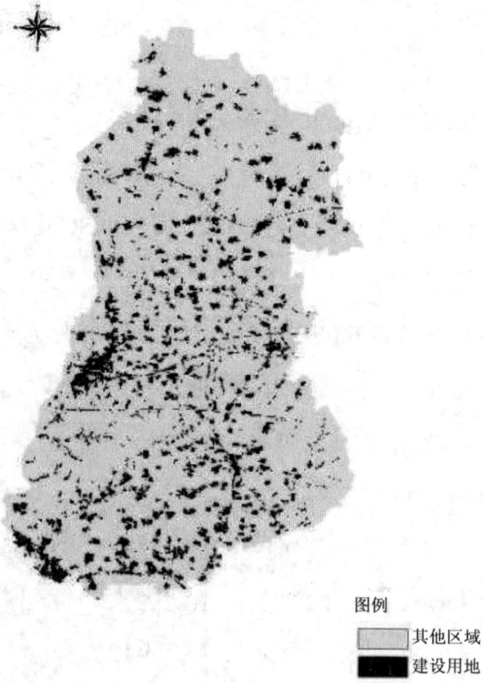

（d）建设用地

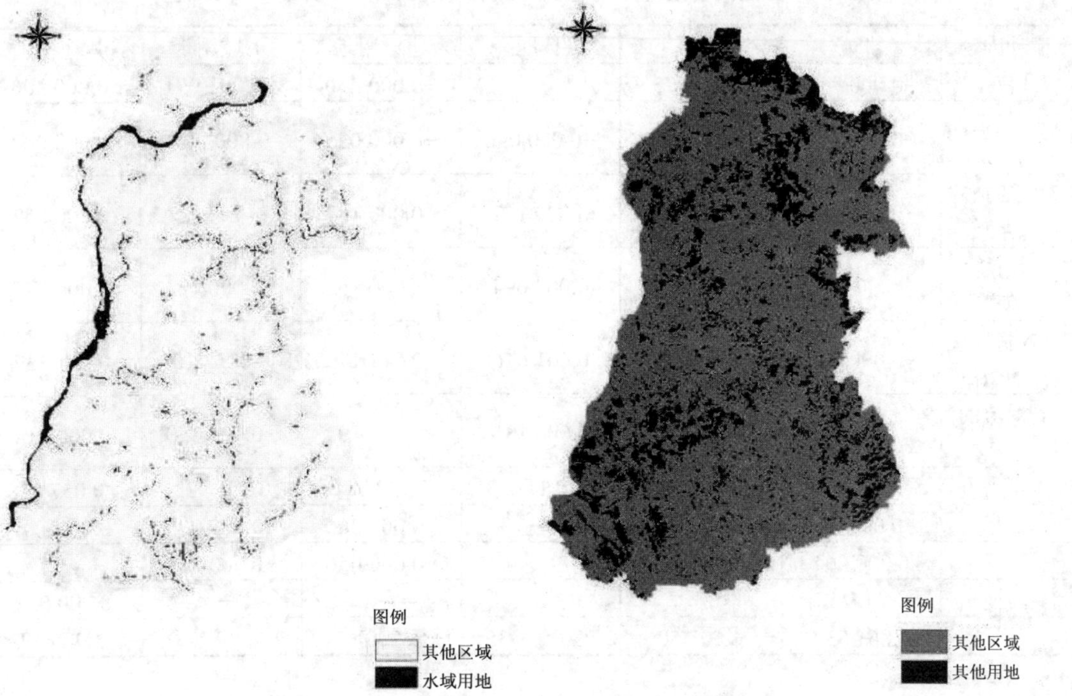

（e）水域用地　　　　（f）其他用地

图 9-12　卢龙县各地类栅格化图

在转换完栅格以后，通过 ArcGIS 将其转换成 ASCⅡ格式，然后在 Accessorial Tools（图 9-13）中将数据继续生成单列记录文件，然后将数据导入到 SPSS 17 中进行回归分析。得到结果如表 9-11 所示。

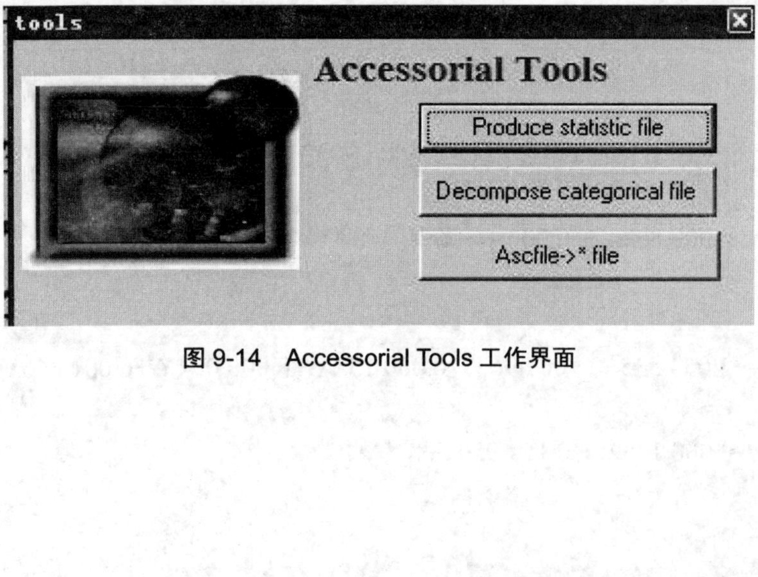

图 9-14　Accessorial Tools 工作界面

表 9-13 卢龙县各土地利用地类类型的 Logistic 回归分析的 Beta 值

驱动因子	耕地	园地	林地	建设用地	水域用地	其他用地
人均 GDP	−0.000 257	0.000 973	—	−0.000 250	−0.001 091	0.000 306
到一级道路的距离	−0.000 121	0.000 090	−0.000 096	−0.000 025	0.000 087	0.000 080
到二级道路的距离	−0.000 105	−0.000 087	0.000 152	−0.000 187	—	0.000 052
到城镇的距离	0.000 014	−0.000 016	0.000 094	−0.000 162	−0.000 141	0.000 047
到农村居民点的距离	−0.000 589	−0.000 832	0.001 646	−0.012 172	0.002 016	0.001 137
到河流的距离	—	0.000 143	0.000 135	−0.000 192	−0.005 450	0.000 314
人口密度	−0.071 621	0.118 114	−0.154 030	0.128 911	0.351 933	−0.057 538
高程	−0.000 089	−0.000 059	—	−0.000 066	−0.000 093	0.000 114
坡度	0.000 064	—	—	−0.000 056	−0.000 061	—
坡向	—	—	—	—	—	0.000 055
常量	1.861 530	−6.107 606	−3.054 535	1.823 009	0.699 271	−3.905 393

通过 Logistic 逐步回归分析可以筛选出对各地类影响较为显著的因素，同时剔除不显著的影响因素，并确定它们之间的定量关系和作用相对大小。对于每一种地类，其回归方程的影响因子是不同的，本书中考虑的随机因素对每个地类都不产生影响，并充分说明各地类的形成与分布是有规律可循的。根据以上回归结果，得到以下回归模型：

（1）耕地

$$\log\frac{P_1}{1-P_1}=1.861\,530-0.000\,257X_1-0.000\,121X_2-0.000\,105X_3+0.000\,014X_4-0.000\,589X_5-0.071\,621X_7-0.000\,089X_8+0.000\,064X_9 \quad (9\text{-}7)$$

（2）园地

$$\log\frac{P_2}{1-P_2}=-6.107\,606+0.000\,973X_1+0.000\,090X_2-0.000\,087X_3-0.000\,016X_4-0.000\,832X_5+0.000\,143X_6+0.118\,114X_7-0.000\,059X_8 \quad (9\text{-}8)$$

（3）林地

$$\log\frac{P_3}{1-P_3}=-3.054\,535-0.000\,096X_2+0.000\,152X_3+0.000\,094X_4+0.001\,646X_5+0.000\,135X_6-0.154\,030X_7 \quad (9\text{-}9)$$

（4）建设用地

$$\log\frac{P_4}{1-P_4}=1.823\,009-0.000\,250X_1-0.000\,025X_2-0.000\,187X_3-0.000\,162X_4-0.012\,172X_5-0.000\,192X_6+0.128\,911X_7-0.000\,066X_8-0.000\,056X_9 \quad (9\text{-}10)$$

（5）水域用地

$$\log\frac{P_5}{1-P_5}=0.699\,271-0.001\,091X_1+0.000\,087X_2-0.000\,141X_4+0.002\,016X_5-0.005\,450X_6+0.351\,933X_7-0.000\,093X_8-0.000\,061X_9 \quad (9\text{-}11)$$

（6）其他用地

$$\log\frac{P_6}{1-P_6}=-3.905\,393+0.000\,306X_1+0.000\,080X_2+0.000\,052X_3+0.000\,047X_4+0.001\,137X_5+0.000\,314X_6-0.057\,538X_7+0.000\,114X_8+0.000\,055X_{10} \quad (9\text{-}12)$$

exp（β）是β系数的以 e 为底的自然幂指数，它表示土地利用类型发生概率与不发生概率的比值。当某驱动因素的值发生变化时，其所对应的地类发生概率变化，exp（β）＞1 表示发生概率增加；exp（β）=1 表示发生概率不变；exp（β）＜1 表示发生概率降低。表 9-11 中，“—”表示该驱动因子未能通过 0.05%的显著性水平检验，因此该因子不参与该地类空间分布模型构建（表 9-12）。

表 9-12　卢龙县各土地利用类型的 Logistic 逐步回归结果表［exp（β）值］

驱动因子	耕地	园地	林地	建设用地	水域用地	其他用地
人均 GDP	0.999 7	1.001 0	—	0.999 8	0.998 9	1.000 3
到一级道路的距离	0.999 9	1.000 1	0.999 9	1.000 0	1.000 1	1.000 1
到二级道路的距离	0.999 9	0.999 9	1.000 2	0.999 8	—	1.000 1
到城镇的距离	1.000 0	1.000 0	1.000 1	0.999 8	0.999 9	1.000 0
到农村居民点的距离	0.999 4	0.999 2	1.001 6	0.987 9	1.002 0	1.001 1
到河流的距离	—	1.000 1	1.000 1	0.999 8	0.994 6	1.000 3
人口密度	0.930 9	1.125 4	0.857 2	1.137 6	1.421 8	0.944 1
高程	0.999 9	0.999 9	—	0.999 9	0.999 9	1.000 1
坡度	1.000 1	—	—	0.999 9	0.999 9	—
坡向	—	—	—	—	—	1.000 1
常量	6.433 6	0.002 2	0.047 1	6.190 5	2.012 3	0.020 1
ROC	0.586 5	0.629 2	0.756 1	0.917 4	0.926 0	0.726 7

从表 9-12 中可以看出，卢龙县耕地分布主要受人均 GDP、到一级道路的距离、到二级道路的距离、到农村居民点的距离、人口密度、高程和坡度的影响，其中人口密度影响因素较大，发生比率为 0.930 9。

卢龙县园地分布主要受人均 GDP、到一级道路的距离、到二级道路的距离、到农村居民点的距离、到河流的距离、人口密度和高程影响，其中到农村居民点的距离和人口密度影响较大，发生比率分别为 0.999 2 和 1.125 4，说明园地分布倾向在人口密度大的距离乡村居民点稍远的地方。

卢龙县林地分布主要受到一级道路的距离、到二级道路的距离、到城镇的距离、到农村居民点的距离、到河流的距离和人口密度影响，其中到一级道路的距离和人口密度影响较大，说明道路和人口密度大的地区林地较少。林地主要分布在离人口居住区较远的地区。

卢龙县建设用地分布主要受人均 GDP、到二级道路的距离、到城镇的距离、到农村居民点的距离、到河流的距离、人口密度、高程和坡度影响，其中人口密度影响因素最大，说明人口聚集在建设用地区，建设用地发生比率与人口密度有较大相关性，发生比率为 1.137 6。

卢龙县水域用地分布主要受人均 GDP、到一级道路的距离、到城镇的距离、到农村居民点的距离、到河流的距离、人口密度、高程和坡度影响，其中人口密度影响最大，其发生比率为 1.421 8，这说明河流水域分布受人口密度影响较大，此处的河流水域用地是合并了河流和滩涂用地，说明人类在生产过程中较多利用水域资源。

卢龙县其他用地分布主要受人均 GDP、到一级道路的距离、到二级道路的距离、到农村居民点的距离、到河流的距离、人口密度、高程和坡向的影响，其中人口密度影响较大，发生比率为 0.944 1。

9.3.2.3 二元 Logistic 回归分析 ROC 检验

二元 Logistic 回归分析需要使用 Pontius R G 提出的 ROC（Relative Operating Characteristics）方法对回归结果进行一致性检验。该方法代表二值可能性表，即栅格单元代表土地利用地类的可能性，是实际变化和保持稳定的土地栅格单元对模拟变化和未发生变化的比值。任意一个完整的模型有效性检验，ROC 最佳结果是 1，最差结果是 0.5。ROC 检验可以在 SPSS 中完成，检验过程中把预测的土地利用类型可能性作为检测变量（test variable），把实际土地利用类型作为状态变量（state variable）。通常认为，ROC 值大于 0.7 时，回归结果确认的因变量解释力较强。

本书各土地利用类型的 ROC 曲线如图 9-14～图 9-19 所示。

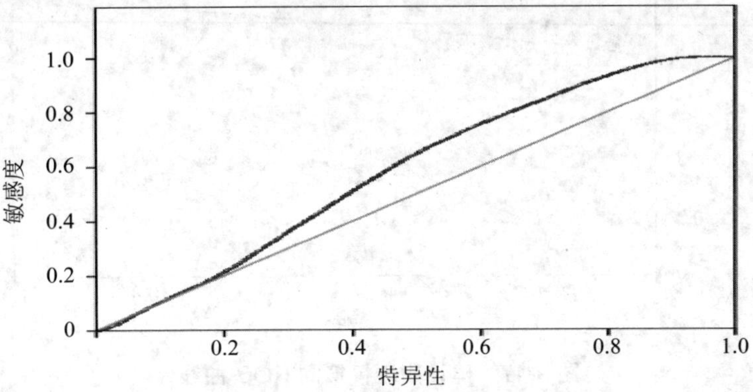

图 9-14　耕地模拟的 ROC 曲线

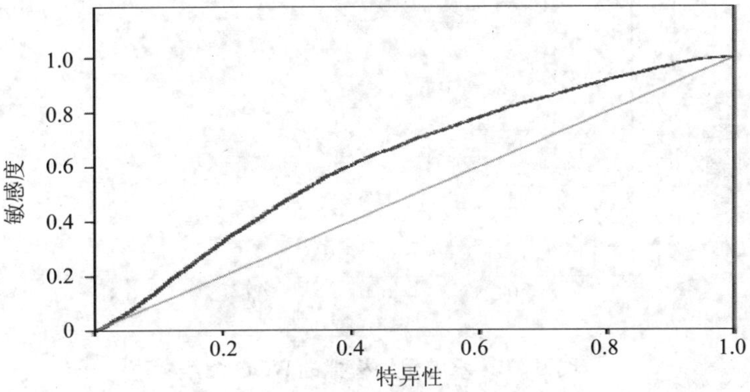

图 9-15　园地模拟的 ROC 曲线

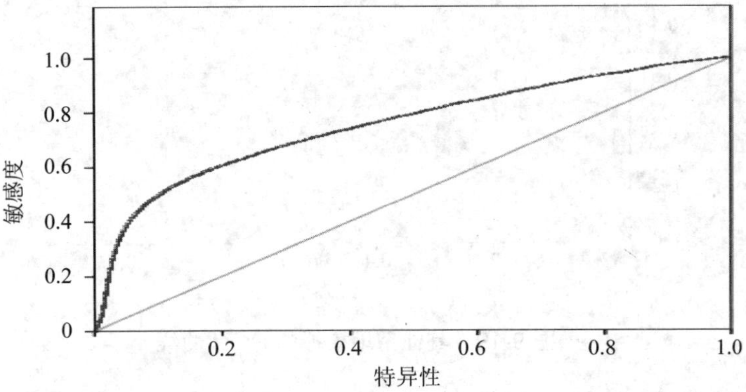

图 9-16　林地模拟的 ROC 曲线

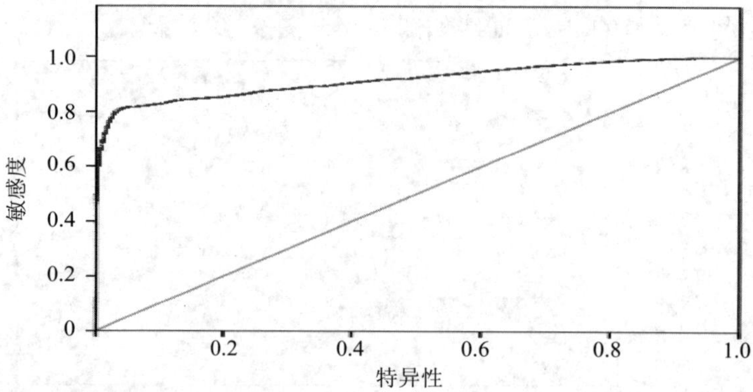

图 9-17　建设用地模拟的 ROC 曲线

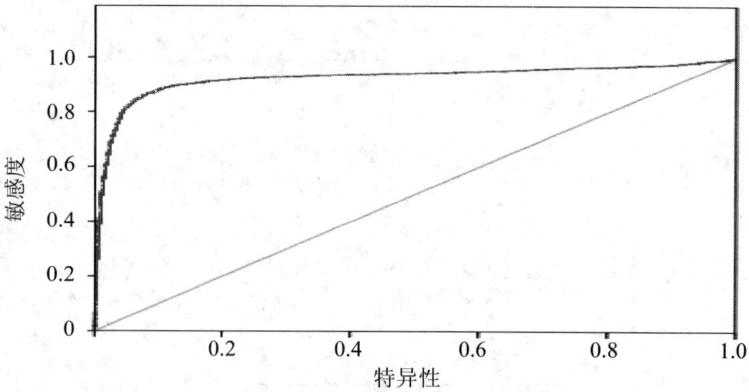

图 9-18　水域用地模拟的 ROC 曲线

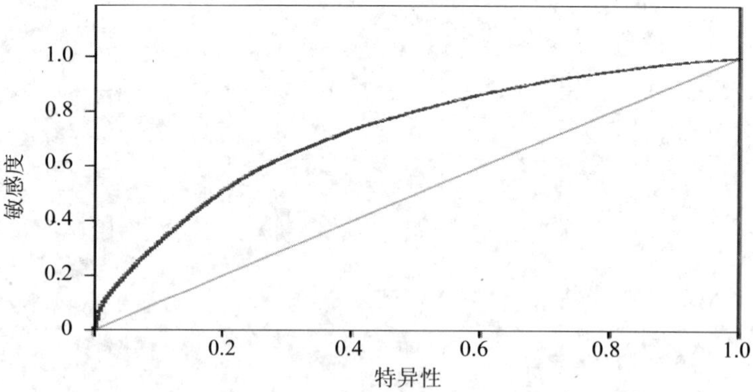

图 9-19　其他用地模拟的 ROC 曲线

从图 9-14～图 9-19 及表 9-13 中可以看出各地类 ROC 值：耕地为 0.587，园地为 0.629，林地为 0.756，建设用地为 0.917，水域用地为 0.926，其他用地为 0.727。建设用地和水域用地的拟合度最好，均超过 0.9，充分说明了选取因素的解释性较强，但是耕地和园地

ROC 值均低于 0.7，拟合度解释力相对较弱，这可能与模拟尺度大小、耕地面积较大及园地布局分散有关，但是总体上选取的驱动因素能够应用于土地利用空间格局模拟。至于尺度大小影响驱动因子的解释力，有待于以后加强研究，此处不再赘述。

表 9-13　卢龙县不同土地利用地类曲线下面积（ROC 值）

土地利用地类	曲线下的面积（检验结果变量：预测概率）
耕地	0.587
园地	0.629
林地	0.756
建设用地	0.917
水域用地	0.926
其他用地	0.727

9.3.2.4　不同土地利用类型的空间概率分布模拟

根据不同驱动因子的影响程度即β值，运用 Logistic 逐步回归对每一栅格单元可能出现的某种地类的概率进行诊断，并将回归系数代入方程，在 ArcGIS 中利用栅格计算器，得到各土地利用地类空间适宜性分布概率图（图 9-20）。

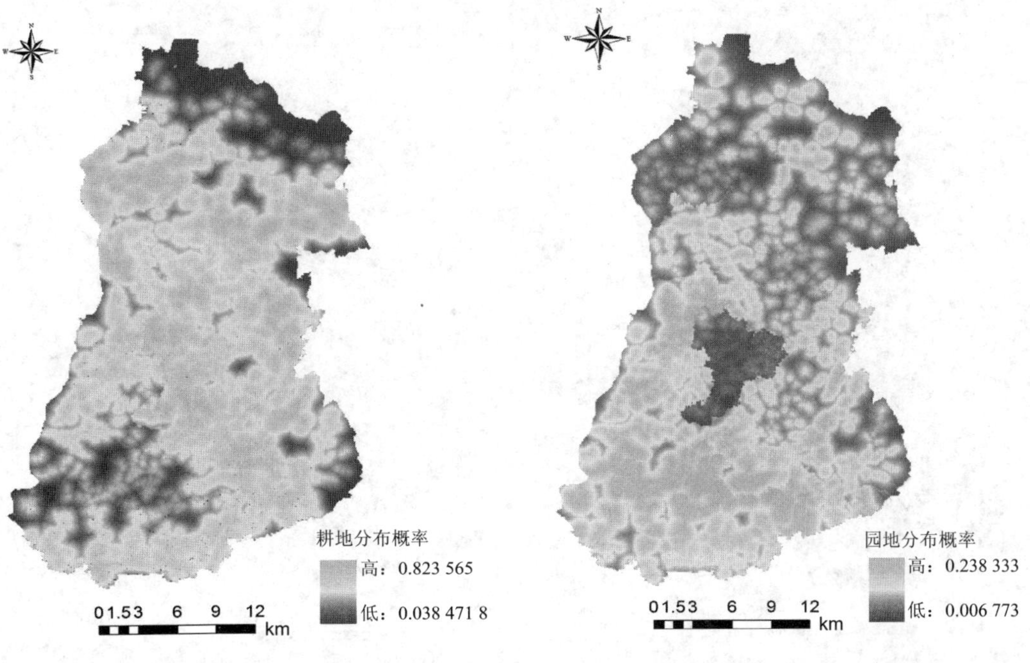

（a）耕地　　（b）园地

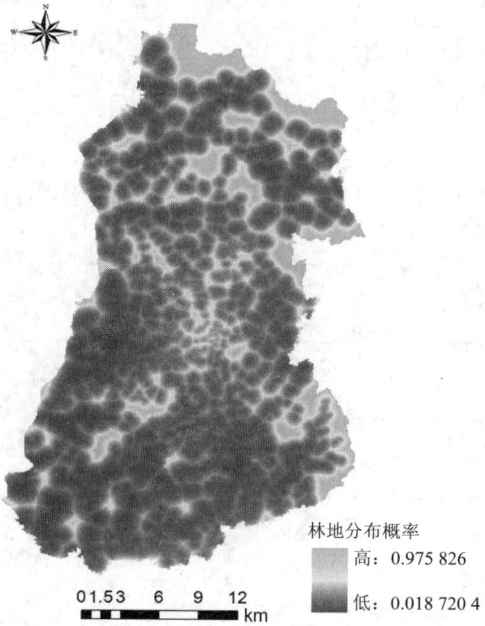

（c）林地

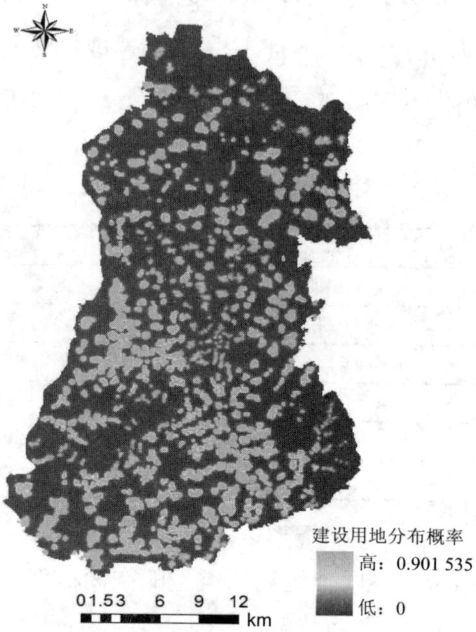

（d）建设用地

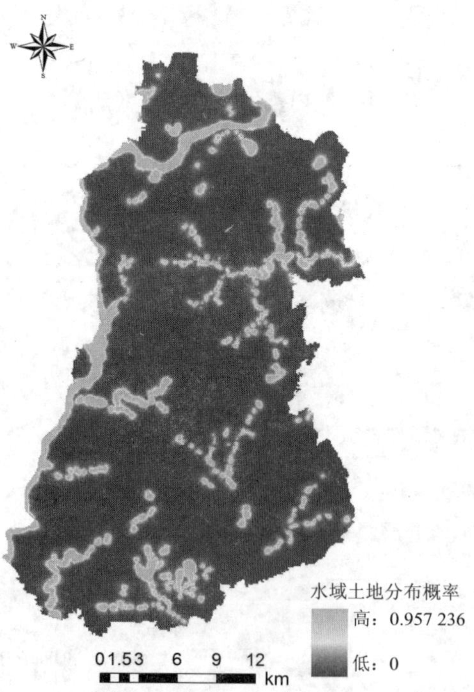

（e）水域用地

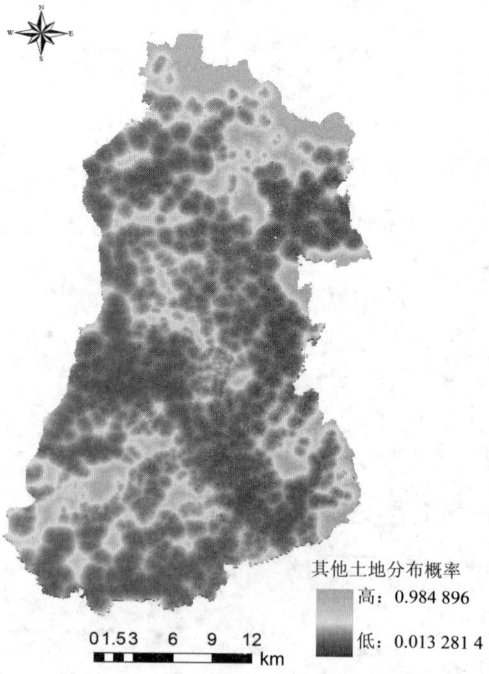

（f）其他用地

图 9-20　各地类土地利用空间适宜性概率分布图

对比各土地利用类型现状图和土地利用空间概率分布图，发现模拟结果和现实情况大致吻合。其拟合程度与 ROC 值紧密相关。卢龙县耕地贯穿整个县域，除北部地区是生态林地以外，其他地区或多或少地分布一定的耕地，耕地空间概率分布图显示这些地区分布概率较大，与实际情况基本相符，但西北部地区不应该分布大量耕地，与实际不符。园地主要分布在县域东南部、西南部及北部少数地区，而模拟概率图与之基本相符，但是在西南大部地区分布概率较大，与实际分布吻合度不高。造成这种偏差的原因主要与园地面积有关，驱动因子除选取的 10 个因子之外，还有一些其他难以量化和空间化的政策因素的缺失。现状林地大部分分布在县域北部、东南部及西南少数地区。模拟空间概率图在县域北部吻合度较高，其他林地区域不太吻合。建设用地主要分布在县城地带和零星分布在各乡镇所在地，考虑到县城和乡镇选址建设一般都选在自然地理条件较好的地带，未来建设用地扩张也应当与之相一致，所以建设用地分布比较符合实际。水域主要是青龙河贯穿卢龙县整个西部地区，加之县城内部一些水库水面等水域用地有扩张的倾向，水域用地与实际情况吻合度非常高。其他用地分布较为分散，广泛分布在县城各个地区，没有明显的聚集特征，而且由于本书把特殊用地及水工建筑等用地合并到一起，所以更显得地类较为分散。但是 ROC 值为 0.727 仍然显示了模拟的吻合度在一个较高而且合理的范围内。

总之，六大地类土地利用格局总体在一个合理的范围内，吻合度较高，对后续的研究影响不大。

9.3.3 基于 CLUE-S 模型土地利用格局变化模拟

9.3.3.1 模拟方案与数据处理

本次模拟以 2009 年和 2013 年卢龙县土地利用现状数据为基础，通过提取各研究地类及利用 GIS 处理 2009 年的自然和经济驱动因子，然后运用 Logistic 回归模型获取研究区土地利用类型和自然、社会经济等驱动因子及距离因子的定量相关关系，并通过 ROC 检验得到研究区土地利用变化模拟尺度。然后根据 2009 年土地利用现状数据和 2013 年土地利用现状数据进行空间插值，得到各年份土地利用需求。基于此，把数据按照指定格式导入 CLUE-S 模型，设置相关参数，进行模拟。

本书为了研究需要，将耕地、园地、林地中的土地二级地类合并到一级地类，将建设用地中城镇用地、居民点用地、工矿用地和公路铁路用地归并为建设用地一级地类，水库水面、水工建筑和特殊用地等面积较小的地类归并为其他用地，水域用地包括河流水面和滩涂用地。由于地类面积低于5%不适宜单独用来模拟，因此合并的目的一方面是简化模型，另一方面是模拟的科学性方面考虑。高程、坡度和坡向数据来源于中科院国际科学数据平台，航天飞机雷达地形测绘使命（Shuttle Radar Topography Mission，SRTM）数据是由美国太空总署和国防部国家测绘局联合测量的，数据覆盖中国全境。土地利用变化是由自然条件和社会经济条件及空间距离等因素综合作用和影响的，本书利用ArcGIS提取高程、坡度和坡向等自然因素。而距离因素无法直接提取，需要首先提取出到一级道路的距离、到二级道路的距离、到城镇的距离、到农村居民点的距离和到河流的距离作为单独的图层，利用ArcGIS工具箱中distance工具，以行政区为范围制作得到的距离影响因素。社会经济数据主要来源于2009年的社会经济统计年鉴，通过把相关经济数据输入到行政区，再栅格化共得到了10个驱动因子，分别为人均GDP（sc1 gr0.fil）、到一级道路的距离（sc1 gr1.fil）、到二级道路的距离（sc1 gr2.fil）、到城镇的距离（sc1 gr3.fil）、到农村居民点的距离（sc1 gr4.fil）、到河流的距离（sc1 gr5.fil）、人口密度（sc1 gr6.fil）、高程（sc1 gr7.fil）、坡度（sc1 gr8.fil）、坡向（sc1 gr9.fil）。CLUE-S模型拥有较为严格的数据格式，为了统一分辨率，数据采用100 m×100 m的栅格，并且所有空间栅格数据要在统一坐标系下做处理。

9.3.3.2 模拟参数设定

（1）根据5.4.1.2确定regress.reg 回归方程。

（2）根据5.4.1.2确定main.info 基本信息。

（3）demand.dmd 各年份土地利用需求。

2010—2013年土地利用需求见表9-14。

表9-14 2010—2013年土地利用需求 单位：hm^2

年份	耕地	园地	林地	建设用地	水域用地	其他用地
2010	49 269.00	7 430.00	9 476.00	12 507.00	2 993.00	13 931.00
2011	49 835.00	7 583.00	9 309.00	13 589.00	3 104.00	12 186.00
2012	50 401.00	7 736.00	9 142.00	14 670.00	3 215.00	10 442.00
2013	50 967.00	7 889.00	8 975.00	15 752.00	3 326.00	8 697.00

（4）初始年各地类栅格图（cov_all_*.asc）

根据研究需要，合并后的2009年土地利用现状图，分别赋值耕地、园地、林地、建设用地、水域用地和其他用地为0、1、2、3、4、5。

（5）土地利用转移矩阵［conversion matrix（allowt.txt）］

不是所有的土地利用变化都是可以发生的，有些土地利用变化是几乎不可能发生的。土地利用转移矩阵表示土地利用类型转变的可能性和规则。表 9-15 中各土地利用类型之间的转移规则是根据专家经验和文献资料制定的，只是体现了土地地类转化的可能性，具体能否转移及转移多少还需根据局部土地利用的适宜性来判断。

表 9-15 卢龙县土地利用转移规则

地类	耕地	园地	林地	建设用地	水域用地	其他用地
耕地	1	1	1	1	1	1
园地	1	1	1	1	1	1
林地	1	1	1	1	1	1
建设用地	1	1	1	1	1	1
水域用地	1	1	1	1	1	1
其他用地	1	1	1	1	1	1

（6）区域限制区（area restriction）

空间政策限制区是根据土地利用实际情况确定的土地利用转化特殊限制条件，根据国家土地利用规划内容和精神，严格控制各项建设工程占用特定区域的土地。根据土地利用总体规划和基本农田保护规划，为了保障国家粮食安全和生态安全，基本农田保护区将得到强化，严格控制优质基本农田数量的减少。此外，具有生态功能的水域和滩涂等生态用地需要设定缓冲区，禁止被其他建设工程侵占。

（7）模拟解释因子文件（explanation factors）

本次模拟共得到了 10 个驱动因子，分别为人均 GDP（sc1 gr0.fil）、到一级道路的距离（sc1 gr1.fil）、到二级道路的距离（sc1 gr2.fil）、到城镇的距离（sc1 gr3.fil）、到农村居民点的距离（sc1 gr4.fil）、到河流的距离（sc1 gr5.fil）、人口密度（sc1 gr6.fil）、高程（sc1 gr7.fil）、坡度（sc1 gr8.fil）、坡向（sc1 gr9.fil）。在 ArcGIS 中分别将栅格文件转换成为 ASCⅡ文件，然后在 CLUE-S 模型工具 accessorial tools 中分别转换成为模型可识别的文件，即 sc1 gr*.fil，然后导入 land use dynamic simulation 模型中，如图 9-21 所示。

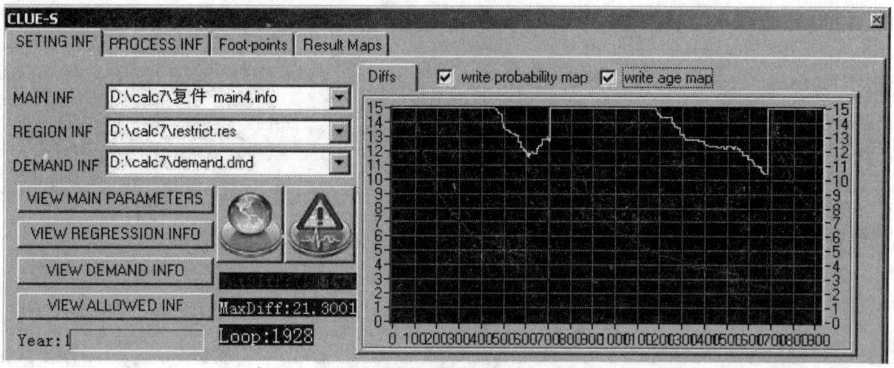

图 9-21 模型运行截面图

9.3.3.3 模型模拟

（1）模型效果检验

模型检验一般采用逐点比较和整体对比两种方法。前一种方法是将模拟结果和真实值叠加，采用逐点对比的方式计算精度，即 Kappa 指数法。后一种是检验模拟结果的空间格局，可以用 Moran Ⅰ指数表示，但是 Moran Ⅰ指数多用于描述观测数据的空间自相关性，不适于本书。在没有其他更适合的检验方法的情况下，采用比较严格的 Kappa 指数检验法仍然是优先选择。

利用 Kappa 指数对规划目标情景下的 CLUE-S 模型模拟结果进行检验，若 Kappa 指数＞0.75，则说明模拟结果具有较好的一致性。

$$\text{Kappa}=(P_o-P_c)/(P_p-P_c) \tag{9-13}$$

式中，P_o —— 正确模拟的比例；

P_c —— 随机情况下期望的正确模拟比例；

P_p —— 理想分类情况下的正确模拟比例。

通过空间点对点地图代数运算结果 Kappa＞0.8 为模拟极好效果（almost perfect），0.6～0.8 为模拟较好的效果（substantial），0.4～0.6 为模拟效果有效（moderate），0.2～0.4 为模拟效果较差（fair），0～0.2 为模拟效果极差（slight）（Pijanowski，2006）。

在 ENVI（Environment for Visualizing Image）图像处理平台中，利用其评价分类结果中混淆矩阵（Confusion Matrix）工具检验模拟精度。Confusion Matrix 工具可以把分类结果的精度显示在一个混淆矩阵里，用于比较分类结果和地表真实信息。同样，它也可以用来比较模拟结果和真实结果的信息。在输出的混淆矩阵报表中，包括了 Kappa 系数和混淆矩阵概率等要素。选择主菜单→Classification→Post Classification→Confusion Matrix

→Using Ground Truth ROIs，可以得到以下分类精度验证的混淆矩阵。

（2）模拟结果与分析

设置好所有参数后，运行模型，计算机进行多次迭代运算，模拟完成后，将结果文件转换成GIS能够识别的栅格格式，得到模拟结果图（图9-22）。

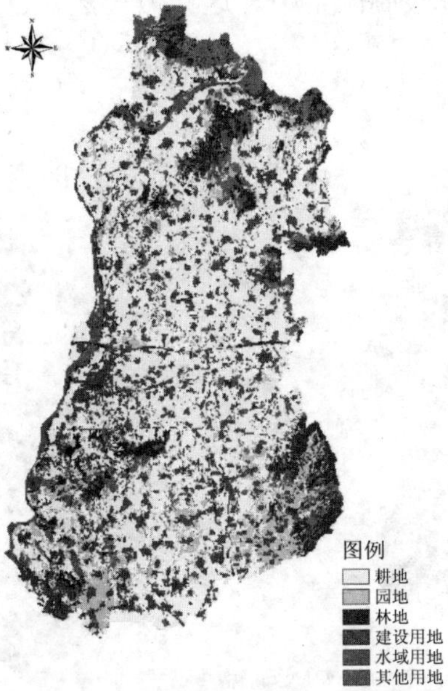

图9-22 2013年卢龙县土地利用模拟图

将解译出的2013年土地利用图和模拟图做比较，发现模拟正确的栅格数量达到82 811个，占总栅格的86.62%，计算出模拟结果的Kappa系数为0.839 4，模拟结果较好。研究搭建的CLUE-S模型能够很好地模拟县域土地利用变化，可以将其用在多情景模拟中。

9.3.4 多情景模拟与分析

9.3.4.1 情景方案设计

本书设定3种情景，具体如下。

（1）自然发展情景

按照卢龙县目前的经济社会发展趋势，不设立区域限制，土地地类按照原有的方式自由转换。在该情景条件下，卢龙县土地利用需求不会受到较大的政策调整的影响。

（2）基本农田保护型情景

在该情景条件下，有效保护耕地等基本农田，从而有效遏制其他一些建设项目对基本农田的盲目侵占，以实现地区粮食安全为目的。本书中基本农田的数据来源于卢龙县总体规划，但是考虑到规划划定的基本农田有些不集中连片，有些面积较小，完全将此类基本农田搁置在区域中显得过于苛刻，不适合地方经济发展。因此，基于规划划定的基本农田保护图斑，应用 ArcGIS 软件将其中的零碎基本农田合并，并将面积低于 1 万 m^2 的图斑去除，不放置在区域限制因素中。这样做仍然保证了基本农田数量符合规划预测的数量［图 9-23（a)］。

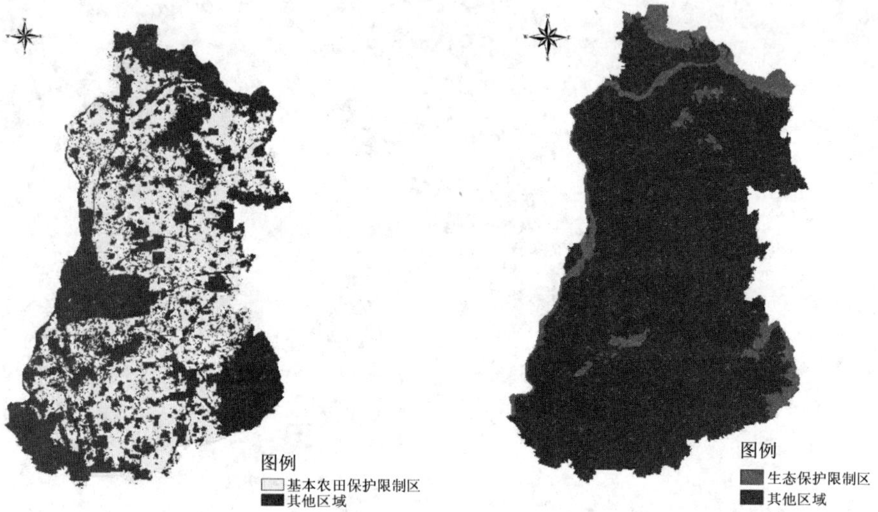

（a）基本农田保护情景区域限制因素　　（b）生态保护情景区域限制因素

图 9-23　区域限制因素

（3）生态保护型情景

在该情景下要严格保护和限制卢龙县北部生态水源地和东南部坡度较高的林地。由于卢龙县特殊的地理位置和生态环境，河流水面、滩涂和林地等生态用地较多，生态区位意义重大。而自然水体和林地具有良好的生态环境功能，只有做好县域主体水域用地和坡度较高的林地的保护工作，才能够保护和改善区域生态环境质量，为实现区域可持续发展奠定基础。本书通过选取卢龙县水域用地和滩涂中面积较大的图斑及坡度较高的林地作为重点保护区，研究提取青龙河并利用 ArcGIS 设定 100 m 缓冲区，与东南部及西南部分林地叠加得到区域限制因素［图 9-23（b)］。

9.3.4.2　情景模拟分析

基于上述情景设计，估算出不同情景方案下 2020 年各土地利用需求面积，并重新设定转换规则等模型参数，模拟出 2020 年各情景下土地利用格局，如图 9-24 所示。

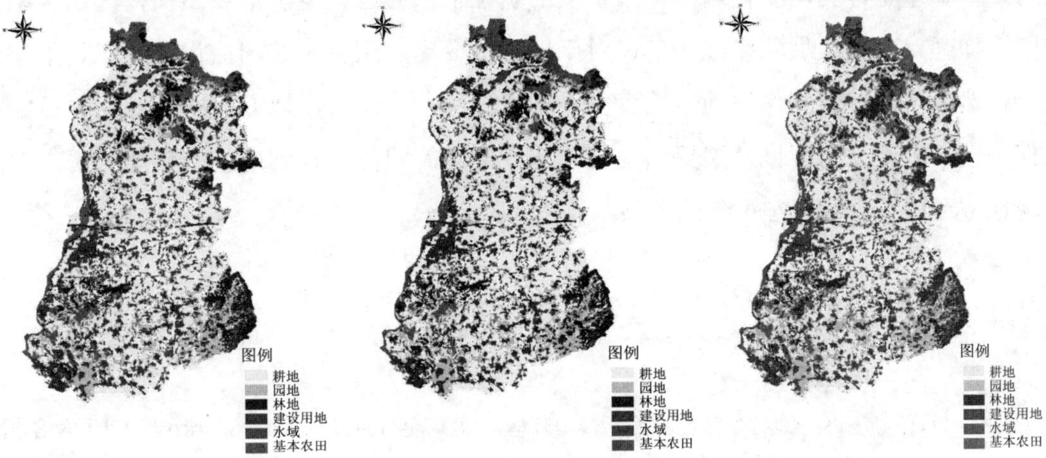

（a）2020 年自然发展情景　（b）2020 年基本农田保护型情景　（c）2020 年生态保护型情景

图 9-24　2020 年卢龙县不同情景下土地利用格局

从各情景方案下的模拟结果中可以看出，在自然发展情景下，土地利用格局将按照原有的趋势发展，建设用地继续大幅扩张，其他用地也大幅扩张，而耕地、园地、林地和水域用地也按照原有的趋势小幅增减。建设用地扩张以侵占其他土地和城镇周围耕地为主，没有占用太多距城镇较远的耕地。耕地也从其他土地中补充了一部分。总体来说，卢龙县对耕地和其他土地的占用较多，这可能与其他土地中自然保留地和未利用地较多，卢龙县对其进行了较多的开发有关。在基本农田保护情景下，土地利用格局以严格保护设定的基本农田保护区为主，耕地数量较自然发展情景下有所上升。靠近基本农田保护区的其他地类对耕地有一定数量上的补充，基本符合设定情景。正因如此，建设用地扩张也没有自然发展情景下快，其数量上也有所减少，空间上以占用远离基本农田的其他用地为主。林地在基本农田保护情景下有被耕地侵占的倾向。在生态保护限制情景下，严格地保护了以河流水面、滩涂和县域东南部等坡度较高的林地为主的生态用地，水域用地和林地数量上涨幅度较大，空间上其他地类呈现向生态保护用地集聚的趋势。建设用地从数量上上升幅度比自然发展情景下低很多，比生态保护情景下略低；空间上加速侵占耕地和其他用地。建设用地占有的其他地类，也没有侵占划定的生态区域限制区，而是以远离生态保护区的地类为主。靠近划定的生态限制区域的耕地和其他用地甚至对生态保护区内的土地有所补充。

综合以上 3 种情景方案下的模拟结果，如果不对区域土地利用加以限制，建设用地的无序增长将会加剧，对粮食安全和生态保护都是一个严峻的挑战。而在其他两种情景下，在尊重土地利用变化这个基本事实的基础上，通过设定基本农田保护区和生态保护区，加强对此类区域的管理，可以对土地利用变化起到明显的调控作用。但是单一的限制仍然无法同时起到保护地方粮食安全和生态保护的作用，地方政府需要同时设定两种保护区，才能在为区域发展提供足够的建设用地的同时，找到最佳的土地利用方案，实现地方经济社会和生态可持续发展。

9.4 本章小结

本书在构建区域综合生态安全格局的基础上，基于 GIS、CA-Markov、CLUS-S 模型，提出了基于生态安全格局保护的土地利用情景模拟方法，对黄骅市、曹妃甸新区和卢龙县生态安全格局保护情景下的土地利用结构和布局进行了预测和模拟，并对多种情景的土地利用模拟结果进行了对比分析，结果表明：

①土地利用情景模拟结果显示，在各级 ESP 范围内，ESP 保护情景下新增建设用地量比无生态保护情景下减少 17.47 km^2，区域生态安全格局得到了有效保护；ESP 保护情景下底线 ESP 范围内新增建设用地为 0，说明底线 ESP 得到了完全保护。

②不同情景下景观指数比较结果显示，ESP 保护情景下，5 种地类景观斑块数目均有不同程度的增加，景观更趋于破碎化。由于生态安全格局的保护限制，景观的形状更趋复杂，建设用地与生态用地的分布更趋合理。

限于资料获取的限制，本书在进行土地利用变化模拟时对土壤的盐碱程度、地基稳定性、土地利用政策等考虑较少，下一步应进一步开展这方面的研究。同时，由于土地利用受多种自然因素和人为因素的影响，下一步应加强该区域土地利用变化机制和驱动因素影响研究，以提高土地利用模拟的科学性。

第 10 章

多目标土地利用格局优化研究

10.1 未利用地开发综合适宜性确定

10.1.1 未利用地综合功能评价方法

综合功能评价过程中，首先以乘（除）法为基础，在进行乘法运算的基础上，对乘法运算结果进行几何平均值运算，最终得出土地功能评价的最终指数值，并基于自然断点法对黄骅市未利用地综合功能进行等级划分。

10.1.2 基于综合功能评价的未利用地适宜性确定

通过对生物性生产、承载、生态维持与协调功能的评价分值进行分析，可以看出，所有评价单元的分值都在 30～95 分，不存在 0 分等极端状况，因此参考上述的乘法及几何平均值法，得出综合指数值。结合 ArcGIS 自然断点法将其进行分等并图形化，将综合功能分成 4 个等级，分别用 1、2、3、4 表示，数字越大，表示综合功能越高。在综合功能评价的基础上，结合土地功能与土地利用方式的关系可得出综合适宜性分布图（图 10-1、图 10-2）。

通过对黄骅市未利用地综合适宜性区域进行分析可以看出，黄骅市高综合适宜性未利用地主要分布在国营中捷友谊农场，面积为 990.2 hm^2，其次为吕桥镇，面积为 508.8 hm^2，而南排河镇和新村回族乡没有此等级未利用地的分布；较高综合适宜性未利用地主要分布在国营中捷友谊农场、旧城镇、南大港管理区、滕庄子乡及羊二庄回族镇，这些乡镇该等级未利用地面积均超过 1 000 hm^2，除新村回族乡没有此类未利用地分布外，其他乡镇均有分布；中等综合适宜性未利用地在羊二庄回族镇、滕庄子乡、南大港管理区、黄骅镇、国营中捷友谊农场分布较广，而新村回族乡没有此类未利用地；低综合适宜性未利用地在 4 个等级中分布最广，各乡镇中国营中捷友谊农场、黄骅镇、南大港管理区分布面积均超过 2 000 hm^2，其他乡镇均有此类未利用地分布（表 10-1）。

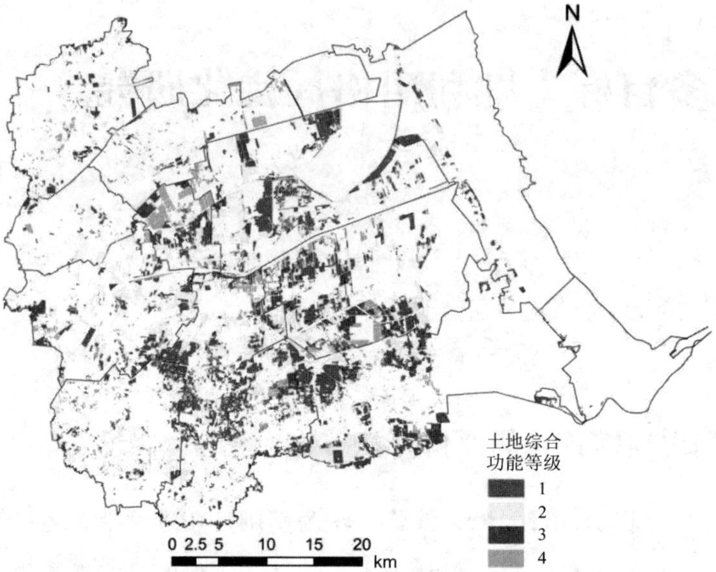

图 10-1　黄骅市未利用综合功能等级

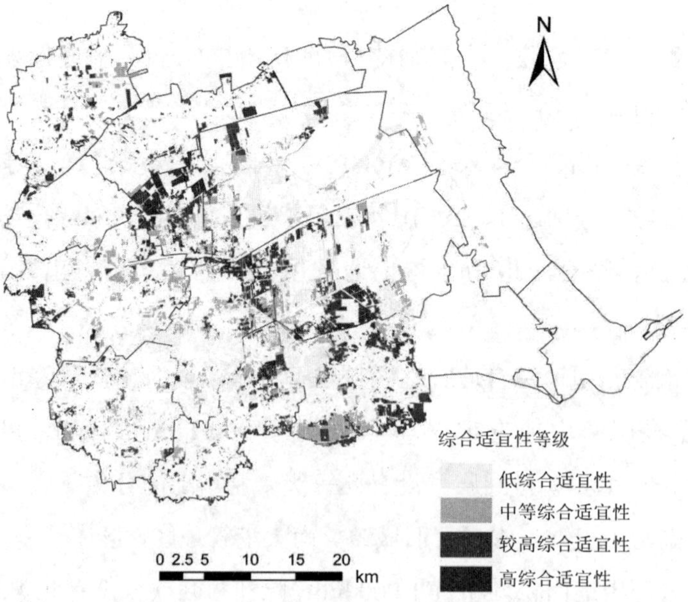

图 10-2　未利用地综合适宜性分布

表 10-1　黄骅市未利用地综合适宜性空间分布　单位：hm^2

乡镇	低综合适宜性	中等综合适宜性	较高综合适宜性	高综合适宜性	总计
常郭镇	281.7	560.3	497.0	106.2	1 445.2
官庄乡	79.7	153.2	146.5	71.3	450.8
国营中捷友谊农场	2 022.3	1 159.4	1 993.2	990.2	6 165.1
黄骅镇	2 274.5	1 135.7	625.7	326.5	4 362.4
旧城镇	776.0	732.8	1 043.0	248.7	2 800.5
吕桥镇	6.1	68.5	644.7	508.8	1 228.1
南大港管理区	2 619.0	1 301.3	1 140.1	380.1	5 440.5
南排河镇	620.7	212.0	5.7	0.0	838.4
齐家务乡	42.1	650.4	652.0	186.5	1 531.0
滕庄子乡	803.5	1 536.8	1 106.3	304.2	3 750.7
新村回族乡	126.7	0.0	0.0	0.0	126.7
羊二庄回族镇	1 295.5	1 808.0	2 209.4	464.3	5 777.2
羊三木回族乡	201.9	257.1	664.0	771.0	1 894.1
总计	11 149.5	9 575.5	10 727.7	4 357.8	35 810.6

土地综合功能评价结果可以在一定程度上反映评价单元的综合功能，但并不能说明低综合功能区的未利用地所有适宜性都低。例如，黄骅镇未利用地中低综合功能区面积占到该镇未利用地总面积的 50%以上，综合功能最高的面积只占黄骅镇未利用地面积的 7.4%左右，但根据结果可以得出，黄骅镇未利用地高承载功能区占未利用地面积的 24%，低承载功能区面积占未利用地面积的 17%，由此可知，利用综合功能值可以反映未利用地综合适宜性，并不能准确地确定未利用地最佳适宜性，因此要确定未利用地的最佳开发利用方式，必须要进一步对全域的未利用地进行综合评价，设定目标和约束条件，利用优化模型对未利用地适宜性进行配置研究，进而得出研究区所有未利用地的最佳适宜性。本书选用了权衡理论进行未利用地适宜性的优化配置。

10.2　未利用地开发适宜性多目标优化配置

10.2.1　未利用地适宜性配置权衡模型构建

不同决策主体所追求的未利用地开发方式之间是存在一定矛盾的，为实现最终目标之间的相对均衡，并协调不同的利益方，需要在存在矛盾的目标之间寻求一个平衡点，而遗传算法模型可以较好地解决这个问题，是解决这一问题的有效方法。

10.2.1.1 权衡要素的设置

权衡要素即权衡模型变量，在设置研究区权衡要素过程中，要依据研究区未利用地实际情况，充分考虑未利用地适宜性，以未利用地潜在的开发利用方向为出发点，综合考虑已有数据结果及变量的可操作性，设置了宜耕、宜建、宜生态 3 种适宜性为变量（表 10-2）。

表 10-2 模型变量

序号	变量	地类
1	X_1	宜耕未利用地
2	X_2	宜建未利用地
3	X_3	宜生态未利用地

10.2.1.2 黄骅市未利用地适宜性权衡目标的设定

建立的权衡目标由适宜性目标，经济、社会、生态三效益的综合效益目标，集中连片目标组成。

（1）未利用地适宜性目标

在确定黄骅市未利用地的开发利用方式之前，适宜性评价是关键步骤。只有在明确适宜性的基础上，结合区域未利用地的实际情况，选取适宜的利用方式进行合理的开发利用，因地制宜，才能缓解各种用地矛盾，实现可持续发展。因此，适宜性目标（f_1）是权衡未利用地多目标开发利用要考虑的首要目标。

关于适宜性目标的计算，各个评价单元的适宜性结果由属性表中提取，然后再求和得到研究区全域的未利用地开发适宜性评价结果。具体公式计算如下：

$$\max f_1 = \sum_{i=1}^{m}\sum_{j=1}^{n} s_{ij}x_{ij} \tag{10-1}$$

式中：f_1 —— 研究区未利用地的适宜性目标；

m —— 未利用地适宜性类型数，m=1，2，3；

n —— 评价单元个数；

s_{ij} —— 评价单元 j 作为 i 种土地利用方式的适宜性大小；

x_{ij} —— 每个评价单元的面积。

（2）综合效益目标

①经济效益、社会效益、生态效益分项目标。本书中以经济效益、社会效益、生态效

益的综合效益值最优为目标。经济效益、社会效益、生态效益分别按以下公式进行计算：

$$\max f_{21} = \sum_{i=1}^{m}\sum_{j=1}^{n} a_{ij}x_{ij}$$

$$\max f_{22} = \sum_{i=1}^{m}\sum_{j=1}^{n} b_{ij}x_{ij} \qquad (10\text{-}2)$$

$$\max f_{23} = \sum_{i=1}^{m}\sum_{j=1}^{n} c_{ij}x_{ij}$$

式中：f_{21}、f_{22}、f_{23} —— 研究区未利用地资源开发利用的经济效益、社会效益、生态效益；

x_{ij} —— 对应宜耕、宜建、宜生态未利用地 3 个变量面积；

a_i、b_i、c_i —— 第 i 类土地利用类型的经济、社会、生态的相对效益系数；

其他符号含义同上。

a_i、b_i、c_i 在确定过程中，参考研究区现有农用地、建设用地、生态用地的实际利用效益情况，通过专家打分法、层次分析法与经验判断法相结合，采用相对效益系数的确定方法。

在确定经济效益系数 a_i 的过程中，考虑到建设用地对国民经济的贡献值最大，将其经济效益系数设为 1。以此为参照标准，在确定社会效益系数 b_i 的过程中，粮食安全问题是人们最关注的核心问题，而耕地面积制约着粮食产量，因此将社会效益设为 1。生态效益系数 c_i 的确定与经济效益系数确定方法相同，将生态适宜性用地的生态效益系数设为 1，以此为基准确定其他类用地的该类效益系数值。3 类用地的经济、社会、生态的相对效益系数的计算结果如表 10-3 所示。

表 10-3　3 类用地相对效益系数值

未利用地利用类型	经济效益系数	社会效益系数	生态效益系数
宜耕	0.34	1.00	0.33
宜建	1.00	0.39	0.03
宜生态	0.15	0.30	1.00

②综合效益目标。未利用地开发利用的经济效益、社会效益、生态效益是相互依存、不可分割的统一整体，综合效益的大小取决于 3 个分项效益的大小。但在实际应用中，由于不同的决策主体对不同用地的偏好各不相同，有些侧重城镇化，着重追求土地的经济利益，因而偏重发展建设用地；有些侧重粮食安全，故而偏重耕地开发；有的则关注

生态安全，着重生态用地建设。因此 3 种单项效益会因决策者偏好的不同而有所差异。

在考虑 3 类决策者不同偏好类型的基础上，将未利用地开发利用的综合效益目标划分为经济效益侧重型、社会效益侧重型与生态效益侧重型 3 类，通过对 3 项效益目标的不同配比来反映不同偏好类型决策主体对未利用地资源实际开发所造成的影响。

未利用地开发综合效益目标具体计算公式如下：

$$f_2 = \max\left(pf_{21} + qf_{22} + rf_{23}\right) \tag{10-3}$$

式中：f_2—— 未利用地开发利用的综合效益目标值；

p、q、r—— 不同效益侧重情况下各分项效益的相对权重，具体数值如表 10-4 所示。

表 10-4 不同效益侧重型各单项效益的相对权重

效益类型	经济效益侧重型	社会效益侧重型	生态效益侧重型
社会效益	0.3	0.5	0.3
经济效益	0.5	0.3	0.2
生态效益	0.2	0.2	0.5

（3）集中连片目标

未利用地的开发利用不仅要符合适宜性，做到因地制宜，还要考虑开发过程中的可操作性，充分实现其利用价值。同时，为了使黄骅市未利用地的开发利用具有较好的空间连片性，减小地块的破碎度，提高利用效率，故设置了集中连片目标，具体计算方法如下：

$$f_3 = \sum_{i=1}^{m}\sum_{j=1}^{n} n_{ij} x_{ij} \tag{10-4}$$

式中：f_3—— 集中连片目标；

n_{ij}—— 当评价单元 j 化为第 i 种用途时，与其相邻的评价单元也为第 i 种用途的数量；

其他符号含义同上。

10.2.1.3 权衡模型约束条件的设定

约束条件是实现权衡目标的限制性条件，主要包括研究区未利用地总面积约束与模型运算约束两个方面。

（1）未利用地总面积约束

最后结果中，宜耕、宜建、宜生态 3 类用地的面积之和为研究区未利用地的总面积，即

$$S=\sum_{i=1}^{m}\sum_{j=1}^{n}x_{ij} \tag{10-5}$$

式中：S—— 研究区未利用地总面积；

其他符号含义同上。

图件统计结果显示，S 为 35 811 hm^2。

（2）模型运算约束

①系统变量非负约束：权衡模型中所涉变量为地类面积，必须保证为正数，不能为负数，这是由变量所代表的实际含义所决定的。

$$X_1>0，X_2>0，X_3>0 \tag{10-6}$$

式中：X_1—— 宜耕未利用地；

X_2—— 宜建未利用地；

X_3—— 宜生态未利用地。

②逻辑约束：代表地块的每个评价单元必须有且只有一种对应的土地利用方式，不可出现空缺或重叠。

10.2.2　未利用地适宜性多目标优化配置

在对基于遗传算法的权衡模型进行求解时，应与 GIS 相结合，首先对前期处理的各种空间数据进行存储，调查研究区的相关土地利用状况，另外评价单元的编号必不可少；其次，模型在开始运行前，设置好模型运行时的常规参数，主要包括兼容性约束参数、邻域大小、进化代数、种群大小等，之后开始借助相应工具进行模型运算。主要包括以下步骤：

①利用 Random 函数确定初始种群，以此为父代进行后代的遗传变异进化；

②根据数据库中的格网数据的单元编号顺序，由左到右、从下到上依次进行邻域分析，再选取适应性高的个体，随后进行后代个体的遗传；

③在遗传操作过程中，参考自然界中基因突变产生新个体的思路，随机选取部分个体进行交叉、变异操作，以产生出新个体，然后重新计算适应度的大小，并择优进化；

④在模型约束条件的制约下，产生符合条件的进化结果，并将结果输入 GIS 数据库中，确定最终结果的数量与空间分布状况。

10.2.2.1　格网数据准备

（1）格网法简介

格网法是将研究区划分为同样大小的网格，并对其相关属性数据进行分析的数据处理方法。它与栅格数据处理方法在形式上相像，但两者分属于不同的数据结构。格网数据本质上属于矢量数据，而且比栅格数据更具优势，格网数据凸显出不被不同的行政区域界限所限制，并且方便相关数据资料的收集，所以格网法赢得众多研究学者的青睐，故而得到不断深入研究。近年来，格网 GIS 已经发展成为新一代的空间数据处理方法，其广泛被应用，在很大程度上提高了研究区社会、经济、生态分析数据与实际情况的符合程度。

在应用格网法进行数据处理时，首先需要将待处理数据在 GIS 平台上进行前期制作、叠加等处理，然后根据后期研究的具体要求，结合研究区的实际情况与精度要求，利用 GIS 软件、格网信息等划分格网，以作为后期各种研究工作的评价单元。

（2）黄骅市未利用地多宜性优化配置基础数据格网化

根据前文所述，利用评价得出的黄骅市未利用地宜耕、宜建、宜生态结果，得到各评价单元的单宜性评价综合分值。将适宜性评价结果统一分为四级，分别用 1、2、3、4 表示，级别越高表示适宜性越好。依据此等级划分标准，将黄骅市未利用地的宜耕、宜建、宜生态 3 种单宜性评价结果汇总到其所在乡镇。

确定评价单元是黄骅市未利用地多宜性评价的关键步骤，评价单元设定的目的是合理反映土地的自然属性。结合研究需要，采用格网法进行评价单元的划分。确定 100 m×100 m 的格网为基本评价单元。在此基础上，以黄骅市 2012 年土地变更调查图为底图，将 100 m×100 m 的格网与其相关属性数据进行叠加，并利用未利用地图斑提取相应的数据资料，建立黄骅市未利用地数据库，作为实证分析的基础数据资料。黄骅市未利用地适宜性评价格网划分结果如图 10-3～图 10-6 所示。

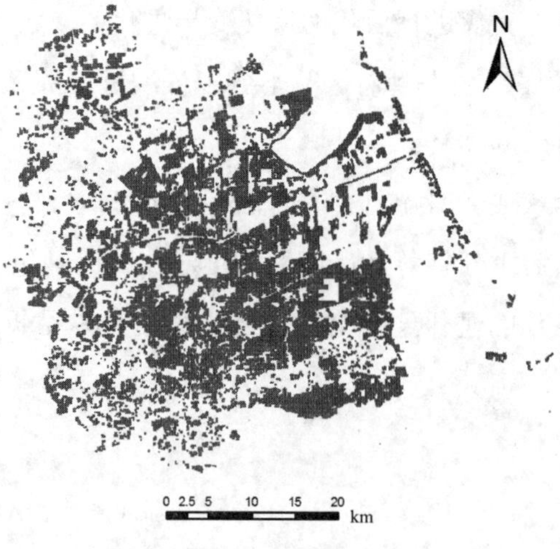

图 10-3 黄骅市未利用地格网划分

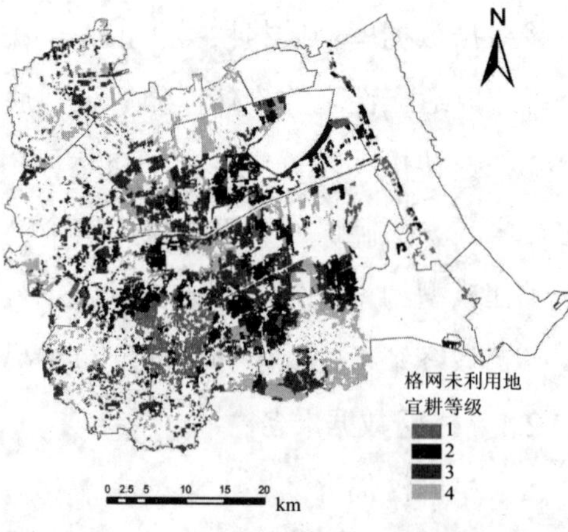

图 10-4 黄骅市宜耕性未利用地格网划分

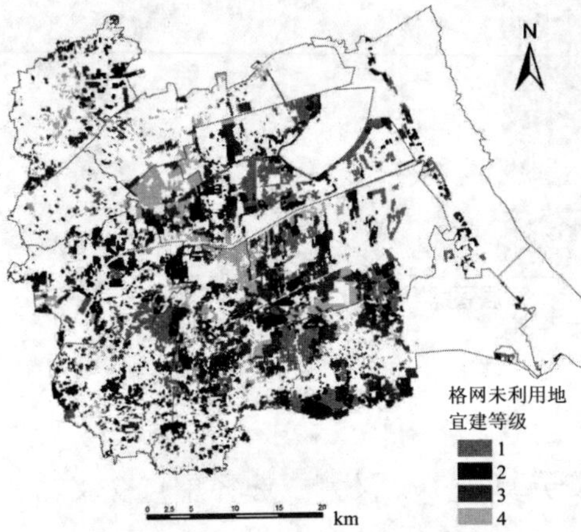

图 10-5　黄骅市宜建性未利用地格网划分

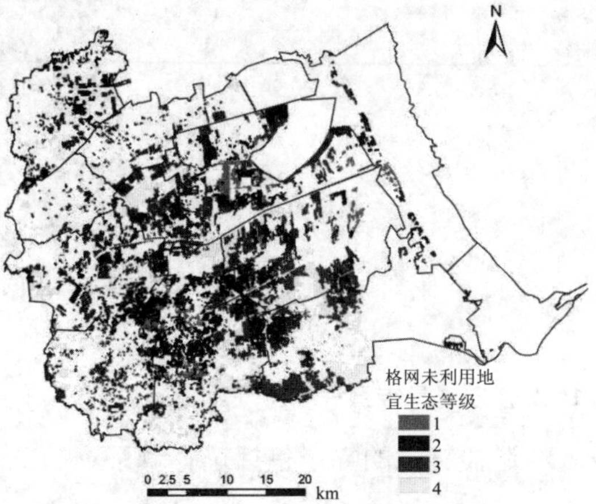

图 10-6　黄骅市宜生态性未利用地格网划分

10.2.2.2　评价单元编码

在 GIS 的支持下，将各格网评价单元的地类属性存入数据库，并采用十进制编码方式对数据进行编码处理。以未利用地图斑为评价单元并以 1、2、3 分别表示宜耕、宜建、宜生态 3 种未利用地适宜性。

图 10-7 中第（3，3）个评价单元值为 1，即表明其为宜耕未利用地类型；第（1，2）个评价单元值为 2，即表明其为宜建未利用地类型；第（3，2）各评价单元值为 3，即表明其为宜生态未利用地类型。

1	2	2
1	1	3
3	3	1

图 10-7　编码示意图

10.2.2.3　遗传算法初始种群设置

为了产生满足模型约束条件的父代个体，必须进行初始种群设置。另外，由于在实际的土地利用过程中，有些单元的地类在短期内无法改变，如盐碱程度极高的未利用地不易转为耕地等，故将把这些单元设为不可改变的。

10.2.2.4　计算适应度

在模型优化过程中，个体的优劣一般通过适应度来衡量。对个体所在单元的空间协调度进行加和，可以得出个体适应度。本书选用 3×3 的 Moore 空间邻居结构。模型解算过程中，依次计算与此单元相邻的所有其他单元（共 8 个方向）的空间协调度（图 10-8）。

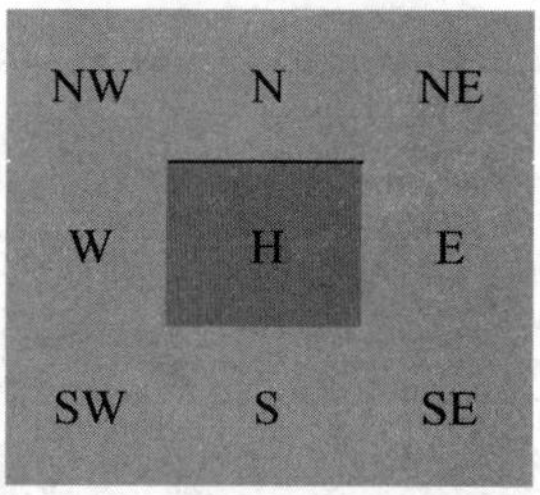

图 10-8 空间单元 Moore 邻居图

10.2.2.5 遗传算子的选择

遗传算法的算子包括选择算子、交叉算子及变异算子。交叉算子选择单点交叉，并且交叉概率设定为 0.5，交叉点设置在基因代码的 1/3 处；选择轮盘赌方式作为选择算子的运算方式；用基本位变异算子表示变异算子，并设定变异概率。

10.2.2.6 终止条件的设定

遗传算法的模型开始解算前，首先要预先设置终止条件，目前主要有 3 种终止条件的设定方法：①在运行到决策者设定的进化代数之后，遗传算法终止运行。在这种情况下，进化代数越高，聚类质量越好，但时间也较长。②进化过程中，如果父代与子代种群中的最优个体的离散度之差在预先设定的限差范围内，则自动终止运算。③根据目标函数计算适应度，一旦求算的非劣解连续达到预先设定的总代数值的 1/10，且种群的平均适应度在连续 1/10 的总代数中的变化小于 10^{-6}，则终止运算。该运算终止条件选用的是第一种方式。

10.2.2.7 程序编制及运行

编程过程中以遗传算法为基础，借助 Random 函数在不同适宜性较高的区域随机选择父代个体的类别，生成模型的初始解集，然后根据目标函数，按照图斑顺序逐个计算各单元的适应程度，每次挑选出的优秀个体占父代个体数目的 1/3，从而逐步使得非劣解集逐渐趋于最优。部分核心程序代码如下：

```
clear
clc
m=xlsread（'data.xlsx'）;
no=m（:，2）;     %格网编号
prop=m（:，4:6）;  %用地类型
S=m（:，7）/10 000;    %几何面积
```

```
len=length（no）；%格网数目
gen_num=100；%遗传代数
pop_num=3*20；%种群个数
select_num=pop_num*1/3；　%选择后的种群数目
Code=code（len，S，pop_num）；　%编码
Case=3；%1 经济， 2 社会， 3 生态
for i=1：10
    i
    Fit=fitness（S，prop，Code，pop_num，Case）
    Code1=select（Fit，Code，select_num）；
    [Code2 cross_sum]=cross（Code1，select_num，len，S）；
    Code_temp=[Code1 Code2]；
    [a num]=size（Code_temp）；
    Code3=variation（Code_temp，num，len，S）；
    Code=[Code_temp Code3 Code4]；
end
Fit=fitness（S，prop，Code，pop_num，Case）；
Code_res=select（Fit，Code，select_num）；
Result=zeros（3，select_num）；
for i=1：select_num
    for j=1：len
        if Code_res（j，i）==1
            result（1，i）=result（1，i）+S（j，1）；
        elseif Code_res（j，i）==2
            result（2，i）=result（2，i）+S（j，1）；
        else
            result（3，i）=result（3，i）+S（j，1）；
        end
    end
end
result
```

（1）程序加载及求解

借助 Matlab 软件加载已编写好的程序来运行权衡模型。利用 Matlab 软件加载遗传算法的 C 语言程序并运行，同时统计进化结果及非劣解情况。当非劣解集不再更新或遗传代数已达设定上限时，表明权衡结果已达到最优配置状况（图 10-9）。

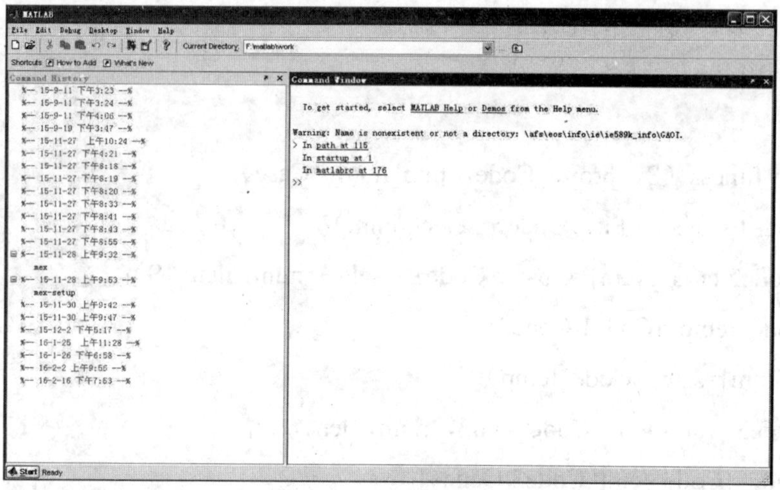

图 10-9 Matlab 主界面

（2）程序运行过程

首先打开 Matlab 软件，加载已编写好的遗传算法程序，在 Matlab 界面下找到编写好的遗传算法 main.m 主程序（图 10-10），并点击运行。运行其主程序进行权衡结果的选择与输出。

在 Matlab 程序运行过程中，主界面左下角显示为“Busy”，待结果输出完毕以后，“Busy”将消失，如图 10-11 所示。

图 10-10 遗传算法主程序

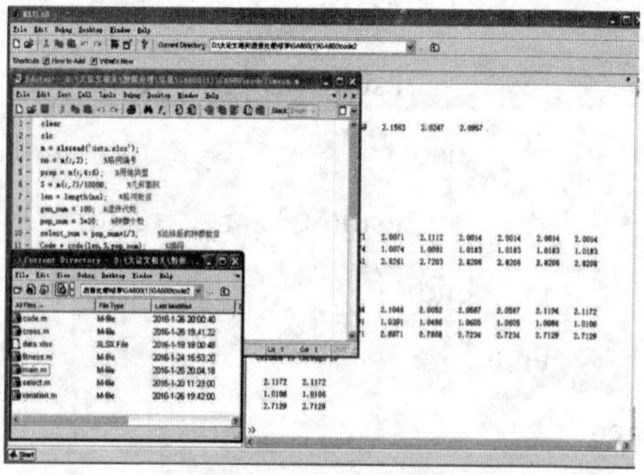

图 10-11 Matlab 运行结束

10.2.2.8　程序运行结果的图形化

在软件支持下，如果解算完毕并终止优化配置过程，可以用 Excel 存储未利用地适宜性优化配置的结果。将保存的 Excel 数据用 ArcGIS 软件打开，使其矢量化，然后与矢量数据格式格网图（优化配置前的）进行拼接，可以重新形成优化配置后矢量数据图层。此时，格网图中每个评价单元均显示优化配置后的地类，并用不同的参数对地类进行区分，以期更好地显示黄骅市未利用地适宜性优化配置后的状况。

10.2.3　未利用地适宜性多目标优化配置结果分析

10.2.3.1　黄骅市未利用地适宜性优化配置方案的确定

根据遗传算法的运行原理，基于 Matlab 软件编写未利用地适宜性多目标优化配置的遗传算法程序，结合上述模型参数对黄骅市未利用地适宜性进行优化求解，并寻求研究区未利用地开发的整体适宜性与综合效益的最优解。借助模拟生物进化过程，利用遗传算法，通过模型反复迭代、优化，求得模型的多个非劣解组合，供决策者从中选择。经过筛选得出排名前三的最优解（表 10-5）。通过分析可以看出，3 个方案中宜耕、宜建、宜生态用地面积各不相同，将宜耕面积最大的确定为社会效益侧重性未利用地适宜性优化配置方案，将宜建面积最大的确定为经济效益侧重性未利用地适宜性优化配置方案，将宜生态面积最大的确定为生态效益侧重性未利用地适宜性优化配置方案。3 个优化方案如表 10-5 所示。

表 10-5　权衡结果的确定方案

用地类型	方案 1（社会效益侧重型）		方案 2（经济效益侧重型）		方案 3（生态效益侧重型）	
	面积/hm^2	比例/%	面积/hm^2	比例/%	面积/hm^2	比例/%
宜耕	14 667.8	40.96	11 355	31.71	10 132.3	28.29
宜建	11 087.6	30.96	14 424.2	40.28	10 305.6	28.78
宜生态	10 055.2	28.08	10 031.4	28.01	15 372.6	42.93
总计	35 810.6	100	35 810.6	100	35 810.6	100

10.2.3.2　优化配置结果分析

通过对黄骅市未利用地分区结果进行分析可以看出（表 10-6），在社会效益侧重型未利用地适宜性空间分布中，宜耕未利用地面积最大，达到 14 667.8 hm^2，宜建和宜生态未利用地面积差距不大；在空间分布上，社会效益型宜耕未利用地在国营中捷友谊农场、南大港管理区、滕庄子乡、羊二庄回族镇分布最广，均超过 1 500 hm^2，宜建未利用地主要分布在黄骅镇及国营中捷友谊农场，而宜生态未利用在南大港管理区面积最大，面积达到 2 445.5 hm^2。在经济效益侧重型未利用地适宜性空间分布中，宜建未利用地面积最大，为 14 424.2 hm^2，宜耕未利用地面积为 11 355.0 hm^2，而宜生态未利用地面积最小，为 10 031.4 hm^2；经济效益侧重型未利用地分布中，宜建未利用地主要分布在国营中捷友谊农场、黄骅镇，其他各乡镇均有分布，宜耕未利用地在羊二庄回族镇达到 3 546.6 hm^2，宜生态未利用地在南大港管理区分布最广。在生态效益侧重型未利用地适宜性空间分布中，生态适宜性未利用地面积最大，达到 15 372.6 hm^2；从乡镇分布来看，国营中捷友谊农场、南大港管理区及羊二庄回族镇面积较大，其他各乡镇均有分布，宜耕未利用面积较大的在南大港管理区及羊二庄回族镇，宜建未利用地在黄骅镇面积最大，为 2 115.8 hm^2，其他各乡镇均有分布（图 10-12～图 10-14）。

表 10-6　黄骅市未利用地多目标开发权衡方案

乡镇	社会效益侧重型/hm^2			经济效益侧重型/hm^2			生态效益侧重型/hm^2		
	宜耕	宜建	宜生态	宜耕	宜建	宜生态	宜耕	宜建	宜生态
常郭镇	780.8	340.0	324.5	712.2	408.5	324.5	570.2	339.6	535.4
官庄乡	152.2	219.2	79.5	87.1	284.2	79.5	69.0	219.2	162.6
国营中捷友谊农场	1 915.6	2 437.2	1 812.3	1 154.1	3 203.1	1 807.8	1 094.0	2 102.1	2 969.0
黄骅镇	570.9	2 184.2	1 607.4	163.5	2 597.5	1 601.4	305.2	2 115.8	1 941.5
旧城镇	991.8	813.9	994.8	827.6	978.2	994.8	575.5	742.6	1 482.4
吕桥镇	646.8	581.3	0.0	347.1	881.0	0.0	488.8	559.3	180.0
南大港管理区	2 020.6	974.5	2 445.5	1 777.6	1 231.0	2 432.0	1 940.4	938.6	2 561.6
南排河镇	0.0	323.3	515.1	0.0	323.3	515.1	0.0	323.3	515.1
齐家务乡	1 061.6	468.3	1.1	822.6	707.3	1.1	1 007.7	459.5	63.8
滕庄子乡	1 959.6	1 013.8	777.3	1 664.8	1 308.6	777.3	1 639.5	983.5	1 127.7
新村回族乡	0.0	30.2	96.6	0.0	30.2	96.6	0.0	30.2	96.6
羊二庄回族镇	3 725.8	650.0	1 401.3	3 546.6	829.3	1 401.3	2 112.4	581.0	3 083.8
羊三木回族乡	842.2	1 051.9	0.0	251.9	1 642.1	0.0	329.8	911.2	653.1
总计	14 667.8	11 087.6	10 055.2	11 355.0	14 424.2	10 031.4	10 132.3	10 305.6	15 372.6

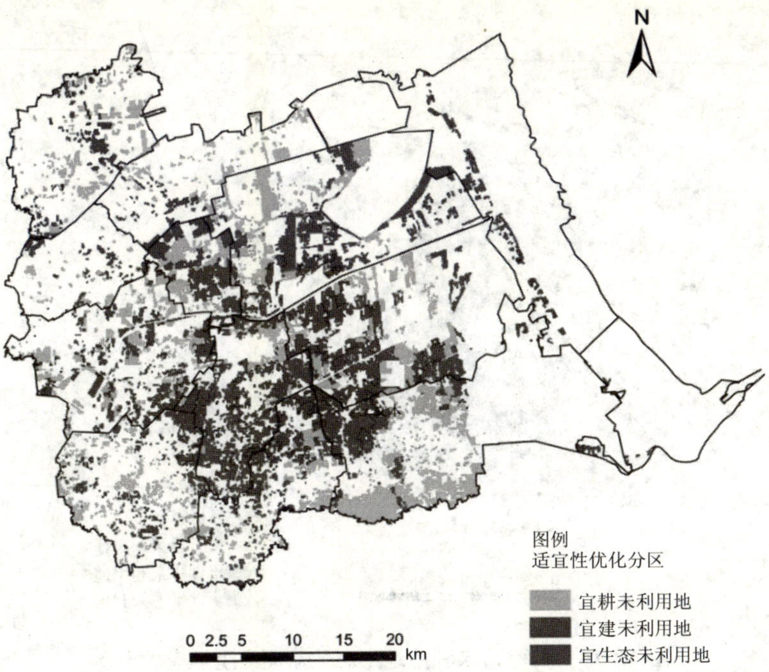

图 10-12　未利用地社会效益侧重型适宜性分区

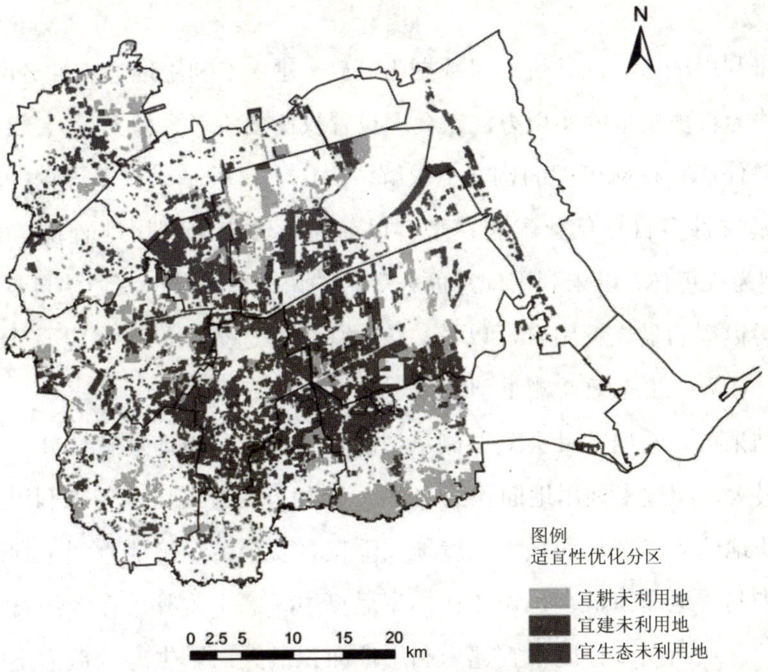

图 10-13　未利用地经济效益侧重型适宜性分区

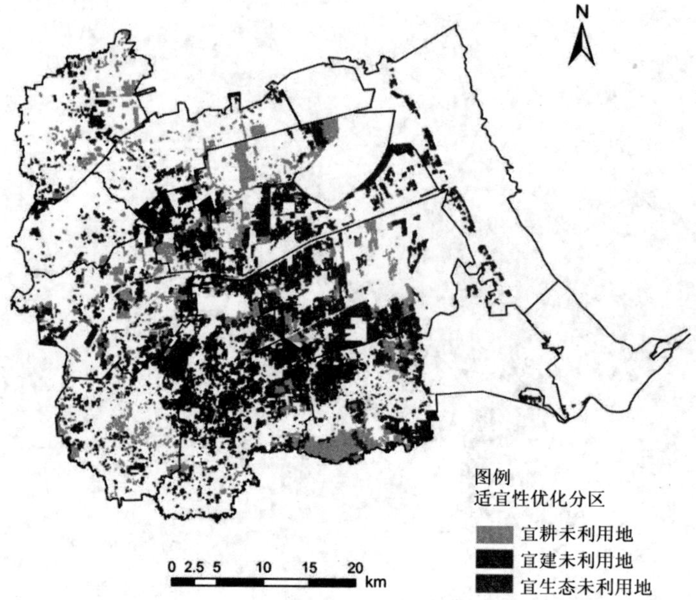

图 10-14 黄骅市未利用地生态效益侧重型适宜性分区

10.3 本章小结

本章以未利用地适宜性评价结果数据为基础，建立未利用地适宜性分配的权衡模型，将遗传算法作为权衡模型的实现方法，合理设置权衡要素（模型变量）、权衡目标与权衡关系的约束条件进行权衡模型的构建与求解。提出了一种基于权衡理论的环渤海县域尺度未利用地适宜性多目标优化配置模型，以前述黄骅市未利用地宜耕、宜建、宜生态3类用地类型为染色体，以未利用地总面积等为约束条件，模拟其遗传过程，通过模型反复迭代，求得模型的最优解组合，以供决策主体从中选择，最终实现区域未利用地开发利用的经济、社会、生态效益侧重型目标下的多种方案。

从评价结果可以看出，社会效益侧重型的黄骅市未利用地适宜性分区中，宜耕性未利用地面积最大，超过未利用地面积的 40%，这种分区方式可以使未利用地最大限度地满足人们对耕地的需求，从而最大限度地保障粮食安全；经济侧重型未利用地适宜性分区中，宜建未利用地面积最大，说明在模型运算中考虑了黄骅市在经济发展过程中对建设用地的依赖，从而在该分区中宜建未利用地面积最大；以生态效益为主的黄骅市未利用地适宜性分区中，生态适宜性未利用地面积最大，这种未利用地评价结果可以在黄骅市经济社会快速发展过程中维护区域生态平衡，进而保护环渤海生态脆弱区的生态安全。

参考文献

[1] 陈婧，史培军. 土地利用功能分类探讨[J]. 北京师范大学学报（自然科学版），2005，41（5）：536-540.

[2] 周子英. 土地利用及其功能变化研究——以湖南省醴陵市为例[D]. 长沙：湖南农业大学，2012.

[3] 姚咏涵. 家庭承包制下土地功能的市政考察与农地经营制度创新[J]. 农业经济，2002（3）：11-13.

[4] 李国健，韩立民. 农村土地的社会功能及其补偿依据[J]. 山东社会科学，2007（1）：73-75.

[5] 朱德举. 土地科学导论[M]. 北京：中国农业出版社，1995.

[6] Leopold A. A sand county almanac and sketches here and there[M]. Oxford：Oxford University，1949.

[7] Sinnott E W. Paul B. Sears[J]. Science. 1955，121（3138）：227.

[8] Genhard B，Reinfried M. Assessment of non monetary values of land for natural resource management using spatial indicators[C]. International Conference on Spatial Information for Sustainable Developmenr，2001（10）：1-12.

[9] Rudolf de Groot. Function-analysis and valuation as a tool to assess land use conflicts in planning for sustainable，multi-functional landscapes[J]. Landscape Urban Planning，2006（75）：175-186.

[10] 姜明，吕宪国，杨青. 湿地土壤及其环境功能评价体系[J]. 湿地科学，2006，4（3）：168-173.

[11] 罗文光. 基于 GIS 技术的福建省耕地资源价值评价及其分区[D]. 福州：福建农林大学，2006.

[12] 余奉庆，蔡运龙. 耕地资源价值探讨[J]. 中国土地科学，2003，17（3） 3-9.

[13] 黄秉维. 自然条件与作物生产——光合潜力[M]. 北京：中国农业科学技术出版社，1985.

[14] 李继由. 农业气候资源理论及其充分利用[J]. 自然资源学报，1980，1（4）：10-13.

[15] 于沪宁，赵丰收. 光热资源和农作物的光热生产潜力——以河北省栾城县为例[J]. 气象学报，1982，40（3）：327-333.

[16] 刘金铜. 河北沧州黑龙港地区粮食作物生产潜力估算[J]. 自然资源学报，1991，6（4）：318-325.

[17] 沈思渊，席承藩. 淮河涡河流域农业自然生产潜力模型与分析[J]. 自然资源学报，1991，6（1）：22-32.

[18] 章家恩，饶卫民. 农业生态系统服务与可持续利用对策探讨[J]. 生态学杂志，2004，23（4）：99-102.

[19] 杨志新，郑大玮，文化. 北京郊区耕地生态系统服务功能价值的评估研究[J]. 自然资源学报，2005，20（4）：564-571.

[20] 赵海珍. 拉萨地区典型生态系统服务功能的比较研究——以达孜县为例[J]. 兰州大学学报（自科版），2004，19（5）：632-636.

[21] 陈仲新. 张新时. 中国生态系统效益的价值[J]. 科学通报，2000，45（1）：17-22.

[22] 田耀武，肖文发，黄志霖. 基于 AnnAGNPS 模型的三峡库区黑沟小流域退耕还林生态服务价值[J]. 生态学杂志，2011，30（4）：670-676.

[23] 尹剑慧，卢欣石. 草原生态服务价值核算体系构建研究[J]. 草地学报，2009，17（2）：174-180.

[24] 李冬玉，任志远，刘宪锋，等. 陕西省耕地生态系统服务价值动态测评[J]. 干旱区资源与环境，2013，27（7）：40-45.

[25] Dumanski J. Assessing the sustainable of saskatchewan farming system[M]. CLBRR Technical Bulletin，1994.

[26] Stockle C O. A framework for evaluating the sustainability of agricultural production systems[R]. 1994：1-2.

[27] Sutton P C，Constanza R. Global estimates of market and non - market values derived from nighttime satellite in agery，land cover，and ecosystem service valuation[J]. Ecological Economics，2002，41：509-527.

[28] Yu K J. Security patterns and surface model in landscape ecological planning[J]. Landscape and Urban Planning，1996，36（1）：1-17.

[29] 俞孔坚. 生物保护的景观生态安全格局[J]. 生态学报，1999，19（1）：8-15.

[30] Mittermeier R A，Myers N，Thomsen J B，et al. Biodiversity hotspots and major tropical wilderness areas：approaches to setting conservation priorities[J]. Conservation Biology，1998，12（3）：516-520.

[31] Myers N，Mittermeier R A，Mittermeier C G，et al. Biodiversity hotspots for conservation priorities[J]. Nature，2000，403（6772）：853-858.

[32] Manel S，Schwartz M K，Luikart Q，et al. Landscape genetics：combining landscape ecology and population genetics[J]. Trends in Ecology & Evolution，2003，18（4）：189-197.

[33] White R，Engelen G . Cellular automata and fractal urban form：a cellular modeling approach to the evolution of urban land use patterns[J]. Environment and Planning A，1993，25（8）：1175-1199.

[34] White R，Engelen G. Cellular automata as the basis of integrated dynamic regional modeling[J]. Environment and Planning B，1997，24（2）：235-246.

[35] Byl J. Self-reproduction in small cellular automata[J]. Physica D，1989，34（1/2）：295-299.

[36] Langton C G . Self-reproduction in cellular automata[J]. Physica D，1984，10（1/2）：135-144.

[37] Morita K，Imai K. Logical universality and self-reproduction in reversible cellular automata[A]. Higuchi T，Iwata M，Liu W X. Evolvable systems：from biology to hardware[C]. Berlin：Springer Berlin Heidelberg，1997，152-166.

[38] Bak P，Chen K，Creutz M. Self-organized criticality in the game of life[J]. Nature，1989，342（6251）：780-782.

[39] Wu F. An experiment on the generic poly-centricity of urban growth in a cellular automatic city[J]. Environment and Planning B，1998，25（5）：731-752.

[40] Wu F，Webster C J. Simulation of land development through the integration of cellular automata and multi-criteria evaluation[J]. Environment and Planning B，1998，25：103-126.

[41] 杨青生，黎夏. 基于支持向量机的元胞自动机及土地利用变化模拟[J]. 遥感学报，2006，10（6）：836-846.

[42] 邱炳文，陈崇成. 基于多目标决策和 CA 模型的土地利用变化预测模型及其应用[J]. 地理学报，2008，63（2）：165-174.

[43] 武晓波，赵健，魏成阶，等. 细胞自动机模型用于城市发展模拟的方法初探——以海口市为例[J]. 城市规划，2002，26（8）：69-73.

[44] 张显峰，崔伟宏. 基于 GIS 和 CA 模型的时空建模方法研究[J]. 中国图像图形学报，2000，5（12）：1012-1018.

[45] 刘小平，黎夏，彭晓娟. “生态位”元胞自动机在土地可持续规划模型中的应用[J]. 生态学报，2007，27（6）：2391-2402.

[46] 杨青生，黎夏，刘小平. 基于 Agent 和 CA 的城市土地利用变化研究[J]. 地球信息科学，2005，7（2）：78-93.

[47] 陈云浩，苏伟，武永峰，等. 中国北方农牧交错带土地利用格局演变与模拟[J]. 中国科学 E 辑，2006，36（增刊）：124-132.

[48] 徐昔保. 基于GIS与元胞自动机的城市土地利用动态演化模拟与优化研究——以兰州市为例[D]. 兰州：兰州大学，2007.

[49] 于格，鲁春霞，谢高地. 青藏高原北缘地区高寒草甸土壤保持功能及其价值的实验研究[J]. 北京林业大学学报，2006，28（4）：57-61.

[50] 张于光，王慧敏，李迪强，等. 三江源地区不同植被土壤固氮微生物的群落结构研究[J]. 微生物学

报，2005，45（3）：420-425.

[51] 徐杰，白学良，田桂泉，等. 腾格里沙漠固定沙丘结皮层藓类植物的生态功能及与土壤环境因子的关系[J]. 中国沙漠，2005，25（2）：234-242.

[52] 田应兵，宋光煜，艾天成. 湿地土壤及其生态功能[J]. 生态学杂志，2002，21（6）：36-39.

[53] 刘满强，胡锋，毛小芳，等. 根际微型土壤动物——原生动物和线虫的生态功能[J]. 生态学报，2007，27（8）：3132-3143.